2018

国家统计局河南调查总队 编

Compiled by Survey Office of the National Bureau of Statistics in Henan

图书在版编目（CIP）数据

河南调查年鉴 = Henan Survey Yearbook. 2018 / 国家统计局河南调查总队编. -- 北京 : 中国统计出版社, 2019.1
ISBN 978-7-5037-8784-3

Ⅰ. ①河… Ⅱ. ①国… Ⅲ. ①统计资料—河南—2018—年鉴 Ⅳ. ①C832.61-54

中国版本图书馆 CIP 数据核字（2019）第 011146 号

河南调查年鉴-2018

作　　者 / 国家统计局河南调查总队
责任编辑 / 郭　栋
封面设计 / 李雪燕
出版发行 / 中国统计出版社
通信地址 / 北京市丰台区西三环南路甲 6 号　邮政编码 /100073
电　　话 / 邮购（010）63376909　书店（010）68783171
网　　址 /http://www.zgtjcbs.com/
印　　刷 / 河北鑫兆源印刷有限公司
经　　销 / 新华书店
开　　本 /880mm×1230mm　1/16
字　　数 /820 千字
印　　张 /24.75　彩页 0.25 印张
版　　别 /2019 年 1 月第 1 版
版　　次 /2019 年 1 月第 1 次印刷
定　　价 /280.00 元

本书附同版本 CD-ROM 一张，光盘内容以书面文字为准。
如有印装差错，由本社发行部调换。

《河南调查年鉴-2018》
编委会和编辑人员

编者说明

一、《河南调查年鉴—2018》是一部全面反映河南省经济社会发展情况的抽样调查资料年刊。本书收录了全省和市、县（区）2017 年经济和社会发展有关方面大量的调查统计数据，以及重要历史年份的全省主要调查统计数据。

二、本年鉴正文内容分为 11 个部分，即 1. 综合；2. 农业；3. 畜牧业；4. 规下工业和规下服务业；5. 消费价格；6. 生产价格；7. 农产品价格；8. 人民生活；9. 县域经济；10. 城市经济；11. 全国及分省（市、区）指标。主要篇末附有《主要统计指标解释》。

三、资料中所使用的度量衡单位均采用国际统一标准计量单位。

四、本年鉴部分数据合计数或相对数，由于单位取舍不同产生的计算误差未作机械调整。

五、本年鉴各表中，有关对全表的注解均在该表上方，对表中部分指标的注解则在该表下方。凡带续表的资料，对部分指标的注解一律在最后续表的下方。

六、本年鉴表中的符号使用说明："空格"表示该项统计指标数据不详或无该项数据；"#"表示其中的主要项。

七、本年鉴的编辑出版，得到了国家统计局和河南省统计局的大力支持和帮助，值此出版之际，特致谢忱！

八、由于编者水平所限，加之编辑时间仓促，本年鉴中不当之处，敬请读者批评指正。

河南调查年鉴编辑部

二〇一八年十一月

目　录

一、综　合

二、农　业

三、畜牧业

四、规下工业和规下服务业

五、消费价格

六、生产价格

七、农产品价格

八、人民生活

九、县域经济

十、城市经济

十一、全国及分省（市、区）指标

综　　合

资料整理：彭　敏

1-1　全省行政区划(2017年底)

单位：个

市	市			县	市辖区	镇	乡	街道办事处	居民委员会	村民委员会
		省辖市	县级市							
全 省	**38**	**17**	**21**	**85**	**52**	**1151**	**640**	**650**	**5466**	**46198**
郑州市	6	1	5	1	6	73	13	89	778	2292
开封市	1	1		4	5	31	48	37	222	2304
洛阳市	2	1	1	8	6	106	24	58	478	2713
平顶山市	3	1	2	4	4	53	33	57	230	2565
安阳市	2	1	1	4	4	63	26	46	341	3174
鹤壁市	1	1		2	3	14	5	23	197	780
新乡市	3	1	2	6	4	75	43	36	233	3531
焦作市	3	1	2	4	4	34	18	56	181	1827
濮阳市	1	1		5	1	40	35	13	105	2969
许昌市	3	1	2	2	2	60	16	27	749	1704
漯河市	1	1		2	3	37	9	6	78	1262
三门峡市	3	1	2	2	2	29	33	12	135	1345
南阳市	2	1	1	10	2	154	50	39	348	4540
商丘市	2	1	1	6	2	95	72	29	232	4610
信阳市	1	1		8	2	83	86	40	419	2896
周口市	2	1	1	8	1	98	70	35	313	4693
驻马店市	1	1		9	1	95	59	42	355	2540
济源市	1		1			11		5	72	453

1–2 各市、县(市、区)名称(2017年底)

市	县(市、区)数(个)	市辖县	市辖区	县级市
郑州市	12	中牟	中原区、二七区、管城回族区、金水区、上街区、惠济区	巩义市、荥阳市、新郑市、登封市、新密市
开封市	9	杞县、通许、尉氏、兰考	龙亭区、顺河回族区、鼓楼区、禹王台区、祥符区	
洛阳市	15	孟津、新安、栾川、嵩县、汝阳、宜阳、洛宁、伊川	老城区、西工区、瀍河回族区、涧西区、吉利区、洛龙区	偃师市
平顶山市	10	宝丰、叶县、鲁山、郏县	新华区、卫东区、湛河区、石龙区	汝州市、舞钢市
安阳市	9	安阳、汤阴、滑县、内黄	文峰区、北关区、殷都区、龙安区	林州市
鹤壁市	5	浚县、淇县	鹤山区、山城区、淇滨区	
新乡市	12	新乡、获嘉、原阳、延津、封丘、长垣	红旗区、卫滨区、凤泉区、牧野区	卫辉市、辉县市
焦作市	10	修武、博爱、武陟、温县	解放区、中站区、马村区、山阳区	沁阳市、孟州市
濮阳市	6	清丰、南乐、范县、台前、濮阳	华龙区	
许昌市	6	鄢陵、襄城	魏都区、建安区	禹州市、长葛市
漯河市	5	舞阳、临颍	源汇区、郾城区、召陵区	
三门峡市	6	渑池、卢氏	湖滨区、陕州区	义马市、灵宝市
南阳市	13	南召、方城、西峡、镇平、内乡、淅川、社旗、唐河、新野、桐柏	卧龙区、宛城区	邓州市
商丘市	9	虞城、民权、宁陵、睢县、夏邑、柘城	梁园区、睢阳区	永城市
信阳市	10	息县、淮滨、潢川、光山、固始、商城、罗山、新县	浉河区、平桥区	
周口市	10	扶沟、西华、商水、太康、鹿邑、郸城、淮阳、沈丘	川汇区	项城市
驻马店市	10	确山、泌阳、遂平、西平、上蔡、汝南、平舆、新蔡、正阳	驿城区	
济源市	1			济源市

1-3　河南省主要统计指标居全国位次

指　　标	2000	2005	2010	2015	2016	2017
生产总值	5	5	5	5	5	5
生产总值增速	14	5	21	13	9	11
固定资产投资	11	6	4	3	3	3
#房地产开发	18	15	10	5	5	4
居民消费价格指数	26	9	13	20	10	23
一般公共预算收入	9	8	9	8	8	8
一般公共预算支出	7	7	5	5	5	5
规模以上工业增加值增速	17	4	14	7	7	11
社会消费品零售总额	5	5	5	5	5	5
进出口总额	18	16	16	11	10	10
出口	14	13	17	11	10	8
居民可支配收入				24	24	24
城镇				24	25	24
农村				17	18	17
在岗职工平均工资	30	30	26	31	31	31

注：2010年以前固定资产投资为城镇口径，居民可支配收入为城乡一体化调查结果(1-2～6同)。

1-4　河南省主要统计指标占全国比重

单位：%

指　　标	1952	1978	1990	2000	2010	2015	2016	2017
生产总值	5.3	4.4	5.0	5.0	5.6	5.4	5.4	5.4
第一产业	6.6	6.4	6.5	7.9	8.1	6.9	6.7	6.3
第二产业	5.8	4.0	4.3	5.0	6.7	6.4	6.5	6.3
第三产业	2.8	3.2	4.5	4.0	3.9	4.3	4.4	4.5
人均生产总值		60.3	65.6	68.6	79.6	78.4	78.9	78.2
固定资产投资		3.1(1980年)	3.8	3.6	5.8	6.3	6.7	6.9
#房地产开发			1.4	1.6	4.4	5.0	6.0	6.5
一般公共预算收入	2.5	3.5	4.3	3.8	3.4	3.6	3.6	3.7
一般公共预算支出	1.0	4.7	4.3	4.3	4.6	4.5	4.6	4.7
粮食产量	6.3	6.9	7.4	8.9	9.9	9.8	9.6	9.9
社会消费品零售总额	3.9	4.6	3.8	4.8	5.1	5.2	5.3	5.4
进出口总额	0.1(1957年)	0.6	0.9	0.5	0.6	1.9	1.9	1.9
#出口	0.3(1957年)	1.0	1.4	0.6	0.7	1.9	2.0	2.1
居民可支配收入						78.0	77.4	77.7
城镇						82.0	81.0	81.2
农村						95.0	94.6	94.7

1−5 国民经济和社会发展

指　　标	1978	2000	2005	2010	2015	2016	2017
人口与就业							
人口(万人)							
年底总人口	7067	9488	9768	10437	10722	10788	10853
#城镇人口	963	2201	2994	4052	5023	5232	5444
常住人口			9380	9405	9480	9532	9559
就业(万人)							
年底从业人员	2807	5572	5662	6042	6636	6726	6767
#在岗职工	420	718	681	723	1077	1096	1036
城镇登记失业人数	15.74	21.40	33.02	38.20	42.46	43.58	40.67
宏观经济							
国民核算							
生产总值(亿元)	162.92	5052.99	10621.56	23157.64	37084.20	40249.23	44552.83
第一产业	64.86	1161.58	1844.04	3127.14	4015.56	4063.65	4139.29
第二产业	69.45	2294.15	5510.12	12930.83	18156.04	19275.82	21105.52
第三产业	28.61	1597.26	3267.40	7099.67	14912.60	16909.76	19308.02
人均生产总值(元)	232	5450	11383	24516	39209	42341	46674
固定资产投资(亿元)							
全社会固定资产投资	24.80	1475.72	4378.69	14124.69	35660.34	40415.09	44496.93
#固定资产投资	24.80	1176.76	3928.49	13338.05	34951.28	39753.93	43890.36
#工业投资	13.57	446.77	1938.66	6800.63	17023.35	18536.63	19190.97
#房地产开发投资	3.43(1990年)	77.87	388.52	2114.08	4818.93	6179.13	7090.25
#基础设施投资	4.20(1989年)	509.22	1331.78	2007.31	5246.64	6770.19	8831.39
#民间投资	8.06(1985年)	443.84	1984.74	10323.20	29659.05	31414.73	34276.03
对外贸易							
进出口总额(亿元)	1.99	188.36	626.54	1204.40	4600	4714.70	5232.79
进口额	0.27	64.71	213.42	491.27	1916	1879.35	2060.98
出口额	1.72	123.65	413.12	713.13	2684	2835.34	3171.81
利用外资(万美元)							
实际利用外商直接投资	565(1985年)	53999	122960	624670	1608637	1699312	1722428
能源(万吨标准煤)							
能源生产总量	4434	6591	14522	17438	11231	9705	10091
能源消费总量	3353	7919	14625	18594	23161	23117	22944
财政(亿元)							
一般公共预算收入	33.73	246.47	537.65	1381.32	3016.05	3153.48	3407.22
一般公共预算支出	27.67	445.53	1116.04	3416.14	6799.35	7453.74	8215.52
物价总指数(以上年为100)							
居民消费价格总指数	100.1	99.2	102.1	103.5	101.3	101.9	101.4
商品零售价格总指数	100.1	98.5	101.7	103.7	99.8	100.3	101.3
农业生产资料价格总指数	97.9	99.6	107.9	103.1	100.3	100.8	99.7
人民生活							
居民可支配收入(元)				9520	17125	18443	20170
城镇	315	4766	8668	15930	25576	27233	29558
农村	105	1986	2871	5524	10853	11697	12719
居民消费支出(元)					11835	12712	13730
城镇	274	3831	6038	10838	17154	18088	19422
农村	82	1316	1892	3682	7887	8587	9212
在岗职工平均工资(元)	590	6930	14282	30303	45920	50028	55997

总量和速度指标

2017年为以下各年%					年均增长速度(%)		
1978	2000	2005	2010	2016	1979−2017	2001−2017	2013−2017
153.6	114.4	111.1	104.0	100.6	1.1	0.8	0.6
565.3	247.3	181.8	134.4	104.1	4.5	5.5	4.0
		101.9	101.6	100.3			0.3
241.1	121.4	119.5	112.0	100.6	2.3	1.1	1.5
246.7	144.3	152.1	143.3	94.5	2.3	2.2	4.0
258.4	190.0	123.2	106.5	93.3	2.5	3.8	1.2
27346.4	881.7	419.5	192.4	110.7	15.5	13.7	8.5
6381.9	356.3	224.5	132.4	101.9	11.2	4.8	3.0
30389.5	920.0	383.0	163.2	109.5	15.8	12.7	5.6
67487.0	1208.8	590.9	272.0	114.2	18.2	11.0	14.0
20092.1	856.5	410.0	190.4	110.2	14.6	10.7	8.1
179423.1	3015.3	1016.2	315.0	110.1	21.7	23.9	17.3
176977.3	3729.8	1117.2	329.1	110.4		25.7	18.0
141422.0	4295.5	989.9	282.2	103.5		28.1	14.1
	9104.7	1824.9	335.4	114.7		32.9	18.9
	1734.3	663.1	440.0	130.4		17.3	24.6
	7722.6	1727.0	332.0	109.1		32.5	18.3
263005.2	2778.1	835.2	434.5	111.0	22.4	21.6	9.9
761029.5	3185.1	965.7	419.5	109.7	25.8	22.6	8.2
184536.3	2565.1	767.8	444.8	111.9	21.3	21.0	11.1
	3189.7	1400.8	275.7	101.4		22.6	7.3
227.6	153.1	69.5	57.9	104.0	2.1	2.5	-4.4
684.3	289.7	156.9	123.4	99.3	5.1	6.5	-0.6
10101.4	1382.4	633.7	246.7	108.0	12.6	16.7	10.8
29691.1	1844.0	736.1	240.5	110.2	15.7	18.7	10.4
			211.9	109.4			9.6
9383.4	620.1	341.0	185.5	108.5	12.4	11.3	7.7
12147.1	640.5	443.1	230.3	108.7	13.1	11.5	8.5
				108.0			
7088.4	507.0	321.7	179.2	107.4	11.5	10.0	7.2
11274.8	700.1	487.0	250.2	107.3	12.9	12.1	12.9
1854.5	584.4	312.0	172.5	111.9	7.8	10.9	8.1

1-5 续表 1

指　　标	1978	2000	2005	2010	2015	2016	2017
城市概况							
供水总量(万立方米)		191706	183436	179122	196709	203936	208604
排水管道长度(公里)		6070	10201	14733	20467	21376	23624
城市煤气、天然气家庭用量(万立方米)		30100	31384	63663	110929	113516	137045
公共汽(电)车总数(标台)		12514	12514	18912	27355	29615	34082
道路长度(公里)		4920	7090	9413	12318	13042	13876
公园绿地面积(公顷)		6286	12644	18361	25201	25429	30002
产　　业							
农林牧渔业							
主要农产品产量							
粮食(万吨)	2097.40	4101.50	4582.00	5581.82	6470.22	6498.01	6524.25
棉花(万吨)	22.42	70.38	67.70	33.89	6.77	4.88	4.40
油料(万吨)	24.16	392.55	449.60	515.66	538.99	549.82	586.95
烟叶(万吨)	29.95	27.60	28.84	28.75	28.85	28.26	26.70
园林水果(万吨)	47.11	364.73	555.69	797.50	919.68	927.12	931.98
年底大牲畜存栏头数(万头)	515.03	1445.73	1508.80	719.19	411.70	353.67	376.09
年底生猪存栏头数(万头)	1724.90	3787.69	4439.00	4540.55	4361.95	4268.82	4390.00
年底羊存栏只数(万只)	989.70	2961.40	3988.00	1895.40	1926.00	1535.45	1682.02
肉类(万吨)	45.64	517.00	689.00	605.39	643.31	626.09	654.96
工业							
规模以上工业增加值增速(%)		11.6	23.3	19.0	8.6	8.0	8.0
主要工业产品产量							
原煤(万吨)	5845	7578	18761	21349	13548	11905	11688
原油(万吨)	167.44	562.18	507.16	497.90	412.05	315.74	282.92
发电量(亿千瓦小时)	130.68	694.93	1414.68	2283.84	2615.00	2622.50	2703.48
生铁(万吨)	109.72	508.88	973.00	2073.92	2903.60	2862.93	2702.57
粗钢(万吨)	54.22	404.84	1226.62	2327.35	2897.41	2849.45	2954.03
成品钢材(万吨)	30.94	405.62	1337.40	3196.42	4766.83	4667.91	3909.45
农用化肥(折纯量)(万吨)	51.92	258.56	396.64	439.25	561.52	532.41	463.46
水泥(万吨)	352.85	3723.00	6210.70	11479.73	16565.00	15604.21	14938.70
平板玻璃(万重量箱)	184.20	2425.41	3894.92	2414.41	1178.40	1120.48	2050.47
主营业务收入(亿元)	130(1979年)	3297.78	10114.21	36163.12	73365.96	79657.15	79886.37
利润总额(亿元)	9.73	139.97	643.39	3302.22	4900.60	5240.61	5346.02
建筑业							
建筑业总产值(亿元)		357.34	1066.15	4400.61	8047.65	8807.99	10086.58
施工房屋面积(万平方米)		5308.29	10813.15	28677.13	53132.48	55784.03	55694.68
竣工房屋面积(万平方米)		2629.33	4787.12	13156.03	18026.91	41675.82	20236.96
交通运输、仓储、邮政业							
客运量(万人)	11177	83912	98099	167804	126812	122342	116574
#铁路	4319	4727	5842	8399	13068	14525	16178
公路	6781	79017	91920	158630	112535	106415	98753
货运量(万吨)	18206	60678	78827	202470	192715	205385	229458
#铁路	6722	10172	14806	14224	9802	9562	9406
公路	11321	50133	62684	183291	172431	184255	207066
邮电业务总量(亿元)	0.71	130.06	556.50	486.11	1317.28	986.08	1816.04
批发和零售业、住宿和餐饮业							
社会消费品零售总额(亿元)	71.79	1869.80	3380.88	8004.15	15740.43	17618.35	19666.8

2017年为以下各年%					年均增长速度(%)		
1978	2000	2005	2010	2016	1979–2017	2001–2017	2013–2017
	108.8	113.7	116.5	102.3		0.5	2.0
	389.2	231.6	160.3	110.5		8.3	6.4
	455.3	436.7	215.3	120.7		9.3	12.4
	272.4	272.4	180.2	115.1		6.1	9.3
	282.0	195.7	147.4	106.4		6.3	5.1
	477.3	237.3	163.4	118.0		9.6	7.2
311.1	159.1	142.4	116.9	100.4	3.0	2.8	2.0
19.6	6.3	6.5	13.0	90.3	-4.1	-15.0	-23.6
2429.4	149.5	130.5	113.8	106.8	8.5	2.4	2.0
89.1	96.7	92.6	92.9	94.5	-0.3	-0.2	-2.7
1978.3	255.5	167.7	116.9	100.5	8.0	5.7	1.3
73.0	26.0	24.9	52.3	106.3	-0.8	-7.6	-6.9
254.5	115.9	98.9	96.7	102.8	2.4	0.9	-0.8
170.0	56.8	42.2	88.7	109.5	1.4	-3.3	-1.6
1435.1	126.7	95.1	108.2	104.6	7.1	1.4	0.8
	1238.4	497.7	215.9	108.0		16.0	9.5
200.0	154.2	62.3	54.7	98.2	1.8	2.6	-8.3
169.0	50.3	55.8	56.8	89.6	1.4	-4.0	-9.9
2068.8	389.0	191.1	118.4	103.1	8.1	8.3	0.6
2463.2	531.1	277.8	130.3	94.4	8.6	10.3	5.0
5448.2	729.7	240.8	126.9	103.7	10.8	12.4	5.9
12635.6	963.8	292.3	122.3	83.8	13.2	14.3	2.3
892.6	179.2	116.8	105.5	87.0	5.8	3.5	1.3
4233.7	401.3	240.5	130.1	95.7	10.1	8.5	0.2
1113.2	84.5	52.6	84.9	183.0	6.4	-1.0	11.0
	2422.4	789.8	220.9	100.3		20.6	8.9
	3819.3	830.9	161.9	102.0		23.9	5.9
	2822.7	946.1	229.2	114.5		21.7	10.9
	1049.2	515.1	194.2	99.8		14.8	7.8
	769.7	422.7	153.8	48.6		12.8	4.3
2111.1	280.4	239.8	131.3	95.3	8.1	6.3	1.1
374.6	342.2	276.9	192.6	111.4	3.4	7.5	10.9
3118.8	267.6	230.1	124.3	92.8	9.2	6.0	-0.1
1931.9	578.7	445.5	205.3	111.7	7.9	10.9	8.8
139.9	92.5	63.5	66.1	98.4	0.9	-0.5	-5.9
2955.2	667.3	533.7	219.2	112.4	9.1	11.8	9.8
667538.1	4468.3	1044.3	385.4	184.2	25.3	25.0	22.4
27394.9	1051.8	581.7	245.7	111.6	15.5	14.8	12.5

1-5 续表 2

指　　标	1978	2000	2005	2010	2015	2016	2017
金融业(亿元)							
金融机构人民币年底存款余额	45.71	4753.41	10003.96	23148.83	47629.91	53977.62	59068.66
金融机构人民币年底贷款余额	99.99	4356.94	7434.53	15871.32	31432.62	36501.17	41743.31
租赁和商务服务业							
接待旅游者人数(万人次)		32.50	60.05	146.84	268.29	293.95	307.32
旅游外汇收入(万美元)		12390	21604	49877	84948	89542	98182
科学研究、技术服务和地质勘查业							
研究与试验发展(R&D)经费内部支出(亿元)		24.80	55.61	211.38	435.04	494.19	582.05
技术市场成交额(亿元)		21.16	26.37	27.69	45.56	59.24	76.93
三种专利授权量(项)		2766	3748	16539	47766	49145	55407
水利、环境和公共设施管理业							
水资源总量(亿立方米)		669.95	558.56	534.89	287.17	337.35	423.06
环境污染治理投资总额(亿元)		8.06	82.34	132.25	360.16	455.08	879.74
教育							
专任教师数(万人)							
高等学校	0.54	2.02	4.63	7.75	9.80	10.27	10.84
普通中学	29.34	30.86	37.30	38.10	42.87	43.63	46.21
小学	42.88	45.93	47.55	49.04	47.21	47.42	48.86
在校学生数(万人)							
高等学校	2.73	26.24	85.19	145.67	176.69	187.48	200.47
普通中学	521.62	638.14	758.22	661.56	599.12	615.43	634.65
小学	1140.26	1130.63	986.84	1070.53	937.05	965.59	982.06
卫生、社会保障和社会福利业							
卫生机构床位数(万张)	10.20	19.86	21.40	32.76	48.96	52.16	55.90
#医院、卫生院	9.73	18.34	20.23	30.44	45.65	48.74	52.21
卫生技术人员数(万人)	11.44	26.84	28.92	37.28	51.96	54.67	58.05
#医生	4.38	11.11	11.11	15.48	19.86	20.68	22.03
文化、体育和娱乐业							
图书出版总印数(万册)		35077	27260	20150	23224	24608	27498
期刊出版总印数(万册)		10721	9323	8524	8602	8166	8517
报纸出版总印数(万份)		129104	197896	214158	204783	192659	178615

注：1.本表价值量指标除邮电业务总量2001年以来为2000年不变价，1990—2000年按1990年不变价格计算，以前年度按1980年不变价格计算，其他价值量指标均按当年价格计算。(下同)。生产总值、工业增加值、邮电业务总量、在岗职工平均工资发展(增长)速度均按可比价格计算。

2.2005年以后生产总值相关数据已按新的行业划分办法和第三次经济普查数据调整(下同)。

3.1994年始财政收入为分税制后新口径数据(下同),发展(增长)速度按可比口径计算。

2017年为以下各年%					年均增长速度(%)		
1978	2000	2005	2010	2016	1979—2017	2001—2017	2013—2017
129232.7	1242.7	590.5	255.2	109.4	20.2	16.0	13.1
41745.7	958.1	561.5	263.0	114.4	16.7	14.2	15.5
	945.5	511.7	209.3	104.5		14.1	10.0
	792.4	454.5	196.8	109.6		12.9	9.9
	2346.8	1046.7	275.4	117.8		20.4	13.4
	363.5	291.7	277.8	129.9		7.9	13.9
	2003.1	1478.3	335.0	112.7		19.3	15.6
	63.1	75.7	79.1	125.4		-2.7	9.8
	10921.2	1068.4	665.2	193.3		31.8	37.6
2007.4	536.6	234.1	139.9	105.6	8.0	10.4	4.7
157.5	149.7	123.9	121.3	105.9	1.2	2.4	3.5
113.9	106.4	102.8	99.6	103.0	0.3	0.4	-0.3
7343.2	764.0	235.3	137.6	106.9	11.6	12.7	5.2
121.7	99.5	83.7	95.9	103.1	0.5	0.0	-0.4
86.1	86.9	99.5	91.7	101.7	-0.4	-0.8	-1.9
548.0	281.5	261.2	170.6	107.2	4.5	6.3	7.3
536.6	284.7	258.1	171.5	107.1	4.4	6.3	7.4
507.4	216.3	200.7	155.7	106.2	4.3	4.6	6.2
503.0	198.3	198.3	142.3	106.5	4.2	4.1	5.6
	78.4	100.9	136.5	111.7		-1.4	3.7
	79.4	91.4	99.9	104.3		-1.3	-2.3
	138.4	90.3	83.4	92.7		1.9	-3.7

4.在岗职工、工资1997年及以前年度为职工口径(下同)。
5.进出口总额1992年及以后年度为海关数，其他为有关部门数(下同)。
6.2008—2012年客货运输量为公路水路运输量专项调查数据，2013年、2015年客货运输量按交通部新统计方法测算(下同)。
7.从2013年起，国家统计局开展了城乡一体化住户收支与生活状况调查，本表及以下相关表格数据来源于此调查，与2013年前的分城镇和农村住户调查的调查范围、方法和口径有所不同。

1-6 国民经济和社会发展结构指标

单位：%

指标	2000	2005	2010	2015	2016	2017
人口						
城乡结构						
市镇	23.2	30.7	38.8	46.9	48.5	50.2
乡村	76.8	69.3	61.2	53.2	51.5	49.8
性别结构						
男	51.6	51.6	51.8	51.8	51.7	51.7
女	48.4	48.4	48.2	48.2	48.3	48.3
就业						
从业人员产业结构						
第一产业	64.0	55.4	44.9	39.0	38.4	36.9
第二产业	17.5	22.1	29.0	30.8	30.6	31.1
第三产业	18.5	22.5	26.1	30.2	31.0	32.0
国民核算						
生产总值产业结构						
第一产业	23.0	17.4	13.5	10.8	10.1	9.3
第二产业	45.4	51.9	55.8	49.0	47.9	47.4
第三产业	31.6	30.8	30.7	40.2	42.0	43.3
固定资产投资						
固定资产投资产业结构						
第一产业			4.4	4.2	4.9	5.4
第二产业			51.1	48.6	46.6	43.7
第三产业			44.5	47.1	48.5	50.9
#重点行业占工业投资比重						
#五大主导产业				48.7	47.7	43.4
#传统产业				35.1	35.4	36.9
#高耗能工业				25.8	26.3	26.5
能源						
能源消费总量结构						
原煤	87.6	87.2	82.8	76.5	75.1	73.3
原油	9.6	8.7	9.3	13.1	13.5	14.1
天然气	1.7	2.2	3.4	4.5	5.2	5.9
一次电力及其他能源	1.1	1.9	4.5	5.9	6.2	6.8
财政						
一般公共预算收入结构						
#各项税收	79.1	68.0	73.6	68.1	68.4	68.4
一般公共预算支出结构						
#农林水事务	7.7	7.4	11.7	11.6	10.8	11.2
教科文卫	24.3	24.2	28.7	32.0	31.1	31.2
#科学技术	1.5	1.2	1.3	1.2	1.3	1.7

1-6 续表

单位：%

指　　标	2000	2005	2010	2015	2016	2017
生活						
城镇居民消费结构						
食品烟酒				28.1	28.0	26.7
衣着				10.5	9.7	9.2
居住				19.8	20.8	21.8
生活用品及服务				8.1	7.9	8.1
交通通信				10.9	11.0	11.7
教育文化娱乐				11.6	11.5	11.5
医疗保健				8.0	8.4	8.3
其他用品和服务				3.1	2.7	2.8
农村居民消费结构						
食品烟酒				29.2	28.5	27.1
衣着				8.3	7.9	7.7
居住				20.8	20.6	21.8
生活用品及服务				7.1	6.8	7.0
交通通信				12.3	14.1	13.5
教育文化娱乐				10.8	11.0	11.2
医疗保健				9.7	9.3	9.9
其他用品和服务				1.7	1.7	1.8
工业						
增加值重点行业比重						
#五大主导产业				44.0	44.4	44.6
#传统产业				45.3	44.5	44.2
#高技术产业				8.8	8.7	8.2
运输业						
货运量运输方式结构						
#铁　路	16.8	18.8	7.0	5.1	4.7	4.1
公　路	82.6	79.5	90.5	89.5	89.7	90.2
水　运	0.6	1.7	2.4	5.4	5.6	5.6
客运量运输方式结构						
#铁　路	5.6	6.0	5.0	10.3	11.9	13.9
公　路	94.2	93.7	94.5	88.7	87.0	84.7
水　运	0.1	0.1	0.2	0.2	0.2	0.3
批发零售贸易、住宿和餐饮业						
社会消费品零售总额结构						
批发零售和贸易业	84.9	84.0	84.9	86.1	86.0	85.9
住宿和餐饮业	11.7	13.9	13.8	13.9	14.0	14.1
环境						
工业企业污染防治投资结构						
#治理废水		49.2	35.4	13.4	4.7	7.0
治理废气		34.2	60.4	70.9	84.7	59.5
治理固体废物		11.7	0.7	2.4	0.2	0.8
治理噪声		0.2	0.4	0.0	0.0	0.8

1-7 国民经济和社会发展比例和效益指标

本表价值量指标均按当年价格计算。

指标	2000	2010	2015	2016	2017
人口					
出生率(‰)	13.07	11.52	12.70	13.26	12.95
死亡率(‰)	5.93	6.57	7.05	7.11	6.97
自然增长率(‰)	7.14	4.95	5.65	6.15	5.98
就业					
城镇户均就业人口(人)	1.94	1.95	1.76	1.66	1.66
城镇登记失业率(%)	2.60	3.38	3.00	3.00	3.00
国民核算					
经济增长贡献率(%)					
第一产业	10.2	4.7	5.8	5.6	5.8
第二产业	62.6	68.3	54.8	43.6	44.6
第三产业	27.2	27.0	39.4	50.8	49.6
全社会劳动生产率(元/人.年)	9377	38625	56376	60242	66037
第一产业	3382	11659	15330	15721	16305
第二产业	24282	77797	89926	94066	101458
第三产业	15827	42971	76880	82602	90741
对外经济贸易和国际旅游					
进出口总额相当于生产总值比例(%)	3.7	5.2	12.4	11.7	11.7
境外每一来豫游客支出(美元)	381	340	317	305	319
能源					
能源生产弹性系数		0.21			0.51
能源消费弹性系数	0.77	0.69	0.14		
单位GDP能耗降低率(%)		-3.53	-6.57	-7.64	-7.90
单位GDP电耗降低率(%)		0.80	-8.98	-3.95	-1.72
单位工业增加值能耗降低率(%)		-10.75	-11.54	-10.98	-9.10
财政					
一般公共预算收入占GDP比重(%)	4.9	5.9	8.1	7.8	7.6
家庭					
少儿抚养系数(%)		29.7	30.7	31.0	31.3
老年抚养系数(%)		11.8	13.9	14.4	14.9
生活					
城乡居民收入比例					
(农民人均可支配收入为1)	2.40	2.90	2.36	2.33	2.32

1-7 续表

指　　标	2000	2010	2015	2016	2017
农业					
每公顷播种面积农产量(千克)					
粮食	4542	5581	5906	5791	5977
棉花	903	957	1053	974	1100
油料	2630	3457	3747	4222	4200
工业					
成本费用利润率(%)	4.5	10.2	7.2	7.0	7.2
资产负债率(%)	66.4	55.2	47.0	47.7	48.1
总资产贡献率(%)	8.6	22.4	13.9	13.1	13.0
产品销售率(%)	98.0	98.7	98.2	97.9	98.6
劳动生产率(元/人)	33643	206596	229637	232740	252132
建筑业					
劳动生产率(元/人)		183639	287604	322917	354856
技术装备率(元/人)	5302	10173	13294	12652	12494
金融					
金融机构存款相当于					
生产总值比例 (%)	94.1	99.7	127.8	134.1	132.6
金融机构存贷比存款=100)	91.7	68.6	66.0	67.6	70.7
科技					
研究与试验发展经费内部支出					
与国内生产总值之比(%)	0.5	0.91	1.17	1.23	1.31
教育					
小学学龄儿童净入学率(%)	99.8	99.9	100.0	100.0	100.0
初中毕业生升学率(%)	41.4	79.5	90.0	87.7	88.8
高中阶段毛入学率(%)			90.3	90.4	90.6
九年义务教育巩固率			94.0	94.1	94.3
高中阶段毛入学率			90.3	90.4	90.6
高中升学率			81.2	84.4	88.6
高等教育毛入学率			36.5	38.8	41.8
每万人拥有大学生(含研究生)(人)	28	149	228	234	258
卫生					
每万人拥有卫生机构院床位(张)	20.9	34.8	51.6	54.7	58.5
每万人拥有执业医师(人)	11.7	16.5	21.0	21.7	23.0

1-8 自然资源

项　目	2005	2010	2016	2017
地理位置				
东经	110°21′～116°391′	110°21′～116°391′	110°21′～116°391′	110°21′～116°391′
北纬	31°23′～36°23′	31°23′～36°23′	31°23′～36°23′	31°23′～36°23′
矿产资源(保有储量)				
煤炭(亿吨)	260.00	279.74	374.55	376.67
铁矿(矿石，亿吨)	10.60	16.35	20.22	20.37
铝矿(铝土矿矿石，亿吨)	4.59	7.84	10.89	11.23
钼矿(钼，万吨)	374.60	365.05	526.63	603.45
金矿(金，吨)	353.58	379.15	650.45	649.48
炼镁白云岩(矿石，亿吨)	0.32	1.45	3.31	3.31
钨矿(VO3，万吨)	56.63	43.86	28.90	27.22
蓝晶石(万吨)	416.60	355.26	376.40	376.33
红柱石(万吨)	1016.89	995.38	995.38	854.30
天然碱(矿物，万吨)	8384.90	8830.11	14539.01	14675.01

主要统计指标解释

行政区划 指国家对行政区域的划分。根据有关法规规定，我国的行政区域划分如下：（1）全国分为省、自治区、直辖市；（2）省、自治区分为自治州、县、自治县、市；（3）自治州分为县、自治县、市；（4）自治区、自治州、自治县都是民族自治的地方；县、自治县分为乡、民族乡、镇；（5）直辖市和较大的市分为区、县；（6）国家在必要时设立的特别行政区。

可比价格 指计算各种总量指标所采用的扣除了价格变动因素的价格，可进行不同时期总量指标的对比。按可比价格计算总量指标有两种方法：一种是直接用产品产量乘某一年的不变价格计算；另一种是用价格指数进行缩减。

不变价格 指以同类产品某年的平均价格作为固定价格，用于计算各年的产品价值。按不变价格计算的产品价值消除了价格变动因素，不同时期对比可以反映生产的发展速度。新中国成立后，随着工农业产品价格水平的变化，国家统计局先后五次制定了全国统一的工业产品不变价格和农业产品不变价格。从1952年到1957年使用1952年工（农）业产品不变价格，从1957年到1970年使用1957年不变价格，从1971年到1980年使用1970年不变价格，从1981年到1990年使用1980年不变价格，从1991年开始使用1990年不变价格。

平均增长速度 平均增长速度表明社会经济现象在一个较长的时期内逐期平均增长变化的程度，它不能根据各个环比增长速度直接求得，但与平均发展速度之间存在着一定的数量关系：平均增长速度＝平均发展速度－1。

平均发展速度是一种根据环比发展速度计算的序时平均数，由于各时期对比的基础不同，所以计算平均发展速度不能采用一般的序时平均数的计算方法，计算方法分为水平法和累计法。水平法，又称几何平均法，即将环比发展速度按连乘法用几何平均数公式计算。累计法，也称方程法，根据一段时期内各年发展水平总和与基期水平的关系，列出方程式计算平均发展速度。水平法着重考虑最后一年所达到的发展水平；累计法着重考虑整个时期累计发展水平的总量。

本《年鉴》内所列的平均增长速度，除固定资产投资用“累计法”计算外，其余均用“水平法”计算。从某年到某年平均增长速度的年份，均不包括基期年在内。如建国四十三年以来的平均增长速度是以1949年为基期计算的，则写为1950-1992年平均增长速度，其余类推。

国民经济行业分类 自2012年定期报表开始使用新的《国民经济行业分类》（GB/T4754-2011）。该分类是由国家统计局组织修订，国家质量监督检验检疫总局和中国国家标准化管理委员会于2011年4月29日发布。这次修订是在2002年分类标准的基础上，参照联合国《全部经济活动的国际标准产业分类》（ISIC/Rev.4）进行的。修订后的《国民经济行业分类》（GB/T4754-2012）共有门类20个，大类96个，中类432个，小类1094个。

主要统计指标解释

农　业

资料整理：赵亚卓

2-1 各市农村基本情况(2017年底)

地　区	乡村户数(万户)	乡村劳动力资源数(万人)	男	女	乡村从业人员(万人)	男	女	#农业
省辖市								
郑州市	107.04	267.21	145.22	122.00	231.63	126.58	105.06	88.89
开封市	103.20	275.30	145.21	130.09	245.05	130.14	114.92	140.27
洛阳市	129.66	329.51	175.07	154.44	290.37	155.84	134.53	150.35
平顶山市	105.88	273.78	146.42	127.36	244.08	131.92	112.17	152.84
安阳市	125.31	305.66	166.95	138.71	274.63	152.78	121.85	127.11
鹤壁市	28.73	74.41	41.37	33.04	59.73	34.07	25.66	25.54
新乡市	112.51	283.54	152.39	131.15	249.14	135.44	113.70	122.72
焦作市	66.91	168.04	89.81	78.23	147.91	79.39	68.52	70.61
濮阳市	77.79	205.78	112.34	93.44	174.91	98.52	76.38	105.15
许昌市	83.42	222.43	118.57	103.86	201.77	106.27	95.50	116.67
漯河市	54.96	145.69	77.40	68.29	131.28	69.95	61.33	77.88
三门峡市	45.43	106.56	56.92	49.64	94.19	50.81	43.38	61.63
南阳市	246.14	630.96	343.11	287.84	555.37	304.96	250.41	327.68
商丘市	197.91	483.34	260.53	222.81	442.26	240.94	201.32	219.83
信阳市	186.31	463.10	253.28	209.82	412.67	222.77	189.90	226.60
周口市	235.70	605.98	317.88	288.11	559.12	297.61	261.52	301.97
驻马店市	180.72	522.50	274.29	248.22	467.31	246.20	221.11	227.34
济源市	12.39	31.25	16.87	14.38	25.71	13.78	11.93	14.04
省直管县								
巩义市	16.35	36.65	20.62	16.03	27.19	15.31	11.87	11.54
兰考县	17.65	50.08	26.21	23.87	46.56	24.39	22.18	24.90
汝州市	23.14	60.56	31.76	28.80	53.87	28.58	25.29	31.88
滑　县	33.21	74.05	39.93	34.13	66.59	36.69	29.90	32.34
长垣县	14.88	37.07	20.99	16.08	33.23	19.08	14.14	9.89
邓州市	36.78	100.32	54.02	46.30	79.92	43.39	36.52	53.50
永城市	34.71	80.61	48.49	32.12	73.70	47.39	26.31	27.86
固始县	40.27	92.30	51.71	40.59	79.06	40.76	38.30	33.69
鹿邑县	27.85	66.16	34.32	31.84	65.18	33.83	31.35	18.29
新蔡县	23.35	68.66	35.01	33.65	68.63	35.00	33.63	19.58

注：省辖市的数据包含省直管县的数据。

2-2 历年农业生产情况

年 份	播种面积(千公顷)	#粮食	#棉花	#油料	粮食产量(万吨)	#小麦	棉花产量(万吨)	油料产量(万吨)	园林水果产量(万吨)
1978	10966.70	9123.30	612.00	465.33	2097.40	868.18	22.42	24.16	47.11
1979	10917.00	9066.70	555.33	632.67	2134.50	969.00	19.84	36.87	52.37
1980	10788.20	8858.90	626.67	710.00	2148.68	890.37	40.62	46.20	43.55
1981	11013.00	9029.30	641.33	744.67	2314.50	1083.50	35.50	55.99	52.30
1982	11076.00	8923.30	754.00	709.33	2217.10	1220.10	32.04	44.16	46.63
1983	11326.70	9286.70	794.00	607.33	2904.00	1455.75	63.24	51.52	58.67
1984	11432.70	8996.70	1162.00	579.33	2893.50	1653.00	86.89	52.50	41.01
1985	11685.30	9029.30	814.30	793.70	2710.53	1528.23	54.73	96.18	53.33
1986	11819.50	9372.20	619.33	921.33	2545.67	1567.90	39.86	98.99	61.23
1987	11952.90	9365.20	717.33	977.33	2948.41	1626.00	57.00	136.57	77.84
1988	11930.20	9053.80	916.03	952.84	2663.00	1520.95	63.71	96.17	74.81
1989	11999.40	9262.00	836.15	915.43	3149.44	1695.13	52.72	118.48	76.75
1990	11889.70	9316.10	823.00	876.40	3303.66	1639.86	67.61	152.29	63.92
1991	12001.90	9040.40	1193.20	896.00	3010.30	1554.28	94.77	127.62	63.67
1992	11936.30	8804.70	1247.90	908.60	3109.61	1650.67	65.85	133.63	87.79
1993	12068.00	8969.00	974.00	1075.00	3639.21	1922.13	66.01	204.50	125.12
1994	12087.70	8810.90	966.70	1242.00	3253.80	1798.42	62.81	225.00	170.54
1995	12136.80	8810.00	1000.10	1271.50	3466.50	1754.18	77.00	298.00	211.66
1996	12257.40	8965.30	933.30	1181.10	3839.90	2026.76	73.57	278.46	247.26
1997	12276.74	8879.90	868.30	1208.50	3894.66	2372.35	79.00	276.66	269.26
1998	12567.05	9101.98	800.00	1235.90	4009.61	2073.53	72.84	312.13	312.60
1999	12659.90	9032.30	733.30	1316.10	4253.25	2291.46	70.73	349.25	349.42
2000	13136.91	9029.60	779.33	1492.54	4101.50	2235.95	70.38	392.55	364.73
2001	13127.70	8822.79	858.20	1443.97	4119.88	2299.71	82.77	362.49	399.12
2002	13359.80	8975.10	793.10	1537.00	4209.98	2248.39	76.49	420.68	427.01
2003	13684.40	8923.30	926.67	1569.90	3569.47	2292.50	37.67	309.91	430.38
2004	13805.69	8970.07	951.80	1554.96	4260.00	2480.93	66.67	408.75	507.07
2005	13922.63	9153.41	781.47	1605.83	4582.00	2577.69	67.70	449.60	555.69
2006	13995.39	9455.80	748.20	1489.10	5112.30	2936.50	81.00	460.07	591.78
2007	14087.84	9528.52	653.16	1464.65	5252.92	2958.31	69.98	478.27	663.80
2008	14181.67	9746.87	527.62	1452.62	5405.80	3036.20	56.66	493.48	714.77
2009	14196.59	9890.62	436.53	1442.27	5506.87	3092.20	42.03	514.34	756.98
2010	14248.69	10027.00	354.23	1431.68	5581.82	3121.00	33.89	515.66	797.50
2011	14258.61	10244.43	280.57	1413.60	5733.92	3144.90	27.04	501.69	835.56
2012	14262.17	10434.56	169.40	1378.05	5898.38	3223.07	16.95	530.38	872.91
2013	14323.54	10697.43	114.96	1361.87	6023.80	3266.33	11.68	542.13	891.25
2014	14378.34	10944.97	88.11	1339.01	6133.60	3385.20	8.44	531.41	899.36
2015	14424.94	11126.30	64.34	1311.84	6470.22	3526.90	6.77	538.99	919.68
2016	14472.25	11219.55	50.03	1302.35	6498.01	3618.62	4.88	549.82	927.12
2017	14732.53	10915.13	40.00	1397.49	6524.25	3705.21	4.40	586.95	931.98

注：本表2006年及以后数据均与第三次农业普查数相衔接。

2-3　主要农作物播种面积

单位：千公顷

指　　标	2000年	2005年	2010年	2013年	2014年	2015年	2016年	2017年
农作物总播种面积	**13136.91**	**13922.67**	**14320.79**	**14586.5**	**14731.54**	**14879.73**	**14902.72**	**14732.53**
粮食作物	**9029.60**	**9153.41**	**10027.00**	**10697.43**	**10944.97**	**11126.30**	**11219.55**	**10915.13**
夏收粮食	4997.97	5027.33	5390.69	5543.70	5606.83	5648.60	5730.24	5741.31
秋收粮食	4031.63	4126.08	4636.31	5153.72	5338.14	5477.70	5489.31	5173.82
谷物	7743.72	8093.85	9274.24	10014.77	10270.37	10498.94	10608.13	10412.61
稻谷	459.59	511.07	610.84	610.97	614.65	616.35	614.09	615.03
小麦	4922.33	4962.67	5364.56	5517.98	5581.24	5623.14	5704.91	5714.64
玉米	2201.33	2508.31	3233.50	3823.60	4009.42	4189.91	4210.46	3998.94
谷子	80.33	41.31	35.52	34.09	34.03	33.83	38.67	36.00
高粱	12.87	6.41	3.69	2.41	5.45	10.25	14.67	21.33
其他谷物	67.27	64.08	26.13	25.73	25.59	25.46	25.33	26.67
#大麦	67.27	54.03	26.13	25.73	25.59	25.46	25.33	26.67
豆类	683.43	616.53	487.56	460.80	413.25	370.35	366.40	389.85
大豆	564.73	533.58	444.78	424.01	381.90	343.56	341.06	345.17
绿豆	90.39	66.16	42.78	36.79	31.36	26.78	25.33	40.00
红薯(按折粮薯类计算)	602.45	443.03	265.19	221.85	261.34	257.02	245.03	112.67
油料	**1492.54**	**1605.83**	**1431.68**	**1361.87**	**1339.01**	**1311.84**	**1302.35**	**1397.49**
花生	984.80	979.34	992.14	1016.70	1023.57	1023.96	1051.03	1151.93
油菜籽	248.30	407.79	298.04	228.58	207.70	186.58	162.19	155.69
芝麻	254.93	210.53	133.35	108.22	99.12	92.17	83.15	84.07
棉花	**779.33**	**781.47**	**354.23**	**114.96**	**88.11**	**64.34**	**50.03**	**40.00**
麻类	**16.52**	**13.52**	**7.44**	**6.54**	**4.68**	**4.56**	**4.11**	**3.29**
黄红麻	15.26	13.29	7.35	6.54	4.66	4.22	3.88	3.24
甘蔗	**5.20**	**4.75**	**3.42**	**3.11**	**2.94**	**2.60**	**2.42**	**2.31**
烟叶	**166.35**	**132.27**	**122.15**	**137.15**	**123.80**	**114.27**	**109.21**	**103.95**
烤烟叶	163.29	127.13	122.07	137.15	123.80	114.27	106.45	102.79
药材类	**60.55**	**174.20**	**121.87**	**121.20**	**118.80**	**113.58**	**99.81**	**112.19**
蔬菜(含菜用瓜)	**1189.20**	**1595.85**	**1720.13**	**1682.96**	**1654.84**	**1671.03**	**1682.12**	**1736.14**
瓜果类(果用瓜)	**305.39**	**333.61**	**326.01**	**309.75**	**297.05**	**292.69**	**312.36**	**318.24**
西瓜	254.66	288.16	270.72	258.45	248.15	241.45	257.03	260.86
甜瓜	27.86	41.43	47.60	45.88	43.51	44.78	47.63	48.12
草莓		3.86	4.76	5.23	5.20	6.40	7.71	9.25
其他农作物	**92.23**	**127.72**	**206.86**	**151.55**	**157.36**	**178.51**	**120.77**	**103.80**
#青饲料	4.25	41.01	8.93	5.67	5.69	4.66	3.40	6.30
花卉			83.54	70.39	76.71	47.41	57.57	98.37

注：本表2006年及以后数据已与农普数据衔接(2－5、2－6、2－7、2－8表同此)。

2-4　主要农作物播种面积构成

单位：%

指　　标	2000年	2005年	2010年	2013年	2014年	2015年	2016年	2017
农作物总播种面积	**100.0**	**100.0**	**100.0**	**100.0**	**100.0**	**100.0**	**100.0**	**100.0**
粮食作物	**68.7**	**65.7**	**70.4**	**74.7**	**76.1**	**77.1**	**77.5**	**74.1**
夏收粮食	38.0	36.1	37.8	38.7	39.0	39.2	39.6	39.0
秋收粮食	30.7	29.6	32.5	36.0	37.1	38.0	37.9	35.1
谷物	58.9	58.1	65.1	69.9	71.4	72.8	73.3	70.7
稻谷	3.5	3.7	4.3	4.3	4.3	4.3	4.2	4.2
小麦	37.5	35.6	37.6	38.5	38.8	39.0	39.4	38.8
玉米	16.8	18.0	22.7	26.7	27.9	29.0	29.1	27.1
谷子	0.6	0.3	0.2	0.2	0.2	0.2	0.3	0.2
高粱	0.1	0.0	0.0	0.0	0.0	0.1	0.1	0.1
其他谷物	0.5	0.5	0.2	0.2	0.2	0.2	0.2	0.2
#大麦	0.5	0.4	0.2	0.2	0.2	0.2	0.2	0.2
豆类	5.2	4.4	3.4	3.2	2.9	2.6	2.5	2.6
大豆	4.3	3.8	3.1	3.0	2.7	2.4	2.4	2.3
绿豆	0.7	0.5	0.3	0.3	0.2	0.2	0.2	0.3
红薯(按折粮薯类计算)	4.6	3.2	1.9	1.5	1.8	1.8	1.7	0.8
油料	**11.4**	**11.5**	**10.0**	**9.5**	**9.3**	**9.1**	**9.0**	**9.5**
花生	7.5	7.0	7.0	7.1	7.1	7.1	7.3	7.8
油菜籽	1.9	2.9	2.1	1.6	1.4	1.3	1.1	1.1
芝麻	1.9	1.5	0.9	0.8	0.7	0.6	0.6	0.6
棉花	**5.9**	**5.6**	**2.5**	**0.8**	**0.6**	**0.4**	**0.3**	**0.3**
生麻	**0.1**	**0.1**	**0.1**	**0.0**	**0.0**	**0.0**	**0.0**	**0.0**
黄红麻	0.1	0.1	0.1	0.0	0.0	0.0	0.0	0.0
甘蔗	0.0	0.0	0.0	0.0	0.0	0.0	0.0	0.0
烟叶(未加工烟草)	**1.3**	**1.0**	**0.9**	**1.0**	**0.9**	**0.8**	**0.8**	**0.7**
烤烟叶	1.2	0.9	0.9	1.0	0.9	0.8	0.7	0.7
药材类	**0.5**	**1.3**	**0.9**	**0.8**	**0.8**	**0.8**	**0.7**	**0.8**
蔬菜及食用菌	**9.1**	**11.5**	**12.1**	**11.7**	**11.5**	**11.6**	**11.6**	**11.8**
瓜果类(果用瓜)	**2.3**	**2.4**	**2.3**	**2.2**	**2.1**	**2.0**	**2.2**	**2.2**
西瓜	1.9	2.1	1.9	1.8	1.7	1.7	1.8	1.8
甜瓜	0.2	0.3	0.3	0.3	0.3	0.3	0.3	0.3
其他农作物	**0.7**	**0.9**	**1.5**	**1.1**	**1.1**	**1.2**	**0.8**	**0.7**
#青饲料	0.0	0.3	0.1	0.0	0.0	0.0	0.0	0.0
花卉			0.6	0.5	0.5	0.3	0.4	0.7

2-5 主要农作物产品产量

单位：万吨

指 标	2000年	2005年	2010年	2013年	2014年	2015年	2016年	2017年
粮食作物	**4101.50**	**4582.00**	**5581.82**	**6023.80**	**6133.60**	**6470.22**	**6498.01**	**6524.25**
夏收粮食	2268.05	2609.21	3129.48	3275.08	3395.20	3537.70	3628.32	3715.98
秋收粮食	1833.45	1972.79	2452.34	2748.72	2738.39	2932.52	2869.69	2808.27
谷物	3669.73	4277.48	5393.55	5859.83	5989.56	6331.75	6360.41	6382.89
稻谷	318.82	359.77	458.51	463.16	500.53	499.88	508.29	485.25
小麦	2235.95	2577.69	3121.00	3266.33	3385.20	3526.90	3617.72	3704.98
玉米	1074.97	1298.00	1795.31	2116.47	2088.89	2288.50	2216.29	2170.14
谷子	7.86	11.17	9.81	4.71	4.10	4.17	5.11	7.57
高粱	2.00	1.93	0.37	0.29	0.67	1.29	1.50	3.32
其他谷物	30.13	28.92	8.55	8.88	10.17	11.00	10.60	11.40
#大麦	30.13	28.18	8.55	8.88	10.17	11.00	10.60	11.40
豆类	140.13	74.44	88.93	72.87	54.00	48.84	49.00	53.36
大豆	115.78	58.07	83.91	69.34	51.52	46.75	46.90	50.36
绿豆	13.11	10.00	5.03	3.53	2.48	2.09	2.10	3.00
红薯(按折粮薯类计算)	291.64	230.08	99.34	91.09	90.03	89.63	88.60	88.00
油料	**392.55**	**449.60**	**515.66**	**542.13**	**531.41**	**538.99**	**549.82**	**586.95**
花生	335.88	338.30	429.64	469.19	466.09	477.12	494.27	529.81
油菜籽	33.76	87.71	67.40	55.35	49.69	46.21	40.90	42.08
芝麻	21.99	22.08	17.57	16.48	14.81	14.59	13.55	14.07
棉花	**70.38**	**67.70**	**33.89**	**11.68**	**8.44**	**6.77**	**4.88**	**4.40**
麻类	**3.64**	**3.76**	**3.88**	**3.65**	**2.87**	**2.87**	**2.71**	**2.24**
黄红麻	3.29	3.69	3.84	3.65	2.87	2.68	2.59	2.22
甘蔗	**32.57**	**25.20**	**22.78**	**22.28**	**20.74**	**17.88**	**16.67**	**16.24**
烟叶(未加工烟草)		**28.84**	**28.75**	**34.65**	**29.99**	**28.85**	**28.26**	**26.70**
烤烟叶	27.18	28.06	28.74	34.65	29.67	23.34	27.61	26.37
蔬菜及食用菌	**3981.78**	**5880.25**	**6760.21**	**6745.29**	**6848.11**	**6970.99**	**7238.18**	**7530.22**
瓜果类(果用瓜)	**1093.55**	**1286.47**	**1501.23**	**1534.13**	**1468.76**	**1519.94**	**1613.93**	**1670.46**
西瓜	919.42	1158.37	1299.82	1342.89	1285.42	1349.91	1402.18	1447.01
甜瓜	79.98	120.50	179.01	176.67	169.34	152.37	191.70	201.38
草莓		7.60	12.56	14.58	14.00	17.66	20.05	22.08

2-6　主要农作物单位面积产量

单位：公斤/公顷

指　　标	2000年	2005年	2010年	2013年	2014年	2015年	2016年	2017年
粮食作物	**4542**	**5006**	**5567**	**5631**	**5604**	**5815**	**5792**	**5977**
夏收粮食	4538	5190	5805	5908	6055	6263	6332	6472
秋收粮食	4548	4781	5289	5333	5130	5354	5228	5428
谷物	4739	5285	5816	5851	5832	6031	5996	6130
稻谷	6937	7040	7506	7581	8143	8110	8277	7890
小麦	4542	5194	5818	5919	6065	6272	6341	6483
玉米	4883	5175	5552	5535	5210	5462	5264	5427
谷子	978	2704	2761	1383	1206	1234	1322	2103
高粱	1554	3011	1011	1208	1230	1263	1023	1557
其他谷物	4479	4513	3272	3450	3973	4320	4184	4275
#大麦	4479	5216	3272	3450	3973	4320	4184	4275
豆类	2050	1207	1824	1581	1307	1319	1337	1369
大豆	2050	1088	1886	1635	1349	1361	1375	1459
绿豆	1450	1511	1175	960	792	779	829	750
红薯(按折粮薯类计算)	4841	5193	3746	4106	3445	3487	3616	7811
油料	**2630**	**2800**	**3602**	**3981**	**3969**	**4109**	**4222**	**4200**
花生	3411	3454	4330	4615	4554	4660	4703	4599
油菜籽	1360	2151	2261	2421	2392	2477	2522	2703
芝麻	863	1049	1317	1523	1494	1583	1630	1674
棉花	**903**	**866**	**957**	**1016**	**958**	**1053**	**974**	**1100**
生麻	**2203**	**2781**	**5215**	**5582**	**6132**	**6286**	**6600**	**6825**
黄红麻	2156	2777	5224	5582	6159	6351	6682	6849
甘蔗	**62635**	**53053**	**66633**	**71678**	**70648**	**68729**	**68866**	**70346**
烟叶(未加工烟草)	**1659**	**2180**	**2354**	**2527**	**2422**	**2525**	**2588**	**2568**
烤烟叶	1665	2207	2354	2526	2397	2043	2594	2566
蔬菜及食用菌	**26641**	**36847**	**39301**	**40080**	**41382**	**41717**	**43030**	**43373**
瓜果类(果用瓜)	**35808**	**38562**	**46049**	**49528**	**49445**	**51929**	**51668**	**52491**

2-7 各市农作物播种面积和产量(2017年)

地 区	粮食作物			夏收粮食		
	播种面积(千公顷)	总产量(万吨)	公顷产量(公斤)	播种面积(千公顷)	总产量(万吨)	公顷产量(公斤)
省辖市						
郑州市	327.91	153.06	4668	165.43	79.94	4832
开封市	527.98	300.50	5692	304.28	190.03	6245
洛阳市	516.72	225.05	4355	249.55	119.85	4803
平顶山市	454.61	218.94	4816	219.03	115.44	5270
安阳市	596.84	371.24	6220	325.04	209.01	6430
鹤壁市	171.37	118.25	6900	90.20	65.52	7264
新乡市	728.36	462.76	6353	384.93	270.80	7035
焦作市	283.67	203.52	7174	150.02	115.19	7678
濮阳市	434.57	288.15	6631	231.53	165.76	7159
许昌市	456.29	288.79	6329	232.29	166.95	7187
漯河市	272.28	177.68	6526	144.60	106.52	7367
三门峡市	166.93	65.10	3900	78.31	34.24	4372
南阳市	1311.43	691.13	5270	722.73	418.09	5785
商丘市	1100.39	717.24	6518	600.13	437.88	7296
信阳市	839.28	555.82	6623	316.20	149.42	4725
周口市	1385.64	887.69	6406	728.80	545.46	7484
驻马店市	1297.56	776.44	5984	776.84	514.22	6619
济源市	43.52	22.65	5203	21.41	12.06	5632
省直管县						
巩义市	43.55	15.91	3653	22.62	8.65	3825
兰考县	102.19	56.53	5532	59.61	35.35	5930
汝州市	97.92	45.94	4692	47.98	25.40	5293
滑县	208.72	156.38	7493	120.34	90.97	7560
长垣县	106.13	70.65	6657	55.00	41.42	7530
邓州市	217.05	118.83	5475	137.80	81.94	5946
永城市	211.02	133.80	6341	110.98	82.25	7411
固始县	153.63	107.94	7026	37.54	17.04	4540
鹿邑县	144.59	95.58	6610	72.24	53.99	7474
新蔡县	152.01	89.33	5877	84.80	55.93	6596

注：省辖市的数据包含省直管县的数据。

2-7　续表 1

地　区	秋收粮食			谷物合计			稻谷		
	播种面积（千公顷）	总产量（万吨）	公顷产量（公斤）	播种面积（千公顷）	总产量（万吨）	公顷产量（公斤）	播种面积（千公顷）	总产量（万吨）	公顷产量（公斤）
省 辖 市									
郑 州 市	163.71	72.85	4450	318.29	148.14	4654			
开 封 市	219.15	109.20	4983	506.08	292.68	5783	7.10	4.50	6334
洛 阳 市	258.82	98.65	3811	465.47	206.98	4447	1.67	1.22	7298
平顶山市	236.24	103.18	4368	437.17	212.56	4862	1.40	0.89	6319
安 阳 市	279.85	166.42	5947	595.51	371.09	6232	0.21	0.20	9652
鹤 壁 市	84.41	54.68	6478	172.21	119.23	6924			
新 乡 市	352.69	196.17	5562	723.29	461.99	6387	18.85	14.90	7905
焦 作 市	138.05	91.26	6611	283.73	204.79	7218	4.82	3.82	7924
濮 阳 市	205.00	121.70	5936	423.44	283.50	6695	28.00	17.80	6356
许 昌 市	212.22	116.41	5485	405.88	271.51	6689			
漯 河 市	123.03	69.58	5655	244.19	171.07	7006			
三门峡市	84.53	28.13	3328	141.04	58.20	4126			
南 阳 市	582.45	264.60	4543	1217.70	657.48	5399	37.38	27.44	7342
商 丘 市	502.75	281.24	5594	1042.35	704.38	6758	0.39	0.36	9187
信 阳 市	520.01	413.36	7949	841.12	560.92	6669	486.20	395.69	8138
周 口 市	648.09	337.66	5210	1274.60	862.78	6769	0.51	0.46	8977
驻马店市	540.24	271.46	5025	1278.07	772.53	6045	28.71	17.67	6153
济 源 市	22.58	10.77	4769	42.44	22.43	5286	0.10	0.06	6412
省直管县									
巩 义 市	21.46	7.37	3437	43.26	15.73	3636			
兰 考 县	42.57	21.18	4975	100.89	55.80	5531	0.18	0.16	8866
汝 州 市	49.94	20.55	4115	95.18	44.94	4722			
滑　县	88.38	65.41	7401	212.45	158.66	7468	0.15	0.15	10201
长 垣 县	51.13	29.23	5717	105.38	70.94	6732	2.12	1.67	7890
邓 州 市	79.25	36.89	4655	203.09	115.32	5678	1.56	0.97	6207
永 城 市	100.04	51.55	5153	171.69	124.44	7248			
固 始 县	116.10	90.90	7829	156.39	109.71	7015	112.29	90.67	8074
鹿 邑 县	72.36	41.59	5747	130.71	92.08	7045			
新 蔡 县	67.20	33.40	4969	150.20	89.70	5972	2.49	1.34	5396

2–7 续表 2

地区	小麦			玉米		
	播种面积(千公顷)	总产量(万吨)	公顷产量(公斤)	播种面积(千公顷)	总产量(万吨)	公顷产量(公斤)
省辖市						
郑州市	165.43	79.94	4832	152.13	68.25	4486
开封市	304.28	190.03	6245	192.09	97.33	5067
洛阳市	249.55	119.85	4803	195.77	80.47	4111
平顶山市	219.03	115.44	5270	217.47	96.66	4445
安阳市	325.04	209.01	6430	263.18	160.14	6085
鹤壁市	90.20	65.52	7264	81.19	53.72	6617
新乡市	384.93	270.80	7035	317.59	175.87	5538
焦作市	150.02	115.19	7678	128.57	85.92	6683
濮阳市	231.53	165.76	7159	161.54	99.40	6153
许昌市	232.29	166.95	7187	172.53	104.30	6045
漯河市	144.60	106.52	7367	98.70	64.35	6519
三门峡市	78.31	34.24	4372	61.23	23.56	3848
南阳市	719.34	416.48	5790	449.67	209.32	4655
商丘市	597.44	435.93	7297	441.59	267.15	6050
信阳市	311.02	147.72	4749	23.61	14.39	6094
周口市	728.80	545.46	7484	542.03	315.46	5820
驻马店市	761.44	508.09	6673	478.65	243.33	5084
济源市	21.41	12.06	5632	20.98	10.35	4934
省直管县						
巩义市	22.62	8.65	3825	20.39	7.05	3457
兰考县	59.61	35.35	5930	40.68	20.17	4959
汝州市	47.98	25.40	5293	47.28	19.59	4143
滑县	120.34	90.97	7560	91.35	67.59	7399
长垣县	55.00	41.42	7530	48.05	27.79	5783
邓州市	137.80	81.94	5946	58.86	29.91	5082
永城市	110.98	82.25	7411	59.48	41.84	7035
固始县	37.54	17.04	4540	2.95	1.57	5313
鹿邑县	72.24	53.99	7474	58.26	38.10	6540
新蔡县	84.80	55.93	6596	62.49	32.28	5167

2-7 续表 3

地区	豆类合计			大豆		
	播种面积(千公顷)	总产量(万吨)	公顷产量(公斤)	播种面积(千公顷)	总产量(万吨)	公顷产量(公斤)
省辖市						
郑州市	6.70	0.67	1002	5.02	0.59	1167
开封市	12.01	1.99	1661	11.43	2.00	1752
洛阳市	25.85	1.98	764	19.30	1.57	815
平顶山市	10.48	1.60	1523	9.40	1.56	1661
安阳市	4.60	0.69	1491	4.06	0.66	1632
鹤壁市	1.42	0.23	1642	1.16	0.22	1876
新乡市	12.15	1.93	1586	11.95	2.00	1676
焦作市	3.34	0.55	1660	3.27	0.57	1734
濮阳市	12.40	2.35	1899	10.76	2.22	2068
许昌市	28.92	4.21	1455	28.62	4.37	1527
漯河市	20.43	2.51	1229	20.26	2.61	1288
三门峡市	18.96	2.05	1083	14.52	1.74	1198
南阳市	57.11	7.00	1225	42.78	5.34	1248
商丘市	53.33	8.32	1559	51.03	8.18	1603
信阳市	6.38	0.35	549	5.22	0.31	591
周口市	91.90	12.75	1388	84.42	12.67	1500
驻马店市	22.74	3.65	1605	20.82	3.57	1717
济源市	1.24	0.17	1369	1.15	0.17	1490
省直管县						
巩义市	0.42	0.03	694	0.23	0.02	886
兰考县	1.46	0.25	1730	1.31	0.25	1895
汝州市	0.90	0.09	969	0.66	0.08	1155
滑县	0.18	0.04	2180	0.15	0.04	2296
长垣县	2.24	0.37	1651	2.18	0.38	1762
邓州市	12.83	1.79	1396	9.33	1.37	1463
永城市	34.61	4.77	1378	34.19	4.92	1441
固始县	0.12	0.01	1267	0.11	0.02	1328
鹿邑县	13.15	1.86	1414	12.92	1.91	1479
新蔡县	1.84	0.15	821	1.28	0.11	870

2–7 续表 4

地区	红薯			油料合计			花生		
	播种面积(千公顷)	总产量(万吨)	公顷产量(公斤)	播种面积(千公顷)	总产量(万吨)	公顷产量(公斤)	播种面积(千公顷)	总产量(万吨)	公顷产量(公斤)
省辖市									
郑州市	3.65	3.67	10056	31.16	11.68	3749	27.00	11.00	4074
开封市	7.90	5.35	6777	99.00	45.44	4589	96.24	44.64	4639
洛阳市	12.95	10.18	7860	32.97	10.73	3254	24.33	8.64	3549
平顶山市	5.66	3.90	6894	34.94	11.26	3223	24.47	8.97	3664
安阳市	3.73	3.38	9043	51.98	24.45	4704	49.28	23.92	4853
鹤壁市	0.53	0.51	9538	12.32	3.80	3085	11.83	3.73	3157
新乡市	2.84	3.29	11554	69.31	30.44	4392	67.65	29.99	4434
焦作市	0.93	0.92	9886	21.96	11.66	5311	21.51	11.56	5377
濮阳市	2.17	1.96	9040	27.06	12.49	4616	26.30	12.26	4662
许昌市	10.52	7.85	7458	15.02	4.95	3298	11.10	3.98	3585
漯河市	3.90	2.72	6979	9.67	3.24	3345	7.03	2.64	3750
三门峡市	2.76	2.16	7848	12.39	2.68	2160	4.85	1.23	2529
南阳市	22.20	18.15	8176	348.04	153.34	4406	292.55	140.50	4803
商丘市	7.44	5.42	7277	71.93	34.14	4746	67.11	32.39	4827
信阳市	3.81	2.92	7666	139.04	49.29	3545	65.55	31.13	4749
周口市	12.75	8.88	6964	84.76	38.12	4497	61.48	32.71	5320
驻马店市	8.68	6.57	7565	332.34	138.85	4178	293.55	131.31	4473
济源市	0.23	0.17	7544	0.55	0.18	3333	0.42	0.17	3925
省直管县									
巩义市	0.31	0.24	7776	2.44	0.37	1517	1.43	0.22	1537
兰考县	0.76	0.74	9745	13.20	6.26	4743	12.86	6.18	4800
汝州市	1.57	0.96	6106	5.34	1.87	3497	3.93	1.60	4067
滑县	0.31	0.44	14369	23.26	11.46	4930	23.14	11.44	4942
长垣县	0.19	0.20	10145	8.41	3.26	3871	7.53	2.99	3976
邓州市	1.37	1.19	8670	65.78	30.19	4589	57.74	28.58	4950
永城市	0.86	1.10	12812	0.72	0.28	3921	0.26	0.11	4200
固始县	0.23	0.17	7392	23.02	6.90	2998	8.39	3.34	3980
鹿邑县	0.50	0.84	16704	3.68	1.16	3140	1.46	0.59	4035
新蔡县	1.23	0.61	4939	22.77	7.08	3111	17.76	6.39	3600

2-7　续表 5

地　区	油菜籽			棉　花		烟叶(未加工烟草)		
	播种面积(千公顷)	总产量(万吨)	公顷产量(公斤)	播种面积(千公顷)	总产量(万吨)	播种面积(千公顷)	总产量(万吨)	公顷产量(公斤)
省辖市								
郑州市	3.63	0.61	1693	1.05	0.12	0.75	0.15	2040
开封市	2.35	0.71	3014	6.92	0.76			
洛阳市	6.29	1.71	2711	1.89	0.21	23.56	5.86	2487
平顶山市	8.56	2.01	2354	0.82	0.09	11.90	2.84	2386
安阳市	2.38	0.49	2054	2.51	0.28			
鹤壁市	0.42	0.06	1421	0.41	0.04			
新乡市	1.56	0.43	2740	1.18	0.13			
焦作市	0.40	0.09	2217	0.23	0.03			
濮阳市	0.65	0.21	3253	1.36	0.15			
许昌市	3.62	0.93	2567	0.50	0.06	9.41	2.78	2955
漯河市	1.98	0.52	2650	2.09	0.23	7.06	1.28	1811
三门峡市	3.44	0.78	2255	0.67	0.07	16.84	3.77	2237
南阳市	25.80	7.54	2921	7.21	0.79	21.19	6.22	2937
商丘市	4.05	1.61	3983	6.98	0.77	2.59	0.74	2857
信阳市	65.71	17.15	2610	0.82	0.09	0.54	0.18	3310
周口市	4.40	1.63	3691	4.37	0.48	3.49	1.36	3900
驻马店市	17.54	4.73	2697	0.80	0.09	5.90	1.35	2285
济源市	0.06	0.01	1417	0.19	0.02	0.72	0.17	2307
省直管县								
巩义市	0.82	0.13	1578	0.29	0.03			
兰考县	0.32	0.08	2583	1.16	0.13			
汝州市	1.20	0.24	2043	0.33	0.04	1.42	0.36	2529
滑县	0.10	0.02	2380	0.61	0.07			
长垣县	0.88	0.26	2987	0.25	0.03			
邓州市	1.95	0.60	3088	1.07	0.12	1.25	0.54	4320
永城市	0.43	0.17	3900	0.14	0.02			
固始县	13.38	3.35	2500	0.07	0.01			
鹿邑县	1.19	0.43	3603	1.28	0.14	1.22	0.39	3157
新蔡县	1.38	0.33	2424	0.33	0.04			

2–7 续表 6

地区	蔬菜及食用菌			瓜果类(果用瓜)		
	播种面积(千公顷)	总产量(万吨)	公顷产量(公斤)	播种面积(千公顷)	总产量(万吨)	公顷产量(公斤)
省辖市						
郑州市	61.76	251.40	40708	8.41	34.22	40671
开封市	156.55	736.99	47077	44.91	234.43	52203
洛阳市	64.31	271.50	42218	7.69	20.92	27194
平顶山市	49.59	240.18	48437	6.21	23.33	37545
安阳市	112.36	671.00	59718	16.44	104.96	63861
鹤壁市	11.03	41.71	37811	0.39	1.31	33942
新乡市	63.62	306.67	48204	4.81	24.94	51870
焦作市	33.83	189.20	55925	3.39	14.91	43992
濮阳市	63.69	258.96	40659	6.58	29.80	45280
许昌市	41.23	157.33	38155	2.76	12.25	44445
漯河市	61.77	180.68	29249	11.03	38.01	34462
三门峡市	34.24	121.02	35348	3.48	8.78	25211
南阳市	245.59	1082.15	44064	28.42	160.55	56486
商丘市	201.48	1028.38	51041	45.55	262.90	57721
信阳市	130.66	416.85	31904	26.29	118.03	44903
周口市	281.59	1095.43	38901	80.52	460.91	57240
驻马店市	117.57	455.55	38748	21.28	119.90	56356
济源市	5.28	25.22	47792	0.08	0.28	34287
省直管县						
巩义市	2.21	5.89	26647	0.03	0.12	47211
兰考县	8.03	28.64	35654	2.10	9.13	43568
汝州市	7.57	33.99	44886	0.68	1.96	28659
滑县	34.79	200.92	57745	5.37	33.08	61659
长垣县	9.93	58.97	59414	1.87	13.28	71033
邓州市	43.19	214.96	49771	4.82	24.56	50932
永城市	26.74	176.27	65915	1.79	35.10	195785
固始县	29.91	111.35	37223	6.87	36.23	52759
鹿邑县	30.48	114.63	37612	1.88	7.52	40047
新蔡县	11.91	45.91	38535	6.40	32.90	51404

2-8 茶叶、水果产量和面积

项　目	2000年	2005年	2010年	2013年	2014年	2015年	2016年	2017年
面　积								
茶园面积(千公顷)	20.68	33.09	65.15	97.69	105.47	114.00	118.29	115.76
果园面积(千公顷)	355.90	416.63	456.08	477.19	460.05	457.47	449.55	442.67
苹果园	206.97	165.78	178.22	177.67	173.09	171.48	157.84	147.39
梨园	30.87	39.23	47.36	52.48	53.15	54.94	54.81	55.49
葡萄园	16.75	26.17	29.96	32.50	34.07	36.41	38.05	36.94
猕猴桃园			9.20	10.30	10.82	10.99	11.16	11.34
桃园	29.11	60.22	74.00	76.57	70.20	74.04	78.87	82.42
柑桔园	4.88	10.05	10.85	11.54	11.75	11.60	11.60	11.34
其他果园	67.30	115.18	106.49	116.13	106.96	98.01	97.21	97.35
产　量								
茶叶产量(吨)	9163	16902	42732	55891	61119	64855	68583	63954
园林水果产量(万吨)	364.73	555.69	797.50	891.25	899.36	919.68	927.12	931.98
苹果	238.90	300.62	410.39	445.86	444.83	453.19	442.42	434.53
梨	33.30	65.47	94.92	108.24	113.52	115.53	118.27	121.84
葡萄	20.83	41.26	48.49	55.83	58.57	64.00	68.54	70.29
鲜枣	17.78	26.81	39.30	41.77	35.85	32.63	33.00	29.91
柿	15.88	25.86	44.47	54.81	54.53	52.19	51.14	50.87
桃	26.63	60.10	101.57	109.79	112.83	118.89	127.26	133.58
柑桔	2.12	3.59	4.17	4.81	4.67	4.94	4.79	4.91
其他园林水果	9.29	31.98	54.20	70.15	74.56	78.30	81.69	86.06
食用坚果产量(吨)			55407	83000	107018	165925	180396	191038
核桃	17143		206517	122288	176993	283562	281000	295599
板栗	85650		206517	242671	176993	283562	281000	295599

2–9 各市水果产量(2017年)

单位：吨

地　区	水果总产量	#苹果	#梨	#葡萄	#枣	#柿	#桃
省辖市							
郑州市	265291	41985	20919	44423	53440	7890	32240
开封市	495680	268094	39528	42277	6275	10711	122457
洛阳市	909553	497324	46711	107118	18588	69918	82133
平顶山市	161422	15352	25115	42370	1730	16519	52913
安阳市	670346	257335	63543	36991	110351	52903	117289
鹤壁市	36161	11913	7035	5929	2204	3245	5397
新乡市	253723	54014	30485	15643	4142	6736	140554
焦作市	143018	39114	22885	14033	2143	10539	52320
濮阳市	289506	191935	29884	13579	9326	4367	16680
许昌市	64959	18581	10781	16742	2644	1418	12888
漯河市	86764	3269	15932	48525	221	839	17510
三门峡市	2420733	1895336	48191	76727	33681	147015	126983
南阳市	919942	40213	68142	20095	20928	45073	175849
商丘市	1772618	913291	601857	101085	8092	25483	100228
信阳市	142147	1033	39870	28163	2572	15760	50399
周口市	508811	83468	95675	63880	19379	80453	160739
驻马店市	146014	2025	44360	24125	3328	5545	63060
济源市	33128	10992	7482	1244	11	4239	6157
省直管县							
巩义市	25859	8025	2696	7921	128	1571	2911
兰考县	140320	90719	17204	8591	713	214	17827
汝州市	42077	9291	2413	5797	683	10680	13213
滑　县	164353	68048	32424	14509	8703	12084	28581
长垣县	14785	1992	1657	5631	2640	41	2824
邓州市	30945	1311	4235	2968	370	384	20742
永城市	263303	47880	162030	17565			21893
固始县	27056	190	9328	4780	570	5031	5130
鹿邑县	10634	1952	5110	1768	95	319	1380
新蔡县	18460	1074	5230	3576	236	2167	6177

注：省辖市的数据包含省直管县的数据。

2–10 各市果园面积(2017年)

单位：千公顷

地 区	果园总面积	#苹果园面 积	#梨园面积	#葡萄园面 积	#柑橘园面 积	#猕猴桃园面 积	#桃园面积
省辖市							
郑州市	20.32	2.49	1.22	0.01		0.01	2.50
开封市	24.49	13.44	1.75				5.24
洛阳市	47.59	22.56	3.26	0.08		0.08	3.70
平顶山市	13.06	1.15	1.90	0.02		0.02	5.55
安阳市	35.17	9.34	2.44	0.00		0.00	4.89
鹤壁市	2.57	0.34	0.27	0.00		0.00	0.15
新乡市	14.46	3.36	1.81	0.02		0.02	5.38
焦作市	6.38	1.33	0.91	0.01		0.01	2.23
濮阳市	11.62	6.44	1.04				1.31
许昌市	4.86	1.15	0.40	0.00		0.00	0.96
漯河市	3.07	0.11	0.60	0.03		0.03	0.60
三门峡市	64.49	47.70	1.49	0.03		0.03	4.56
南阳市	82.73	8.01	12.40	10.97	11.52	10.97	18.39
商丘市	49.51	25.64	9.74	0.02		0.02	7.55
信阳市	17.21	0.24	3.58	0.11	0.22	0.11	6.51
周口市	22.92	3.35	5.57	0.02	0.00	0.02	5.14
驻马店市	19.90	0.33	6.86	0.02		0.02	7.24
济源市	2.32	0.44	0.27				0.50
省直管县							
巩义市	1.61	0.30	0.13	0.00		0.00	0.16
兰考县	4.93	3.34	0.45				0.69
汝州市	4.87	0.66	0.20				2.43
滑 县	4.63	1.78	0.86	0.00		0.00	0.93
长垣县	1.35	0.08	0.14				0.12
邓州市	5.02	0.43	0.84	0.09	0.89	0.09	1.63
永城市	5.30	1.14	1.73				1.26
固始县	1.68	0.09	0.33	0.03	0.10	0.03	0.45
鹿邑县	0.59	0.08	0.18				0.12
新蔡县	2.71	0.13	0.70				0.62

注：省辖市的数据包含省直管县的数据。

2-11 林业生产情况

项 目	单 位	2000年	2005年	2010年	2013年	2014年	2015年	2016年	2017年
营林情况									
当年造林面积	千公顷	241.32	186.72	277.11	253.91	260.00	200.01	133.49	180.93
#竹林面积	千公顷	0.82							
退耕还林面积	千公顷	32.83							
按造林方式分									
人工造林面积	千公顷	206.45	173.38	210.92	201.21	201.25	154.75	97.65	126.28
飞机播种造林面积	千公顷	34.87	13.34						
按造林用途分									
用材林	千公顷	56.77	73.9	69.10	55.70	67.18	55.39	25.82	29.57
速生丰产林		18.97	5.85	17.30					
经济林	千公顷	69.10	39	37.12	41.44	49.00	37.37	18.01	22.36
防护林	千公顷	113.80	72.93	170.64	156.77	143.08	105.23	89.53	107.82
薪炭林	千公顷	0.50	0.74						
特种用材林	千公顷	1.10	0.15						
迹地更新面积	千公顷	10.50	0.84						
封山育林面积	千公顷	475.50	385.92	367.46	362.78	388.34	425.82	403.46	403.96
零星(四旁)植树	万株	25806	30639	27328	22948	20768	18921	14012	13611
幼林抚育作业面积	千公顷次	978.00	1239.02	973.16	400.73	349.13	217.07	300.39	
成林抚育面积	千公顷	694.80	959.92	951.21	323.95	264.57			300.75
当年苗木产量	万株	225347	201169	153503	239485	253022	268911	279005	282924
育苗面积	千公顷	18.20	28.68	34.94	42.55	53.66	59.15	65.83	59.46
本年新育面积	千公顷	13.30	18.2						
主要林产品产量									
生漆	吨	569	955	2034	2209	2103	2111	2092	2086
油桐籽	吨	57054	45802	120701	83830	84397	79182	81155	68173
油茶籽	吨	3270	8079	20823	17460	18439	24324	29213	32047
乌桕籽	吨	1157	2557	11631	10825	9765	8235	7869	7220
五倍子	吨	934	1709	3986	4181	4163	4173	4072	4062
竹木采伐									
#村及村以下									
木材	万立方米	306.00	55.94	149.67	243.13	228.81	228.88	273.99	246.03
竹材	万根	158.00	506.5	76.50	125.85	151.44	153.89	153.5	111.02

2-12　主要农产品产量与历史最高年份比较

指　标	单位	2017年	建国以来历史最高年		2017年为建国以来最高的%
			年份	产量	
农产品					
粮食总产量	万吨	6524.25	2017	6524.25	100.0
夏收粮食	万吨	3715.98	2017	3715.98	100.0
#小麦	万吨	3705.21	2017	3705.21	100.0
秋收粮食	万吨	2808.27	2017	2808.27	100.0
#稻谷	万吨	485.25	2016	542.15	89.5
红薯	万吨	88.00	1973	478.50	18.4
玉米	万吨	2170.14	2017	2170.14	100.0
大豆	万吨	50.36	1981	154.00	32.7
棉花	万吨	4.40	1991	94.77	4.6
油料总产量	万吨	586.95	2016	619.09	94.8
油菜籽	万吨	42.08	2008	97.07	43.4
花生	万吨	529.81	2017	529.81	100.0
芝麻	万吨	14.07	2002	27.64	50.9
麻类	万吨	2.24	1985	43.85	5.1
甘蔗	万吨	16.24	2000	32.57	49.9
烟叶(未加工烟草)	万吨	26.70	1988	51.98	51.4
茶叶	万吨	6.40	2016	6.86	93.3
桑蚕茧	万吨	1.54	2008	2.19	70.3
柞蚕茧	万吨	0.61	2010	0.72	84.7
水果总产量	万吨	931.98	2017	931.98	100.0
苹果	万吨	434.53	2015	449.65	96.6
梨	万吨	121.84	2017	121.84	100.0
葡萄	万吨	70.29	2017	70.29	100.0
鲜枣	万吨	29.91	2013	41.55	72.0
柿子	万吨	50.87	2013	54.63	93.1
畜产品					
大牲畜存栏头数	万头	376.10	2005	1508.80	24.9
牛	万头	372.70	2005	1447.00	25.8
猪存栏头数	万头	4390.00	2012	4587.28	95.7
羊存栏只数	万只	1682.00	2005	3988.00	42.2
山羊	万只	1412.90	2005	3509.00	40.3
绵羊	万只	269.10	2005	479.00	56.2
水产品					
水产品总量	万吨	128.23	2016	128.35	99.9
水产品养殖产量	万吨	121.26	2016	121.29	100.0

2-13 历年农业生产条件

年 份	乡 村从业人员(万人)	#农、林、牧、渔业	耕地面积(千公顷)	农用机械总动力(万千瓦)	农田有效灌溉面积(千公顷)	化肥施用折纯量(万吨)	农 村用电量(亿千瓦小时)	农药施用实物量(万吨)	农用塑料薄膜使用量(万吨)
1979	2429	2300	7138.70	1079.30	3636.00	60.05	14.59		
1980	2505	2365	7128.10	1178.00	3536.23	72.52	17.23		
1981	2576	2457	7121.30	1262.10	3388.00	81.90	20.85		
1982	2669	2515	7109.30	1356.30	3265.33	105.50	22.76		
1983	2711	2537	7100.70	1405.90	3210.00	130.67	23.50		
1984	2819	2565	7079.30	1507.00	3278.67	140.16	25.83		
1985	2932	2558	7033.20	1590.00	3189.97	143.58	28.33		
1986	2998	2561	6998.90	1737.90	3212.71	148.73	33.30		
1987	3096	2583	6972.60	1865.90	3250.07	135.58	37.29		
1988	3212	2636	6956.40	2004.20	3358.76	150.57	40.81		
1989	3284	2706	6944.40	2153.40	3438.00	184.25	45.20		
1990	3424	2820	6933.20	2264.00	3550.09	213.18	46.93	3.31	2.75
1991	3511	2913	6920.00	2330.40	3676.59	239.74	52.06	3.88	3.15
1992	3601	2947	6887.80	2424.40	3779.72	251.13	59.58	4.76	3.45
1993	3658	2902	6871.00	2624.00	3868.33	288.21	61.10	5.44	3.84
1994	3717	2859	6830.00	2780.50	3931.30	292.47	70.54	6.53	4.87
1995	3773	2808	6805.80	3115.40	4044.19	322.21	85.07	7.56	5.32
1996	3848	2816	6786.30	4256.40	4191.05	345.33	103.66	8.33	6.17
1997	4015	2903	6773.40	4337.90	4333.06	355.31	118.27	8.49	6.95
1998	4067	2940	6834.00	4764.40	4513.86	382.80	121.21	9.10	7.49
1999	4311	3299	6825.90	5342.90	4648.78	399.85	122.54	9.61	7.94
2000	4712	3559	6875.25	5780.60	4725.31	420.71	125.80	9.55	9.19
2001	4688	3472	6907.30	6078.70	4766.00	441.73	134.61	9.85	9.41
2002	4691	3393	7262.80	6548.20	4802.36	468.83	141.36	10.20	9.86
2003	4695	3321	7187.20	6953.20	4792.22	467.89	144.59	9.87	9.88
2004	4718	3235	7177.50	7519.59	4808.31	493.16	157.69	10.12	10.16
2005	4752	3128	7201.18	7934.23	4864.33	518.14	172.15	10.51	10.84
2006	4777	3039	7202.38	8309.31	4918.80	540.43	188.81	11.16	11.84
2007	4815	2910	7201.87	8718.71	4955.84	569.68	223.89	11.80	12.66
2008	4859	2837	7202.20	9429.30	4989.20	601.68	237.36	11.91	13.07
2009	4882	2754	8192.01	9817.90	5033.00	628.67	257.76	12.14	14.14
2010	4915	2698	8177.45	10195.94	5081.00	655.15	269.41	12.49	14.70
2011	4911	2655	8161.90	10515.80	5150.44	673.71	281.82	12.87	15.16
2012	4905	2611	8156.76	10872.73	5205.63	684.43	290.03	12.83	15.52
2013	4851	2541	8140.71	11150.00	4969.11	696.37	305.42	13.01	16.78
2014	4807	2621	8126.06	11476.81	5101.74	705.75	313.23	12.99	16.35
2015	4798	2553	8105.93	11710.08	5333.90	716.09	321.01	12.87	16.20
2016	4803	2545	8111.01	9858.82	5360.30	735.24	317.23	14.37	16.31
2017	4807	2557	8112.28	10038.32	5389.79	706.70	328.82	12.07	15.73

注：1．耕地面积：2008年及以前年份耕地面积为年底常用耕地面积，2009年数据为第二次全省土地调查数据，2010年以后数据已按2009年数据口径进行了调整。
2．灌溉面积：2013年及以前年份的数据为农田有效灌溉面积。
3．农业机械总动力：2015年及以前数据中包含农用运输车和三轮运输车，从2016年开始，不再包含在内。

2–14 主要农业机械和农产品加工机械年末拥有量

指 标	单位	2000年	2005年	2010年	2013年	2014年	2015年	2016年	2017年
农业机械总动力	**万千瓦**	**5780.60**	**7934.23**	**10195.94**	**11149.96**	**11476.81**	**11710.08**	**9858.82**	**10038.32**
柴油发动机动力	万千瓦	4859.20	6915.04	9029.20	9887.13	10186.96	10405.41	8547.35	8714.63
汽油发动机动力	万千瓦	107.90	66.19	56.29	66.77	69.59	71.71	71.54	74.31
电动发动机动力	万千瓦	812.40	950.50	1110.30	1196.01	1220.26	1232.96	1239.14	1248.55
大中型拖拉机(混合台)	万台	6.62	11.08	27.44	35.78	37.81	40.23	43.27	45.85
	万千瓦	216.80	366.33	969.55	1387.54	1505.01	1639.38	1816.21	1973.88
小型(包括手扶)拖拉机	万台	224.67	298.45	358.61	351.32	346.26	339.62	328.95	317.55
	万千瓦	2317.70	3119.77	3797.50	3801.52	3756.09	3704.77	3594.92	3495.43
大中型拖拉机配套农具	万部	11.87	23.99	64.26	84.99	89.61	94.83	100.74	105.20
小型拖拉机配套农具	万部	357.32	534.67	666.42	675.21	670.99	661.37	640.70	628.69
机引犁	万台	196.23	246.50	318.33	323.46	322.07	320.51	316.80	313.96
机引耙	万台	110.17	165.51	214.60	215.62	219.01	214.62	211.09	206.67
旋耕机	万台	4.08	8.20	18.38	23.41	24.07	26.33	27.91	29.63
农用排灌动力机械	万台	125.58	149.37	160.05	165.58	168.67	168.61	168.22	167.06
	万千瓦	905.90	1048.41	1147.75	1181.04	1191.39	1194.69	1192.53	1180.49
柴油机	万台	47.52	53.34	54.00	54.68	54.58	54.10	52.62	51.99
	万千瓦	458.70	518.28	525.50	529.45	529.94	526.74	512.72	505.90
电动机	万台	78.06	95.49	106.06	110.05	112.96	113.36	113.52	113.27
	万千瓦	447.20	530.11	622.25	647.37	658.33	664.19	665.53	662.63
节水灌溉机械	万套		16.09	17.37	20.81	21.30	21.56	21.83	21.91
农用水泵	万台	175.89	203.10	216.29	223.63	223.44	223.34	219.68	215.30
联合收割机	台	26900	71750	143760	200232	221261	241473	265476	278379
机动插秧机	部		100	1250	2636	2924	3978	5048	6799
机动割晒机	万台	28.38	23.34	8.28	6.20	5.90	5.80	5.34	5.14
机动脱粒机	万台	79.15	70.39	55.73	54.61	54.64	54.59	54.08	52.71
谷物烘干机	台	100		646	873	1097	1348	1790	2541
种子加工机械	台	110		643	1214	1270	1322	1335	1351
机动喷雾(粉)机	万部	15.58	18.97	26.19	28.58	29.43	29.53	29.66	29.91
	万千瓦	24.90	38.57	50.15	54.61	55.55	55.49	55.93	57.38
饲草料加工机械	万台	11.53	16.40	16.92	18.44	18.64	18.71	18.74	18.84
农产品加工动力机械	万台	67.76	73.95	80.24	83.19	84.36	85.57	85.45	85.54
	万千瓦	466.80	533.22	582.70	598.77	605.37	611.00	609.41	610.06
柴油机	万台	11.44	13.86	15.74	16.20	16.25	16.28	16.09	16.04
	万千瓦	118.70	144.71	156.71	153.75	154.51	154.84	152.27	151.01
电动机	万台	53.46	60.06	64.50	66.87	67.87	68.98	68.90	69.03
	万千瓦	348.10	387.96	426.04	443.16	447.26	452.71	452.30	454.09
农产品加工作业机械	万台	43.18	48.79	50.82	55.72	56.95	57.59	57.68	57.86
粮食加工机	万台	32.31	34.70	34.80	35.28	35.65	35.83	35.46	35.46
棉花加工机	万台	3.87	4.55	4.94	4.49	4.49	4.48	4.43	4.41
油料加工机	万台	6.82	8.21	8.88	9.22	9.27	9.35	9.32	9.41

注：2015年及以前“农业机械总动力”数据中包含农用运输车和三轮运输车，从2016年开始，不再包含在内。

2-15 各市农业机械和农产品加工机械年末拥有量(2017年)

地区	农业机械总动力(万千瓦)	农用大中型拖拉机(台)	大中型拖拉机配套农具(部)	农用排灌动力机械(万台)	农用排灌动力机械(万千瓦)	节水灌溉机械(万套)	饲草料加工机械(台)	农产品初加工动力机械(万台)	农产品初加工动力机械(万千瓦)	农产品初加工作业机械(万台)
省辖市										
郑州市	438	17142	34381	8.95	74.28	1.22	7804	4.55	36.68	2.87
开封市	578	17432	43325	12.71	79.37	3.20	13053	5.57	37.95	3.09
洛阳市	525	11580	23200	7.88	66.93	1.45	8896	7.48	54.77	4.52
平顶山市	398	24012	53622	7.32	50.52	0.63	11276	3.80	24.89	2.67
安阳市	555	15806	41643	12.03	91.02	0.06	5619	3.54	23.14	2.92
鹤壁市	224	9125	20889	3.68	27.37	0.14	1397	1.07	6.95	0.76
新乡市	756	25132	49896	14.51	102.15	0.29	16699	5.68	40.15	2.64
焦作市	244	13514	32127	7.95	45.18	0.04	5322	1.79	12.03	1.08
濮阳市	360	12522	28394	11.96	92.16	0.15	4266	2.29	19.74	1.85
许昌市	367	10219	23313	10.75	57.98	0.01	16825	4.81	30.88	2.23
漯河市	249	8629	18355	5.14	34.85	0.29	662	1.35	10.23	0.74
三门峡市	117	3980	7970	1.64	15.67	0.46	5142	2.07	13.90	0.95
南阳市	1408	57965	147305	11.83	76.52	2.11	13687	10.11	72.39	6.11
商丘市	839	34643	75257	18.01	116.53	2.48	22376	9.04	67.75	4.60
信阳市	635	38284	42386	7.79	70.87	0.40	6834	8.44	53.94	9.00
周口市	940	38424	59612	15.52	98.46	1.54	17018	6.69	49.78	6.73
驻马店市	1333	116003	339016	7.93	68.79	7.43	26546	6.76	51.36	4.79
济源市	72	4137	11270	1.45	11.84	0.02	4961	0.51	3.52	0.31
省直管县										
巩义市	50	1963	3785	0.44	4.88	0.01	1504	1.05	6.07	0.49
兰考县	72	3141	4490	2.15	15.07	0.28	1213	0.90	5.96	0.33
汝州市	163	6357	8400	3.02	25.29	0.00	6340	1.82	13.66	0.62
滑县	283	4101	9272	4.57	28.22	0.00	2373	1.03	6.58	0.54
长垣县	100	3601	8749	1.43	11.05	0.12	648	0.49	4.05	0.36
邓州市	193	12909	38027	1.44	9.88	0.29	1658	1.35	13.45	0.54
永城市	132	5077	10860	2.18	21.02	0.71	5599	1.29	8.37	0.68
固始县	128	5103	6280	2.22	17.23	0.01	1255	0.72	7.32	0.73
鹿邑县	94	4720	9000	3.13	11.30	0.21	1250	0.41	3.02	2.37
新蔡县	135	12455	34424	0.54	5.06	1.28	6052	0.79	6.90	0.51

注：省辖市的数据包含省直管县的数据。

2-16 农业机械化、能源、主要物资消耗及水利建设情况

指 标	2000年	2005年	2010年	2013年	2014年	2015年	2016年	2017年
农业机械化情况								
当年实际机耕面积(千公顷)	5607	5803.5	8260	8987	9084	9104	9176	9651
当年机械播种面积(千公顷)	4648	5854.58	9063	9621	10205	10399	10538	11615
为农作物播种面积%	35.4	42.1	63.6	67.2	71.0	72.1	72.8	78.8
当年机械收获面积(千公顷)	4250	4800.71	7374	9251	9429	9789	10165	11289
为农作物播种面积(%)	32.4	34.5	51.8	64.6	65.6	67.9	70.2	76.6
农村能源情况								
农村用电量(亿千瓦小时)	125.80	172.15	269.41	305.42	313.23	321.01	317.23	328.82
农业主要物资消耗情况								
农用化肥施用折纯量(万吨)	420.71	518.14	655.15	696.37	705.75	716.09	735.24	706.70
农用塑料薄膜使用量(万吨)	9.19	10.84	14.70	16.78	16.35	16.20	16.31	15.73
农药施用实物量(万吨)	9.55	10.51	12.49	13.01	12.99	12.87	14.37	12.07
农用柴油使用量(万吨)	79.56	89.79	107.92	113.43	115.95	114.70	112.44	108.84
农田水利建设情况								
灌溉面积(千公顷)	4785.59	4864.33	5172.01	5088.5	5521.62	5333.90	5360.30	5389.79
#耕地灌溉面积(千公顷)	4725.31		5080.96	4969.11	5101.74	5210.64	5244.50	5273.63
林地灌溉面积(千公顷)	11.21		33.07	59.91	61.23	63.58	65.36	60.90
园地灌溉面积(千公顷)	46.43		51.4	44.66	45.3	46.39	50.15	54.94
#节水灌溉面积(千公顷)	949.61		1536.64	1295.84	1476.53	1672.16	1806.60	1893.27
节水灌溉面积占灌溉面积比重(%)	19.8		29.7	25.5	28.3	31.4	33.7	33.7
农业灌溉供水量(万立方米)	1355863		1162144	1426240	1174899	1106313	1111394	1235781

2-17 各市气候情况(2017年)

城 市	年平均气温(摄氏度)	年极端最高气温(摄氏度)	年极端最低气温(摄氏度)	年平均相对湿度(%)	全年日照时数(小时)	全年降水量(毫米)
省辖市						
郑 州	16.8	38.8	-6.0	60.0	2115.6	598.8
开 封	16.1	37.2	-5.8	59.0	2061.5	499.8
安 阳	15.3	40.3	-6.9	58.0	1837.9	585.2
新 乡	16.1	39.1	-6.0	60.0	2228.0	401.1
焦 作	17.1	40.1	-4.4	56.0	2479.0	454.7
濮 阳	14.8	37.5	-8.9	67.0	2393.4	532.6
许 昌	14.8	37.1	-7.9	72.0	1917.6	741.8
漯 河	15.8	37.7	-6.3	72.0	2194.4	1187.7
三门峡	15.0	40.8	-6.4	59.0	2177.0	641.1
南 阳	15.9	38.8	-4.6	66.0	2011.7	804.0
商 丘	14.8	36.8	-8.4	74.0	1888.7	833.0
信 阳	16.7	38.5	-2.7	71.0	1668.1	1355.4
周 口	16.8	38.5	-3.4	67.0	2084.3	934.6
驻马店	15.7	38.5	-5.0	73.0	1729.0	1142.4
济 源	15.9	38.9	-6.5	64.0	2235.1	620.1
省直管县						
巩 义	16.0	41.0	-7.3	61.0	2004.0	570.2
兰 考	15.7	37.6	-6.4	64.0	2028.1	456.8
汝 州	16.2	39.0	-5.4	61.0	1978.7	610.5
滑 县	15.3	38.7	-7.8	64.0	2295.0	532.3
长 垣	15.8	37.7	-6.6	63.0	2187.7	604.4
邓 州	15.8	38.9	-6.4	75.0	1725.3	702.8
永 城	16.5	39.1	-5.0	67.0	1914.8	720.5
固 始	16.7	39.0	-4.1	73.0	2082.3	1495.0
鹿 邑	15.8	38.7	-5.2	71.0	2219.2	722.2
新 蔡	16.3	37.9	-4.9	73.0	1949.5	1202.2

注：因撤站，故无洛阳、平顶山、鹤壁三市资料。

2-18　各月份气候情况(2017年)

单位：气温：摄氏度；降水量：毫米；日照：小时

站名	项目	1月	2月	3月	4月	5月	6月	7月	8月	9月	10月	11月	12月	全年
郑州市	平均气温	2.9	5.8	10.5	18.7	25.1	26.8	29.9	27.9	23.5	15.0	10.4	4.5	16.8
	最高气温	13.4	21.9	21.6	33.6	38.5	38.1	38.8	38.7	34.9	25.6	25.4	15.1	38.8
	最低气温	-6.0	-4.4	-0.3	5.7	12.3	14.0	19.2	15.0	16.1	4.3	-1.7	-3.5	-6.0
	相对湿度	65.0	54.0	50.0	52.0	45.0	58.0	72.0	76.0	76.0	85.0	48.0	43.0	60.0
	降水量	17.7	8.5	15.7	26.0	54.5	46.7	79.4	196.0	76.0	76.8	0.6	0.9	598.8
	日照时数	117.1	170.1	165.5	199.4	272.3	214.7	213.5	179.7	146.7	80.2	177.9	178.5	2115.6
开封市	平均气温	2.5	5.7	10.3	17.8	23.7	25.9	28.7	27.1	23.1	14.8	10.0	4.1	16.1
	最高气温	13.6	20.4	22.0	31.9	36.2	37.0	37.2	36.3	33.0	25.2	25.1	13.6	37.2
	最低气温	-5.8	-4.4	1.3	5.6	13.1	13.4	19.2	14.8	15.4	3.4	-1.4	-3.4	-5.8
	相对湿度	62.0	52.0	50.0	56.0	52.0	59.0	68.0	72.0	70.0	73.0	50.0	45.0	59.0
	降水量	11.2	9.8	15.7	30.9	47.1	35.2	107.6	127.6	57.7	55.1	0.7	1.2	499.8
	日照时数	109.6	154.8	169.5	203.1	285.0	204.4	191.2	171.4	136.5	103.0	172.0	161.0	2061.5
安阳市	平均气温	1.0	4.6	9.5	17.6	24.0	25.2	27.5	25.9	23.0	14.5	8.5	2.3	15.3
	最高气温	15.6	21.0	19.2	32.0	38.7	38.2	40.3	35.6	34.2	25.8	26.2	13.8	40.3
	最低气温	-6.9	-4.6	0.1	7.0	12.6	12.7	19.4	15.6	15.5	3.6	-3.0	-5.0	-6.9
	相对湿度	63.0	48.0	46.0	48.0	45.0	59.0	75.0	79.0	69.0	79.0	45.0	41.0	58.0
	降水量	14.4	6.1	4.0	41.9	69.5	94.3	179.0	127.3	14.8	31.7	0.1	2.1	585.2
	日照时数	80.7	119.1	153.5	177.7	264.0	196.1	151.2	160.0	146.5	87.5	155.4	146.2	1837.9
新乡市	平均气温	1.8	5.0	10.2	18.0	24.5	26.3	29.3	27.6	23.7	15.1	9.3	2.8	16.1
	最高气温	13.7	21.1	20.5	32.1	39.1	38.4	37.8	38.1	33.7	25.9	26.5	15.0	39.1
	最低气温	-5.6	-5.8	-0.8	6.4	12.2	13.8	20.7	15.0	15.0	2.0	-2.7	-6.0	-6.0
	相对湿度	65.0	55.0	51.0	53.0	49.0	58.0	69.0	71.0	70.0	76.0	51.0	49.0	60.0
	降水量	12.5	7.3	7.8	33.2	38.8	89.9	92.8	58.8	20.6	33.6	4.7	1.1	401.1
	日照时数	100.9	149.3	173.8	219.5	307.8	222.8	232.5	193.2	173.9	111.0	172.0	171.3	2228.0
焦作市	平均气温	2.9	6.1	11.1	18.9	25.4	26.9	30.2	28.6	24.1	15.4	10.7	4.7	17.1
	最高气温	15.5	20.5	21.6	32.7	39.2	38.3	40.1	39.8	34.1	27.6	27.4	14.9	40.1
	最低气温	-4.4	-3.0	0.8	6.5	13.6	14.1	21.3	15.5	15.6	4.4	-0.6	-2.9	-4.4
	相对湿度	61.0	49.0	46.0	49.0	44.0	56.0	65.0	66.0	68.0	79.0	45.0	39.0	56.0
	降水量	19.3	11.4	4.9	23.7	62.6	70.0	90.8	79.8	25.3	55.1	9.2	2.6	454.7
	日照时数	126.4	176.8	188.3	221.2	314.4	244.0	269.9	206.9	195.1	127.1	209.6	199.3	2479.0

注：因撤站，故无洛阳、平顶山、鹤壁三市资料。

2-18 续表 1

单位：气温：摄氏度；降水量：毫米；日照：小时

站名	项目	1月	2月	3月	4月	5月	6月	7月	8月	9月	10月	11月	12月	全年
濮阳市	平均气温	0.8	3.9	8.7	16.3	22.6	25.2	27.9	26.6	22.4	14.2	8.1	1.2	14.8
	最高气温	12.3	20.1	19.3	31.2	37.4	37.2	37.5	35.8	32.5	25.6	23.6	13.5	37.5
	最低气温	-8.6	-7.4	-3.6	4.1	9.9	13.6	19.0	15.3	13.7	-0.8	-4.4	-8.9	-8.9
	相对湿度	71.0	58.0	56.0	63	60.0	65.0	81.0	82.0	81.0	81.0	53.0	56.0	67.0
	降水量	12.7	3.2	6.1	36.0	47.7	84.3	231.5	38.1	31.4	35.7	4.8	1.1	532.6
	日照时数	97.8	160.8	210.0	213.9	320.4	251.0	226.3	223.5	178.7	130.6	196.8	183.6	2393.4
许昌市	平均气温	1.5	3.8	8.4	16.1	21.9	24.7	28.0	26.2	21.5	14.1	9.0	2.9	14.8
	最高气温	14.4	20.1	20.7	29.5	36.9	37.1	37.1	35.9	32.6	25.0	26.5	14.6	37.1
	最低气温	-7.7	-7.9	-3.4	1.8	8.2	13.7	19.6	15.1	13.3	1.0	-3.6	-7.1	-7.9
	相对湿度	74.0	70.0	65.0	69.0	65.0	70.0	80.0	83.0	86.0	84.0	59.0	53.0	72.0
	降水量	22.4	15.0	14.5	45.2	55.3	59.0	113.9	97.2	211.6	103.7	3.4	0.6	741.8
	日照时数	89.5	133.3	144.4	195.5	246.9	171.3	193.2	183.2	123.7	91.6	171.8	173.2	1917.6
漯河市	平均气温	2.6	5.0	9.2	17.1	22.7	25.5	28.9	26.7	22.2	14.8	10.2	4.3	15.8
	最高气温	13.0	21.1	22.2	29.7	36.5	37.2	37.7	36.6	32.5	25.4	26.1	16.1	37.7
	最低气温	-6.3	-4.9	-1.3	2.9	10.0	14.0	20.5	16.2	15.3	2.8	-0.8	-5.6	-6.3
	相对湿度	75.0	71.0	66.0	67.0	63.0	70.0	78.0	85.0	86.0	85.0	60.0	54.0	72.0
	降水量	29.3	22.1	7.9	50.7	79.4	87.8	174.3	404.3	205.3	121.7	3.7	1.2	1187.7
	日照时数	134.0	157.4	171.1	217.4	260.2	210.4	241.9	199.3	148.7	101.6	173.7	178.7	2194.4
三门峡市	平均气温	2.1	4.6	9.3	16.4	22.4	25.3	29.1	26.7	20.8	13.2	7.8	2.1	15.0
	最高气温	11.1	23.1	22.3	30.8	37.0	36.9	40.8	39.8	31.9	23.7	21.3	11.6	40.8
	最低气温	-6.4	-6.1	-2.3	4.1	10.1	13.9	19.4	14.7	14.5	6.3	-1.5	-6.4	-6.4
	相对湿度	55.0	51.0	49.0	52.0	49.0	58.0	63.0	66.0	77.0	82.0	61.0	44.0	59.0
	降水量	3.8	18.1	9.2	28.5	73.3	72.9	91.7	90.4	130.1	108.7	14.4		641.1
	日照时数	133.6	165.3	185.7	213.7	267.3	235.9	251.1	185.9	123.1	61.9	153.2	200.3	2177.0
南阳市	平均气温	3.7	5.5	10.0	16.9	22.9	24.4	28.6	27.4	21.8	15.0	10.2	4.8	15.9
	最高气温	12.0	20.0	22.2	30.1	36.5	36.0	38.8	37.9	31.7	24.2	24.9	16.1	38.8
	最低气温	-3.6	-4.6	-0.9	3.4	10.8	12.5	21.6	16.2	15.2	6.2	1.0	-4.5	-4.6
	相对湿度	71.0	68.0	62.0	66.0	58.0	68.0	72.0	71.0	79.0	80.0	57.0	44.0	66.0
	降水量	20.1	19.5	20.8	57.6	44.6	141.2	58.9	57.1	204.5	175.1	4.4	0.2	804.0
	日照时数	122.2	165.1	159.3	200.7	234.6	158.2	237.6	188.0	123.4	88.1	153.3	181.2	2011.7

2-18 续表 2

单位：气温：摄氏度；降水量：毫米；日照：小时

站名	项　目	1月	2月	3月	4月	5月	6月	7月	8月	9月	10月	11月	12月	全年
商丘市	平均气温	1.5	3.9	8.3	16.0	21.9	24.8	28.2	26.2	21.8	14.3	8.5	2.1	14.8
	最高气温	13.3	20.7	20.5	29.8	35.8	36.7	36.8	35.9	32.2	27.0	24.5	14.3	36.8
	最低气温	-7.6	-7.1	-4.4	0.6	7.8	13.5	20.1	15.4	13.8	-1.5	-4.0	-8.4	-8.4
	相对湿度	73.0	68.0	61.0	70	68.0	73.0	86.0	90.0	88.0	86.0	63.0	62.0	74.0
	降水量	32.1	17.2	3.7	28.3	60.1	92.0	111.7	240.1	137.0	105.2	4.9	0.7	833.0
	日照时数	106.6	133.0	165.4	204.9	231.8	155.8	166.8	171.4	146.7	93.4	170.1	142.8	1888.7
信阳市	平均气温	4.9	6.9	10.9	18.2	23.1	25.4	29.1	27.4	22.1	15.2	11.4	6.1	16.7
	最高气温	15.8	21.6	24.1	30.6	33.9	35.6	38.5	36.1	31.7	27.9	26.0	16.7	38.5
	最低气温	-2.1	-2.3	1.3	6.9	13.9	15.0	21.1	16.4	16.7	6.0	0.9	-2.7	-2.7
	相对湿度	70.0	65.0	64.0	63.0	63.0	72.0	75.0	81.0	87.0	87.0	67.0	58.0	71.0
	降水量	60.9	41.2	47.7	82.4	76.4	94.0	260.5	218.1	238.9	215.9	14.0	5.4	1355.4
	日照时数	109.7	135.7	142.6	168.0	191.6	140.3	204.0	145.7	96.7	91.0	110.2	132.6	1668.1
周口市	平均气温	3.8	6.1	10.8	18.0	23.5	26.3	29.3	27.8	23.0	15.7	11.5	5.6	16.8
	最高气温	14.2	21.1	22.3	30.9	36.5	36.8	38.5	37.1	33.0	27.4	25.7	15.6	38.5
	最低气温	-3.4	-2.8	2.8	5.3	11.3	14.6	20.9	16.6	16.5	6.2	0.4	-2.1	-3.4
	相对湿度	69.0	64.0	55.0	63.0	61.0	66.0	78.0	80.0	83.0	80.0	54.0	50.0	67.0
	降水量	33.7	21.2	5.0	47.0	90.4	87.4	166.5	165.8	178.0	136.5	0.9	2.2	934.6
	日照时数	130.5	139.4	162.4	218.8	232.9	209.1	224.1	205.5	135.6	93.4	162.2	170.4	2084.3
驻马店市	平均气温	3.3	5.3	9.3	17.3	22.6	24.5	28.6	26.6	21.7	14.7	10.4	4.6	15.7
	最高气温	14.6	22.1	23.9	31.7	35.1	36.1	38.5	36.8	32.9	24.9	25.3	16.5	38.5
	最低气温	-4.0	-5.0	-2.2	3.3	10.2	14.0	20.6	15.8	15.0	2.6	-0.3	-3.7	-5.0
	相对湿度	76.0	72.0	72.0	68.0	64.0	76.0	78.0	84.0	86.0	86.0	60.0	53.0	73.0
	降水量	49.9	25.1	34.4	66.6	85.1	169.9	59.8	194.4	206.1	242.3	6.7	2.1	1142.4
	日照时数	104.4	129.1	118.4	187.5	217.9	132.6	196.2	180.1	121.5	90.0	111.8	139.5	1729.0
济源市	平均气温	2.2	5.0	9.7	17.4	23.8	25.8	29.1	27.3	22.6	14.7	9.3	3.4	15.9
	最高气温	16.8	22.3	21.3	32.7	38.9	37.8	38.9	37.9	34.5	26.0	25.7	14.8	38.9
	最低气温	-6.5	-5.9	-1.3	2.3	10.3	13.9	20.6	15.0	13.8	3.2	-3.3	-5.1	-6.5
	相对湿度	64.0	56.0	56.0	58.0	53.0	63.0	72.0	75.0	78.0	84.0	57.0	47.0	64.0
	降水量	17.7	11.5	9.6	36.0	87.4	74.0	214.8	50.0	36.0	71.7	9.8	1.6	620.1
	日照时数	118.0	168.4	162.4	216.0	290.2	230.0	217.9	198.4	165.0	87.8	183.6	197.4	2235.1

2-19 104个粮食大县

地 区	全年粮食		夏收粮食		秋收粮食	
	播种面积（千公顷）	总产量（万吨）	播种面积（千公顷）	总产量（万吨）	播种面积（千公顷）	总产量（万吨）
郑州市						
中牟县	30.05	17.58	12.49	7.25	17.57	10.33
荥阳市	57.50	31.97	30.28	17.63	27.22	14.35
新密市	56.14	20.79	27.83	11.57	28.31	9.22
新郑市	48.60	25.32	24.71	13.44	23.89	11.87
开封市						
杞县	121.36	70.13	65.19	41.68	56.17	28.45
通许县	66.98	39.61	39.78	25.70	27.20	13.91
尉氏县	109.03	62.46	64.82	40.55	44.20	21.91
祥符区	107.76	60.74	64.40	40.56	43.36	20.17
洛阳市						
孟津县	53.18	22.97	27.47	13.97	25.72	9.00
新安县	48.70	20.53	23.03	10.76	25.67	9.77
嵩县	52.01	20.01	23.59	9.85	28.41	10.16
宜阳县	87.89	35.94	42.46	19.61	45.43	16.33
洛宁县	63.44	25.68	30.77	14.28	32.67	11.40
伊川县	80.09	36.53	39.03	19.62	41.06	16.91
偃师市	43.03	24.52	22.62	12.93	20.40	11.58
平顶山市						
宝丰县	53.05	25.56	26.40	14.73	26.66	10.83
叶县	125.34	67.78	60.08	34.07	65.26	33.71
鲁山县	64.18	22.66	30.64	11.46	33.54	11.20
郏县	63.35	34.07	30.72	17.61	32.63	16.47
安阳市						
安阳县	51.07	32.72	24.69	17.35	26.39	15.37
汤阴县	72.47	44.34	37.78	24.49	34.69	19.85
内黄县	92.19	52.75	62.35	37.53	29.84	15.22
林州市	79.39	34.53	35.46	13.75	43.93	20.79
鹤壁市						
浚县	99.86	72.49	55.44	41.94	44.42	30.55
淇县	43.15	29.78	20.84	15.23	22.31	14.55
新乡市						
新乡县	38.44	27.03	18.87	14.64	19.57	12.40
获嘉县	55.07	36.58	26.04	18.45	29.03	18.13
原阳县	139.84	84.56	69.53	45.52	70.31	39.05
延津县	81.89	51.47	55.26	38.10	26.63	13.37
封丘县	114.29	74.56	64.39	48.83	49.90	25.73
卫辉市	66.98	41.14	32.47	22.26	34.52	18.88
辉县市	97.86	59.08	49.24	31.78	48.62	27.30
焦作市						
修武县	30.73	21.16	15.25	10.92	15.47	10.24

粮食生产情况(2017年)

主要粮食品种播种面积(千公顷)				主要粮食品种总产量(万吨)			
稻谷	小麦	玉米	大豆	稻谷	小麦	玉米	大豆
	12.49	15.90	0.99		7.25	9.41	0.15
	30.28	26.42	0.37		17.63	13.99	0.03
	27.83	26.61	0.71		11.57	8.91	0.06
	24.71	23.18	0.59		13.44	11.71	0.09
	65.19	48.67	3.89		41.68	25.57	0.71
	39.78	25.10	1.27		25.70	13.02	0.25
	64.82	38.62	2.79		40.55	19.82	0.50
4.33	64.40	33.17	1.64	2.90	40.56	15.81	0.23
1.05	27.47	22.24	0.29	0.83	13.97	7.12	0.02
	23.03	20.55	1.46		10.76	7.81	0.13
0.01	23.59	20.36	2.60	0.01	9.85	7.84	0.21
	42.46	29.47	3.09		19.61	10.68	0.29
0.03	30.77	16.61	7.60	0.03	14.28	7.52	0.54
0.55	39.03	25.16	1.59	0.34	19.62	10.86	0.09
	22.62	20.01	0.37		12.93	11.63	0.04
	26.40	27.85	0.05		14.73	11.32	0.01
	60.08	63.41	3.39		34.07	31.93	0.79
0.58	30.64	31.14	0.42	0.37	11.46	10.25	0.05
	30.72	23.72	3.08		17.61	13.45	0.48
	24.69	27.53	0.10		17.35	16.00	0.03
	37.78	34.72	0.58		24.49	20.03	0.12
	62.35	29.96	0.09		37.53	15.40	0.02
0.06	35.46	31.07	2.95	0.05	13.75	15.50	0.41
	55.44	45.00	0.95		41.94	31.50	0.18
	20.84	22.93			15.23	14.79	
	18.87	16.42	3.08		14.64	11.82	0.51
5.58	26.04	21.10	2.74	4.27	18.45	13.49	0.51
11.09	69.53	58.40	2.23	8.95	45.52	30.01	0.40
	55.26	25.92	0.17		38.10	13.28	0.05
	64.39	48.54	1.03		48.83	23.53	0.15
	32.47	35.86	0.06		22.26	19.56	0.01
	49.24	49.26	0.06		31.78	28.24	0.02
	15.25	15.70	0.35		10.92	10.52	0.06

2-19 续表 1

地区	全年粮食		夏收粮食		秋收粮食	
	播种面积（千公顷）	总产量（万吨）	播种面积（千公顷）	总产量（万吨）	播种面积（千公顷）	总产量（万吨）
博爱县	27.83	20.00	13.57	10.73	14.25	9.27
武陟县	69.36	51.87	37.09	29.53	32.27	22.35
温　县	40.24	30.59	22.23	18.01	18.01	12.59
沁阳市	46.79	34.08	23.29	18.11	23.50	15.97
孟州市	38.54	27.98	22.45	17.10	16.09	10.88
濮阳市						
濮阳县	155.33	97.93	83.63	55.78	71.70	42.15
清丰县	84.56	59.00	50.96	36.88	33.60	22.11
南乐县	68.89	52.42	35.95	30.40	32.94	22.02
范　县	63.08	38.76	29.33	18.68	33.75	20.08
许昌市						
许昌县	105.35	67.31	54.62	40.56	50.74	26.75
鄢陵县	79.23	54.95	44.05	33.20	35.17	21.75
襄城县	90.42	56.49	44.79	33.25	45.63	23.24
禹州市	99.10	54.29	47.70	29.23	51.40	25.05
长葛市	80.87	54.96	40.43	30.22	40.44	24.74
漯河市						
郾城区	43.42	28.21	23.92	17.69	19.49	10.53
召陵区	43.61	28.50	24.61	17.86	19.01	10.65
舞阳县	84.54	53.95	41.73	29.94	42.81	24.01
临颍县	75.86	51.16	41.50	31.61	34.36	19.55
三门峡市						
灵宝市	56.53	22.66	26.13	11.58	30.40	11.08
南阳市						
宛城区	86.42	52.17	52.45	35.01	33.97	17.16
卧龙区	66.50	34.89	36.23	20.84	30.28	14.05
方城县	161.73	70.82	80.95	39.10	80.78	31.72
镇平县	99.16	51.44	52.12	28.99	47.04	22.45
内乡县	72.97	38.40	33.49	19.27	39.48	19.13
淅川县	64.54	28.88	34.60	15.92	29.95	12.96
社旗县	125.88	63.83	62.79	30.48	63.09	33.36
唐河县	230.31	129.81	139.13	92.82	91.18	36.99
新野县	85.43	52.40	57.16	38.94	28.27	13.46
桐柏县	47.02	24.48	16.57	7.26	30.44	17.22
商丘市						
梁园区	54.01	35.95	29.79	21.64	24.23	14.31
睢阳区	97.98	62.80	50.48	36.92	47.50	25.89
民权县	109.56	73.42	69.33	50.25	40.23	23.17
睢　县	105.85	68.82	59.25	43.03	46.60	25.79
宁陵县	76.79	50.70	47.41	34.58	29.38	16.12
柘城县	116.37	78.72	65.37	48.54	50.99	30.17
虞城县	145.83	96.41	74.99	55.02	70.83	41.39
夏邑县	160.45	104.64	81.44	60.35	79.01	44.29

主要粮食品种播种面积(千公顷)				主要粮食品种总产量(万吨)			
稻谷	小麦	玉米	大豆	稻谷	小麦	玉米	大豆
	13.57	14.24	0.31		10.73	9.29	0.07
4.77	37.09	26.85	1.12	3.78	29.53	18.88	0.18
	22.23	18.20	0.10		18.01	12.85	0.01
0.05	23.29	22.73	1.07	0.04	18.11	15.83	0.21
	22.45	16.51	0.14		17.10	11.26	0.03
14.19	83.63	47.96	6.22	8.84	55.78	29.97	1.36
	50.96	34.08	0.27		36.88	22.48	0.06
	35.95	33.41	0.30		30.40	22.20	0.07
13.81	29.33	17.56	1.84	8.97	18.68	9.37	0.30
	54.62	32.13	14.62		40.56	21.55	2.21
	44.05	34.75	1.46		33.20	21.92	0.36
	44.79	19.36	9.27		33.25	12.55	1.27
	47.70	45.76	1.52		29.23	23.02	0.16
	40.43	40.20	1.51		30.22	25.09	0.29
	23.92	12.00	6.53		17.69	8.93	0.98
	24.61	14.88	3.63		17.86	10.40	0.28
	41.73	38.73	2.83		29.94	23.24	0.36
	41.50	21.81	6.44		31.61	15.44	0.87
	26.13	23.36	3.93		11.58	9.30	0.49
0.91	51.45	28.68	2.90	0.69	34.67	15.81	0.41
1.13	36.08	23.64	1.58	0.79	20.75	10.93	0.24
0.06	80.95	65.22	8.85	0.04	39.10	28.15	0.85
0.41	52.12	45.87	0.44	0.23	28.99	22.19	0.06
0.80	33.49	34.58	0.17	0.60	19.27	15.78	0.02
2.88	34.60	19.22	0.05	2.43	15.92	7.73	0.01
	62.79	49.83	7.90		30.48	27.89	1.18
4.61	136.88	69.62	6.64	3.19	91.62	25.96	0.50
	57.16	24.17	2.16		38.94	12.08	0.44
16.98	16.57	10.87	1.02	12.50	7.26	4.38	0.07
	29.79	25.06	0.17		21.64	14.67	0.04
	48.73	44.67	3.37		35.30	26.35	0.53
0.39	69.33	37.40	1.36	0.36	50.25	21.72	0.42
	59.25	42.37	2.32		43.03	24.80	0.37
	47.41	26.54	1.23		34.58	15.47	0.25
	65.37	51.40	1.11		48.54	30.76	0.26
	73.99	71.57	1.80		54.68	41.88	0.33
	81.44	71.12	5.42		60.35	42.66	1.06

2–19 续表 2

地 区	全年粮食		夏收粮食		秋收粮食	
	播种面积（千公顷）	总产量（万吨）	播种面积（千公顷）	总产量（万吨）	播种面积（千公顷）	总产量（万吨）
信阳市						
平桥区	74.88	49.51	32.59	14.37	42.30	35.15
罗山县	97.63	70.19	28.80	11.96	68.83	58.23
光山县	72.43	55.29	16.97	7.08	55.45	48.21
商城县	43.91	29.75	9.81	4.03	34.10	25.72
潢川县	100.10	67.90	37.54	16.09	62.56	51.82
淮滨县	101.61	57.01	55.12	27.93	46.48	29.08
息 县	163.81	94.92	92.32	49.02	71.49	45.90
周口市						
扶沟县	105.20	66.89	65.82	48.73	39.38	18.16
西华县	136.04	83.03	74.05	55.07	62.00	27.96
商水县	172.38	112.12	80.38	59.63	92.00	52.48
沈丘县	152.76	98.02	73.70	54.66	79.05	43.36
郸城县	153.86	99.99	83.46	65.10	70.40	34.90
淮阳县	168.70	110.94	85.48	66.16	83.22	44.78
太康县	197.00	124.93	109.37	81.36	87.63	43.57
项城市	142.64	90.27	75.94	56.30	66.70	33.96
驻马店市						
驿城区	87.70	47.22	45.82	27.86	41.88	19.37
西平县	141.99	94.23	71.69	52.94	70.30	41.29
上蔡县	169.30	105.70	97.26	70.28	72.04	35.42
平舆县	132.74	83.17	79.88	57.15	52.86	26.03
正阳县	159.64	91.50	128.81	74.30	30.83	17.20
确山县	97.92	55.13	55.66	34.69	42.25	20.44
泌阳县	124.43	67.29	73.28	42.79	51.15	24.50
汝南县	129.20	80.95	86.03	60.60	43.18	20.35
遂平县	102.62	61.93	53.37	37.68	49.25	24.24
济源市	**43.52**	**22.65**	**21.41**	**12.06**	**22.11**	**10.59**
省直管县						
兰考县	102.19	56.53	59.61	35.35	42.57	21.18
汝州市	97.92	45.94	47.98	25.40	49.94	20.55
滑 县	208.72	156.38	120.34	90.97	88.38	65.41
长垣县	106.13	70.65	55.00	41.42	51.13	29.23
邓州市	217.05	118.83	137.80	81.94	79.25	36.89
永城市	211.02	133.80	110.98	82.25	100.04	51.55
固始县	153.63	107.94	37.54	17.04	116.10	90.90
鹿邑县	144.59	95.58	72.24	53.99	72.36	41.59
新蔡县	152.01	89.33	84.80	55.93	67.20	33.40

主要粮食品种播种面积(千公顷)				主要粮食品种总产量(万吨)			
稻谷	小麦	玉米	大豆	稻谷	小麦	玉米	大豆
38.11	31.49	2.34	0.95	33.84	14.03	1.35	0.06
67.38	27.60	0.06	0.77	58.84	11.62	0.04	0.05
53.87	16.63		0.84	48.71	7.00		0.05
32.61	9.81	0.04	0.60	25.84	4.03	0.02	0.03
62.46	36.84	0.06	0.09	52.85	15.83	0.03	0.01
40.20	54.33	3.36	0.55	26.61	27.67	2.01	0.04
54.94	91.52	14.68	1.08	37.26	48.67	9.29	0.06
0.51	65.82	29.93	8.22	0.46	48.73	15.67	1.36
	74.05	53.33	8.27		55.07	26.70	0.95
	80.38	76.23	12.33		59.63	47.77	2.38
	73.70	70.70	6.29		54.66	40.57	1.16
	83.46	47.91	7.55		65.10	27.77	1.00
	85.48	74.27	5.50		66.16	41.91	0.69
	109.37	79.54	7.55		81.36	42.20	1.17
	75.94	48.84	14.24		56.30	30.46	1.65
0.50	45.72	40.40	0.87	0.20	27.77	18.93	0.09
	71.69	73.45	0.22		52.94	43.19	0.04
	97.26	66.40	6.54		70.28	33.57	1.52
	79.88	44.86	5.84		57.15	24.26	0.82
16.67	119.04	19.30	1.75	10.60	72.08	7.95	0.22
4.21	55.66	36.87	0.07	2.77	34.69	16.52	0.01
3.33	73.18	43.86	0.58	1.70	42.71	20.92	0.07
1.51	82.79	41.48	2.41	1.05	58.05	20.71	0.50
	51.47	49.62	1.27		36.49	24.79	0.20
0.10	**21.41**	**20.98**	**1.15**	**0.06**	**12.06**	**10.35**	**0.17**
0.18	59.61	40.68	1.31	0.16	35.35	20.17	0.25
	47.98	47.28	0.66		25.40	19.59	0.08
0.15	120.34	91.35	0.15	0.15	90.97	67.59	0.04
2.12	55.00	48.05	2.18	1.67	41.42	27.79	0.38
1.56	137.80	58.86	9.33	0.97	81.94	29.91	1.37
	110.98	59.48	34.19		82.25	41.84	4.92
112.29	37.54	2.95	0.11	90.67	17.04	1.57	0.02
	72.24	58.26	12.92		53.99	38.10	1.91
2.49	84.80	62.49	1.28	1.34	55.93	32.28	0.11

主要统计指标解释

乡（镇）政府 是指我国农村体制改革后设立的基层政府组织。根据宪法规定,它除执行本级人民代表大会的决议和上级国家行政机关的决定和命令外,还负责管理本行政区域内的行政工作。

村民委员会 根据宪法规定农村按居住地区设立的基层群众性的自治组织叫村民委员会。它主要负责办理本居住地区的公共事务和公益事业,调解民间纠纷,协助维护社会治安,并向人民政府反映群众的意见、要求和建议。村民委员会的下设组织叫村民小组。

乡村户数 是指户口在农村的常住户数,包括全部从事农林牧渔业生产并从中直接获取实物、现金收入和从承包的生产任务中获取实物、现金收入的农业家庭户数。还包括从事乡村工业、建筑、交通运输、贸易业、饮食、服务业生产和从事乡村文教卫生事业等非农产业的农业户。

乡村人口 是指乡村户数中的常住人口。包括常住人口中外出的民工、工厂的合同工及户口在家的在外学生。但不包括户口在家领取工资的国家职工。

乡村从业人员 指乡村人口中 16 岁以上实际参加生产经营活动并取得实物或货币收入的人员，既包括劳动年龄内经常参加劳动的人员，也包括超过劳动年龄但经常参加劳动的人员。但不包括户口在家的在外学生、现役军人和丧生劳动能力的人，也不包括待业人员和家务劳动者。从业人员年龄为 16 岁以上。从业人员按从事主业的时间最长（时间相同按收入）分为农业从业人员、工业从业人员、建筑业从业人员、交通仓储及邮电通讯业从业人员、批零贸易及餐饮业从业人员、其它从业人员。

农林牧渔业劳动力 指直接参加农林牧渔生产劳动的劳动力和直接从事采集、捕猎、农户家庭兼营（即以农业为主，利用农闲时间进行的）工业生产劳动的劳动力。

农作物总播种面积 是指全年各季各种农作物播种面积的总和。现行农业统计报表制度规定全年农作物总播种面积是指应该在本日历年度内收获农产品的作物的播种面积之和。其计算公式为：

本年农作物总播种面积＝上年秋冬播种作物面积＋本年春播作物面积＋本年夏播作物面积

或：本年农作物总播种面积＝本年夏收作物播种面积＋本年秋收作物播种面积

复种指数 指年内耕地上农作物总播种面积与耕地面积之比。它说明耕地在一年内平均种植的次数反映复种程度的高低。计算公式为：

复种指数=农作物总播种面积/耕地面积×100%

粮食产量 指全社会的产量。包括全民所有制经营的、集体统一经营的和农民家庭经营的粮食产量。粮食除包括稻谷、小麦、玉米、高粱、谷子及其它杂粮外还包括薯类和大豆。其产量的计算方法：豆类按去豆荚后的干豆计算;薯类按五公斤鲜薯折粮一公斤计算。其他粮食一律按脱粒后的原粮计算。

油料产量 指全部油料作物的生产量。包括花生、油菜籽、芝麻、向日葵籽、胡麻籽（亚麻籽）和其它油料。不包括大豆也不包括木本油料和野生油料。花生以带壳干花生计算。

有林地面积 指生长着乔木和竹林，郁闭度在 0.3 以上（不含 0.3）的林地面积，即有林地面积。它是反映森林资源总面积的重要指标。有林地面积包括天然林面积和人工林面积。但不包括灌木林面积和疏林面积。

造林面积 是指报告期内在荒山、荒地、沙丘等一切可以造林的土地上采用人工播种、植苗、飞机播种等方法新植的成片乔木林和灌木林经过检查验收符合《森林法实施细则》第十五条规定成活率达 85%（含 85%）以上的面积。四旁植树如一侧在四行以上连续面积一亩以上应统计在造林面积内。

在造林面积中不包括补植面积、治沙种草面积、经济林垦复面积、迹地更新面积和低产林改造面积。

造林成活率 指同一片造林面积上已成活的树木株数与种植的树木株数之比。其计算公式如下：

造林成活率(%)=成活的树木株数/种植的树木株数×100%

育苗面积 指培育苗木所实际占用的苗圃面积。包括临时性的灌溉排水设施和苗床间步道等。不包括苗圃休闲地固定性或永久性的灌溉排水设施和道路、建筑物等面积。育苗面积包括本年新育面积、留床面积和移植面积三部分。育苗面积按实际占用的土地面积计算。

封山育林面积 是指对水土流失严重的荒山秃岭、河流两岸和近年内不准备进行人工造林的荒山荒地封禁以免人畜破坏使杂草、幼树得以繁殖兹长改善地面复被状况以减免水土的流失和为造林创造条件以及将采伐迹地、火烧迹地加以封禁使其残留的母树林能天然下种繁殖幼树残留的竹木根株能自然发芽蔓延生长的面积。包括当年新封及历年封禁至本年末尚未开放的面积不包括为保护新造幼林的生长而临时封禁的面积。

四旁（零星）植树 是指在村旁、路旁、宅旁、水旁等地零星栽植的林木和竹木株数。同时包括农田林网、农桐间作、农枣间作栽植的林木株数。不包括农田零星栽植的水果树、茶树、桑树和灌木丛。

林产品产量 指从人工栽培的竹木林上不经砍伐竹、木的根本而取得的各种林产品数量。包括生漆、棕片、五倍子、松脂、笋干、油桐籽、乌桕子、核桃、板栗等各种林木籽实以及修剪竹木所得的枝叶（荆条、柳条、蒲葵叶）等等林产品产量中包括林木种子采集量。但不包括竹木采伐量。

水产品产量 指本年度内捕捞的水产品产量。包括人工养殖并捕捞的水产品产量和捕捞天然生长的水产品产量。包括海水鱼类、虾蟹类、贝类、藻类以及淡水鱼类、虾蟹类和贝类不包括淡水水生植物。

年末耕地总资源 指能够种植农作物的田地。包括当年实际耕种的熟地；新开荒且已种植的地；“沿海”、“沿湖”地区已围垦利用三年以上的“海涂”、“湖田”；弃耕、休闲不满三年，随时可以复耕的地；因灾害或其他因素，虽然当年内未种植农作物但仍可复耕的地；以种植农作物为主，附带种植桑树、果树和其它林的地；年年进行耕耘种草的地；南方小于 1 米、北方小于 2 米宽的沟、渠、路、田埂。不包括：因灾害或其他因素，已不能复耕的地；弃耕、休闲满三年的地，或虽不满三年但已成为荒地的土地；不进行耕耘，种植牧草已成为永久性草地的土地；专业性的桑园、茶园、果园、果木苗圃地、芦苇地、天然草场等；以混凝土等铺设的温室、玻璃室，导致栽培的植物体与地面隔绝的基地。

有效灌溉面积 指灌溉工程或设备已基本配套，有一定水源， 土地比较平整，在一般年景可以进行正常灌溉的耕地面积。一般为水田与水浇地之和。

当年实际机耕地面积 指本年度内利用拖拉机或其他动力机械耕过的耕地面积。机耕面积应该按实际翻耕过的耕地面积计算，即同一公顷耕地上一年内不论翻几次，仍按一公顷计算。

农业机械总动力 指主要用于农林牧渔业的各种动力机械的动力总和。包括耕作机械、排灌机械、收获机械、农产品加工机械、运输机械、植物保护机械、牧业机械、林业机械、渔业机械和其他农业机械（内燃机按引擎马力折成瓦数计算）。不包括专门用于乡办工业、基本建设、非农业运输、科学试验和教学等非农业生产方面的动力机械与作业机械。

农村用电量 指本年度内，扣除在农村的全民所有制工业、交通、基建单位的用电量以外的农村生产上和生活上的全年用电总量（按全年累计数统计）。

农用化肥施用量 指本年度实际用于农业生产的化肥数量，包括氮肥、磷肥、钾肥和复合肥。

主要化肥折纯量 指在化肥原施用实物量的基础上进行按含量多少折纯。就是氮肥含氮量、磷肥含磷量、钾肥含氧化钾量等。

畜牧业

资料整理：金民伟

3-1 主要畜产品产量

指　　标	单位	2000年	2005年	2010年	2012年	2013年	2014年	2015年	2016年	2017年
猪牛羊出栏头数										
肉猪出栏头数	万头	4180.00	5568.00	5382.8	5699.0	5981.9	6292.0	6151.4	5983.1	6220.0
占年初存栏头数比重	%	117.5	142.1	119.0	125.0	130.7	142.5	139.6	137.20	145.70
肉用牛出栏头数	万头	578.00	702.64	390.1	317.7	291.8	272.8	251.3	231.1	233.0
占年初存栏头数比重	%	43.1	50.3	49.4	53.1	56.3	58.0	57.8	57.4	66.9
肉用羊出栏只数	万只	2903.80	4225.00	1959.2	1807.9	1778.1	1792.1	1790.2	1791.5	2145.0
占年初存栏头数比重	%	104.2	114.5	98.1	96.9	97.3	97.9	94.9	93.0	139.7
肉用禽出栏只数	万只			81530.7	88482.3	87514.4	82685.4	83132.4	83926.2	90681.6
占年初存栏只数比重	%			142.4	153.3	147.1	142.3	145.6	147.1	159.3
肉类总产量	万吨	517.00	689.00	608.96	632.84	648.97	662.02	647.22	625.94	655.84
#猪肉产量	万吨	337.90	441.20	407.7	431.6	453.0	476.6	466.5	449.0	466.9
牛肉产量	万吨	83.00	102.75	58.7	47.8	43.9	41.0	37.8	34.9	35.0
羊肉产量	万吨	32.00	47.38	23.3	22.1	21.7	21.8	21.8	21.8	26.1
驴肉产量	万吨	2.30	1.96	3.40	2.14	2.32	1.85	1.52	0.47	0.29
骡肉产量	万吨	1.10	0.80	0.43	0.29	0.27	0.15	0.10	0.05	0.03
马肉产量	万吨	1.50	1.13	1.05	0.93	0.72	0.60	0.39	0.18	0.15
禽肉产量	万吨	55.00	87.51	101.3	114.6	113.5	108.3	109.0	110.1	119.0
兔肉产量	万吨	4.20	5.66	9.46	9.31	8.99	7.55	6.23	5.32	4.85
平均每头肉猪产肉量	公斤/头	80.80	79.20	75.74	75.73	75.72	75.75	75.83	75.05	75.10
平均每头肉牛产肉量	公斤/头	144.70	146.20	150.47	150.46	150.45	150.29	150.42	151.02	150.21
平均每只肉羊产肉量	公斤/只	11.00	11.20	11.89	12.22	12.20	12.18	12.18	12.17	12.17
其他畜产品产量										
奶类总产量	万吨	20.20	108.50	207.04	220.85	219.07	227.28	233.66	223.30	212.87
牛奶产量	万吨	16.10	104.00	190.1	206.5	206.7	216.9	223.6	213.5	202.9
羊奶产量	万吨	4.10	4.50	16.98	14.33	12.35	10.37	10.10	9.79	10.01
羊毛总产量	吨	10844	14335	11984	11740	11697	9569	7246	9370	9214
山羊毛产量	吨	2858	2873	4297	4754	4976	3671	2245	3657	3450
绵羊毛产量	吨	7986	11462	7687	6985	6721	5898	5000	5713	5765
羊绒产量	吨	277	433	181	143	160	146	311	706	581
蜂蜜产量	吨	23105	27441	61820	51852	43400	36645	27907	87823	71487
禽蛋产量	万吨	270.00	375.30	372.3	379.0	380.6	370.8	372.3	379.6	401.2

3-2 主要畜禽年末存栏数量

指　　标	单位	2000年	2005年	2010年	2012年	2013年	2014年	2015年	2016年	2017年
大牲畜总头数	**万头**	**1445.70**	**1508.80**	**719.19**	**537.56**	**487.16**	**447.59**	**411.70**	**353.67**	**376.09**
#从事农事劳役的头数	万头	482.80	412.90	296.2	211.2	200.1	192.8	183.7	167.5	108.5
牛	万头	1340.20	1447.00	695.0	518.3	470.5	434.7	402.7	348.4	372.7
肉牛	万头	282.80	514.06	346.5	257.6	226.3	201.8	181.8	150.6	230.5
乳牛	万头	6.70	31.22	52.4	49.5	44.0	40.1	37.2	30.4	33.7
马	万头	29.30	17.29	8.05	6.23	5.23	4.18	2.80	1.38	0.97
驴	万头	49.50	29.60	12.34	10.31	9.03	7.24	5.13	3.47	2.18
骡	万头	26.80	14.91	3.76	2.70	2.45	1.51	1.09	0.41	0.28
猪	万头	3787.70	4439.00	4540.6	4577.5	4415.7	4407.4	4361.9	4268.8	4390.0
#能繁殖的母猪	万头	365.00	517.00	473.6	489.3	489.8	480.6	459.3	432.1	440.5
羊	万只	2961.40	3988.00	1895.4	1827.7	1830.3	1886.0	1926.0	1535.4	1682.0
山羊	万只	2730.10	3509.00	1662.9	1561.5	1533.3	1551.8	1552.8	1438.6	1412.9
绵羊	万只	231.30	479.00	232.5	266.2	297.0	334.2	373.2	96.9	269.1
家禽	万只	42529.00	61958.00	56708.5	59505.9	58086.3	57081.3	57070.5	56927.7	65019.5

3-3 各市主要畜禽出栏数量和畜产品产量(2017年)

地　　区	猪出栏头数(万头)	牛出栏头数(万头)	羊出栏只数(万只)	家禽出栏只数(万只)
郑 州 市	180.39	4.79	51.97	3263.91
开 封 市	406.11	15.05	198.56	2874.36
洛 阳 市	180.21	15.76	63.62	1894.74
平顶山市	333.56	11.77	113.54	2808.58
安 阳 市	229.51	2.61	82.66	6259.15
鹤 壁 市	147.38	1.29	24.78	8330.10
新 乡 市	411.76	7.73	79.01	6286.59
焦 作 市	140.22	6.45	32.66	3736.61
濮 阳 市	132.13	5.93	108.33	8978.99
许 昌 市	413.10	7.70	84.95	2598.70
漯 河 市	345.61	2.03	25.09	2478.89
三门峡市	94.35	7.26	33.32	528.26
南 阳 市	701.70	49.99	316.30	3858.34
商 丘 市	425.87	21.52	314.00	7708.64
信 阳 市	402.56	8.87	87.12	10944.77
周 口 市	690.84	17.66	334.38	13987.99
驻马店市	929.17	45.08	188.44	3916.65
济 源 市	55.54	1.48	6.27	226.32

3-3 续表

地　　区	肉类总产量(吨)		禽蛋产量(吨)	奶类总产量(吨)
		猪肉(吨)		
郑 州 市	198494	137413	128026	113359
开 封 市	399669	304772	283673	510204
洛 阳 市	199753	138149	155138	237434
平顶山市	331764	249553	150842	304541
安 阳 市	266758	172141	258298	107850
鹤 壁 市	195233	112347	144290	22007
新 乡 市	397345	307110	257508	128065
焦 作 市	159537	103717	110346	149148
濮 阳 市	219391	100900	303439	54545
许 昌 市	365987	309048	127019	5667
漯 河 市	287971	252749	148972	11112
三门峡市	93996	70759	37498	521
南 阳 市	709534	520725	313452	214202
商 丘 市	479467	319238	455385	123055
信 阳 市	582147	302997	351638	56497
周 口 市	736422	519330	502233	28150
驻马店市	887023	706369	271014	43027
济 源 市	47902	41682	13228	19281

3-4 各市主要畜禽存栏数量(2017年)

地　　区	猪年末头数(万头)	牛年末头数(万头)	羊年末只数(万只)	家禽年末只数(万只)
郑 州 市	125.12	7.99	41.93	2074.83
开 封 市	296.97	24.15	107.88	4597.30
洛 阳 市	140.55	27.94	73.68	2514.20
平顶山市	244.12	19.15	118.22	2444.59
安 阳 市	173.76	5.71	72.08	4186.04
鹤 壁 市	95.71	2.10	27.08	2338.41
新 乡 市	286.11	12.41	62.77	4173.25
焦 作 市	113.91	9.93	33.16	1788.30
濮 阳 市	97.81	10.97	60.30	4917.29
许 昌 市	260.02	12.52	69.96	2058.50
漯 河 市	201.42	4.18	17.32	2414.28
三门峡市	73.21	13.88	34.25	607.70
南 阳 市	506.99	78.63	245.50	5080.18
商 丘 市	273.14	33.56	242.30	7380.08
信 阳 市	288.91	13.66	61.79	5698.74
周 口 市	521.21	26.02	255.68	8139.32
驻马店市	655.04	67.40	147.90	4392.12
济 源 市	36.00	2.46	10.23	214.38

3-5 生猪大县生产情况

地区	年末生猪存栏(万头)											
	2006年	2007年	2008年	2009年	2010年	2011年	2012年	2013年	2014年	2015年	2016年	2017年
杞县	66.35	73.78	80.00	81.00	78.12	79.00	72.68	73.50	76.55	78.34	77.12	79.83
通许县					44.36	45.69	45.74	46.11	46.02	46.94	46.25	50.19
尉氏县	62.24	69.21	75.00	75.80	74.20	74.50	75.50	69.99	70.13	69.63	69.84	71.98
开封县					50.88	52.41	52.46	53.68	54.62	54.44	54.18	54.83
叶县	58.41	72.12	77.50	79.50	81.62	82.40	81.41	86.00	85.02	84.31	83.60	85.04
汝州市	52.51	60.31	66.77	68.50	70.21	70.46	71.60	72.82	71.73	71.33	70.45	73.55
林州市					63.24	65.14	65.14	64.36	61.71	60.63	60.28	61.03
浚县					38.55	39.71	39.83	40.10	38.35	38.52	38.04	40.66
封丘县					44.22	45.55	45.64	47.28	47.83	48.64	48.27	49.09
卫辉市	49.13	41.95	44.05	44.80	45.40	46.00	46.40	45.24	46.58	46.51	46.84	46.87
辉县市	58.57	62.72	72.00	73.80	71.10	72.50	71.78	72.60	71.14	69.91	69.10	70.79
许昌县	49.65	53.46	62.00	62.30	64.55	64.20	60.41	61.10	56.23	55.00	54.62	56.28
鄢陵县	47.85	51.51	60.00	60.50	56.80	56.90	56.60	56.00	56.35	55.69	55.27	56.17
襄城县	57.56	49.54	50.70	52.00	51.40	51.60	51.70	49.99	51.28	50.76	50.19	51.01
禹州市	38.06	40.97	50.74	51.50	52.10	52.50	51.61	52.20	52.43	52.07	51.44	52.74
长葛市	34.93	37.60	44.44	45.60	44.50	44.80	43.59	44.00	43.42	43.07	42.37	43.38
郾城区	38.19	33.78	41.38	42.00	42.66	42.60	43.00	43.60	43.25	43.10	42.51	43.40
召陵区	50.27	40.07	41.11	41.80	41.00	41.50	41.40	42.00	41.14	40.23	39.60	40.77
舞阳县					44.72	46.06	46.11	45.60	45.80	45.61	45.14	46.55
临颍县	44.41	46.89	56.00	56.50	56.20	56.20	55.80	56.20	54.28	53.22	52.62	53.05
内乡县	46.79	42.48	46.92	48.50	49.20	51.20	51.97	58.46	55.31	55.71	65.89	67.43
社旗县					50.53	52.05	52.10	52.80	53.00	53.15	52.16	55.75
唐河县	71.28	75.39	81.00	82.10	82.20	82.50	82.60	83.01	82.80	82.20	80.80	82.15
邓州市	93.54	101.47	103.00	104.26	108.80	106.80	106.98	107.62	105.12	104.70	104.20	105.98
睢阳区					43.74	45.05	45.10	46.00	46.10	46.05	45.30	45.71
睢县					29.82	30.72	30.81	30.04	30.34	30.35	29.87	32.81
柘城县					28.49	29.34	29.40	30.66	30.01	30.92	30.41	33.40
夏邑县					49.27	50.75	50.80	51.20	52.85	53.96	53.93	55.21
固始县	57.93	61.63	71.00	72.00	72.10	72.20	70.54	72.00	72.53	72.42	71.49	71.99
潢川县		30.40	37.41	48.15	48.63	49.12	51.00	50.34	49.19	49.51	49.00	50.18
西华县	49.71	56.16	64.00	65.80	64.40	64.35	64.60	64.80	66.22	66.32	65.69	66.86
商水县	52.15	57.86	65.50	65.80	68.80	68.90	67.38	64.35	65.20	64.83	65.97	67.98
沈丘县	49.18	45.08	48.61	50.00	50.60	51.30	52.00	53.35	54.19	54.62	54.06	55.01
淮阳县	62.88	51.35	54.54	55.80	55.98	56.80	57.10	56.36	57.02	56.80	56.64	58.20
太康县	59.00	62.52	69.00	70.10	72.20	72.25	73.20	68.44	68.63	68.48	67.28	69.45
鹿邑县		47.8	53.55	58.15	58.73	59.08	59.40	57.97	57.86	57.56	56.36	57.05
西平县	86.12	88.55	90.55	92.20	95.85	96.90	97.60	93.50	92.74	91.90	90.32	92.92
上蔡县	61.34	61.73	66.37	68.00	68.50	68.90	64.08	64.14	66.23	67.16	66.49	67.04
平舆县					49.29	50.77	50.82	49.04	46.54	46.59	46.92	47.21
正阳县	90.29	93.92	108.00	111.00	114.65	114.80	107.91	103.38	104.74	105.44	106.90	110.00
确山县	47.72	53.05	57.79	58.00	58.68	58.58	53.89	53.95	54.26	54.41	54.36	55.97
汝南县	58.66	62.29	67.55	68.50	66.65	67.00	68.00	65.82	66.16	65.74	65.14	66.44
遂平县	55.10	59.73	67.00	68.10	70.25	70.50	70.48	70.62	70.22	69.60	69.31	70.94
新蔡县	58.83	62.46	69.00	71.50	70.80	72.00	68.40	65.53	65.78	65.90	65.29	66.55
济源市					36.02	37.10	37.17	35.05	33.89	33.63	32.99	36.00

3-5 续表 1

地 区	#能繁殖母猪(万头)											
	2006年	2007年	2008年	2009年	2010年	2011年	2012年	2013年	2014年	2015年	2016年	2017年
杞 县	5.04	6.87	8.10	8.16	7.99	8.30	8.31	8.36	8.63	8.43	8.07	8.33
通许县					4.91	5.00	5.01	5.40	5.41	5.28	5.12	5.52
尉氏县	4.72	6.44	7.50	7.51	7.48	7.70	8.00	8.60	8.51	8.20	7.86	8.00
开封县					5.45	5.55	5.56	5.66	5.69	5.53	5.34	5.35
叶 县	4.78	7.72	8.80	8.88	9.18	9.25	8.98	9.22	9.20	8.83	8.43	8.55
汝州市	2.95	5.95	7.10	7.18	7.06	7.10	7.20	7.28	7.08	6.87	6.66	6.85
林州市					8.04	8.20	8.20	7.80	7.46	7.02	6.80	6.74
浚 县					4.69	4.79	4.80	4.60	4.48	4.31	4.24	4.53
封丘县					4.40	4.49	4.50	5.40	5.35	5.27	5.11	5.18
卫辉市	2.56	3.22	4.50	4.70	4.80	4.80	4.94	5.01	5.11	4.94	4.83	4.90
辉县市	4.62	6.93	8.30	8.31	8.11	8.10	8.10	8.00	7.89	7.51	7.23	7.32
许昌县	3.94	5.75	5.86	5.91	6.12	6.60	6.43	6.41	5.99	5.68	5.52	5.63
鄢陵县	4.01	5.85	6.61	6.67	6.55	6.68	6.64	6.10	6.05	5.81	5.66	5.71
襄城县	4.32	4.74	5.20	5.40	5.45	5.46	5.50	5.51	5.64	5.43	5.35	5.42
禹州市	2.57	3.73	4.50	6.00	5.96	6.00	5.83	5.76	5.85	5.68	5.52	5.58
长葛市	2.69	3.92	4.70	4.75	4.72	4.80	4.71	4.70	4.52	4.36	4.29	4.34
郾城区	6.90	3.81	4.23	4.40	4.50	4.50	4.54	4.50	4.40	4.25	4.09	4.14
召陵区	4.71	4.86	4.98	5.10	4.80	4.95	4.90	4.68	4.69	4.59	4.39	4.40
舞阳县					4.70	4.80	4.80	4.82	4.73	4.61	4.51	4.58
临颍县	3.96	5.77	6.72	6.73	6.89	6.85	6.40	6.20	6.24	6.02	5.79	5.82
内乡县	2.85	7.10	8.50	6.58	6.25	6.34	6.41	7.20	7.01	6.94	8.08	8.00
社旗县					5.48	5.59	5.60	5.60	5.63	5.53	5.41	5.64
唐河县	7.69	6.68	7.03	7.73	7.84	8.2	8.34	8.40	8.48	8.21	7.87	7.96
邓州市	5.25	7.81	9.20	9.28	9.62	10.2	10.39	12.80	12.42	12.11	11.66	11.72
睢阳区					4.91	5.00	5.01	5.00	4.98	4.80	4.67	4.74
睢 县					3.52	3.59	3.60	3.60	3.53	3.43	3.33	3.62
柘城县					3.52	3.59	3.60	3.55	3.36	3.33	3.26	3.56
夏邑县					5.97	6.09	6.10	6.02	6.15	6.00	5.87	5.95
固始县	4.02	4.68	6.00	6.05	6.26	6.90	6.76	7.10	7.22	7.01	6.79	6.82
潢川县		2.90	3.92	4.90	4.95	5.09	5.18	5.20	5.00	4.95	4.78	4.85
西华县	3.61	5.50	6.50	6.55	6.33	6.60	6.50	6.52	6.69	6.57	6.38	6.53
商水县	5.32	6.87	7.89	7.95	7.85	8.00	7.90	7.20	7.14	6.88	6.67	7.01
沈丘县	5.23	3.66	5.18	5.56	5.80	6.00	6.20	6.10	6.21	6.07	5.93	6.01
淮阳县	8.20	5.77	6.30	6.45	6.46	6.50	6.70	6.40	6.50	6.30	6.14	6.23
太康县	4.12	6.01	7.20	7.21	7.11	7.30	7.50	7.50	7.52	7.36	7.10	7.21
鹿邑县		4.43	5.28	5.62	5.68	5.83	5.94	6.10	6.14	5.92	5.80	5.83
西平县	7.62	9.41	9.76	9.88	9.76	10.02	9.91	9.90	9.72	9.38	8.93	9.17
上蔡县	4.60	5.22	6.29	6.87	7.40	7.42	7.50	7.40	7.62	7.47	7.20	7.31
平舆县					5.09	5.19	5.20	5.26	5.01	4.85	4.73	4.75
正阳县	7.91	11.70	13.50	13.51	13.66	14.00	14.00	12.00	11.99	11.76	11.27	11.54
确山县	5.37	6.06	6.29	6.42	6.12	6.26	6.26	6.10	6.08	5.85	5.73	5.85
汝南县	4.54	6.33	6.63	7.00	6.88	7.10	7.30	7.30	7.14	6.86	6.65	6.73
遂平县	4.80	6.59	7.80	7.85	8.02	8.12	8.00	7.88	7.62	7.33	7.07	7.18
新蔡县	4.11	5.90	7.00	7.08	7.06	7.22	7.38	7.30	7.22	7.00	6.77	6.86
济源市					4.36	4.45	4.46	4.40	4.11	3.95	3.83	4.09

3-5 续表 2

地 区	生猪出栏(万头)											
	2006年	2007年	2008年	2009年	2010年	2011年	2012年	2013年	2014年	2015年	2016年	2017年
杞 县	71.53	67.61	79.90	84.00	85.10	86.00	87.12	95.66	102.04	100.82	99.26	103.64
通许县					61.56	62.79	62.85	65.60	63.78	63.60	62.98	70.45
尉氏县	68.94	65.17	76.90	80.00	84.50	85.00	87.38	96.55	105.33	103.41	103.98	108.12
开封县					65.13	66.43	66.50	70.20	68.80	67.81	68.21	70.51
叶 县	81.91	78.62	91.35	97.70	106.32	106.80	108.72	116.80	122.82	120.28	119.35	123.13
汝州市	62.18	65.55	76.10	81.50	86.12	87.00	88.31	90.00	91.08	89.94	89.80	92.24
林州市					83.35	85.01	85.10	86.20	84.29	82.02	81.47	84.65
浚 县					70.57	71.99	72.13	75.20	70.00	68.53	67.37	70.98
封丘县					72.74	74.20	74.27	82.20	83.00	81.50	80.92	84.82
卫辉市	62.25	50.10	50.11	53.00	56.80	57.00	57.80	61.60	60.13	59.51	59.97	61.73
辉县市	87.16	84.10	97.50	104.20	108.00	107.80	107.80	113.20	120.22	116.81	115.06	117.20
许昌县	78.20	68.78	77.80	81.50	88.89	89.20	87.24	90.60	95.94	92.34	90.63	93.24
鄢陵县	72.95	66.53	76.95	81.65	81.52	82.00	82.98	82.40	87.90	85.85	85.50	87.97
襄城县	61.47	60.33	63.09	67.30	69.50	69.60	70.23	70.00	69.57	68.25	67.68	68.47
禹州市	72.35	60.20	66.80	71.20	74.00	74.60	74.50	78.40	82.94	81.16	80.57	83.05
长葛市	60.30	60.01	68.20	72.80	77.56	77.80	74.30	76.60	79.00	77.32	76.72	79.68
郾城区	74.63	60.43	64.32	67.00	72.26	72.40	72.40	75.60	78.74	77.03	76.22	78.66
召陵区	79.77	61.06	63.44	67.80	69.00	69.40	67.25	68.80	72.16	70.18	69.40	72.11
舞阳县					67.83	69.18	69.32	72.20	72.34	72.07	71.39	74.52
临颍县	80.69	75.13	82.70	86.80	91.10	92.00	89.79	94.10	94.85	92.21	91.01	94.44
内乡县	64.90	64.79	70.94	76.00	80.50	81.20	81.77	92.23	92.87	91.79	105.25	112.87
社旗县					66.34	67.66	67.73	71.20	74.19	74.10	73.63	76.77
唐河县	91.35	75.59	88.00	94.00	99.50	99.80	100.20	105.30	110.94	108.03	106.55	109.43
邓州市	106.39	87.66	106.00	113.00	118.66	118.78	119.37	132.00	136.78	133.65	133.02	136.87
睢阳区					67.53	68.88	69.02	73.00	74.93	75.22	73.79	75.01
睢 县					43.29	44.16	44.20	48.00	50.51	49.82	49.07	53.59
柘城县					39.33	40.12	40.24	43.38	45.93	46.72	46.31	50.62
夏邑县					78.05	79.61	79.61	82.00	84.85	83.80	83.34	86.06
固始县	93.18	79.92	91.00	95.80	102.66	101.60	99.57	104.80	109.35	107.05	105.81	107.54
潢川县		34.30	50.50	65.00	67.02	67.82	68.50	72.00	76.53	76.77	76.34	78.76
西华县	75.72	65.11	74.70	78.30	81.11	81.15	81.56	84.00	87.78	86.34	85.71	89.77
商水县	69.47	65.10	75.00	79.50	79.33	79.50	78.23	84.10	89.27	88.24	89.02	92.17
沈丘县	72.46	55.20	60.00	64.50	67.80	67.90	68.44	72.60	83.00	82.78	82.27	85.01
淮阳县	85.76	65.11	69.37	74.10	76.98	77.50	78.04	82.20	87.42	86.26	85.93	89.35
太康县	88.58	65.20	76.00	81.00	84.45	85.00	85.51	89.20	90.58	89.33	89.16	92.51
鹿邑县		59.28	66.40	72.10	74.41	75.00	75.53	78.60	78.71	77.43	76.94	79.67
西平县	104.83	93.00	108.00	114.80	121.21	122.00	120.17	126.00	132.46	129.93	127.80	132.16
上蔡县	60.25	62.08	68.44	73.00	76.65	77.00	77.85	81.60	86.21	87.14	86.86	89.23
平舆县					70.62	72.03	72.10	76.20	72.00	70.76	70.02	72.17
正阳县	107.26	98.03	114.20	122.00	129.89	130.00	130.78	138.00	145.25	144.71	146.75	150.00
确山县	63.50	51.01	55.16	59.50	63.60	63.50	64.71	68.39	71.86	70.73	70.18	72.40
汝南县	72.24	65.41	75.90	80.80	86.68	86.60	87.38	91.40	91.84	90.36	89.05	91.00
遂平县	70.60	63.77	74.10	79.20	85.69	85.74	86.43	93.25	97.58	95.47	95.02	98.56
新蔡县	68.79	61.96	72.50	77.62	80.26	82.00	82.49	86.80	86.90	86.09	85.75	88.72
济源市					51.68	52.72	52.77	55.20	52.56	51.61	50.95	55.54

3-5 续表 3

地 区	猪肉产量(万吨)											
	2006年	2007年	2008年	2009年	2010年	2011年	2012年	2013年	2014年	2015年	2016年	2017年
杞 县	5.71	5.20	5.99	6.30	6.30	6.38	6.49	7.20	7.68	7.54	7.41	7.72
通许县					4.43	4.57	4.57	4.80	4.77	4.74	4.67	5.19
尉氏县	5.36	4.88	5.76	5.99	6.50	6.54	6.72	7.43	7.97	7.84	7.88	8.18
开封县					4.84	4.99	4.99	5.29	5.18	5.11	5.15	5.34
叶 县	5.96	5.71	6.63	7.10	7.72	7.80	7.98	8.61	9.23	9.05	8.97	9.28
汝州市	4.53	4.77	5.54	5.93	6.27	6.35	6.48	6.63	6.85	6.75	6.75	6.94
林州市					6.20	6.38	6.39	6.60	6.45	6.26	6.23	6.46
浚 县					5.09	5.24	5.25	5.56	5.31	5.22	5.14	5.44
封丘县					5.25	5.40	5.41	6.05	6.18	6.08	6.04	6.30
卫辉市	4.36	3.52	3.71	3.92	4.20	4.23	4.29	4.58	4.52	4.48	4.50	4.63
辉县市	6.50	6.00	6.96	7.43	7.71	7.70	7.91	8.40	9.01	8.73	8.59	8.76
许昌县	5.76	5.06	5.72	6.00	6.54	6.56	6.44	6.76	7.17	6.90	6.75	6.95
鄢陵县	5.37	4.91	5.68	6.03	6.02	6.06	6.13	6.12	6.60	6.45	6.43	6.59
襄城县	4.49	4.41	4.67	5.05	5.21	5.22	5.27	5.28	5.25	5.13	5.09	5.14
禹州市	5.32	4.43	4.92	5.24	5.45	5.50	5.49	5.78	6.18	6.04	6.00	6.18
长葛市	4.44	4.20	4.76	5.08	5.42	5.46	5.45	5.64	5.94	5.81	5.78	5.99
郾城区	4.58	3.58	4.02	4.31	4.65	4.66	4.73	5.06	5.37	5.37	5.32	5.50
召陵区	6.25	4.20	4.35	4.62	4.70	4.75	4.74	5.01	5.36	5.21	5.14	5.33
舞阳县					4.89	5.04	5.05	5.28	5.42	5.41	5.34	5.57
临颍县	5.68	5.17	5.69	5.97	6.27	6.50	6.45	6.86	7.06	6.84	6.74	6.98
内乡县	4.70	5.01	5.51	5.77	6.11	6.18	6.22	7.02	7.22	6.93	7.97	8.58
社旗县					4.90	5.04	5.05	5.40	5.63	5.63	5.57	5.79
唐河县	6.73	5.68	6.61	7.06	7.48	7.50	7.53	7.92	8.35	8.13	8.01	8.23
邓州市	7.84	6.61	7.99	8.52	8.95	8.96	9.00	9.94	10.33	10.08	10.02	10.29
睢阳区					5.07	5.22	5.23	5.54	5.68	5.68	5.57	5.67
睢 县					3.20	3.30	3.30	3.56	3.81	3.77	3.69	4.03
柘城县					2.95	3.04	3.05	3.30	3.48	3.55	3.49	3.83
夏邑县					5.85	6.03	6.03	6.24	6.43	6.35	6.32	6.54
固始县	7.71	6.65	7.28	7.66	8.21	8.21	7.93	8.32	8.54	8.18	8.09	8.21
潢川县		2.59	3.82	4.92	5.08	5.14	5.19	5.46	5.81	5.82	5.78	5.98
西华县	5.71	5.14	5.68	5.95	6.16	6.18	6.21	6.40	6.69	6.58	6.53	6.80
商水县	5.24	5.14	5.70	6.04	6.03	6.06	6.02	6.34	6.74	6.67	6.74	6.98
沈丘县	5.20	4.36	4.83	5.25	5.52	5.53	5.57	5.85	6.55	6.31	6.29	6.51
淮阳县	6.32	5.14	5.54	5.95	6.18	6.25	6.29	6.50	6.81	6.57	6.55	6.80
太康县	6.68	5.15	5.78	6.16	6.42	6.46	6.50	6.72	6.84	6.77	6.76	7.01
鹿邑县		4.48	5.03	5.46	5.64	5.69	5.72	5.96	5.97	5.88	5.83	6.05
西平县	7.98	6.99	8.12	8.63	9.11	9.18	9.13	9.54	10.04	9.87	9.74	10.08
上蔡县	4.58	4.67	5.17	5.48	5.75	5.78	5.84	6.10	6.50	6.56	6.54	6.72
平舆县					5.31	5.46	5.47	5.78	5.44	5.35	5.27	5.45
正阳县	8.17	7.37	8.59	9.17	9.77	9.80	9.86	10.40	10.96	10.88	11.06	11.60
确山县	4.83	3.84	4.17	4.50	4.81	4.80	4.89	5.10	5.45	5.38	5.33	5.52
汝南县	5.50	4.92	5.71	6.08	6.52	6.52	6.58	6.88	6.91	6.84	6.72	6.85
遂平县	5.38	4.80	5.58	5.97	6.46	6.68	6.73	7.09	7.38	7.24	7.19	7.44
新蔡县	5.24	4.66	5.45	5.83	6.03	6.20	6.24	6.56	6.57	6.52	6.50	6.73
济源市					3.79	3.91	3.91	4.10	3.95	3.89	3.82	4.17

3–6 各市水产品产量（2017年）

计量单位：吨

地　区	水产品总产量合计	(1)捕捞产量合计	(2)养殖产量合计
全省合计			
郑州市	143599		143599
开封市	76354	271	76083
洛阳市	54246	5249	48997
平顶山市	49639	1016	48623
安阳市	10729	1020	9709
鹤壁市	13013	200	12813
新乡市	65360	259	65101
焦作市	12862	20	12842
濮阳市	38439	414	38025
许昌市	21247	1105	20142
漯河市	17703	873	16830
三门峡市	21880	7500	14380
南阳市	136280	2935	133345
商丘市	94891	2963	91928
信阳市	284980	17234	267746
周口市	72574	8713	63861
驻马店市	134828	18754	116074
济源市	33700	1200	32500

3-7 历年牧渔业产量

年份	肉类产量（万吨）	#猪肉	#牛肉	#羊肉	大牲畜年末存栏头数（万头）	#役畜	猪年末存栏头数（万头）	禽蛋产量（万吨）	水产品产量（万吨）
1978	45.64	42.20			515.03	401.70	1724.90		2.47
1979	55.14	50.00			521.50	400.40	1592.30		2.30
1980	55.03	49.45	0.69	2.88	541.99	423.75	1474.24	15.86	2.91
1981	51.58	44.30	0.60	3.36	607.00	498.90	1386.50	16.31	3.00
1982	54.26	47.60	0.52	3.46	671.50	542.10	1310.70	16.75	3.25
1983	51.33	43.70	0.88	3.41	704.70	562.20	1195.70	21.41	3.78
1984	58.59	49.60	1.83	3.31	794.70	615.70	1327.00	31.38	4.89
1985	71.83	61.08	3.01	3.38	886.35	664.55	1621.74	37.15	6.37
1986	79.42	65.00	5.50	3.70	957.44	708.10	1539.41	37.32	6.61
1987	86.63	66.10	8.90	5.00	1000.82	738.44	1404.72	43.55	7.62
1988	103.75	76.87	12.24	6.48	1069.20	779.57	1586.18	50.43	9.39
1989	121.53	88.11	15.26	7.89	1111.56	794.04	1680.22	53.62	9.83
1990	134.86	97.45	18.16	8.05	1116.33	798.30	1750.32	59.58	10.48
1991	157.95	108.73	24.82	7.76	1102.10	782.25	1820.80	73.81	10.77
1992	171.66	119.23	25.67	7.96	1135.50	794.90	1959.70	79.29	11.55
1993	203.51	137.60	32.64	9.90	1211.00	843.00	2085.00	95.58	13.83
1994	253.31	165.81	44.00	12.57	1329.18	919.79	2325.17	125.28	15.84
1995	333.00	210.37	64.39	21.10	1420.45	985.76	2667.72	140.01	18.09
1996	347.72	225.63	59.45	21.72	1089.14	783.00	2229.67	154.54	20.51
1997	403.00	256.12	64.88	25.23	1420.87	857.03	2931.91	201.40	23.88
1998	461.63	297.86	76.71	28.00	1416.84	803.70	3439.66	229.34	27.02
1999	485.11	313.95	82.21	29.96	1448.42	530.60	3556.43	251.82	28.83
2000	517.00	337.88	83.00	32.00	1445.73	482.84	3787.69	270.00	32.17
2001	540.65	343.77	89.23	34.51	1435.93	479.53	3672.07	286.00	31.46
2002	570.01	366.49	89.20	37.85	1409.78	437.03	3800.00	302.00	36.22
2003	603.55	386.00	93.00	42.00	1469.45	430.00	3917.80	326.20	38.95
2004	643.00	412.37	98.33	44.06	1491.19	427.00	4152.87	347.40	42.70
2005	689.00	441.20	102.75	47.38	1508.80	412.90	4439.00	375.30	51.68
2006	584.60	391.30	82.00	23.80	1114.24	535.14	3953.30	329.50	61.43
2007	545.87	338.88	75.28	24.82	985.75	387.21	4184.00	333.14	74.74
2008	573.35	366.84	70.70	25.51	910.09	337.42	4458.81	363.82	85.68
2009	591.61	389.18	64.75	24.46	814.97	369.30	4524.05	370.74	92.94
2010	608.96	407.72	58.67	23.35	719.19	296.16	4540.55	372.29	99.41
2011	604.28	405.67	53.14	22.54	619.07	243.38	4560.84	370.13	102.90
2012	632.84	431.57	47.80	22.07	537.56	211.21	4577.45	379.00	109.75
2013	648.97	452.99	43.89	21.66	487.16	200.09	4415.68	380.58	116.65
2014	622.02	476.63	41.02	21.80	447.59	192.82	4407.38	370.81	120.39
2015	647.22	466.45	37.84	21.81	411.70	183.71	4361.95	372.30	125.36
2016	625.94	449.04	34.87	21.85	353.67	167.47	4268.82	379.56	128.35
2017	655.84	466.90	35.04	26.10	376.09	108.50	4390.00	401.18	128.23

注：本表及表3-1、表3-2，2006年及以后的数据已与农普数据衔接。

主要统计指标解释

全国主要畜禽养殖场户分类标准

品种	大型养殖场（户）（年饲养量）	中型养殖场（户）（年饲养量）	小型养殖场（户）（年饲养量）
生猪	5000 头以上	100-5000 头	100 头以下
牛	1000 头以上	10-1000 头	10 头以下
羊	1000 只以上	50-1000 只	50 只以下
禽	100000 只以上	200-100000 只	200 只以下

生猪期末存栏 指本调查期末饲养生猪的总量，包括 15 公斤以下仔猪、待育肥猪（架子猪）和种猪等数量之和。

能繁殖母猪 是指猪龄约在 9 个月（包括 9 个月）以上的、具备繁殖能力的母猪。

猪肉产量 指本调查期内出栏肥猪头数折算出的鲜、冷鲜、冷冻猪肉总量，按胴体重计算。

牛期末存栏 指本调查期末饲养各类型的牛总量，包括牛犊、待育肥牛（架子牛）、奶牛和种牛等数量之和。

能繁殖母牛 指牛龄在 16 个月左右，具备繁殖能力的母牛。

牛肉产量 指本调查期内出栏肉牛头数折算出的鲜、冷鲜、冷冻牛肉产量，按胴体重计算。

牛肉产量＝出栏肉牛头数×平均每头肉牛出售重量×肉牛产肉率（%）

羊期末存栏 指本调查期末饲养各种羊只总量。包括羊羔、待育肥羊（架子羊）、奶羊和种羊等数量之和。

能繁殖母羊（山羊或绵羊） 指羊龄在 6 个月左右，具备繁殖能力的母羊。

羊肉产量 指本调查期内出栏肥羊头数折算出的鲜、冷鲜、冷冻羊肉产量，按胴体重计算。

家禽期末存栏 指本调查期末饲养家禽的总量，包括幼禽、肉用家禽、蛋用家禽和种家禽等。

禽肉产量 指本调查期内出栏肉用家禽产出的禽肉总量。

禽蛋产量 指本调查期内饲养的蛋用家禽生产的禽蛋总重量。包括出售的和农民自产自用的部分。品种主要为鸡鸭鹅。

肉类总产量 指调查期内各种牲畜及家禽、兔等动物肉产量总计。猪、牛、羊、马、驴、骡、骆驼肉产量按去掉头蹄下水后带骨肉的胴体重量计算,兔禽肉产量按屠宰后去毛和内脏后的重量计算。猪牛羊禽四个品种肉产量由主要畜禽监测抽样调查获得，马、驴、骡、骆驼、兔肉产量由全面统计获得，其它特种养殖肉产量可用住户调查资料推算获得。

规下工业和规下服务业

资料整理：任焱丽　吕少辉

4-1 历年规模以下工业主要经济指标

年 份	企业单位数(个)	企业从业人员(万人)	增加值指数(%)		
				企 业	个 体
1998	71160	232.53			
1999	70711	223.46	107.5	110.0	106.2
2000	71239	201.92	111.5	113.7	110.2
2001	71686	205.42	109.6	109.9	109.4
2002	72418	225.38	109.9	109.7	109.9
2003	69915	212.19	113.5	103.7	119.6
2004	66420	196.19	110.5	113.7	108.8
2005	64625	219.76	110.8	111.0	110.7
2006	67542	214.32	110.4	111.3	109.8
2007	75134	218.22	109.5	112.6	107.4
2008	70460	185.92	106.1	98.7	110.4
2009	75266	159.25	105.0	100.0	107.4
2010	84400	177.27	103.0	102.5	103.3
2011	83383	176.81	106.0	106.1	106.0
2012	74328	157.06	101.9	102.1	101.8
2013	71617	140.38	103.5	103.8	103.3
2014	68096	130.07	102.7	102.9	102.5
2015	53940	98.60	104.9	105.3	104.6
2016	49812	80.08	103.5	103.8	103.3
2017	57512	92.75	103.3	103.6	103.1

注：规模以下工业指标均为抽样调查数据。

4-2 规下服务业企业调查主要经济指标(2017年)

项 目	单 位	2016年经济总量	增速	2017年经济总量	增速
单位数	个	169532	7.2%	175808	7.5%
固定资产原价	万元	19604672	12.7%	25338670	8.2%
资产总计	万元	37885492	19.1%	61869912	20.8%
负债合计	万元	12827988	27.0%	24391600	24.6%
营业收入	万元	18736398	14.4%	21679550	12.7%
营业成本	万元	10287277	24.3%	13028584	20.8%
营业税金及附加	万元	420878	-10.6%	386199	-8.4%
销售费用	万元	1080349	23.2%	1049824	37.4%
管理费用	万元	3073862	13.4%	4782931	13.8%
财务费用	万元	303703	-8.0%	379583	1.2%
营业利润	万元	2804717	3.1%	2621114	12.2%
利润总额	万元	2887412	6.2%	2961293	8.7%
应付职工薪酬	万元	4169070	9.8%	5805928	11.2%
应交增值税	万元	258627	21.8%	360353	31.1%
从业人员平均人数	人	1579311	7.8%	2000705	9.5%

4-3 铁路运输业主要经济指标(2017年)

项目	单位	2016年经济总量	增速	2017年经济总量	增速
单位数	个	125	2.2%	134	6.3%
固定资产原价	万元	250420	1.7%	4993	72.0%
资产总计	万元	134081	4.3%	16108	-9.6%
负债合计	万元	73899	6.4%	9100	11.2%
营业收入	万元	80873	9.2%	12848	17.6%
营业成本	万元	78530	11.7%	16423	9.1%
营业税金及附加	万元	344	-3.0%	375	13.7%
销售费用	万元	164	14.7%	79	23.6%
管理费用	万元	1172	9.0%	1513	-23.7%
财务费用	万元	143	12.6%	42	23.3%
营业利润	万元	319	-83.4%	1319	103.2%
利润总额	万元	344	-82.3%	1486	115.9%
应付职工薪酬	万元	27937	4.4%	8786	10.2%
应交增值税	万元	4136	83.4%	511	9.4%
从业人员平均人数	人	4029	1.3%	2243	9.7%

4-4 道路运输业主要经济指标(2017年)

项目	单位	2016年经济总量	增速	2017年经济总量	增速
单位数	个	5875	16.1%	5957	8.0%
固定资产原价	万元	652511	24.0%	625141	-6.6%
资产总计	万元	1142377	18.3%	1794349	18.1%
负债合计	万元	418516	62.1%	788982	11.1%
营业收入	万元	1147377	34.1%	1312709	21.0%
营业成本	万元	713027	40.3%	938328	64.9%
营业税金及附加	万元	35889	9.3%	30624	-6.1%
销售费用	万元	115449	22.9%	17399	26.4%
管理费用	万元	154529	27.6%	246840	8.3%
财务费用	万元	9837	131.2%	9095	156.9%
营业利润	万元	103870	40.7%	54853	34.5%
利润总额	万元	103289	79.7%	55118	26.7%
应付职工薪酬	万元	187694	22.4%	317244	20.2%
应交增值税	万元	30516	53.5%	38550	46.2%
从业人员平均人数	人	67260	10.3%	97779	8.9%

4-5 水上运输业主要经济指标(2017年)

项　　目	单　位	2016年经济总量	增速	2017年经济总量	增速
单位数	个	85	4.0%	88	6.1%
固定资产原价	万元	104369	22.7%	64896	3.7%
资产总计	万元	97338	14.6%	101137	53.2%
负债合计	万元	54594	14.1%	61428	12.5%
营业收入	万元	44133	13.7%	35477	-3.4%
营业成本	万元	27791	22.1%	24986	54.2%
营业税金及附加	万元	884	-9.0%	630	-30.0%
销售费用	万元	1869	12.7%	2073	7.4%
管理费用	万元	2660	32.9%	2674	3.3%
财务费用	万元	585	8.1%	513	-0.2%
营业利润	万元	6641	18.6%	5945	15.7%
利润总额	万元	6574	12.1%	5915	16.7%
应付职工薪酬	万元	8714	19.1%	5377	9.0%
应交增值税	万元	240	72.2%	351	51.4%
从业人员平均人数	人	2969	3.1%	2123	26.5%

4-6 航空运输业主要经济指标(2017年)

项　　目	单　位	2016年经济总量	增速	2017年经济总量	增速
单位数	个	47	2.6%	49	11.3%
固定资产原价	万元	8855	9.8%	92492	7.2%
资产总计	万元	10714	2.0%	90022	-8.2%
负债合计	万元	6809	10.1%	88147	16.0%
营业收入	万元	1427	69.4%	2851	-85.1%
营业成本	万元	244	206.5%	1527	-53.2%
营业税金及附加	万元	9	32.6%	7	62.4%
销售费用	万元	13	-84.5%	9	60.2%
管理费用	万元	1683	-17.0%	1419	-94.2%
财务费用	万元	253	-2.2%	498	-86.6%
营业利润	万元	-820	-50.3%	-45	-129.6%
利润总额	万元	-1464	-11.5%	-45	-128.3%
应付职工薪酬	万元	404	-9.6%	411	-92.3%
应交增值税	万元	-1315	1.5%	-1212	-7.8%
从业人员平均人数	人	94	-47.1%	97	-85.6%

4-7 装卸搬运和运输代理业主要经济指标(2017年)

项　　目	单　位	2016年经济总量	增速	2017年经济总量	增速
单位数	个	1849	15.7%	2000	7.3%
固定资产原价	万元	224842	19.3%	169804	-2.5%
资产总计	万元	534117	18.9%	464156	8.5%
负债合计	万元	175942	4.4%	110696	10.3%
营业收入	万元	369686	18.5%	390142	2.4%
营业成本	万元	232376	23.3%	268234	23.9%
营业税金及附加	万元	9741	23.0%	5382	-11.4%
销售费用	万元	21894	12.8%	22394	-0.3%
管理费用	万元	35331	-4.5%	45807	22.6%
财务费用	万元	4787	9.9%	4748	5.8%
营业利润	万元	58273	20.6%	70168	11.5%
利润总额	万元	60760	18.7%	73939	12.5%
应付职工薪酬	万元	59343	30.1%	53509	9.2%
应交增值税	万元	5106	24.9%	5715	3.8%
从业人员平均人数	人	16774	13.5%	17390	23.8%

4-8 仓储业主要经济指标(2017年)

项　　目	单　位	2016年经济总量	增速	2017年经济总量	增速
单位数	个	1562	1.0%	1616	3.5%
固定资产原价	万元	375672	10.9%	472287	7.2%
资产总计	万元	779508	39.0%	900775	1.8%
负债合计	万元	343853	134.9%	188546	0.4%
营业收入	万元	431018	12.2%	497980	22.5%
营业成本	万元	262579	23.0%	317011	33.4%
营业税金及附加	万元	4642	-28.6%	4632	-4.7%
销售费用	万元	16490	74.4%	18625	2.0%
管理费用	万元	50071	22.6%	113537	2.7%
财务费用	万元	14389	5.1%	28662	17.1%
营业利润	万元	79079	-7.1%	77018	-3.7%
利润总额	万元	90601	6.0%	99602	8.0%
应付职工薪酬	万元	50222	9.0%	51662	4.5%
应交增值税	万元	2670	59.9%	1652	44.2%
从业人员平均人数	人	18739	-4.8%	20856	2.4%

4-9 邮政业主要经济指标(2017年)

项 目	单 位	2016年经济总量	增速	2017年经济总量	增速
单位数	个	971	13.4%	1064	8.2%
固定资产原价	万元	87969	32.7%	98608	3.5%
资产总计	万元	231878	15.5%	200429	-18.6%
负债合计	万元	44429	14.5%	91489	87.1%
营业收入	万元	147753	30.9%	201844	34.6%
营业成本	万元	87275	32.2%	124924	36.8%
营业税金及附加	万元	3876	15.9%	3921	19.5%
销售费用	万元	8953	15.0%	10907	12.8%
管理费用	万元	15157	49.8%	26960	123.9%
财务费用	万元	2891	16.3%	3819	24.9%
营业利润	万元	23870	40.2%	28270	13.3%
利润总额	万元	24824	42.7%	29203	14.5%
应付职工薪酬	万元	34092	37.7%	42174	36.5%
应交增值税	万元	1389	80.9%	3058	73.2%
从业人员平均人数	人	12214	38.7%	12877	13.8%

4-10 电信、广播电视和卫星传输服务业主要经济指标(2017年)

项 目	单 位	2016年经济总量	增速	2017年经济总量	增速
单位数	个	774	9.9%	853	7.9%
固定资产原价	万元	114115	-4.6%	124285	9.7%
资产总计	万元	149059	-7.9%	163912	10.9%
负债合计	万元	51984	-5.5%	53085	-35.4%
营业收入	万元	144778	1.0%	165611	14.0%
营业成本	万元	78657	0.1%	114627	21.2%
营业税金及附加	万元	3843	2.3%	4269	13.7%
销售费用	万元	10614	13.8%	11470	5.1%
管理费用	万元	17077	-8.2%	18976	-1.5%
财务费用	万元	3744	3.0%	4391	10.8%
营业利润	万元	23375	15.3%	28605	9.4%
利润总额	万元	23910	24.2%	28941	8.5%
应付职工薪酬	万元	28995	12.7%	36227	30.3%
应交增值税	万元	2486	34.1%	2535	14.2%
从业人员平均人数	人	10080	15.1%	10079	7.4%

4-11 互联网和相关服务业主要经济指标(2017年)

项　　目	单　位	2016年经济总量	增速	2017年经济总量	增速
单位数	个	1595	23.5%	1877	12.1%
固定资产原价	万元	78819	27.0%	104057	22.8%
资产总计	万元	266700	23.2%	358940	15.3%
负债合计	万元	92230	8.6%	105083	21.9%
营业收入	万元	162967	32.2%	254250	37.9%
营业成本	万元	102692	36.9%	145042	50.4%
营业税金及附加	万元	3471	12.9%	6641	19.8%
销售费用	万元	11182	12.4%	16509	31.1%
管理费用	万元	20320	-16.7%	30192	15.8%
财务费用	万元	3145	36.9%	5359	26.9%
营业利润	万元	13835	402.4%	18251	34.5%
利润总额	万元	15346	351.5%	19428	30.9%
应付职工薪酬	万元	27076	12.1%	39187	25.6%
应交增值税	万元	4151	30.8%	5978	22.8%
从业人员平均人数	人	9739	8.7%	10831	9.9%

4-12 软件和信息技术服务业主要经济指标(2017年)

项　　目	单　位	2016年经济总量	增速	2017年经济总量	增速
单位数	个	8431	8.1%	9177	10.5%
固定资产原价	万元	824172	6.1%	632645	16.7%
资产总计	万元	3883317	65.1%	6385142	32.1%
负债合计	万元	1401710	14.9%	2355978	123.2%
营业收入	万元	1296630	43.1%	1007985	16.2%
营业成本	万元	808155	49.4%	784002	59.3%
营业税金及附加	万元	12021	-7.9%	13488	26.4%
销售费用	万元	83660	65.7%	49741	7.8%
管理费用	万元	290166	-2.3%	440726	49.5%
财务费用	万元	7653	-11.0%	5108	-18.7%
营业利润	万元	4128	-108.7%	31224	-17.2%
利润总额	万元	21560	-157.8%	19019	-63.0%
应付职工薪酬	万元	278685	10.5%	336112	21.5%
应交增值税	万元	26748	31.7%	36675	35.2%
从业人员平均人数	人	77203	7.4%	82864	15.1%

4–13 物业管理业主要经济指标(2017年)

项　　目	单　位	2016年经济总量	增速	2017年经济总量	增速
单位数	个	4893	12.3%	5290	8.1%
固定资产原价	万元	116658	3.7%	117085	-23.3%
资产总计	万元	606827	18.9%	1155687	24.2%
负债合计	万元	491478	18.2%	1963922	10.0%
营业收入	万元	678772	34.2%	1211169	29.3%
营业成本	万元	367479	99.7%	447222	24.9%
营业税金及附加	万元	19203	-24.7%	16871	-45.0%
销售费用	万元	41023	-33.5%	13485	19.3%
管理费用	万元	181176	7.6%	245438	18.8%
财务费用	万元	6793	-10.6%	4988	-43.9%
营业利润	万元	39700	76.7%	30274	119.0%
利润总额	万元	51096	39.3%	42980	62.7%
应付职工薪酬	万元	203131	9.6%	330361	18.3%
应交增值税	万元	23848	175.0%	22825	8.3%
从业人员平均人数	人	92896	2.7%	117063	9.9%

4–14 房地产中介业主要经济指标(2017年)

项　　目	单　位	2016年经济总量	增速	2017年经济总量	增速
单位数	个	3265	10.7%	3534	8.0%
固定资产原价	万元	307935	9.9%	198912	-29.2%
资产总计	万元	1093741	64.5%	1734217	14.2%
负债合计	万元	1014309	195.2%	1669690	13.7%
营业收入	万元	392492	21.6%	421844	21.9%
营业成本	万元	151538	37.1%	170984	29.4%
营业税金及附加	万元	11386	-8.3%	15610	52.0%
销售费用	万元	9014	12.5%	5612	-20.0%
管理费用	万元	182050	72.9%	177445	6.1%
财务费用	万元	1612	-2.3%	2645	-1.9%
营业利润	万元	29702	-56.8%	42296	13.7%
利润总额	万元	24360	-65.4%	44986	6.4%
应付职工薪酬	万元	108194	23.7%	126698	11.3%
应交增值税	万元	10541	234.9%	6009	-17.6%
从业人员平均人数	人	34407	11.3%	30090	-3.7%

4–15 租赁业主要经济指标(2017年)

项　目	单　位	2016年经济总量	增速	2017年经济总量	增速
单位数	个	5793	31.9%	6394	10.9%
固定资产原价	万元	1523645	51.4%	983692	16.7%
资产总计	万元	2873870	25.4%	3778182	8.5%
负债合计	万元	1325639	22.1%	1835605	17.3%
营业收入	万元	617329	15.3%	665781	25.2%
营业成本	万元	350668	41.7%	272792	10.6%
营业税金及附加	万元	11577	33.7%	8105	-23.5%
销售费用	万元	24963	28.7%	12808	0.9%
管理费用	万元	148370	24.6%	112746	-9.2%
财务费用	万元	27847	39.2%	40156	4.6%
营业利润	万元	43470	-32.0%	99437	48.4%
利润总额	万元	42229	-34.8%	105644	44.1%
应付职工薪酬	万元	157397	27.9%	136329	-17.9%
应交增值税	万元	-41568	31.2%	5274	3.6%
从业人员平均人数	人	51251	24.0%	54377	4.8%

4–16 商务服务业主要经济指标(2017年)

项　目	单　位	2016年经济总量	增速	2017年经济总量	增速
单位数	个	27195	4.0%	30449	8.4%
固定资产原价	万元	3077228	5.6%	2293216	6.9%
资产总计	万元	6709135	10.6%	13439973	28.0%
负债合计	万元	2263982	17.5%	7871115	33.0%
营业收入	万元	3819544	-10.4%	5713838	7.6%
营业成本	万元	1811835	-3.7%	2087728	11.1%
营业税金及附加	万元	124354	-25.1%	90444	-27.1%
销售费用	万元	368302	70.0%	456337	152.6%
管理费用	万元	599718	-3.1%	792614	1.1%
财务费用	万元	40992	-12.0%	72133	-35.4%
营业利润	万元	772760	-25.3%	512127	-31.6%
利润总额	万元	746923	-26.1%	526954	-26.2%
应付职工薪酬	万元	828245	-4.9%	892754	8.7%
应交增值税	万元	77432	-5.2%	84677	21.9%
从业人员平均人数	人	283666	-1.1%	337665	11.8%

4-17 研究和试验发展业主要经济指标(2017年)

项　　目	单　位	2016年经济总量	增速	2017年经济总量	增速
单位数	个	1288	33.7%	1423	11.0%
固定资产原价	万元	248468	31.3%	291943	14.0%
资产总计	万元	683288	12.4%	760823	6.7%
负债合计	万元	268794	-4.3%	327611	57.7%
营业收入	万元	225443	26.4%	262658	29.4%
营业成本	万元	128316	20.3%	162421	43.2%
营业税金及附加	万元	3326	2.5%	3900	8.7%
销售费用	万元	12419	50.0%	14522	8.0%
管理费用	万元	51558	29.8%	60675	30.2%
财务费用	万元	3794	98.4%	2019	-15.2%
营业利润	万元	13193	47.4%	21125	30.7%
利润总额	万元	17955	70.6%	23433	40.2%
应付职工薪酬	万元	51050	23.7%	56907	21.2%
应交增值税	万元	3291	24.9%	6244	61.5%
从业人员平均人数	人	14813	24.7%	12727	13.4%

4-18 专业技术服务业主要经济指标(2017年)

项　　目	单　位	2016年经济总量	增速	2017年经济总量	增速
单位数	个	8651	13.0%	9693	9.3%
固定资产原价	万元	1020928	26.1%	785616	9.7%
资产总计	万元	3194554	35.6%	4945812	89.9%
负债合计	万元	517494	26.3%	724487	76.1%
营业收入	万元	1555403	26.6%	1479332	6.9%
营业成本	万元	764404	36.4%	936195	45.4%
营业税金及附加	万元	25962	2.2%	25194	2.1%
销售费用	万元	61617	-38.0%	24873	16.9%
管理费用	万元	506977	54.3%	669338	28.0%
财务费用	万元	11491	9.2%	4742	-4.2%
营业利润	万元	164344	3.7%	65876	198.6%
利润总额	万元	165506	4.4%	73921	109.4%
应付职工薪酬	万元	483818	25.0%	617614	20.7%
应交增值税	万元	38622	78.4%	56731	65.9%
从业人员平均人数	人	146719	18.2%	149705	11.6%

4–19 技术推广和应用服务业主要经济指标(2017年)

项　　目	单　位	2016年经济总量	增速	2017年经济总量	增速
单位数	个	19818	2.9%	21488	6.7%
固定资产原价	万元	3097514	28.9%	4274071	12.7%
资产总计	万元	4415612	30.1%	4707903	11.1%
负债合计	万元	721173	4.6%	712055	-2.8%
营业收入	万元	3083553	25.5%	3405743	9.0%
营业成本	万元	1768797	28.6%	1881467	9.9%
营业税金及附加	万元	42296	-1.3%	44733	6.0%
销售费用	万元	91724	3.4%	96207	4.7%
管理费用	万元	191808	4.7%	522249	24.0%
财务费用	万元	38421	23.4%	29627	234.8%
营业利润	万元	737053	35.7%	692580	45.3%
利润总额	万元	757479	39.1%	644772	30.6%
应付职工薪酬	万元	565060	11.9%	741397	11.0%
应交增值税	万元	14343	-40.9%	13570	27.6%
从业人员平均人数	人	293178	21.4%	261499	11.9%

4–20 水利管理业主要经济指标(2017年)

项　　目	单　位	2016年经济总量	增速	2017年经济总量	增速
单位数	个	983	14.1%	1062	8.3%
固定资产原价	万元	485540	37.1%	213640	5.5%
资产总计	万元	1065177	68.6%	1073862	14.9%
负债合计	万元	508393	130.1%	366917	15.4%
营业收入	万元	230703	30.3%	198223	3.9%
营业成本	万元	132428	26.6%	141405	22.2%
营业税金及附加	万元	3763	-7.6%	2669	-21.5%
销售费用	万元	8764	6.2%	6309	-11.0%
管理费用	万元	46276	43.3%	30434	-29.1%
财务费用	万元	3709	40.3%	3496	-6.4%
营业利润	万元	19787	-9.7%	19147	-33.4%
利润总额	万元	23126	5.8%	19568	-38.4%
应付职工薪酬	万元	41703	24.1%	47868	5.2%
应交增值税	万元	3952	85.0%	2116	14.4%
从业人员平均人数	人	13747	9.5%	12274	9.4%

4—21 生态保护和环境治理业主要经济指标(2017年)

项　　目	单　位	2016年经济总量	增速	2017年经济总量	增速
单位数	个	450	9.9%	483	7.9%
固定资产原价	万元	282547	13.4%	102878	10.1%
资产总计	万元	392856	-14.7%	238014	18.0%
负债合计	万元	43787	-65.7%	46751	41.2%
营业收入	万元	120499	-4.0%	134555	16.3%
营业成本	万元	64986	-6.1%	75393	27.3%
营业税金及附加	万元	1232	-18.5%	1875	93.5%
销售费用	万元	6746	44.9%	7740	7.6%
管理费用	万元	14006	10.1%	12171	-19.0%
财务费用	万元	2855	87.6%	4279	70.4%
营业利润	万元	28338	-18.2%	38432	36.5%
利润总额	万元	30744	-11.5%	36284	16.5%
应付职工薪酬	万元	18728	15.8%	18950	14.3%
应交增值税	万元	4166.12	86.9%	6165.94	39.1%
从业人员平均人数	人	6429	2.0%	5607.8	6.2%

4—22 公共设施管理业主要经济指标(2017年)

项　　目	单　位	2016年经济总量	增速	2017年经济总量	增速
单位数	个	2684	5.5%	2998	11.2%
固定资产原价	万元	789602	16.5%	845602	14.5%
资产总计	万元	1460043	47.7%	1538863	10.3%
负债合计	万元	222584	8.2%	238076	-12.7%
营业收入	万元	558332	-1.1%	847759	16.6%
营业成本	万元	370141	22.5%	477386	8.1%
营业税金及附加	万元	18171	-34.4%	24733	31.9%
销售费用	万元	25791	-13.5%	34958	2.2%
管理费用	万元	44385	3.3%	41873	-22.6%
财务费用	万元	7302	-46.6%	16521	38.8%
营业利润	万元	72917	-6.4%	155379	74.8%
利润总额	万元	101994	14.7%	171853	36.3%
应付职工薪酬	万元	155264	25.9%	151692	25.7%
应交增值税	万元	4916	-2.2%	10088	65.9%
从业人员平均人数	人	52124	17.5%	46878	18.5%

4-23 居民服务业主要经济指标(2017年)

项　目	单　位	2016年经济总量	增速	2017年经济总量	增速
单位数	个	3790	11.6%	4058	7.8%
固定资产原价	万元	223825	36.4%	166772	-32.7%
资产总计	万元	395645	32.2%	430680	3.9%
负债合计	万元	66479	68.3%	81989	12.3%
营业收入	万元	259147	25.7%	349489	24.0%
营业成本	万元	140273	23.7%	283001	68.6%
营业税金及附加	万元	8978	-7.8%	11103	-12.2%
销售费用	万元	20744	51.4%	26507	3.2%
管理费用	万元	42197	67.3%	54969	14.2%
财务费用	万元	7578	8.2%	9361	13.3%
营业利润	万元	31814	2.7%	56803	40.8%
利润总额	万元	32447	6.6%	57692	40.3%
应付职工薪酬	万元	66103	25.2%	88733	15.9%
应交增值税	万元	4597	151.6%	4293	50.7%
从业人员平均人数	人	34617	10.4%	38283	4.8%

4-24 机动车、电子产品和日用产品修理业主要经济指标(2017年)

项　目	单　位	2016年经济总量	增速	2017年经济总量	增速
单位数	个	3556	6.8%	3739	5.9%
固定资产原价	万元	210481	9.6%	153758	6.9%
资产总计	万元	450441	19.6%	495139	5.4%
负债合计	万元	209041	46.1%	285036	2.6%
营业收入	万元	400116	24.9%	386939	-12.8%
营业成本	万元	220123	38.3%	233712	-17.8%
营业税金及附加	万元	11016	10.9%	10560	-3.5%
销售费用	万元	31641	10.8%	20776	-44.7%
管理费用	万元	39265	14.4%	33758	-5.5%
财务费用	万元	8482	10.8%	9364	-5.5%
营业利润	万元	63476	-1.2%	49409	-17.3%
利润总额	万元	63427	-1.5%	49481	-17.1%
应付职工薪酬	万元	88718	25.0%	71133	-15.1%
应交增值税	万元	9739	32.9%	12072	0.0%
从业人员平均人数	人	31525	19.0%	24990	-18.2%

4–25 其他服务业主要经济指标(2017年)

项　　目	单　位	2016年经济总量	增速	2017年经济总量	增速
单位数	个	1889	6.7%	2075	10.2%
固定资产原价	万元	144945	50.3%	151169	13.1%
资产总计	万元	415597	-13.8%	451076	12.0%
负债合计	万元	160976	-40.3%	177235	6.5%
营业收入	万元	301655	55.8%	309051	32.8%
营业成本	万元	196051	86.5%	139550	11.7%
营业税金及附加	万元	7046	5.7%	6066	1.3%
销售费用	万元	10644	57.2%	13313	11.6%
管理费用	万元	43117	7.6%	42403	11.6%
财务费用	万元	2081	6.1%	2237	11.0%
营业利润	万元	30267	29.6%	30749	9.1%
利润总额	万元	44158	71.8%	31050	-24.6%
应付职工薪酬	万元	75174	32.3%	61551	17.0%
应交增值税	万元	5364	77.1%	5358	2.1%
从业人员平均人数	人	34017	28.5%	29207	14.4%

4–26 教育业主要经济指标(2017年)

项　　目	单　位	2016年经济总量	增速	2017年经济总量	增速
单位数	个	23085	11.8%	24573	8.9%
固定资产原价	万元	1286132	-20.6%	8169150	7.2%
资产总计	万元	1185766	-46.2%	10080256	9.9%
负债合计	万元	373180	125.3%	2467866	9.3%
营业收入	万元	746726	13.2%	840110	11.9%
营业成本	万元	433356	37.6%	1705128	9.4%
营业税金及附加	万元	11764	5.0%	16481	-4.3%
销售费用	万元	20931	-6.7%	82935	19.1%
管理费用	万元	69764	-43.9%	652207	13.5%
财务费用	万元	11511	-80.3%	81301	12.5%
营业利润	万元	131349	30.1%	129477	48.8%
利润总额	万元	129823	33.3%	443076	28.0%
应付职工薪酬	万元	183837	-26.4%	1022333	2.6%
应交增值税	万元	5267	16.2%	8591	149.3%
从业人员平均人数	人	80708	-24.1%	411077	8.2%

4-27 卫生业主要经济指标(2017年)

项　目	单　位	2016年经济总量	增速	2017年经济总量	增速
单位数	个	23696	-1.6%	24297	2.5%
固定资产原价	万元	410452	-11.8%	564030	3.4%
资产总计	万元	513478	-14.2%	728820	5.7%
负债合计	万元	107276	0.8%	84429	21.8%
营业收入	万元	402905	5.1%	390677	4.7%
营业成本	万元	243802	7.8%	371726	17.9%
营业税金及附加	万元	5921	-4.3%	4870	17.9%
销售费用	万元	19827	2.0%	26425	11.0%
管理费用	万元	30077	-9.2%	37210	25.9%
财务费用	万元	8701	-15.6%	12996	19.7%
营业利润	万元	81610	14.3%	103818	15.0%
利润总额	万元	76972	11.1%	90182	-10.2%
应付职工薪酬	万元	121944	10.7%	142021	3.5%
应交增值税	万元	2559	99.7%	1363	6.5%
从业人员平均人数	人	64654	0.3%	64297	3.8%

4-28 社会工作业主要经济指标(2017年)

项　目	单　位	2016年经济总量	增速	2017年经济总量	增速
单位数	个	2404	3.2%	178	8.1%
固定资产原价	万元	2010516	4.8%	2302816	13.4%
资产总计	万元	2687689	4.8%	3074450	12.9%
负债合计	万元	562143	3.4%	633951	11.5%
营业收入	万元	386023	20.2%	14520	-2.2%
营业成本	万元	128068	21.9%	150053	17.0%
营业税金及附加	万元	591	6.1%	442	13.3%
销售费用	万元	3996	5.7%	5436	13.8%
管理费用	万元	109385	14.3%	126197	13.9%
财务费用	万元	52556	3.4%	-432	-162.1%
营业利润	万元	79464	61.7%	104785	29.8%
利润总额	万元	81434	70.0%	104400	26.6%
应付职工薪酬	万元	88931	18.9%	111255	23.8%
应交增值税	万元	376	-12.0%	224	10.3%
从业人员平均人数	人	31635	5.8%	38624	20.9%

4-29 新闻和出版业主要经济指标(2017年)

项　目	单　位	2016年经济总量	增速	2017年经济总量	增速
单位数	个	271	14.2%	254	12.8%
固定资产原价	万元	17371	28.7%	20598	32.1%
资产总计	万元	51656	23.5%	50660	-31.9%
负债合计	万元	28271	4.4%	28947	-8.8%
营业收入	万元	31919	11.9%	44490	15.1%
营业成本	万元	14075	8.9%	18750	-9.6%
营业税金及附加	万元	1025	21.0%	1140	23.6%
销售费用	万元	3591	20.8%	5966	13.2%
管理费用	万元	9372	15.8%	19392	53.6%
财务费用	万元	154	21.4%	286	311.9%
营业利润	万元	3177	32.3%	-414	-37.7%
利润总额	万元	3524	-23.0%	1184	-60.7%
应付职工薪酬	万元	11102	9.1%	17469	26.6%
应交增值税	万元	815	-13.0%	1629	12.1%
从业人员平均人数	人	3109	15.7%	3870	17.1%

4-30 广播、电视、电影和影视录音制作业主要经济指标(2017年)

项　目	单　位	2016年经济总量	增速	2017年经济总量	增速
单位数	个	548	8.6%	554	7.3%
固定资产原价	万元	105116	10.9%	95388	1.6%
资产总计	万元	190509	5.9%	143860	7.1%
负债合计	万元	114831	-0.5%	81531	12.1%
营业收入	万元	65982	31.2%	71498	22.9%
营业成本	万元	39331	25.6%	45223	21.9%
营业税金及附加	万元	1326	20.3%	1601	6.2%
销售费用	万元	3415	58.8%	5187	47.4%
管理费用	万元	13774	-11.8%	13829	12.6%
财务费用	万元	951	12.8%	700	-11.9%
营业利润	万元	5086	-325.7%	2703	-49.4%
利润总额	万元	6206	-420.1%	2770	-58.3%
应付职工薪酬	万元	14979	-2.3%	17836	9.6%
应交增值税	万元	1452	106.0%	1546	132.5%
从业人员平均人数	人	5658	1.2%	5737	-10.4%

4-31 文化艺术业主要经济指标(2017年)

项　　目	单　位	2016年经济总量	增速	2017年经济总量	增速
单位数	个	5993	19.5%	2506	11.1%
固定资产原价	万元	470664	65.2%	234713	14.6%
资产总计	万元	849958	66.1%	913504	19.1%
负债合计	万元	315557	99.5%	199554	47.6%
营业收入	万元	438883	26.1%	488688	19.2%
营业成本	万元	275102	22.0%	464603	20.4%
营业税金及附加	万元	13356	37.0%	6691	-16.2%
销售费用	万元	24878	72.2%	25502	-38.1%
管理费用	万元	39316	21.4%	97349	7.6%
财务费用	万元	5317	42.5%	8143	9.3%
营业利润	万元	65279	32.1%	49946	33.7%
利润总额	万元	63793	29.9%	50453	38.9%
应付职工薪酬	万元	80719	22.3%	127884	25.7%
应交增值税	万元	3715	-70.8%	8478	-9.5%
从业人员平均人数	人	30908	20.8%	53558	14.4%

4-32 体育业主要经济指标(2017年)

项　　目	单　位	2016年经济总量	增速	2017年经济总量	增速
单位数	个	471	10.9%	514	9.5%
固定资产原价	万元	80323	-66.5%	57951	7.7%
资产总计	万元	167088	-47.0%	316186	5.6%
负债合计	万元	116569	-22.6%	183317	14.8%
营业收入	万元	35146	4.9%	33012	2.4%
营业成本	万元	12245	2.7%	8777	0.1%
营业税金及附加	万元	1289	-6.3%	1096	-3.6%
销售费用	万元	1837	4.9%	1982	-23.9%
管理费用	万元	17532	-24.7%	26488	41.5%
财务费用	万元	2035	-16.8%	2055	-31.2%
营业利润	万元	-971	-91.2%	-1548	2.9%
利润总额	万元	-937	-91.6%	-1611	12.4%
应付职工薪酬	万元	11448	5.0%	9891	-17.8%
应交增值税	万元	407	270.2%	278	-41.1%
从业人员平均人数	人	4602	6.8%	3238	-1.4%

4-33　娱乐业主要经济指标(2017年)

项　　目	单　位	2016年经济总量	增速	2017年经济总量	增速
单位数	个	6876	-4.6%	6962	4.4%
固定资产原价	万元	465927	-1.9%	609130	86.3%
资产总计	万元	527505	-1.7%	625368	69.7%
负债合计	万元	108494	-11.0%	138163	81.2%
营业收入	万元	478179	6.6%	450846	18.8%
营业成本	万元	258418	7.2%	201139	1.4%
营业税金及附加	万元	18179	-7.8%	17524	7.6%
销售费用	万元	15443	22.8%	12350	-12.8%
管理费用	万元	58122	63.5%	35385	-21.5%
财务费用	万元	7833	32.6%	9031	21.1%
营业利润	万元	85193	-13.9%	103626	16.6%
利润总额	万元	86876	-10.3%	109892	20.6%
应付职工薪酬	万元	93341	6.3%	104203	24.4%
应交增值税	万元	7123	12.6%	6182	60.0%
从业人员平均人数	人	43252	-3.5%	36225	1.9%

4-34　自有房地产经营活动主要经济指标(2017年)

项　　目	单　位	2016年经济总量	增速	2017年经济总量	增速
单位数	个	384	19.4%	385	3.3%
固定资产原价	万元	318990	29.8%	288721	5.8%
资产总计	万元	536900	26.8%	556238	20.4%
负债合计	万元	440966	39.2%	406371	14.6%
营业收入	万元	55440	0.2%	65186	14.6%
营业成本	万元	13758	3.8%	12166	-0.6%
营业税金及附加	万元	3405	-10.2%	3787	-9.3%
销售费用	万元	2445	103.0%	948	15.2%
管理费用	万元	35528	30.6%	42117	3.2%
财务费用	万元	3989	28.8%	1428	4.0%
营业利润	万元	-5243	-566.3%	-657	58.9%
利润总额	万元	-7844	-633.9%	-409	-44.0%
应付职工薪酬	万元	14125	23.8%	17490	-2.7%
应交增值税	万元	1324	374.6%	2822	70.0%
从业人员平均人数	人	5456	19.2%	5587	-6.1%

4-35　其他房地产业主要经济指标(2017年)

项　　目	单　位	2016年经济总量	增速	2017年经济总量	增速
单位数	个	233	14.4%	81	10.4%
固定资产原价	万元	186385	13.4%	28611	-88.1%
资产总计	万元	187088	1.5%	155368	-3.9%
负债合计	万元	182578	29.3%	14448	-93.0%
营业收入	万元	25274	18.9%	12445	22.2%
营业成本	万元	10599	23.5%	6661	-3.0%
营业税金及附加	万元	994	19.9%	734	-26.0%
销售费用	万元	293	38.4%	442	46.9%
管理费用	万元	11914	17.6%	7999	201.1%
财务费用	万元	273	-2.5%	272	-48.0%
营业利润	万元	343	37.5%	135	-92.1%
利润总额	万元	343	37.5%	135	-92.1%
应付职工薪酬	万元	2855	20.0%	2868	-5.3%
应交增值税	万元	216	22.4%	2	0.0%
从业人员平均人数	人	818	14.0%	988	8.4%

4-36　分地市营业收入(2017年)

地市名称	单　位	2016年经济总量	增速	2017年经济总量	增速
郑州	万元	6637489	13.7%	5864669	13.2%
开封	万元	1814278.88	11.1%	1718744.5	14.7%
洛阳	万元	1404144.5	14.2%	1405524.38	8.7%
平顶山	万元	776381.06	11.6%	354731.88	7.9%
安阳	万元	427555.22	12.0%	511205.16	9.0%
鹤壁	万元	170831.64	15.1%	165062.58	13.1%
新乡	万元	734165.44	17.3%	666631.75	10.2%
焦作	万元	442520.5	14.9%	517342.66	9.4%
濮阳	万元	868268.88	10.6%	1499018.63	11.1%
许昌	万元	1430960.63	15.5%	1376812.88	14.6%
漯河	万元	308892.66	16.1%	377501.81	11.4%
三门峡	万元	347232.63	17.7%	412818.81	13.0%
南阳	万元	1658577.5	12.3%	994666.19	11.8%
商丘	万元	1047421.31	18.9%	1142909.63	13.6%
信阳	万元	598612.69	14.1%	841628.69	9.4%
周口	万元	764799.44	16.2%	808275.69	15.3%
驻马店	万元	544401.5	18.5%	562481.63	9.2%
济源	万元	97075.38	15.8%	287224.41	9.9%

主要统计指标解释

服务业 调查的行业范围与对象和规模以上服务业统计制度相衔接。包括10个门类、31个行业大类(702物业管理，703 房地产中介)。131个行业中类，247个行业小类。

规模：规模以下服务业统计制度调查对象是年末从业人员50人以下，且年营业收入1000万元以下的服务业样本法人单位。具体包括：交通运输、仓储和邮政业，信息传输、软件和信息技术服务业，租赁和商务服务业，科学研究和技术服务业，水利、环境和公共设施管理业，教育，卫生和社会工作，物业管理、房地产中介服务等行业。居民服务、修理和其他服务业，文化、体育和娱乐业是年末从业人员50人以下，且年营业收入500万元以下的服务业样本法人单位。

固定资产原价 指固定资产的成本，包括企业在购置、自行建造、安装、改建、扩建、技术改造某项固定资产时所发生的全部支出总额。根据会计“固定资产”科目的期末借方余额填报。

资产总计 指企业过去的交易或者事项形成的、由企业拥有或者控制的、预期会给企业带来经济利益的资源。资产一般按流动性（资产的变现或耗用时间长短）分为流动资产和非流动资产。其中流动资产可分为货币资金、交易性金融资产、应收票据、应收账款、预付款项、其他应收款、存货等；非流动资产可分为长期股权投资、固定资产、无形资产及其他非流动资产等。根据会计“资产负债表”中“资产总计”项目的期末余额数填报。

负债合计 指企业过去的交易或者事项形成的，预期会导致经济利益流出企业的现时义务。负债一般按偿还期长短分为流动负债和非流动负债。根据会计“资产负债表”中“负债合计”项目的期末余额数填报。

营业收入 指企业经营主要业务和其他业务所确认的收入总额。营业收入合计包括“主营业务收入”和“其他业务收入”。根据会计“利润表”中“营业收入”项目的本季金额数填报。

营业成本 指企业经营主要业务和其他业务所发生的成本总额。包括企业（单位）在报告期内从事销售商品、提供劳务等日常活动发生的各种耗费。包括“主营业务成本”和“其他业务成本”。根据会计“利润表”中“营业成本”项目的本季金额数填报。

营业税金及附加 指企业因从事生产经营活动按税法规定缴纳的应从经营收入中抵扣的税金和附加，包括营业税、消费税、城市维护建设税、教育费附加等。根据会计“利润表”中“营业税金及附加”项目的本季金额数填报。

销售费用 指企业在销售商品和材料、提供劳务的过程中发生的各种费用，包括保险费、包装费、展览费和广告费、商品维修费、预计产品质量保证损失、运输费、装卸费等以及为销售本企业商品而专设的销售机构（含销售网点、售后服务网点等）的职工薪酬、业务费、折旧费等经营费用。建筑业企业销售费用指企业从事施工生产活动过程中发生的各项费用，包括应由企业负担的运输费、装卸费、包装费、保险费、维修费、展览费、差旅费、广告费和其他经费。房地产企业销售费用指企业在从事主要经营业务过程中所发生的各项销售费用，包括转让、销售、结算和出租开发产品等。执行2006年《企业会计准则》或2011年《小企业会计准则》的企业,根据会计“利润表”中“销售费用”项目的本期金额数填报。执行其他企业会计制度的企业，根据会计“利润表”中“营业费用（或经营费用）”项目的本期金额数填报。

管理费用 指企业为组织和管理企业生产经营所发生的费用，包括企业在筹建期间内发生的开办费、董事会和行政管理部门在企业经营管理中发生的，或者应当由企业统一负担的公司经费等。根据会计“利润表”中“管理费用”项目的本季金额数填报。

财务费用 指企业为筹集生产经营所需资金等而发生的筹资费用，包括企业生产经营期间发生的利息支出（减利息收入）、汇兑损失（减汇兑收益）以及相关的手续费等。根据会计“利润表”中“财务费用”项目的本季金额数填报。

营业利润 指企业从事生产经营活动所取得的利润。执行2006年《企业会计准则》的企业，营业利润为营业收入减去营业成本、营业税金及附加、销售费用、管理费用、财务费用、资产减值损失，再加上公允价值变动收益和投资收益。执行2011年《小企业会计准则》的企业，营业利润为营业收入减去营业成本、营业税金及附加、销售费用、管理费用、财务费用，再加上投资收益后的金额；执行其他企业会计制度的企业，营业利润为主营业务收入减去主营业务成本、主营业务税金及附加，加上其他业务利润后，再减去销售费用、管理费用、财务费用后的金额。根据会计“利润表”中“营业利润”项目的本期金额数填报。

利润总额 指企业在一定会计期间的经营成果，是生产经营过程中各种收入扣除各种耗费后的盈余，反映企业在报告期内实现的盈亏总额。根据会计“利润表”中“利润总额”项目的本期金额数填报。执行2006年《企业会计准则》或2011年《小企业会计准则》的企业，利润总额为营业利润加上营业外收入，减去营业外支出后的金额；执行其他企业会计制度的企业，利润总额为营业利润加上投资收益、政府补助、营业外收入，再减去营业外支出后的金额。

应付职工薪酬 指企业为获得职工提供的服务而给予各种形式的报酬以及其他相关支出。包括职工工资、奖金、津贴和补贴，职工福利费，医疗保险费、养老保险费、失业保险费、工伤保险费和生育保险费等社会保险费，住房公积金，工会经费和职工教育经费，非货币性福利，因解除与职工的劳动关系给予的补偿，其他与获得职工提供的服务相关的支出。执行2006年《企业会计准则》或2011年《小企业会计准则》的企业，根据会计科目“应付职工薪酬”的本年贷方累计发生额填报；执行其他企业会计制度的企业，应将本年上述职工薪酬包含的科目归并填报。

应交增值税 指按照税法规定，针对销售货物或提供加工、修理修配劳务以及进口货物实现的增值额，企业在报告期内应交纳的税金。填报本指标时，应按权责发生制核算企业本期应负担的增值税，有两种计算方法，可选其一，一旦确定，原则上不得更改。

计算方法一：

根据本期会计科目（1）“销项税额”、“进项税额转出”、“出口退税”年初至期末贷方累计发生额（一般与期末贷方余额相等，因为年初贷方余额为零），（2）“进项税额”年初至期末借方累计发生额，即期末借方余额 － 年初借方余额，（3）“出口抵减内销产品应纳税额”、“减免税款”年初至期末借方累计发生额（一般与期末借方余额相等，因为年初借方余额为零），取值后按照下述公式计算填报：

应交增值税 ＝ 销项税额 －（进项税额 － 进项税额转出）－ 出口抵减内销产品应纳税额 － 减免税款 ＋ 出口退税

计算方法二：

根据本期《增值税纳税申报表（一般纳税人适用）》（以“国家税务总局公告2013年32号”版式为例）“销项税额”（第11栏）、“进项税额”（第12栏）、“进项税额转出”（第14栏）、“免、抵、退应退税额”（第15栏）、“简易计税办法计算的应纳税额”（第21栏）、“按简易计税办法计算的纳税检查应补缴税额”（第22栏）、“应纳税额减征额”（第23栏）栏目“一般货物、劳务和应税服务”列中“本年累计”列，按照下述公式计算填报：

应交增值税 ＝ 销项税额－（进项税额－进项税额转出－免、抵、退应退税额）＋ 简易计税办法计算的应纳税额 ＋ 按简易计税办法计算的纳税检查应补缴税额 － 应纳税额减征额

计算方法说明及填报要求：

（1）计算公式均体现权责发生制，本期发生的进项税额全部参与计算，相当于不设置留抵，同时也不抵扣会计账簿或增值税纳税申报表中上年年末留抵的进项税额，公式计算结果可以为负数。

（2）按照公式计算本指标后，不应再加增值税减免税额，因为这部分价值不再形成企业缴纳义务。

从业人员平均人数 指报告期内（年度、季度、月度）平均拥有的从业人员数。季度或年度平均人数按单位实际月平均人数计算得到，不得用期末人数替代。

工业 指从事自然资源的开采，对采掘品和农产品进行加工和再加工的生产活动部门。工业行业划分标准及代码依照国家标准《国民经济行业分类》（GB/T 4754-2011）执行。工业生产活动主要包括：对自然资源的开采，如采矿、晒盐等，但不包括禽兽捕猎和水产捕捞；对农副产品的加工、再加工，如粮油加工、食品加工、缫丝、纺织、制革等；对采掘品的加工、再加工，如冶金加工、石油加工、化学加工、机械加工、木材加工等，以及电力、煤气及水的生产和供应等；对工业品的修理、翻新，如机器设备、交通运输的修理等，不包括属于居民服务业的日用品修理、摩托车修理、汽车修理和自行车修理。

工业法人单位 法人单位是指有权拥有资产、承担负债，并独立从事社会经济活动（或与其他单位进行交易）的组织。法人单位应同时具备以下条件：(1)依法成立，有自己的名称、组织机构和场所，能够独立承担民事责任；(2)独立拥有（或授权使用）资产或者经费，承担负债，有权与其他单位签订合同；(3)具有包括资产负债表在内的账户，或者能够根据需要编制账户。主要包括：企业法人、个人独资企业、合伙企业。

个体工业单位 生产资料归劳动者个人所有，以个体劳动为基础，从事工业生产活动，劳动成果归劳动者个人占有和支配的一种经营单位。包括：（1）按照《民法通则》和《城乡个体工商户管理暂行条例》规定经各级工商行政管理机关登记注册、领取《营业执照》的个体工业户。具体是指公民在法律允许范围内，依法经核准登记，从事工业活动的个体劳动者。（2）没有领取《营业执照》但实际从事工业生产活动的城镇、农村个体经营单位。但不包括农民家庭以辅助劳力或利用农闲时间进行的一些兼营性的工业、商业及其它活动。

个体工业统计范围不包括的活动有：（1）农民家庭以从事农业为主，以辅助劳力或利用农闲时间进行的一些工业生产活动或其他生产活动，如竹藤棕草编织、毛衣、手套、塑料提蓝编织、挑花、刺绣、抽纱、刷纸等，属农民家庭兼营工业。（2）农村中的一些经营活动，如养蜂、养鸡、养鸭、养猪、养鹅、生豆芽、养磨菇、养蚕、养鱼、炕房、烘房、孵坊、采种、育苗等，不论其单位名称如何，均属相应的农业、畜牧业、林业、渔业。（3）农村中一些从事流动性上门干活的工匠，如木匠、蔑匠、弹花、缝纫、油漆匠等，还有从事流动性的服务作业，如走街串巷、逢场赶集、赶会的屠宰户及临时性的豆制品加工等。（4）从事生活用品修理的单位，如钟表、钢笔、自行车、衣服、鞋、帽、日用小五金、黑白铁、铝制品、缝纫机和家用电器的修理等。（5）一些商店和饮食店以及一些小商小贩和饮食摊点，它们以商业、饮食业为主，同时也生产加工一些产品，产品直接向消费者出售。如豆腐店出售自己生产的豆腐，肉店购进活猪自己屠宰，玻璃油漆店自己加工的玻璃制品，粮店加工零售挂面、面条、面包，饮食店自产自销一些面包、糕点等。（6）洗染、照相、裱糊、刻图章等单位。

工业增加值 是指工业行业在报告期内以货币表现的工业生产活动的最终成果。

从业人员期末人数 指报告期末最后一日 24 时在本单位中工作，并取得工资或其他形式劳动报酬的人员数。该指标为时点指标，不包括最后一日当天及以前已经与单位解除劳动合同关系的人员，是在岗职工、劳务派遣人员及其他从业人员之和。从业人员不包括：

（1）离开本单位仍保留劳动关系，并定期领取生活费的人员；

（2）利用课余时间打工的学生及在本单位实习的各类在校学生；

（3）本单位因劳务外包而使用的人员，如：建筑业整建制使用的人员。

五 消费价格

资料整理：尹万姣　杨　青

5-1 历年居民消费、商品零售及农业生产资料价格总指数

(上年＝100)

年 份	居民消费价格总指数			商品零售价格总指数			农业生产资料价格总指数
	全 省	城 市	农 村	全 省	城 市	农 村	
1965	97.0	96.3	97.3	96.8	96.0	97.3	95.7
1970	99.0	99.8	98.5	98.8	99.8	98.5	99.9
1975	100.1	100.2	100.1	100.2	100.2	100.1	100.0
1978	100.1	100.0	100.1	100.1	100.0	100.1	97.9
1980	104.6	106.0	103.8	104.9	106.4	103.8	100.1
1985	104.6	106.5	103.6	105.4	106.4	103.5	103.0
1990	100.7	100.5	100.9	100.1	99.8	100.4	98.3
1991	102.3	105.1	100.0	102.0	105.0	99.6	100.1
1992	105.4	107.7	102.9	105.0	107.5	102.2	101.2
1993	110.4	110.6	110.3	108.3	108.5	108.1	109.2
1994	125.2	127.4	123.5	120.6	118.2	122.3	124.4
1995	116.5	116.9	116.3	114.9	113.3	116.5	125.8
1996	110.5	109.5	110.9	107.9	106.2	109.4	107.9
1997	103.5	102.4	103.9	100.5	99.8	101.2	99.3
1998	97.5	97.9	97.1	96.6	96.6	96.5	94.2
1999	96.9	96.6	97.1	96.2	95.7	96.6	95.7
2000	99.2	99.1	99.2	98.5	98.8	98.3	99.6
2001	100.7	100.7	100.7	99.8	99.5	100.1	99.1
2002	100.1	99.8	100.6	99.2	99.0	99.3	100.8
2003	101.6	101.7	101.4	101.3	101.2	101.4	101.9
2004	105.4	105.4	105.4	105.7	105.3	106.0	111.4
2005	102.1	102.1	102.1	101.7	101.8	101.6	107.9
2006	101.3	101.2	101.5	100.9	100.7	101.1	101.2
2007	105.4	105.4	105.4	104.4	103.8	105.1	106.1
2008	107.0	106.5	107.9	107.5	107.4	107.5	120.9
2009	99.4	98.8	100.4	99.4	99.6	99.2	98.1
2010	103.5	103.4	103.8	103.7	103.5	104.0	103.1
2011	105.6	105.4	106.1	105.7	105.4	106.1	111.1
2012	102.5	102.6	102.4	102.3	102.4	102.1	105.4
2013	102.9	102.9	102.9	101.9	101.6	102.3	101.3
2014	101.9	102.0	101.6	101.0	101.0	101.0	97.9
2015	101.3	101.3	101.2	99.8	99.6	100.0	100.3
2016	101.9	101.9	102.0	100.3	100.3	100.3	100.8
2017	101.4	101.5	101.2	101.3	101.3	101.6	99.7

5-2 居民消费、商品零售及农业生产资料价格总指数(2017年)

以下列年份为100	居民消费价格总指数			商品零售价格总指数			农业生产资料价格总指数
	全省	城市	农村	全省	城市	农村	
1952	648.6	778.5	579.9	504.2	581.3	478.4	587.1
1957	568.2	677.6	510.0	469.2	509.5	423.5	577.9
1965	523.2	613.4	475.6	414.4	452.8	393.9	557.9
1970	533.4	614.8	489.6	432.3	452.6	406.1	614.9
1975	534.5	614.3	492.7	433.3	452.5	408.6	643.0
1978	530.3	596.6	493.1	422.2	439.2	408.6	630.0
1980	503.6	560.4	471.0	400.8	410.8	392.0	629.3
1985	457.8	480.5	442.8	358.3	353.0	368.1	526.8
1990	286.2	297.5	277.5	225.7	220.3	231.9	313.1
1995	164.9	159.6	170.3	140.9	134.1	147.9	180.9
2000	153.9	151.8	157.8	142.0	138.6	145.9	188.1
2005	139.6	138.1	142.8	131.7	129.7	134.4	153.7
2006	137.8	136.4	140.7	130.5	128.8	132.9	151.9
2007	130.8	129.4	133.5	125.0	124.1	126.5	143.2
2008	122.2	121.5	123.7	116.3	115.5	117.6	118.4
2009	123.0	123.0	123.2	117.0	116.0	118.6	120.7
2010	118.8	119.0	118.6	112.8	112.1	114.1	117.0
2011	112.5	112.9	111.9	106.7	106.3	107.5	105.4
2012	109.8	110.0	109.3	104.3	103.8	105.3	100.0
2013	106.7	106.9	106.2	102.4	102.2	102.9	98.7
2014	104.7	104.8	104.5	101.4	101.2	101.9	100.8
2015	103.3	103.4	103.2	101.6	101.6	101.9	100.5
2016	101.4	101.5	101.2	101.3	101.3	101.6	99.7

5-3 居民消费价格分类指数(2017年)

(上年=100)

类　别	全　省	城　市	农　村
总指数	**101.4**	**101.5**	**101.2**
食品烟酒	**98.4**	**98.9**	**97.5**
食品	96.8	97.3	95.8
粮食	102.0	102.3	101.4
薯类	96.3	98.4	92.9
豆类	100.2	99.8	100.8
食用油	100.9	102.0	99.4
菜	91.1	91.8	89.6
畜肉类	92.2	93.4	90.4
禽肉类	96.3	96.6	95.7
水产品	105.2	105.9	103.3
蛋类	93.3	94.3	91.8
奶类	99.2	98.5	100.3
干鲜瓜果类	100.8	100.0	102.8
糖果糕点类	102.6	102.2	103.1
调味品	101.7	101.8	101.5
其他食品类	99.9	99.9	100.0
茶及饮料	100.9	100.9	101.0
烟酒	101.3	102.5	99.5
在外餐饮	102.1	101.7	103.2
衣着	**101.3**	**101.3**	**101.4**
服装	101.3	101.2	101.5
服装材料	101.7	102.0	101.1
其他衣着及配件	101.1	101.2	100.9
衣着加工服务费	107.7	108.8	104.5
鞋类	100.9	101.0	100.8
居住	**103.6**	**103.3**	**104.2**
租赁房房租	102.9	102.9	103.2
住房保养维修及管理	103.7	103.5	104.0
水电燃料	104.8	104.0	106.0
自有住房	103.1	103.1	103.1
生活用品及服务	**101.5**	**101.4**	**101.7**
家具及室内装饰品	101.1	100.9	101.4
家用器具	102.5	102.4	102.7
家用纺织品	100.3	100.1	101.0
家庭日用杂品	100.5	100.2	101.0
个人护理用品	101.1	101.2	100.6
家庭服务	105.2	105.6	103.4
交通和通信	**100.2**	**100.2**	**100.3**
交通	102.2	102.1	102.4
通信	96.8	96.8	96.8
教育文化和娱乐	**102.7**	**102.5**	**103.1**
教育	103.3	103.1	103.6
文化娱乐	101.7	101.7	101.9
医疗保健	**106.3**	**107.2**	**105.0**
药品及医疗器具	109.6	108.0	112.1
医疗服务	104.2	106.6	101.3
其他用品和服务	**102.7**	**102.7**	**102.8**
其他用品类	102.6	103.0	102.0
其他服务类	102.9	102.5	103.9

5-4 居民消费价格

(上年同月=100)

类　　别	年平均	1月	2月	3月	4月	5月
总 指 数	**101.4**	**102.3**	**100.5**	**100.3**	**100.6**	**100.8**
食品烟酒	98.4	101.8	96.5	96.1	96.8	97.6
食品	96.8	102.1	94.3	93.6	94.4	95.6
粮食	102.0	101.2	101.1	101.5	102.0	102.3
大　　米	101.0	100.4	100.2	100.5	100.7	100.8
面　　粉	102.9	103.2	103.0	102.6	102.6	102.7
其他粮食	99.4	98.8	99.2	99.5	99.6	99.2
粮食制品	102.6	101.2	101.1	102.0	102.9	103.4
薯类	96.3	113.1	102.8	98.5	87.8	83.0
薯　　类	96.3	113.1	102.8	98.5	87.8	83.0
豆类	100.2	100.4	99.1	100.1	100.3	100.5
干　　豆	99.3	98.0	97.7	98.1	99.1	98.5
豆 制 品	100.2	100.5	99.2	100.2	100.4	100.6
食用油	100.9	102.3	101.8	101.3	101.6	101.3
食用植物油	101.2	102.0	101.7	101.2	101.8	101.8
食用动物油	91.4	111.5	106.3	103.3	94.8	88.2
菜	91.1	109.1	78.5	72.4	78.3	90.9
鲜　　菜	90.0	109.6	77.0	70.4	76.4	89.6
干菜及菜制品	102.8	103.5	102.7	102.8	102.9	102.9
畜肉类	92.2	105.1	96.7	96.2	93.0	88.8
猪　　肉	88.8	106.0	95.0	94.1	89.9	84.5
牛　　肉	99.8	100.1	98.5	99.4	99.8	99.9
羊　　肉	103.5	101.2	99.5	100.0	99.9	100.2
畜肉副产品	97.3	108.9	104.5	104.4	101.8	96.5
其他畜肉及制品	100.9	103.3	102.7	102.1	101.4	100.6
禽肉类	96.3	98.7	94.3	91.0	92.8	92.9
鸡	94.7	98.0	91.9	87.2	89.9	89.9
鸭	97.5	98.5	97.0	95.7	95.6	95.4
其他禽肉及制品	99.9	100.2	99.6	99.2	99.2	99.6
水产品	105.2	104.8	103.8	104.9	106.9	107.7
淡 水 鱼	106.3	105.0	104.3	107.9	111.6	112.7
海 水 鱼	107.3	109.4	107.6	108.4	107.8	106.4
虾 蟹 类	104.6	105.5	104.1	103.0	105.2	106.6
其他水产品及制品	103.4	102.2	101.5	101.8	102.0	102.5
蛋类	93.3	84.4	75.8	83.0	80.9	75.5
鸡　　蛋	93.1	83.7	74.7	82.2	80.1	74.5
其他蛋及制品	96.4	98.6	98.4	97.5	96.3	94.4
奶类	99.2	98.7	99.2	98.6	98.6	98.8
鲜　　奶	96.9	95.8	96.1	95.6	95.1	95.6
酸　　奶	99.5	99.5	99.8	99.5	99.9	100.1
奶　　粉	100.4	100.1	100.9	99.8	99.8	99.9
其他奶制品	100.2	99.8	99.9	100.0	100.3	100.5
干鲜瓜果类	100.8	99.9	100.5	101.7	104.8	111.7
鲜 瓜 果	102.0	99.9	100.8	102.4	106.8	116.7

分月指数(2017年)

6月	7月	8月	9月	10月	11月	12月
101.0	**101.0**	**101.5**	**101.8**	**102.1**	**102.1**	**102.3**
98.0	98.1	99.1	98.6	99.3	99.3	99.9
96.2	96.3	97.9	97.0	98.0	97.9	98.7
102.1	102.2	102.4	102.6	102.5	102.4	102.2
100.8	101.0	101.4	101.5	101.6	101.7	101.5
102.4	102.7	103.2	103.6	103.3	102.9	102.5
99.4	99.9	99.7	99.9	99.2	99.2	98.8
103.0	103.0	103.0	103.1	103.0	103.0	103.0
80.4	89.0	97.9	107.7	111.4	101.2	99.3
80.4	89.0	97.9	107.7	111.4	101.2	99.3
100.5	100.4	100.1	99.9	100.2	100.3	100.4
98.9	99.4	99.8	100.3	100.4	100.5	100.6
100.6	100.5	100.2	99.8	100.2	100.3	100.4
101.0	100.3	100.0	100.1	100.4	100.6	100.2
101.6	100.9	100.5	100.6	100.8	100.9	100.5
83.1	82.1	83.6	85.3	87.8	89.1	88.6
104.6	105.5	105.9	96.8	97.7	89.1	85.9
104.8	105.9	106.2	96.3	97.2	87.8	84.4
102.9	102.6	103.0	102.8	102.2	102.3	102.4
84.6	86.5	88.1	89.1	91.6	93.6	94.3
79.2	81.8	83.8	85.0	87.9	90.0	91.0
99.5	99.3	99.6	99.8	100.3	100.8	101.0
100.9	101.3	101.7	104.2	108.8	112.8	111.6
92.9	92.4	92.7	92.9	93.5	94.5	95.1
99.9	100.0	100.0	99.8	100.2	100.2	100.3
92.7	94.6	97.6	98.7	99.7	100.6	102.2
89.6	92.4	96.9	98.2	99.4	100.6	102.9
95.5	95.9	96.6	98.0	99.6	100.5	101.2
99.6	99.6	99.8	100.2	100.6	100.8	100.9
106.9	105.8	105.2	104.2	103.9	104.1	103.7
109.4	107.3	105.5	103.3	101.9	103.4	103.1
106.5	107.0	107.6	106.9	106.9	106.8	106.3
106.6	105.2	105.2	104.2	105.0	103.2	102.2
103.8	103.8	104.0	104.5	104.6	105.0	104.8
89.1	90.6	106.7	104.5	102.7	108.8	118.8
88.8	90.4	107.3	105.0	103.0	109.4	120.0
93.3	94.0	95.1	96.1	96.7	97.6	98.2
98.8	98.6	98.9	100.2	100.1	100.1	100.2
95.8	96.0	96.6	99.0	99.0	99.0	99.4
99.8	99.6	98.5	98.9	98.9	99.1	99.9
99.8	99.4	100.0	101.5	101.3	101.2	100.9
100.5	100.2	100.3	100.2	100.1	100.1	100.0
108.7	99.5	95.9	92.4	95.0	97.2	102.3
113.5	101.1	96.3	91.0	93.9	96.9	104.0

5-4 续表 1

(上年同月=100)

类　别	年平均	1月	2月	3月	4月	5月
坚　果	96.9	99.7	99.5	99.3	98.7	97.9
瓜果制品	100.8	99.9	100.1	100.1	100.9	98.6
糖果糕点类	102.6	102.6	102.7	102.6	102.3	102.4
食　糖	107.2	107.6	107.9	107.9	106.9	107.4
糖　果	101.1	100.6	101.0	100.6	100.9	100.7
糕　点	100.7	100.8	100.5	100.6	100.3	100.3
其他糖果糕点	101.8	101.3	102.0	101.5	101.3	101.2
调味品	101.7	101.9	102.6	101.8	101.4	101.3
食用盐	99.6	109.4	109.3	106.1	101.9	100.4
酱　油	103.6	100.1	102.3	101.7	101.9	102.5
食　醋	102.6	102.5	102.7	102.0	102.5	102.0
调味酱	99.9	99.7	100.5	99.8	99.6	99.6
味　精	100.1	100.0	100.3	100.4	99.8	100.1
其他调味品	103.3	104.1	103.5	103.1	102.9	103.0
其他食品类	99.9	99.5	100.3	99.8	100.0	99.8
方便食品	98.7	98.6	100.1	99.1	99.4	98.9
淀粉及制品	100.8	100.3	100.3	100.4	100.5	100.5
膨化食品	101.5	100.6	100.7	100.7	100.9	101.0
茶及饮料	100.9	99.2	100.6	100.1	100.2	100.4
茶　叶	101.1	101.2	101.0	100.5	101.0	101.4
固体咖啡	100.2	100.1	100.4	100.1	99.8	99.8
其他固体饮料	101.2	99.7	99.9	100.5	100.2	100.6
饮用水	99.7	98.9	98.5	98.6	98.0	98.9
果汁饮料	104.5	100.4	102.4	103.7	104.3	103.6
其他液体饮料	99.9	97.5	100.1	99.0	98.8	99.0
烟酒	101.3	99.7	100.1	100.2	100.8	101.2
烟草	99.3	99.1	99.2	99.1	99.2	99.4
烟　草	99.3	99.1	99.2	99.1	99.2	99.4
酒类	103.3	100.4	101.0	101.4	102.5	103.1
白　酒	103.9	100.2	100.9	101.6	102.9	103.7
葡萄酒	100.5	101.0	101.1	100.7	100.5	100.3
啤　酒	100.0	99.6	99.6	99.8	100.2	99.9
其他酒类	103.8	107.0	108.1	103.3	104.6	104.9
在外餐饮	102.1	102.3	102.3	102.3	102.5	102.2
正　餐	100.8	101.5	101.3	101.1	100.8	100.5
快　餐	101.4	101.5	101.3	101.3	101.7	101.7
地方小吃	106.2	105.2	105.9	106.5	107.5	106.8
其他在外餐饮	103.4	104.4	104.3	103.6	103.8	103.6
衣着	101.3	100.9	100.8	101.2	101.4	101.6
服装	101.3	100.7	100.6	101.1	101.3	101.5
男式服装	101.1	100.4	100.3	100.7	101.0	101.3
男式西服	100.7	100.0	100.0	100.9	101.0	101.2
男式冬衣	101.0	100.9	100.5	101.2	101.6	101.3
男式夹克衫	101.4	101.8	101.0	101.3	102.0	102.5

6月	7月	8月	9月	10月	11月	12月
96.0	94.5	93.4	94.4	96.8	96.8	96.4
98.4	99.8	101.0	102.4	103.2	103.0	102.3
102.7	102.6	102.5	102.7	102.8	102.7	102.7
108.6	108.1	107.2	107.5	107.0	105.6	104.4
100.9	100.9	100.8	101.1	101.3	101.6	102.1
100.2	100.3	100.5	100.7	101.0	101.5	102.0
101.0	100.9	101.2	102.5	102.3	102.9	103.0
101.1	101.3	101.3	101.6	101.7	102.1	102.3
97.1	96.2	94.8	95.1	95.1	96.1	95.8
103.4	104.1	103.8	104.3	105.7	106.4	107.3
102.0	102.0	102.2	102.8	102.6	103.8	103.9
99.3	99.7	99.8	100.2	99.7	100.0	100.6
100.4	100.2	100.4	100.2	99.9	99.8	99.8
102.8	103.3	103.6	103.7	103.8	103.1	102.6
99.3	99.6	99.6	100.1	100.2	100.4	100.3
98.4	98.5	98.2	98.2	98.4	98.6	98.6
99.9	100.2	100.5	101.9	101.7	102.0	101.3
100.6	101.3	102.0	102.2	102.5	102.7	103.1
101.0	101.1	101.1	101.4	101.8	102.0	102.1
101.5	101.5	101.0	101.0	100.9	100.8	100.8
100.2	99.9	100.1	100.3	100.6	100.4	100.6
100.6	101.0	102.6	102.3	102.3	102.3	102.4
99.3	99.2	100.3	101.0	100.6	101.8	102.0
105.5	106.0	105.7	105.3	105.7	105.8	106.0
99.5	99.8	99.8	100.6	101.4	101.8	101.9
101.2	101.4	101.7	102.0	102.2	102.5	102.3
99.3	99.3	99.4	99.5	99.5	99.5	99.6
99.3	99.3	99.4	99.5	99.5	99.5	99.6
103.2	103.5	104.2	104.5	105.0	105.5	105.1
103.8	104.4	105.1	105.6	106.1	106.8	106.3
100.0	99.4	100.2	100.4	100.3	101.7	100.3
100.1	99.2	100.3	100.3	100.3	100.3	100.3
104.2	104.0	102.2	101.8	101.8	102.1	101.8
101.9	101.8	101.8	102.1	102.0	102.0	102.0
100.4	100.3	100.2	100.5	100.8	100.9	101.2
101.5	101.2	101.4	101.6	101.3	101.2	101.2
106.2	106.2	106.1	106.2	106.0	105.8	105.8
102.9	103.2	103.2	103.3	103.3	102.9	102.4
101.6	101.7	101.5	101.5	101.4	101.3	101.3
101.6	101.7	101.6	101.5	101.5	101.3	101.2
101.4	101.6	101.4	101.4	101.3	101.3	101.3
101.2	101.3	100.9	100.3	100.4	100.2	100.4
101.3	101.3	101.1	100.5	100.5	100.7	100.9
102.3	102.2	102.1	101.6	100.6	99.9	99.8

5-4 续表 2

(上年同月=100)

类　别	年平均	1月	2月	3月	4月	5月
男式毛线衣	100.9	101.4	101.1	101.1	101.3	101.4
男式运动装	102.8	100.8	100.9	101.4	101.6	102.8
男式衬衫T恤	101.6	100.1	100.2	100.7	100.9	101.0
男式裤子	100.5	99.1	99.3	99.3	99.5	100.6
男式内衣	100.5	100.3	100.0	100.5	100.9	100.6
女式服装	101.1	100.8	100.8	101.1	101.2	101.4
女式外套	101.2	100.7	100.7	101.2	101.1	101.2
女式冬衣	101.3	100.9	100.7	101.0	101.8	101.7
女式毛线衣	101.2	102.2	102.0	101.6	101.7	101.7
女式运动装	102.7	102.0	102.3	102.9	102.4	102.5
女式衬衫T恤	101.2	100.1	100.2	101.2	101.1	101.5
女式裤子	100.8	100.4	100.5	100.5	99.7	100.5
女式裙子	100.0	99.8	100.0	100.4	100.4	100.7
女式内衣	100.8	100.6	100.5	100.6	101.4	101.4
儿童服装	102.3	101.2	100.7	102.0	102.0	102.1
婴幼服装	102.2	101.6	100.8	102.3	102.3	102.3
儿童上衣	102.4	101.4	100.7	102.3	102.2	102.3
儿童裤子	103.1	102.2	102.1	103.4	103.0	103.0
儿童裙子	100.7	98.4	98.3	98.9	99.2	99.7
服装材料	101.7	101.5	101.5	101.5	101.8	101.7
服装材料	101.7	101.5	101.5	101.5	101.8	101.7
其他衣着及配件	101.1	100.6	100.9	100.9	101.2	101.1
袜　子	100.2	99.6	99.3	100.1	100.6	100.4
帽　子	103.1	102.4	103.9	102.6	102.7	102.7
其他衣着配件	100.3	100.6	100.5	100.4	100.5	100.4
衣着加工服务费	107.7	109.3	109.2	109.2	108.9	108.9
衣着洗涤保养	108.3	110.6	110.9	111.3	111.2	110.7
衣着加工	106.9	107.8	107.4	106.9	106.4	106.9
鞋类	100.9	100.6	100.8	100.9	101.0	101.3
鞋	100.9	100.6	100.8	100.9	101.0	101.3
男　鞋	100.8	101.0	101.1	100.9	101.0	101.4
女　鞋	100.7	99.8	100.2	100.4	100.6	100.9
童　鞋	102.0	102.1	102.2	102.7	102.6	102.5
鞋类加工服务	101.6	101.5	101.3	101.3	101.5	102.0
鞋类加工服务	101.6	101.5	101.3	101.3	101.5	102.0
居住	103.6	103.7	103.7	103.6	103.6	103.4
租赁房房租	102.9	104.0	103.7	103.7	103.3	103.2
公房房租	102.2	104.1	104.1	104.1	104.1	104.1
私房房租	102.9	104.0	103.7	103.7	103.2	103.2
住房保养维修及管理	103.7	103.3	103.9	104.0	104.1	103.3
住房装潢材料	103.8	102.9	103.0	103.5	103.5	103.3
木地板	103.3	102.5	102.5	102.7	103.2	103.2
瓷　砖	102.0	100.3	100.4	101.6	101.2	100.7
水　泥	119.3	122.2	121.6	121.8	122.0	120.8

6月	7月	8月	9月	10月	11月	12月
101.5	101.5	101.1	100.6	99.9	99.8	99.6
102.8	103.9	103.6	103.7	104.0	103.8	103.9
101.7	102.1	102.0	102.8	102.8	102.6	102.6
100.8	100.9	100.6	100.7	101.3	101.7	101.7
100.6	100.5	100.8	100.5	100.4	100.6	100.5
101.4	101.4	101.2	101.2	101.1	100.9	100.8
101.4	101.4	101.3	101.7	101.8	101.1	100.6
101.6	101.6	101.4	100.6	100.8	101.4	101.8
101.7	101.8	101.3	100.4	100.2	99.9	99.5
102.8	103.6	103.5	103.2	102.8	102.4	102.3
101.4	101.6	101.3	102.3	101.8	100.9	100.7
100.5	100.6	100.8	101.2	101.8	101.6	101.7
100.6	100.1	99.7	99.6	99.7	99.5	99.4
101.2	101.1	100.9	100.7	100.3	100.4	100.5
102.5	102.7	103.0	103.1	102.9	102.8	102.4
102.7	102.6	102.6	102.7	102.1	102.4	102.1
101.9	102.2	102.8	103.1	103.2	103.3	103.0
103.8	104.0	103.9	103.8	103.1	102.5	102.0
100.7	101.3	102.0	102.2	102.8	102.7	102.6
102.1	102.0	102.1	102.1	101.7	101.3	101.4
102.1	102.0	102.1	102.1	101.7	101.3	101.4
101.2	101.2	101.0	101.3	101.2	101.2	101.3
100.5	100.5	100.0	100.4	100.4	100.4	100.3
102.8	102.8	103.2	103.5	103.3	103.3	103.6
100.3	100.3	100.1	100.1	100.0	100.3	100.3
108.5	108.1	107.2	107.3	106.2	104.7	105.0
110.5	109.7	108.0	106.2	105.0	103.3	103.6
106.3	106.5	106.4	108.5	107.4	106.2	106.6
101.2	101.0	100.7	100.9	100.9	100.9	101.1
101.1	101.0	100.7	100.9	100.9	100.9	101.1
101.4	100.6	100.1	100.6	100.5	100.6	101.1
100.8	101.2	100.8	100.9	101.0	100.9	101.0
101.6	101.5	101.8	102.1	101.9	101.5	101.2
102.1	101.5	101.6	101.6	101.6	101.6	102.0
102.1	101.5	101.6	101.6	101.6	101.6	102.0
103.4	103.6	103.9	104.0	103.7	103.4	103.5
103.1	102.9	102.0	102.2	102.3	102.3	102.4
104.1	102.1	100.2	100.1	100.1	100.1	100.1
103.1	102.9	102.1	102.3	102.4	102.4	102.5
103.3	103.6	103.6	103.9	103.9	103.6	104.3
103.3	103.8	103.7	104.5	104.4	104.2	105.0
102.9	103.8	104.1	104.3	103.9	103.2	103.3
100.8	101.4	101.6	102.8	103.5	103.8	106.0
120.9	120.4	119.1	121.4	117.6	113.4	112.9

5–4 续表 3

(上年同月＝100)

类　　别	年平均	1月	2月	3月	4月	5月
涂　　料	101.0	99.4	99.9	100.0	100.3	100.4
板　　材	104.1	103.3	103.5	104.0	104.1	104.1
管　　材	101.9	101.5	101.6	101.7	101.6	101.7
厨卫设备	102.0	101.5	101.5	101.6	102.0	101.9
门　　窗	101.8	101.2	101.3	101.5	101.3	101.3
其他住房装潢材料	103.2	101.0	101.0	101.7	102.1	102.5
物业管理费	101.0	100.5	100.5	100.5	100.5	100.5
物业管理费	101.0	100.5	100.5	100.5	100.5	100.5
住房装潢维修	104.0	104.0	105.2	105.0	105.1	103.6
装潢维修费	105.0	107.2	107.2	106.8	106.9	104.1
其他住房费用	103.2	101.3	103.4	103.4	103.4	103.2
水电燃料	104.8	103.2	103.2	103.7	103.9	104.1
水	107.4	106.4	106.2	107.2	107.8	107.0
水	107.4	106.4	106.2	107.2	107.8	107.0
电	100.0	100.0	100.0	100.0	100.0	100.0
电	100.0	100.0	100.0	100.0	100.0	100.0
燃气	102.0	99.2	99.8	101.6	102.1	103.0
管道燃气	100.0	100.0	100.0	100.0	100.0	100.0
液化石油气	102.9	98.8	99.8	102.4	103.1	104.4
取暖费	99.8	99.7	99.7	99.7	99.7	99.7
取 暖 费	99.8	99.7	99.7	99.7	99.7	99.7
其他燃料	135.3	127.3	126.6	126.9	127.5	128.3
其他燃料	135.3	127.3	126.6	126.9	127.5	128.3
自有住房	103.1	104.1	103.8	103.4	103.2	103.1
自有住房	103.1	104.1	103.8	103.4	103.2	103.1
生活用品及服务	101.5	100.4	100.9	100.6	100.5	100.7
家具及室内装饰品	101.1	100.8	100.8	101.2	101.3	100.8
家具	101.1	100.9	100.9	101.3	101.3	100.9
柜	101.3	101.6	101.4	101.6	101.5	100.8
床	101.2	100.4	100.4	100.8	101.2	101.0
桌	100.1	99.8	100.0	100.5	100.5	100.0
椅	102.7	101.4	101.6	102.6	102.8	102.8
沙　　发	100.8	100.7	100.7	101.1	101.1	100.6
其他家具	101.4	101.5	101.5	101.6	101.5	101.7
室内装饰品	100.8	99.9	100.0	100.5	100.5	100.2
灯　　具	100.7	99.4	99.8	100.5	100.5	99.9
其他室内装饰品	101.0	100.3	100.2	100.4	100.5	100.5
家用器具	102.5	98.1	100.2	99.2	99.3	100.0
大型家用器具	102.9	98.1	100.4	99.2	99.3	100.1
洗 衣 机	101.2	99.1	101.1	99.0	95.7	98.0
电冰箱(柜)	105.5	101.8	103.2	101.8	107.2	105.5
抽油烟机	100.0	92.3	91.0	90.5	89.3	93.2
空 调 器	102.7	95.8	96.6	94.8	99.5	100.6
热 水 器	106.1	99.0	106.7	105.8	103.5	104.2

6月	7月	8月	9月	10月	11月	12月
100.5	101.2	101.7	101.9	102.0	102.4	102.7
104.4	104.5	104.3	104.8	104.8	103.7	103.7
102.0	102.1	102.0	102.0	102.3	102.0	102.6
101.7	102.3	101.5	102.0	102.0	102.3	103.0
101.6	102.0	101.8	101.9	102.1	102.5	102.5
102.4	103.6	103.7	104.2	104.8	105.4	105.6
100.5	100.5	101.5	101.7	101.7	101.9	102.1
100.5	100.5	101.5	101.7	101.7	101.9	102.1
103.7	103.7	103.7	103.7	103.6	103.2	103.9
104.1	104.3	104.2	104.1	104.0	103.1	104.4
103.3	103.3	103.3	103.3	103.3	103.3	103.4
104.2	104.6	107.5	107.4	106.0	105.2	104.8
107.3	107.3	107.9	107.8	107.8	107.8	108.6
107.3	107.3	107.9	107.8	107.8	107.8	108.6
100.0	100.0	100.0	100.0	100.0	100.0	100.0
100.0	100.0	100.0	100.0	100.0	100.0	100.0
102.7	102.3	102.1	102.5	102.4	103.2	103.0
100.0	100.0	100.0	100.0	100.0	100.0	100.0
103.9	103.3	103.0	103.7	103.5	104.6	104.3
99.7	99.7	99.7	99.7	99.7	99.9	100.0
99.7	99.7	99.7	99.7	99.7	99.9	100.0
129.5	134.2	163.4	161.0	142.2	131.4	127.9
129.5	134.2	163.4	161.0	142.2	131.4	127.9
103.0	103.2	102.5	102.6	102.8	102.7	102.7
103.0	103.2	102.5	102.6	102.8	102.7	102.7
101.2	101.7	102.3	102.2	102.1	102.1	102.5
100.9	100.8	100.9	101.2	101.6	101.6	101.4
101.0	100.8	100.9	101.3	101.6	101.5	101.3
100.7	100.5	101.0	101.6	101.9	102.0	101.5
101.1	101.1	101.2	101.4	101.9	102.1	101.6
100.1	100.0	99.5	99.6	100.0	100.4	100.4
103.0	103.1	102.7	102.8	103.2	102.5	103.3
100.8	100.5	100.7	100.9	101.1	100.7	100.5
101.7	101.5	101.2	101.3	101.5	101.2	101.1
100.1	100.0	100.1	101.2	102.4	102.4	102.7
99.8	99.6	99.9	101.0	102.4	102.6	102.5
100.4	100.3	100.3	101.4	102.5	102.3	102.8
102.2	104.5	106.3	105.7	105.0	104.6	105.4
102.6	105.1	107.1	106.5	105.7	105.2	106.1
98.5	105.0	104.7	104.5	103.0	102.4	103.5
108.4	108.5	107.5	105.9	103.9	105.7	107.3
99.7	109.3	108.0	107.8	109.4	108.6	104.8
104.6	104.3	109.6	107.5	106.1	106.7	107.1
106.3	108.7	109.7	109.1	108.8	105.5	106.0

5−4 续表 4

(上年同月＝100)

类　　别	年平均	1月	2月	3月	4月	5月
炉具灶具	104.0	100.3	103.8	103.8	102.9	103.4
微 波 炉	103.9	100.9	103.3	103.9	103.9	103.9
其他大型家用器具	99.0	97.5	100.4	100.8	89.8	90.5
小家电	99.6	98.4	98.6	98.9	99.1	99.2
厨房小家电	99.7	98.4	98.6	99.1	99.2	99.1
生活小家电	99.3	98.4	98.5	98.6	98.9	99.3
家用纺织品	100.3	100.3	100.4	100.3	100.4	100.3
床上用品	100.3	100.3	100.4	100.3	100.4	100.3
被　　子	100.2	100.5	100.7	100.4	100.7	100.3
床单被套	100.2	99.9	100.2	100.1	100.1	100.2
其他床上用品	100.6	100.8	100.3	100.5	100.6	100.4
窗帘门帘	101.0	100.1	100.2	100.4	100.3	100.7
窗帘门帘	101.0	100.1	100.2	100.4	100.3	100.7
其他家用纺织品	99.9	100.1	100.1	100.2	100.0	100.1
其他家用纺织品	99.9	100.1	100.1	100.2	100.0	100.1
家庭日用杂品	100.5	100.6	100.6	100.5	100.3	100.6
洗涤卫生用品	99.9	100.1	99.9	99.5	99.4	99.9
清洗用品	99.5	99.9	99.7	99.6	99.1	99.6
清洁用具	100.6	99.8	99.8	99.9	100.6	101.1
清洁用纸	100.2	100.4	100.2	99.3	99.3	99.9
厨具餐具茶具	101.1	100.8	101.0	101.4	101.2	101.3
厨　　具	100.7	100.0	100.4	100.8	100.6	100.7
餐　　具	101.6	101.8	101.9	102.1	101.9	102.0
茶　　具	101.6	101.5	101.5	101.9	101.9	101.9
家用手工工具	101.1	100.4	100.5	100.5	100.5	100.8
家用手工工具	101.1	100.4	100.5	100.5	100.5	100.8
其他家庭日用杂品	102.0	103.3	103.3	103.1	102.5	102.0
配电附件	102.9	105.3	105.3	104.7	103.6	102.7
雨　　具	101.4	101.8	101.9	102.0	101.9	101.8
其他日用杂品	100.4	99.9	99.8	100.2	100.4	100.4
个人护理用品	101.1	101.6	101.6	101.5	101.1	100.8
化妆品	101.6	102.6	102.7	102.3	101.7	101.3
清洁化妆品	102.1	102.3	102.3	102.3	102.8	102.1
护肤化妆品	101.4	102.8	102.9	102.2	101.4	101.2
彩妆化妆品	101.6	102.9	103.0	103.0	101.2	100.9
化妆器具	101.1	101.5	101.8	101.8	101.2	100.7
其他护理用品类	100.4	100.0	99.9	100.1	100.0	99.9
清洁类护理用品	100.6	100.0	100.0	100.2	100.2	100.0
护发美发用品	100.0	100.4	100.5	100.7	100.3	99.9
护理器具	99.8	99.2	98.5	98.8	98.8	99.2
其他护理用品	102.1	101.5	101.7	101.3	100.7	100.7
家庭服务	105.2	107.2	106.7	105.6	104.7	104.6
家政服务	106.1	109.6	108.6	106.6	106.7	106.6
家庭维修服务	104.1	104.7	104.6	104.6	102.4	102.4

6月	7月	8月	9月	10月	11月	12月
103.9	105.0	105.0	105.0	105.0	106.0	104.6
103.9	103.9	104.6	105.4	105.4	102.5	105.6
91.5	98.9	101.6	104.7	105.9	102.5	105.7
99.6	100.2	99.9	99.9	100.2	100.3	100.5
99.6	100.4	100.0	100.4	100.2	100.5	100.7
99.7	100.0	99.5	99.1	100.0	100.0	100.1
100.3	100.2	100.2	100.3	100.2	100.5	100.9
100.2	100.1	100.1	100.1	100.1	100.4	100.8
100.1	100.2	100.2	99.9	99.6	99.8	100.4
100.2	100.3	100.1	100.2	100.1	100.5	100.7
100.3	99.5	99.7	100.4	100.9	101.3	102.0
100.9	100.8	101.4	101.6	101.7	101.9	102.2
100.9	100.8	101.4	101.6	101.7	101.9	102.2
99.9	100.1	99.8	99.9	99.7	99.7	99.8
99.9	100.1	99.8	99.9	99.7	99.7	99.8
100.4	100.4	100.7	100.5	100.5	100.5	100.8
99.6	99.6	100.2	99.9	100.0	100.1	100.8
99.4	99.3	99.4	99.4	99.4	99.6	99.9
101.1	100.6	100.6	100.6	100.7	100.8	101.3
99.4	99.8	101.2	100.3	100.7	100.5	102.0
101.1	101.1	101.3	101.2	101.0	101.1	100.8
100.5	100.7	100.9	101.0	101.0	100.9	101.0
101.7	101.5	101.7	101.2	101.0	101.4	100.5
102.1	102.0	101.7	101.8	100.8	100.7	100.9
100.9	100.9	101.3	101.5	101.7	102.1	102.7
100.9	100.9	101.3	101.5	101.7	102.1	102.7
102.3	102.0	101.4	101.3	101.1	101.3	101.0
103.1	102.6	101.8	101.6	101.8	101.7	101.5
102.1	101.7	101.2	101.1	100.4	100.7	100.5
100.5	100.3	100.5	100.5	100.7	101.1	100.1
100.8	100.8	100.8	100.7	100.8	101.1	101.9
101.2	101.1	101.1	100.8	100.9	101.3	102.1
102.2	102.4	102.0	101.6	101.5	102.0	101.9
100.9	100.7	100.8	100.4	100.5	100.9	102.2
100.7	100.6	100.7	100.8	101.2	102.2	102.4
101.0	101.4	101.5	100.7	100.3	100.2	100.8
100.1	100.3	100.3	100.6	100.8	100.9	101.6
100.3	100.7	100.6	100.8	101.3	100.8	102.1
99.9	100.1	99.8	99.8	99.7	99.7	99.8
99.7	99.3	100.0	100.3	100.4	101.6	101.8
100.9	100.0	101.8	103.1	103.5	104.8	105.3
104.3	104.0	104.3	105.2	105.3	105.1	105.0
105.8	104.5	104.6	104.9	104.8	105.3	105.3
102.6	103.4	103.9	105.5	105.9	104.8	104.7

5-4　续表 5

(上年同月=100)

类　别	年平均	1月	2月	3月	4月	5月
交通和通信	100.2	100.8	99.7	99.8	99.9	99.3
交通	102.2	103.6	102.4	103.4	103.4	102.2
交通工具	98.8	98.8	98.7	98.7	98.7	98.3
小型汽车	97.1	97.1	97.0	96.9	96.9	96.6
电动自行车	102.5	102.2	102.3	102.4	102.2	101.6
自 行 车	100.6	99.8	99.8	100.2	100.7	100.6
其他交通工具	100.3	100.3	100.3	100.3	100.2	100.1
交通工具用燃料	112.7	120.4	121.6	120.8	118.8	114.0
汽　　油	112.8	121.0	122.0	121.2	119.0	114.0
柴　　油	114.8	122.8	124.9	124.2	122.5	117.1
其他车用能源	100.3	100.0	100.1	100.1	100.2	100.2
交通工具使用和维修	100.8	101.4	99.0	101.0	101.0	100.8
停 车 费	102.9	106.0	104.0	102.4	102.4	102.4
车辆使用费	100.9	99.7	99.6	99.8	99.9	100.6
交通工具零配件	103.5	103.8	103.8	104.1	104.1	104.1
车辆修理与保养	100.8	101.3	98.9	100.9	101.0	100.7
交通费	101.2	101.3	96.6	100.3	101.9	101.0
市内公共交通	100.2	100.9	99.0	100.6	100.0	100.0
出租汽车	99.5	101.3	99.1	99.4	99.4	99.4
飞 机 票	106.6	102.6	77.7	97.5	112.3	104.3
火 车 票	100.0	100.0	100.0	100.0	100.0	100.0
长途汽车	100.1	101.3	97.4	99.7	100.7	100.4
其他交通费	103.1	103.0	100.1	103.8	103.1	103.2
通信	96.8	96.0	95.2	93.9	94.1	94.4
通信工具	91.5	88.3	86.0	83.1	83.6	85.0
固定电话机	89.3	73.5	73.5	73.5	73.5	100.0
移动电话机	91.3	88.2	85.7	82.7	83.2	84.1
通信工具零配件	98.0	97.0	97.0	97.0	97.7	98.2
通信服务	99.0	99.3	99.3	98.9	98.9	98.5
固定电话费	99.3	99.1	99.1	99.1	99.1	99.1
移动通信费	99.1	99.2	99.2	98.6	98.6	98.6
上 网 费	98.8	99.9	99.9	99.6	99.6	98.0
其他通信服务	99.5	99.7	99.7	99.7	99.3	99.3
邮递服务	100.2	100.0	100.0	100.0	100.0	100.1
邮政邮寄	100.6	100.0	100.0	100.0	100.0	100.4
快递服务	100.0	100.0	100.0	100.0	100.0	100.0
教育文化和娱乐	102.7	102.9	102.4	102.4	102.1	102.5
教育	103.3	103.4	103.2	103.1	103.0	103.2
教育用品	101.7	101.5	101.5	101.5	101.5	101.5
工 具 书	100.4	100.0	100.0	100.1	100.1	100.1
教　　材	102.1	102.5	102.5	102.5	102.5	102.5
参考资料	102.1	101.3	101.3	101.3	101.3	101.4
其他教育用品	97.2	97.6	97.7	97.5	97.4	97.4
教育服务	103.4	103.5	103.3	103.2	103.1	103.3

6月	7月	8月	9月	10月	11月	12月
99.0	98.9	99.8	100.5	101.3	102.0	101.8
101.0	100.6	101.4	101.7	102.3	102.7	102.3
98.4	98.8	98.8	98.5	99.1	99.3	99.9
96.5	97.0	97.0	96.2	97.2	97.3	98.9
102.1	102.8	102.8	103.0	103.2	103.1	102.0
100.5	100.7	100.7	101.0	101.0	100.9	100.8
100.1	99.8	99.9	100.5	100.6	101.1	100.5
107.2	104.4	110.1	108.0	110.4	110.2	108.5
107.0	104.3	110.4	108.2	110.7	110.3	108.6
109.4	106.0	111.4	108.9	111.7	112.0	109.6
100.0	100.0	100.1	100.1	100.0	100.9	101.4
100.1	100.2	100.4	101.4	101.4	101.4	101.9
102.4	102.4	102.4	102.4	102.4	102.4	102.9
100.7	100.6	101.3	101.9	102.2	102.4	102.4
104.1	104.1	103.2	103.5	103.9	103.2	99.9
100.0	100.1	100.3	101.4	101.4	101.3	101.9
101.5	101.3	100.1	103.1	102.1	103.7	101.8
100.2	100.2	100.2	100.2	100.2	100.5	100.5
99.4	99.4	99.4	99.4	99.4	99.4	99.8
109.2	110.9	96.3	122.3	113.0	135.3	108.9
100.0	100.0	100.0	100.0	100.0	100.0	100.0
100.3	98.8	99.8	100.5	101.0	101.0	100.8
103.0	103.2	103.4	104.0	103.9	103.0	104.0
95.6	95.8	96.9	98.5	99.7	100.8	101.0
88.3	89.2	91.5	96.8	100.7	104.7	105.2
100.0	100.0	100.0	100.0	100.0	100.0	100.0
87.7	88.6	91.1	96.7	100.9	105.1	105.5
98.0	98.2	98.0	98.1	98.3	98.9	100.1
98.7	98.7	99.3	99.2	99.2	99.2	99.2
99.1	99.1	99.7	99.7	99.7	99.7	99.7
98.6	98.8	99.4	99.4	99.4	99.4	99.4
98.7	98.3	98.6	98.3	98.3	98.2	98.2
99.3	99.3	99.3	99.7	99.7	99.7	99.7
100.0	100.0	100.2	100.2	100.2	100.2	100.9
100.4	100.4	101.2	101.2	101.2	101.2	101.2
99.9	99.9	99.9	99.9	99.9	99.9	100.8
102.8	102.8	102.7	102.7	102.6	103.0	103.2
103.2	103.2	103.0	102.9	103.4	103.8	104.2
101.8	101.7	101.9	101.8	101.8	101.8	102.1
100.4	100.4	100.5	100.7	100.7	100.7	101.1
102.5	102.5	102.5	101.4	101.4	101.4	101.4
101.9	101.8	102.2	102.9	102.9	103.0	103.5
97.7	96.8	97.0	96.7	96.9	97.0	97.2
103.3	103.3	103.1	103.0	103.5	103.9	104.4

5-4 续表 6

(上年同月=100)

类　别	年平均	1月	2月	3月	4月	5月
学前教育	105.2	105.0	105.2	105.2	105.3	105.4
小学初中教育	103.8	105.4	104.8	104.8	104.9	104.9
高中中职教育	109.3	109.7	108.2	106.6	105.3	105.9
高等教育	100.5	100.8	100.8	100.8	100.8	100.8
课外教育	106.0	106.4	106.4	106.6	106.8	106.9
专业技能培训	99.3	98.1	98.5	99.0	99.2	99.5
文化娱乐	101.7	102.2	101.1	101.3	100.8	101.6
文娱耐用消费品	102.5	98.8	101.0	101.3	100.8	102.7
电 视 机	100.1	93.1	97.4	96.8	95.1	99.8
照 相 机	99.5	99.9	99.7	99.5	99.5	99.5
台式计算机	106.4	106.2	107.6	108.5	107.7	107.7
笔记本平板	103.7	98.6	99.8	101.5	103.6	103.3
乐　　器	102.1	100.4	100.6	100.6	100.7	102.5
音　　响	99.6	98.6	98.8	99.2	99.3	99.2
其他文娱耐用消费品	100.5	99.9	99.9	99.9	99.9	100.7
其他文娱用品	101.0	100.7	100.8	101.1	101.1	101.1
书报杂志	102.7	102.3	102.7	102.9	102.9	103.2
纸张文具	100.7	101.0	100.7	100.8	100.8	100.9
体育户外用品	100.0	99.5	99.5	100.7	100.2	99.9
游戏用品和玩具	99.9	98.9	99.4	99.3	100.0	100.0
园艺花卉及用品	100.6	100.7	100.6	100.5	100.2	100.1
宠物及用品	100.4	100.6	100.2	100.3	100.3	100.3
其他文化娱乐用品	100.5	100.4	100.2	100.5	100.3	100.2
文化娱乐服务	100.1	101.3	101.4	101.1	99.0	100.9
电 影 票	100.8	100.1	100.5	100.0	99.1	100.8
景点门票	98.5	101.4	101.5	100.5	95.2	100.0
有线电视	99.8	100.1	99.8	99.8	99.8	99.7
健身活动	101.2	102.8	102.9	102.4	102.8	102.2
其他文娱服务	103.4	103.5	104.9	105.4	105.2	105.2
旅游	103.0	110.0	101.2	101.8	102.5	101.2
旅行社收费	103.1	110.3	101.3	101.9	102.5	101.3
其他旅游	97.8	95.2	96.4	97.3	99.9	97.3
医疗保健	106.3	104.6	104.8	104.7	105.3	105.1
药品及医疗器具	109.6	109.3	109.9	109.6	110.9	110.9
中药	110.4	107.0	108.1	107.9	110.9	111.2
中 药 材	108.3	106.4	106.4	107.2	109.0	109.1
中 成 药	111.1	107.2	108.7	108.2	111.6	111.9
西药	110.9	110.6	111.2	111.0	112.8	112.4
抗微生物药	105.6	105.1	105.1	105.2	106.8	105.8
消化系统用药	111.1	111.9	111.5	111.0	113.9	113.4
呼吸系统用药	115.0	117.2	118.1	118.0	118.9	117.6
解热镇痛药	108.0	108.8	109.0	109.2	108.5	108.0
抗肿瘤药	104.6	100.5	100.5	101.9	102.9	103.4
激素及影响内分泌药	109.7	111.2	111.7	111.7	109.0	109.5

6月	7月	8月	9月	10月	11月	12月
105.6	105.7	104.8	105.0	105.1	105.1	105.1
105.0	104.7	104.9	102.8	101.2	101.2	101.2
106.4	106.9	106.9	109.0	112.5	115.5	118.0
100.8	100.8	100.8	99.9	99.9	99.9	99.9
106.8	105.2	105.4	105.2	105.3	105.4	105.4
98.9	99.4	99.2	99.2	100.1	100.2	100.4
102.1	102.2	102.2	102.4	101.5	101.8	101.7
104.1	103.7	103.2	104.3	103.4	103.4	103.5
104.2	103.5	101.7	104.6	102.1	104.5	100.4
99.5	99.5	99.5	99.5	99.5	99.6	99.6
107.7	108.4	106.7	105.6	105.5	103.2	102.3
102.8	101.0	103.4	105.8	105.4	104.7	114.2
102.8	102.7	102.9	103.0	102.7	102.9	102.8
99.4	99.8	100.1	100.3	100.3	100.3	100.4
100.7	100.7	100.7	100.8	100.8	100.8	100.8
100.9	101.0	101.1	101.1	100.7	101.1	101.2
103.1	103.1	103.3	103.3	101.7	102.1	102.1
100.1	100.5	100.5	100.4	100.7	101.2	101.3
99.8	99.9	100.3	99.6	99.5	100.3	100.5
99.8	99.5	100.0	100.0	100.1	100.2	101.1
100.2	100.8	100.4	100.9	100.6	100.8	100.9
100.0	99.9	100.0	100.9	100.9	100.9	100.5
100.2	100.3	100.4	100.8	101.1	100.8	100.9
100.5	100.0	99.7	99.8	99.1	99.3	99.3
100.8	102.0	101.6	101.2	101.0	101.0	101.2
99.5	97.9	97.9	98.0	96.2	97.5	97.0
99.7	99.7	99.7	99.9	99.9	99.9	100.0
102.4	100.4	100.1	100.1	99.6	99.6	99.7
103.6	103.6	102.0	102.5	102.5	101.3	101.3
101.7	103.4	104.3	103.5	101.9	102.8	101.7
101.9	103.5	104.4	103.7	102.0	102.8	101.7
96.0	97.9	97.6	94.5	94.7	103.8	103.6
105.0	104.7	104.4	108.8	109.4	109.0	108.9
110.6	110.1	109.7	109.3	108.9	107.6	108.1
111.4	111.9	111.7	112.1	111.5	110.3	110.2
109.1	109.0	108.3	108.0	108.4	109.2	109.5
112.3	113.1	113.1	113.7	112.7	110.7	110.4
112.0	111.5	111.4	110.7	109.9	108.6	108.7
106.1	106.9	106.6	106.6	105.1	103.7	104.4
111.9	111.3	112.5	110.6	109.1	108.4	108.0
119.0	117.9	116.0	114.5	111.5	107.2	106.3
105.9	103.4	108.7	108.3	109.3	108.6	108.7
104.8	105.9	105.3	107.4	107.8	107.5	106.9
109.6	110.3	110.6	109.6	108.4	107.5	107.4

5-4 续表 7

(上年同月＝100)

类　　别	年平均	1月	2月	3月	4月	5月
心血管系统用药	116.4	110.8	112.8	113.1	120.2	120.4
血液系统用药	109.8	114.2	114.0	108.7	107.8	107.8
治疗精神障碍药	107.3	106.8	105.6	106.6	107.5	107.8
神经系统用药	111.5	115.1	115.9	116.8	115.8	114.1
消毒防腐及创伤外科用药	107.0	106.4	106.4	104.8	106.4	107.3
泌尿系统用药	107.9	108.7	109.2	109.3	109.7	110.1
维生素、矿物质类药	118.4	121.1	121.4	120.3	120.1	120.6
调节水、电解质及酸碱平衡药	101.3	101.6	103.4	101.4	100.8	100.6
滋补保健品	109.1	110.5	111.0	110.5	109.8	110.4
滋补保健品	109.1	110.5	111.0	110.5	109.8	110.4
医疗卫生器具	104.0	104.3	104.5	104.0	105.1	105.1
医疗卫生器具	104.0	104.3	104.5	104.0	105.1	105.1
保健器具	101.8	101.6	101.7	101.5	101.7	101.7
保健器具	101.8	101.6	101.7	101.5	101.7	101.7
医疗服务	104.2	101.7	101.7	101.8	101.9	101.6
综合医疗类	106.8	102.2	102.2	102.4	102.6	102.4
一般医疗服务	104.2	102.2	102.2	102.2	102.2	102.1
一般治疗操作	105.4	101.2	101.2	101.6	101.8	101.6
护　　理	130.2	109.5	109.5	110.0	110.2	109.4
其他综合医疗服务	100.6	100.0	100.0	100.0	100.0	99.9
诊断类	100.9	100.3	100.3	100.3	100.4	100.5
病理学诊断	103.3	99.8	99.8	99.8	99.8	99.8
实验室诊断	101.9	101.1	101.1	101.1	101.1	101.1
影像学诊断	99.6	100.0	100.0	100.0	100.1	100.2
临床诊断	102.6	100.4	100.4	100.4	100.4	100.4
治疗类	105.5	103.0	103.0	103.0	103.1	101.9
临床手术治疗	106.2	103.8	103.8	103.8	103.8	102.2
临床非手术治疗	103.5	100.9	100.9	100.9	101.4	101.2
康复类	106.2	101.7	102.0	102.0	102.2	102.2
康复医疗	106.2	101.7	102.0	102.0	102.2	102.2
中医医疗服务类	105.0	101.8	101.8	101.8	103.6	103.6
中医治疗	105.0	101.8	101.8	101.8	103.6	103.6
其他医疗服务	104.2	101.0	101.0	101.0	101.0	101.0
其他医疗服务	104.2	101.0	101.0	101.0	101.0	101.0
其他用品和服务	102.7	105.6	104.7	103.4	104.4	103.3
其他用品类	102.6	108.5	107.1	104.0	105.7	103.8
首饰手表	103.4	111.7	109.7	105.3	107.6	105.0
金 饰 品	104.0	114.4	111.7	106.3	109.1	106.0
银 饰 品	99.6	99.1	99.7	99.8	99.8	100.2
铂金饰品	101.8	106.5	106.4	103.6	103.5	102.0
手　　表	100.4	99.5	99.6	99.8	100.0	100.4
其他杂项用品	100.4	100.3	100.3	100.3	100.5	100.4
箱　　包	100.0	99.5	99.8	99.9	100.2	100.3
母婴用品	100.8	100.9	100.7	100.8	100.9	100.7

6月	7月	8月	9月	10月	11月	12月
118.2	118.3	117.8	117.2	116.4	115.2	116.4
109.8	108.4	111.5	110.1	109.9	108.7	108.0
107.6	108.0	107.0	108.4	108.3	107.3	107.3
113.3	112.5	109.3	108.8	107.8	105.4	105.7
107.7	109.3	106.2	106.5	106.7	108.2	108.0
110.8	109.2	108.6	106.0	105.8	104.0	104.0
122.7	117.5	116.0	114.9	116.6	117.0	115.0
101.7	101.9	101.1	101.7	100.2	100.6	100.6
110.2	108.7	107.9	107.5	108.0	106.6	108.3
110.2	108.7	107.9	107.5	108.0	106.6	108.3
104.8	105.2	103.4	103.5	103.4	102.2	102.9
104.8	105.2	103.4	103.5	103.4	102.2	102.9
101.5	101.7	102.5	102.2	101.9	101.7	101.4
101.5	101.7	102.5	102.2	101.9	101.7	101.4
101.5	101.3	101.1	108.5	109.8	109.9	109.5
102.2	102.0	101.7	114.8	116.4	116.7	116.0
101.3	101.1	101.0	108.0	108.9	109.3	109.3
101.8	101.7	101.5	112.5	113.4	113.6	113.1
109.3	109.2	106.7	164.8	174.4	175.1	167.9
100.0	100.0	100.0	101.9	101.9	101.9	101.9
100.5	100.4	100.4	102.0	102.1	101.9	101.6
99.8	99.8	99.8	110.0	110.3	110.0	110.5
101.1	101.1	101.1	104.0	103.8	103.8	102.7
100.2	100.2	100.2	98.4	98.6	98.4	98.4
100.4	100.4	100.2	107.0	107.2	107.1	106.9
101.8	101.5	101.1	110.1	112.0	112.5	112.1
102.1	101.7	101.2	111.1	113.2	113.7	113.3
101.1	101.0	100.8	107.5	108.8	109.0	108.8
102.2	101.9	101.6	109.9	116.8	116.5	115.6
102.2	101.9	101.6	109.9	116.8	116.5	115.6
103.7	103.5	103.0	108.6	109.7	109.2	108.9
103.7	103.5	103.0	108.6	109.7	109.2	108.9
101.0	100.4	100.9	110.7	111.2	110.7	110.2
101.0	100.4	100.9	110.7	111.2	110.7	110.2
103.0	100.8	100.6	101.1	101.8	101.9	102.6
103.5	98.7	98.4	99.3	100.5	100.7	102.4
104.6	98.2	97.7	99.0	100.6	100.8	103.0
105.4	97.7	97.4	98.7	100.6	100.9	103.7
99.3	98.7	98.3	99.8	100.0	100.5	100.5
102.4	100.2	98.1	99.6	100.9	99.5	99.4
100.7	100.8	100.7	100.6	100.5	100.7	101.1
100.3	100.4	100.4	100.4	100.4	100.5	100.7
100.2	100.0	100.0	99.9	99.8	100.1	100.2
100.7	100.8	100.7	100.7	100.7	100.6	101.0

5-4 续表 8

(上年同月=100)

类 别	年平均	1月	2月	3月	4月	5月
眼 镜	99.8	99.8	99.7	99.4	99.5	99.3
其他服务类	102.9	103.3	102.6	103.0	103.2	102.9
旅馆住宿	101.7	100.9	100.6	101.7	102.4	101.8
宾馆住宿	98.6	98.6	98.4	99.2	96.7	97.6
其他住宿	103.5	102.2	101.9	103.3	105.9	104.3
美容美发洗浴	104.1	106.7	105.1	105.7	105.1	104.5
美 容	101.6	103.0	103.2	103.6	102.1	101.7
美 发	103.0	105.5	103.9	103.9	103.2	102.5
洗 浴	107.7	111.5	108.0	109.7	109.8	109.5
养老服务	105.0	104.2	104.2	104.5	105.0	104.8
养老服务	105.0	104.2	104.2	104.5	105.0	104.8
金融保险	101.4	100.1	100.1	100.1	101.2	101.0
金融服务	104.3	99.6	99.6	99.6	101.3	101.7
车辆保险	99.7	99.0	99.2	99.2	100.4	99.9
旅行保险	100.3	100.0	100.3	100.3	100.3	100.3
其他保险	106.4	108.1	106.9	106.6	106.6	106.6
其他服务类	100.4	100.7	100.7	100.6	100.6	100.4
中介服务	100.9	101.4	101.4	101.1	101.1	100.9
其他服务	100.0	100.0	100.0	100.0	100.0	100.0

6月	7月	8月	9月	10月	11月	12月
99.2	99.7	100.1	100.2	100.1	100.5	100.6
102.6	102.6	102.7	102.7	103.0	102.9	102.7
102.1	101.7	102.0	101.5	102.3	101.8	101.3
100.0	98.9	98.8	99.0	99.0	98.5	98.8
103.3	103.4	103.8	102.9	104.2	103.7	102.8
104.2	104.2	103.8	102.2	102.7	102.7	102.8
101.5	101.3	101.1	100.5	100.2	100.4	100.6
102.3	102.4	102.2	102.1	102.5	102.8	102.6
109.0	109.0	107.9	103.7	105.2	104.5	104.8
104.2	104.5	105.4	106.2	106.4	106.1	104.4
104.2	104.5	105.4	106.2	106.4	106.1	104.4
100.8	100.7	101.0	102.9	102.8	102.9	102.9
101.7	101.7	101.7	111.2	111.2	111.2	111.2
99.6	99.6	100.0	100.0	100.0	100.0	100.0
100.3	100.3	100.3	100.3	100.3	100.3	100.3
106.6	106.3	106.2	106.2	105.3	105.7	105.7
100.3	100.3	100.3	100.2	100.2	100.2	100.7
100.5	100.6	100.6	100.5	100.5	100.5	101.4
100.0	100.0	100.0	100.0	100.0	100.0	100.0

5-5 居民消费价格

(上月=100)

类　别	1月	2月	3月	4月	5月
总 指 数	**101.1**	**99.6**	**99.5**	**99.9**	**99.5**
食品烟酒	102.7	98.8	98.4	99.2	98.6
食品	103.9	98.1	97.5	98.6	97.8
粮食	100.5	100.2	100.4	100.3	100.2
大　米	100.2	100.1	100.2	100.2	99.9
面　粉	101.1	100.3	100.2	100.1	100.0
其他粮食	100.5	100.2	99.7	99.6	98.9
粮食制品	100.5	100.2	100.7	100.6	100.7
薯类	110.2	105.3	101.7	104.3	99.2
薯　类	110.2	105.3	101.7	104.3	99.2
豆类	100.7	99.8	100.0	99.7	100.1
干　豆	100.0	100.0	100.1	100.1	99.6
豆 制 品	100.7	99.7	100.0	99.6	100.1
食用油	100.4	99.8	100.0	100.1	100.0
食用植物油	100.4	99.9	100.1	100.1	100.1
食用动物油	100.1	96.8	98.3	98.6	98.1
菜	116.9	91.2	90.8	91.0	86.5
鲜　菜	118.4	90.5	90.0	90.1	85.1
干菜及菜制品	100.3	100.3	100.1	100.2	100.3
畜肉类	103.0	98.3	97.1	98.0	97.8
猪　肉	103.9	97.7	96.2	97.3	96.9
牛　肉	101.0	99.9	99.6	99.9	100.1
羊　肉	102.0	99.5	98.7	99.3	100.2
畜肉副产品	100.3	99.2	99.2	99.1	99.0
其他畜肉及制品	100.5	100.2	99.4	99.8	99.8
禽肉类	100.5	98.0	96.4	101.0	99.2
鸡	100.6	96.9	94.9	101.7	98.7
鸭	100.2	99.6	97.6	99.4	99.7
其他禽肉及制品	100.2	100.1	99.6	100.0	100.1
水产品	102.8	101.6	100.2	101.8	100.3
淡 水 鱼	102.7	102.2	100.7	104.4	102.8
海 水 鱼	103.4	100.9	99.7	99.9	99.4
虾 蟹 类	105.2	102.2	99.7	100.4	97.5
其他水产品及制品	100.4	100.4	100.1	100.2	100.0
蛋类	97.8	88.0	96.5	96.7	93.3
鸡　蛋	97.7	87.4	96.4	96.6	93.0
其他蛋及制品	100.0	99.8	98.7	98.8	98.2
奶类	99.9	100.1	99.8	99.9	100.2
鲜　奶	99.8	100.1	99.4	99.8	100.3
酸　奶	100.1	100.0	99.9	100.1	100.3
奶　粉	99.9	100.1	99.9	99.9	100.1
其他奶制品	99.9	100.0	100.0	100.0	100.0
干鲜瓜果类	105.3	104.4	98.4	101.8	102.7
鲜 瓜 果	107.1	105.9	98.0	102.3	103.8

分月指数(2017年)

6月	7月	8月	9月	10月	11月	12月
99.8	**100.0**	**100.9**	**101.0**	**100.1**	**100.1**	**100.6**
99.1	99.6	102.1	100.9	99.6	99.7	101.3
98.7	99.3	103.1	101.2	99.4	99.5	101.9
100.0	100.0	100.3	100.2	100.0	100.0	100.0
100.0	100.3	100.4	100.2	100.0	100.0	100.0
99.9	99.9	100.4	100.4	100.3	100.1	99.9
99.7	99.8	99.8	100.7	99.8	100.3	99.8
100.0	100.0	100.2	100.0	99.9	100.0	100.2
86.6	99.6	101.0	99.8	95.7	94.5	103.4
86.6	99.6	101.0	99.8	95.7	94.5	103.4
99.9	100.1	100.0	99.9	100.3	100.0	100.1
100.1	100.3	100.4	100.2	99.9	99.7	100.0
99.9	100.1	100.0	99.8	100.3	100.0	100.1
99.9	99.8	100.0	100.0	100.0	100.0	100.0
100.0	99.9	100.0	100.0	100.0	100.0	100.0
97.5	98.3	100.2	101.0	99.9	99.6	99.7
97.9	104.3	113.8	103.0	99.0	93.5	101.9
97.6	104.8	115.4	103.3	98.9	92.8	102.1
100.3	100.2	100.5	100.0	99.9	100.2	100.2
97.1	100.0	100.7	101.0	100.2	99.9	101.1
96.0	100.2	101.1	101.2	99.9	99.3	101.3
99.6	99.7	100.1	100.0	100.3	100.4	100.4
99.9	99.9	100.0	102.1	104.1	103.9	101.6
98.7	99.4	99.9	99.9	99.8	100.2	100.3
99.7	100.4	99.9	100.1	100.2	99.9	100.2
99.3	101.8	103.6	101.4	100.1	100.0	101.2
99.0	102.9	105.5	101.9	99.7	99.9	101.8
100.2	100.4	100.6	101.3	101.4	100.3	100.3
99.8	99.8	100.2	100.2	100.5	100.2	100.2
100.1	99.7	99.9	99.3	99.0	99.3	99.8
101.3	100.1	99.2	97.4	96.4	98.0	98.3
100.7	100.5	100.6	100.0	100.1	100.2	100.7
96.7	97.9	99.9	100.4	101.7	99.8	101.1
101.4	100.5	100.6	100.8	100.0	100.2	100.1
115.8	100.3	126.8	104.7	91.7	104.7	107.1
117.1	100.3	128.3	104.8	91.3	104.9	107.4
98.1	99.9	100.9	101.6	100.6	100.9	100.8
99.9	99.9	100.0	100.3	100.0	100.1	100.1
99.9	99.7	100.1	100.2	99.9	100.0	100.2
99.5	100.1	99.2	100.1	99.8	100.3	100.4
100.1	99.8	100.3	100.6	100.1	100.3	99.9
100.0	100.0	100.1	100.0	99.9	100.0	100.0
93.4	89.5	96.2	101.9	101.5	100.9	107.6
91.8	86.0	95.0	102.7	102.1	101.4	110.6

5-5 续表 1

(上月=100)

类　别	1月	2月	3月	4月	5月
坚　果	100.2	100.0	99.8	100.1	100.0
瓜果制品	100.4	100.3	100.1	100.7	97.0
糖果糕点类	100.3	100.2	100.2	100.1	100.0
食　糖	101.5	100.3	100.8	100.4	100.4
糖　果	99.8	100.2	100.1	100.1	100.1
糕　点	99.9	100.3	100.0	100.0	99.7
其他糖果糕点	100.8	99.9	100.0	99.9	99.7
调味品	99.9	100.3	99.9	99.9	100.2
食 用 盐	100.1	99.8	98.7	97.8	99.5
酱　油	99.6	100.8	100.4	99.9	100.6
食　醋	100.3	100.2	99.8	100.7	100.2
调 味 酱	99.4	100.2	99.8	99.8	100.2
味　精	99.4	100.0	99.9	99.9	100.1
其他调味品	100.6	100.5	100.2	100.2	100.0
其他食品类	100.1	99.9	99.7	100.3	100.1
方便食品	99.9	99.7	99.7	100.3	99.9
淀粉及制品	99.9	100.1	99.3	100.4	100.1
膨化食品	100.8	100.0	100.1	100.2	100.5
茶及饮料	99.9	100.2	100.2	100.3	99.9
茶　叶	99.9	99.9	100.0	100.8	100.2
固体咖啡	100.2	100.2	99.8	99.7	99.8
其他固体饮料	100.5	100.2	100.4	100.0	100.0
饮 用 水	101.1	100.0	100.0	99.7	100.6
果汁饮料	101.1	100.8	101.3	100.6	99.2
其他液体饮料	99.3	100.3	100.1	100.0	99.8
烟酒	100.3	100.2	100.1	100.1	100.1
烟草	99.9	100.0	100.0	100.0	100.0
烟　草	99.9	100.0	100.0	100.0	100.0
酒类	100.7	100.5	100.2	100.3	100.2
白　酒	100.9	100.5	100.2	100.4	100.2
葡 萄 酒	99.7	100.2	100.0	100.1	100.0
啤　酒	99.7	100.2	99.9	100.0	100.0
其他酒类	100.9	100.9	100.5	100.2	100.2
在外餐饮	100.3	100.2	100.1	100.4	100.0
正　餐	100.1	100.0	100.1	100.1	100.1
快　餐	100.3	100.1	99.9	100.2	100.0
地方小吃	100.4	100.6	100.6	101.2	100.0
其他在外餐饮	101.1	100.5	100.0	100.2	100.0
衣着	99.9	99.8	100.5	100.2	100.2
服装	99.9	99.7	100.5	100.2	100.2
男式服装	99.7	99.7	100.6	100.3	100.2
男式西服	99.7	100.2	100.8	100.2	100.1
男式冬衣	99.3	98.9	100.4	100.4	99.9
男式夹克衫	99.8	99.2	101.0	100.4	100.1

6月	7月	8月	9月	10月	11月	12月
98.7	99.7	99.0	99.9	99.7	99.6	99.6
99.0	102.9	100.9	100.5	99.9	100.0	100.9
100.3	100.0	100.0	100.4	100.2	100.4	100.3
100.4	100.0	100.0	100.2	100.1	100.1	100.1
100.1	100.0	100.1	100.4	100.2	100.4	100.5
100.3	100.1	100.0	100.6	100.4	100.5	100.4
99.8	100.2	100.7	101.2	100.1	100.6	100.0
100.1	100.3	100.3	100.2	100.3	100.6	100.4
99.3	99.9	99.6	100.3	100.1	100.9	99.7
100.9	100.7	100.4	100.4	101.6	100.8	101.0
100.1	100.1	100.3	100.3	100.0	101.4	100.4
99.9	100.2	100.2	99.9	99.7	100.7	100.5
100.1	100.1	100.1	100.0	100.0	100.1	100.1
99.8	100.4	100.5	100.2	100.3	99.6	100.3
99.8	100.1	100.0	100.2	100.0	100.1	100.1
99.5	100.0	99.7	99.7	100.0	100.1	100.0
100.0	100.1	100.3	101.2	99.9	100.1	99.9
100.0	100.3	100.3	100.2	100.2	100.1	100.4
100.4	100.1	100.1	100.3	100.4	100.2	100.1
100.2	100.0	99.9	100.0	99.9	100.0	100.0
100.1	100.0	100.3	100.2	100.1	99.7	100.4
100.3	100.2	100.8	100.0	100.3	99.9	100.0
100.0	99.8	100.3	100.0	100.0	100.7	99.7
101.7	100.0	100.3	100.0	100.4	100.2	100.3
100.2	100.1	100.0	100.8	100.8	100.3	100.2
100.0	100.3	100.3	100.4	100.3	100.3	100.0
99.9	100.0	100.0	100.0	100.0	99.9	100.0
99.9	100.0	100.0	100.0	100.0	99.9	100.0
100.1	100.6	100.6	100.7	100.5	100.6	100.1
100.1	100.9	100.8	100.9	100.6	100.7	100.1
99.8	99.5	100.9	100.2	100.0	99.9	100.1
100.4	99.5	100.2	100.2	100.1	100.0	100.1
99.9	99.9	99.4	99.6	100.2	100.0	99.9
100.0	100.2	100.2	100.2	100.0	100.1	100.3
100.0	100.0	100.1	100.0	100.0	100.1	100.4
100.0	100.1	100.2	100.1	100.0	100.0	100.2
100.1	100.8	100.8	100.9	100.2	100.0	100.1
100.0	100.2	100.0	100.1	100.1	100.0	100.3
99.9	99.9	100.0	100.5	100.2	100.3	100.0
100.0	99.9	100.0	100.4	100.3	100.3	99.9
99.9	100.0	99.9	100.4	100.3	100.4	99.9
99.9	100.0	99.9	100.2	100.0	100.1	99.4
100.0	100.0	100.0	100.0	100.1	101.8	100.1
99.8	100.0	99.9	100.6	99.9	99.3	99.8

5-5 续表 2

(上月＝100)

类　　别	1月	2月	3月	4月	5月
男式毛线衣	99.6	99.1	99.6	100.0	99.9
男式运动装	99.7	99.9	100.6	100.8	101.1
男式衬衫T恤	99.9	100.1	101.0	100.4	100.4
男式裤子	99.9	100.2	100.7	99.9	99.9
男式内衣	99.9	99.8	100.2	100.1	99.9
女式服装	99.9	99.8	100.2	100.1	100.2
女式外套	100.2	100.3	100.4	99.8	100.0
女式冬衣	99.7	98.7	99.5	100.6	99.9
女式毛线衣	99.7	99.2	99.3	100.1	100.1
女式运动装	99.9	100.1	100.9	99.7	100.2
女式衬衫T恤	100.0	100.1	100.9	100.3	100.5
女式裤子	99.9	100.1	100.5	99.5	100.1
女式裙子	100.0	100.0	100.2	100.5	100.6
女式内衣	100.2	99.9	100.0	100.4	100.0
儿童服装	100.0	99.6	101.3	100.0	100.2
婴幼服装	99.8	99.1	101.4	100.0	100.1
儿童上衣	100.1	99.3	101.7	99.8	99.9
儿童裤子	100.1	100.1	101.0	100.0	100.0
儿童裙子	100.0	100.0	100.7	100.7	101.1
服装材料	100.3	100.0	100.0	100.1	100.4
服装材料	100.3	100.0	100.0	100.1	100.4
其他衣着及配件	99.8	100.5	100.3	100.3	100.0
袜　　子	99.7	99.8	100.6	100.5	99.9
帽　　子	99.8	102.2	100.2	100.1	100.1
其他衣着配件	100.1	99.9	99.9	100.0	100.0
衣着加工服务费	101.2	100.1	100.2	100.1	100.3
衣着洗涤保养	101.2	100.5	100.5	100.2	99.9
衣着加工	101.1	99.7	99.9	100.1	100.7
鞋类	99.9	100.0	100.5	100.1	100.3
鞋	99.9	100.0	100.5	100.1	100.3
男　　鞋	99.9	100.0	100.5	100.1	100.3
女　　鞋	99.9	100.1	100.5	100.0	100.2
童　　鞋	100.0	99.9	100.6	100.4	100.2
鞋类加工服务	99.8	100.1	100.0	100.2	100.6
鞋类加工服务	99.8	100.1	100.0	100.2	100.6
居住	100.3	100.2	100.1	100.2	100.0
租赁房房租	100.0	100.1	100.2	100.1	100.0
公房房租	100.0	100.0	100.0	100.0	100.1
私房房租	100.0	100.1	100.2	100.1	100.0
住房保养维修及管理	100.4	100.6	100.3	100.1	100.1
住房装潢材料	100.1	100.0	100.5	100.1	100.0
木 地 板	100.2	100.0	100.4	100.5	100.4
瓷　　砖	100.0	100.0	101.3	99.9	99.8
水　　泥	100.6	99.4	100.4	100.4	98.9

6月	7月	8月	9月	10月	11月	12月
100.0	100.0	99.9	100.1	100.4	101.0	100.0
99.9	101.1	99.8	100.8	100.3	99.8	100.1
100.1	99.7	99.9	100.6	100.5	100.1	99.9
99.9	99.9	100.0	100.5	100.5	100.6	99.8
99.9	99.8	100.0	100.2	100.2	100.3	100.2
100.0	99.8	99.8	100.4	100.3	100.3	99.9
100.0	100.0	100.0	100.6	100.2	99.7	99.4
100.0	100.0	100.1	100.1	100.6	102.3	100.4
100.0	100.0	99.9	100.2	100.7	100.8	99.6
100.0	100.5	100.2	100.9	100.2	99.6	100.1
100.0	99.4	99.6	100.6	100.0	99.3	100.0
99.9	99.8	100.0	101.0	100.6	100.2	100.0
100.0	98.9	99.0	100.2	100.2	99.7	100.1
99.8	99.8	99.9	100.0	100.0	100.2	100.1
100.1	99.9	100.4	100.6	100.3	100.2	100.0
100.2	99.9	100.2	100.5	100.0	100.8	100.0
99.9	100.0	100.7	100.5	100.5	100.6	100.0
100.0	99.9	100.5	101.0	100.1	99.6	99.8
100.5	99.6	99.7	100.1	100.3	99.9	100.1
100.0	100.0	100.3	100.2	100.0	100.1	100.1
100.0	100.0	100.3	100.2	100.0	100.1	100.1
100.1	99.9	99.8	100.4	100.0	100.1	100.1
100.0	99.9	99.5	100.5	100.0	99.9	100.0
100.2	100.0	100.2	100.3	99.9	100.2	100.3
100.0	99.9	99.9	100.0	100.0	100.4	100.1
100.0	100.5	100.4	101.1	100.2	100.2	100.6
99.9	100.0	100.4	100.4	100.0	100.0	100.6
100.2	101.0	100.4	101.9	100.4	100.4	100.6
99.7	99.8	99.9	100.6	100.1	100.1	100.1
99.7	99.8	99.9	100.6	100.1	100.1	100.1
99.7	99.5	99.8	100.7	100.2	100.1	100.2
99.7	100.0	100.0	100.4	100.1	100.1	100.1
99.6	99.8	100.2	100.6	100.0	100.0	100.0
100.6	100.3	100.1	100.0	100.0	100.0	100.4
100.6	100.3	100.1	100.0	100.0	100.0	100.4
100.0	100.3	100.9	100.6	100.2	100.3	100.5
99.9	100.1	100.3	101.0	100.1	100.2	100.3
100.0	100.0	100.0	100.0	100.0	100.0	100.0
99.8	100.2	100.3	101.0	100.2	100.2	100.3
100.1	100.2	100.2	100.4	100.2	100.6	101.1
100.0	100.1	100.0	100.9	100.5	101.1	101.6
99.9	100.3	100.2	100.3	100.3	100.0	100.7
100.0	100.1	99.9	101.0	100.7	100.9	102.2
99.9	99.4	100.0	102.8	100.4	104.4	105.8

5–5 续表 3

(上月=100)

类　　别	1月	2月	3月	4月	5月
涂　　料	99.9	100.2	100.1	100.2	100.1
板　　材	100.9	100.1	100.1	100.1	100.3
管　　材	100.1	100.1	100.1	99.9	100.1
厨卫设备	100.0	100.0	100.1	100.4	100.4
门　　窗	99.9	100.1	100.0	100.1	100.1
其他住房装潢材料	100.1	100.1	100.6	100.2	100.1
物业管理费	100.4	100.0	100.0	100.0	100.0
物业管理费	100.4	100.0	100.0	100.0	100.0
住房装潢维修	100.7	101.1	100.1	100.0	100.1
装潢维修费	100.5	100.0	100.1	100.1	100.2
其他住房费用	100.9	102.1	100.0	100.0	100.0
水电燃料	100.9	100.0	100.1	100.2	100.0
水	104.9	100.0	100.9	101.2	99.4
水	104.9	100.0	100.9	101.2	99.4
电	100.0	100.0	100.0	100.0	100.0
电	100.0	100.0	100.0	100.0	100.0
燃气	101.1	100.1	100.3	100.0	100.1
管道燃气	100.0	100.0	100.0	100.0	100.0
液化石油气	101.6	100.2	100.4	100.0	100.2
取暖费	100.0	100.0	100.0	100.0	100.0
取 暖 费	100.0	100.0	100.0	100.0	100.0
其他燃料	102.2	99.9	99.5	100.3	100.0
其他燃料	102.2	99.9	99.5	100.3	100.0
自有住房	100.0	100.1	100.1	100.2	100.1
自有住房	100.0	100.1	100.1	100.2	100.1
生活用品及服务	100.2	100.5	99.9	100.2	100.1
家具及室内装饰品	100.0	100.0	100.2	100.0	99.9
家具	100.0	100.0	100.2	100.0	99.9
柜	100.1	99.9	100.1	100.0	99.8
床	100.0	100.0	100.2	100.2	100.0
桌	99.1	100.1	100.3	99.9	99.9
椅	100.1	100.3	100.8	100.0	100.1
沙　　发	100.1	100.0	100.0	100.0	99.6
其他家具	100.3	100.0	100.2	100.1	100.1
室内装饰品	100.1	100.2	100.3	100.1	100.0
灯　　具	99.9	100.4	100.8	100.0	100.0
其他室内装饰品	100.3	99.9	99.8	100.1	100.0
家用器具	100.4	101.7	99.4	100.7	100.4
大型家用器具	100.4	102.0	99.4	100.8	100.4
洗 衣 机	100.4	101.4	98.8	95.5	101.9
电冰箱(柜)	102.2	100.5	100.1	104.3	97.9
抽油烟机	99.9	99.7	99.8	99.4	101.0
空 调 器	100.0	100.3	98.8	103.7	101.4
热 水 器	99.4	107.5	98.9	99.4	100.6

6月	7月	8月	9月	10月	11月	12月
100.1	100.2	100.1	100.1	100.4	100.7	100.4
100.0	100.1	100.2	100.8	100.3	100.4	100.3
100.1	100.3	99.9	100.2	100.4	100.4	101.0
100.0	100.1	99.7	100.5	100.6	100.5	100.8
100.2	100.1	100.0	100.5	100.3	100.8	100.3
99.8	100.5	99.8	101.3	101.1	101.6	100.4
100.0	100.0	101.0	100.2	100.0	100.3	100.3
100.0	100.0	101.0	100.2	100.0	100.3	100.3
100.2	100.2	100.2	100.1	100.0	100.2	100.8
100.4	100.4	100.5	100.2	100.0	100.3	101.6
100.1	100.1	100.0	100.0	100.0	100.1	100.1
100.0	100.2	102.8	100.2	100.0	100.2	100.3
100.3	100.1	100.9	99.9	100.0	100.0	100.7
100.3	100.1	100.9	99.9	100.0	100.0	100.7
100.0	100.0	100.0	100.0	100.0	100.0	100.0
100.0	100.0	100.0	100.0	100.0	100.0	100.0
99.5	99.4	99.7	100.6	100.1	100.8	101.2
100.0	100.0	100.0	100.0	100.0	100.0	100.0
99.3	99.1	99.6	100.9	100.1	101.1	101.8
100.0	100.0	100.0	100.0	100.0	100.0	100.0
100.0	100.0	100.0	100.0	100.0	100.0	100.0
100.1	102.9	121.4	100.4	100.0	100.0	100.0
100.1	102.9	121.4	100.4	100.0	100.0	100.0
99.9	100.4	100.3	100.9	100.2	100.2	100.3
99.9	100.4	100.3	100.9	100.2	100.2	100.3
100.1	100.6	100.4	99.9	100.0	99.7	100.8
100.1	100.0	100.2	100.4	100.4	100.0	100.1
100.1	100.0	100.2	100.4	100.4	100.0	100.1
100.2	100.1	100.4	100.4	100.4	99.9	100.2
100.1	100.0	100.2	100.3	100.4	100.1	100.0
100.1	100.0	100.1	100.3	100.3	100.0	100.2
100.3	100.1	100.0	100.5	100.7	100.0	100.3
100.1	100.0	100.1	100.3	100.3	100.1	100.0
100.2	99.8	100.2	100.3	100.3	99.9	99.9
100.1	100.0	100.1	100.8	100.9	100.0	100.2
100.1	99.9	100.2	100.5	100.5	100.1	100.2
100.1	100.1	100.0	101.0	101.2	99.9	100.3
100.4	102.3	100.9	99.2	99.4	98.5	102.1
100.4	102.5	101.0	99.1	99.3	98.3	102.4
103.2	103.8	98.8	98.7	99.7	99.0	102.3
99.2	101.3	98.5	97.6	100.7	101.5	103.4
106.0	107.4	98.9	97.6	98.7	98.4	98.3
99.7	102.3	103.3	98.8	98.0	97.9	103.0
102.2	102.2	100.0	98.9	99.8	97.7	99.6

5-5 续表 4

(上月=100)

类　　别	1月	2月	3月	4月	5月
炉具灶具	101.3	103.5	100.0	101.3	100.0
微 波 炉	102.2	101.8	100.0	100.0	100.0
其他大型家用器具	100.0	102.9	100.4	95.6	100.0
小家电	100.0	100.0	100.0	100.1	100.1
厨房小家电	100.0	100.0	100.0	100.0	100.0
生活小家电	100.1	99.9	100.1	100.1	100.2
家用纺织品	100.0	100.0	100.0	99.9	99.9
床上用品	100.0	100.0	99.9	99.9	99.9
被　　子	100.0	99.8	100.0	99.9	99.7
床单被套	100.0	100.2	99.9	99.7	100.0
其他床上用品	100.1	100.0	99.8	100.0	100.0
窗帘门帘	100.2	100.1	100.1	99.9	100.3
窗帘门帘	100.2	100.1	100.1	99.9	100.3
其他家用纺织品	99.9	99.9	100.1	99.8	100.0
其他家用纺织品	99.9	99.9	100.1	99.8	100.0
家庭日用杂品	100.1	100.1	100.0	100.0	100.2
洗涤卫生用品	100.2	99.9	99.9	100.0	100.4
清洗用品	100.0	99.8	99.9	99.7	100.4
清洁用具	100.3	100.0	100.1	100.4	99.9
清洁用纸	100.3	100.1	99.8	100.2	100.7
厨具餐具茶具	100.1	100.3	100.2	100.1	100.0
厨　　具	100.1	100.5	100.0	100.1	100.0
餐　　具	100.3	100.2	100.3	100.1	99.9
茶　　具	100.1	100.2	100.3	99.9	100.0
家用手工工具	100.1	100.2	100.1	100.1	100.3
家用手工工具	100.1	100.2	100.1	100.1	100.3
其他家庭日用杂品	100.1	100.0	100.3	100.2	100.0
配电附件	100.3	100.0	100.3	100.4	99.9
雨　　具	100.0	100.1	100.3	100.0	100.0
其他日用杂品	99.8	99.9	100.3	99.9	100.2
个人护理用品	100.0	100.0	99.9	100.3	100.0
化妆品	100.1	100.1	99.8	100.6	99.9
清洁化妆品	100.1	100.0	99.9	101.4	100.0
护肤化妆品	100.1	100.2	99.6	100.4	99.9
彩妆化妆品	100.0	100.1	100.1	100.1	100.0
化妆器具	100.0	100.4	100.1	100.1	99.6
其他护理用品类	99.9	99.9	100.1	100.0	100.1
清洁类护理用品	100.0	100.0	100.1	99.9	100.2
护发美发用品	99.9	100.0	100.1	100.0	99.6
护理器具	99.8	99.2	100.1	100.2	100.3
其他护理用品	99.6	100.5	100.1	99.9	100.0
家庭服务	101.3	100.0	100.1	100.1	100.2
家政服务	102.5	100.0	100.1	100.2	100.2
家庭维修服务	100.1	100.0	100.0	100.1	100.3

6月	7月	8月	9月	10月	11月	12月
100.0	100.0	100.0	100.0	100.0	98.6	99.8
100.0	100.0	100.7	100.7	100.0	96.3	103.9
98.4	103.9	102.8	101.9	100.0	96.0	104.2
100.2	100.3	99.9	99.9	100.1	99.9	100.2
100.2	100.5	99.9	99.8	100.1	99.9	100.2
100.2	99.8	99.8	99.9	100.0	100.0	100.1
100.0	100.0	100.0	100.2	100.1	100.4	100.4
100.0	100.0	99.9	100.2	100.1	100.4	100.5
99.9	100.1	99.9	100.1	100.0	100.4	100.4
100.0	100.1	100.0	100.1	100.0	100.4	100.3
100.0	99.8	100.0	100.4	100.5	100.5	100.9
100.1	100.1	100.5	100.3	100.1	100.2	100.4
100.1	100.1	100.5	100.3	100.1	100.2	100.4
99.9	100.2	99.8	100.3	99.8	99.9	100.2
99.9	100.2	99.8	100.3	99.8	99.9	100.2
99.9	100.0	100.2	99.8	100.1	100.1	100.3
99.8	100.0	100.2	99.6	100.1	100.2	100.5
99.9	99.8	100.1	99.9	100.0	100.1	100.3
99.8	100.0	100.0	99.9	100.0	100.3	100.4
99.6	100.2	100.5	99.1	100.3	100.2	100.9
99.9	100.0	100.2	100.0	100.1	100.0	99.9
99.8	100.1	100.4	100.1	100.0	100.0	100.0
100.0	99.9	100.0	99.8	100.1	100.0	99.9
100.3	99.8	99.7	100.3	100.1	100.0	99.9
100.0	100.0	100.4	100.3	100.0	100.4	100.7
100.0	100.0	100.4	100.3	100.0	100.4	100.7
100.2	100.0	99.9	100.1	100.1	100.1	99.9
100.2	100.0	100.0	100.2	100.3	100.1	100.0
100.4	100.0	99.7	100.1	99.9	100.1	99.9
100.0	99.8	99.9	100.1	100.1	100.1	99.9
100.1	100.2	100.0	100.1	100.3	100.2	100.7
100.0	100.3	100.0	100.0	100.3	100.4	100.7
100.1	100.3	100.1	99.7	100.1	100.3	100.0
99.9	100.2	100.0	100.1	100.3	100.4	101.2
100.1	100.2	100.1	100.2	100.6	100.9	100.2
100.4	100.4	100.0	99.7	99.9	99.9	100.3
100.2	100.2	100.1	100.3	100.2	100.0	100.7
100.3	100.3	99.9	100.4	100.4	99.6	101.0
100.2	100.0	100.1	100.0	99.9	100.0	100.1
100.0	100.1	100.3	100.4	100.2	100.7	100.3
100.0	100.0	101.6	101.2	100.6	101.2	100.5
100.7	100.5	100.5	100.9	100.2	100.4	100.0
100.9	100.1	100.4	100.3	100.1	100.5	100.0
100.4	100.9	100.6	101.5	100.4	100.3	100.0

5-5 续表 5

(上月=100)

类　　别	1月	2月	3月	4月	5月
交通和通信	100.7	99.8	99.6	99.9	99.5
交通	101.2	99.9	99.7	100.1	99.5
交通工具	100.0	100.0	100.0	99.9	99.8
小型汽车	99.9	99.9	99.9	100.0	99.7
电动自行车	100.4	100.1	100.1	99.7	99.9
自 行 车	100.0	100.0	100.3	100.0	100.0
其他交通工具	100.0	100.1	99.9	99.8	100.0
交通工具用燃料	104.0	100.0	99.4	98.6	99.2
汽　　油	104.2	99.9	99.4	98.6	99.3
柴　　油	104.2	100.3	99.3	98.5	98.9
其他车用能源	100.2	100.0	100.0	100.0	100.0
交通工具使用和维修	100.4	100.0	99.7	100.2	99.9
停 车 费	101.7	100.7	100.0	100.0	100.0
车辆使用费	100.4	99.7	100.1	100.1	100.8
交通工具零配件	100.0	100.1	100.0	99.9	99.9
车辆修理与保养	100.4	100.0	99.7	100.2	99.9
交通费	101.5	99.4	99.7	101.9	99.1
市内公共交通	100.9	99.1	100.0	100.0	100.0
出租汽车	101.3	98.2	99.9	100.0	100.0
飞 机 票	103.1	89.9	109.3	120.5	92.5
火 车 票	100.0	100.0	100.0	100.0	100.0
长途汽车	102.8	101.0	97.2	99.7	99.7
其他交通费	100.8	101.5	98.5	100.0	100.0
通信	99.8	99.6	99.4	99.7	99.5
通信工具	99.5	98.8	98.8	98.8	98.8
固定电话机	100.0	100.0	100.0	100.0	100.0
移动电话机	99.5	98.7	98.7	98.7	98.8
通信工具零配件	100.0	100.0	100.0	99.9	100.0
通信服务	99.9	100.0	99.6	100.0	99.7
固定电话费	100.0	100.0	100.0	100.0	100.0
移动通信费	100.0	100.0	99.4	100.0	100.0
上 网 费	99.4	100.0	100.0	100.0	98.3
其他通信服务	100.0	100.0	100.0	99.7	100.0
邮递服务	100.0	100.0	99.9	100.0	100.1
邮政邮寄	100.0	100.0	100.0	100.0	100.4
快递服务	100.0	100.0	99.9	100.0	100.0
教育文化和娱乐	100.9	99.7	100.0	100.2	100.1
教育	99.9	100.2	100.2	100.2	100.1
教育用品	100.0	100.0	100.1	100.0	100.0
工 具 书	100.1	100.0	100.1	100.0	100.0
教　　材	100.0	100.0	100.0	100.0	100.0
参考资料	100.1	100.0	100.1	100.0	100.1
其他教育用品	98.2	99.9	100.0	99.9	100.1
教育服务	99.9	100.2	100.2	100.2	100.1

6月	7月	8月	9月	10月	11月	12月
100.1	99.8	100.5	100.6	100.4	100.7	100.1
99.6	99.6	100.3	100.7	100.2	101.0	100.4
100.0	100.1	100.0	99.9	100.0	100.2	100.0
99.9	99.8	100.0	99.6	100.0	100.2	100.0
100.2	100.8	99.9	100.4	100.1	100.3	100.1
99.9	100.3	100.0	100.3	99.9	100.0	100.1
100.1	99.7	100.0	100.3	100.1	100.6	99.8
97.8	97.1	102.7	101.0	103.1	103.5	102.1
97.9	97.0	102.8	101.0	103.1	103.5	102.1
97.1	97.0	102.8	101.3	103.7	104.2	102.4
100.0	100.1	100.1	100.0	100.2	100.3	100.6
99.8	100.1	100.0	101.2	100.1	100.1	100.3
100.0	100.0	100.0	100.0	100.0	100.0	100.5
100.1	100.0	100.1	100.5	100.3	100.3	100.0
99.9	100.0	99.8	100.2	100.5	99.9	100.0
99.7	100.1	100.0	101.2	100.1	100.1	100.3
100.5	100.5	99.1	102.0	97.7	100.8	99.8
100.2	100.0	100.0	100.0	100.0	100.2	100.0
100.0	100.0	100.0	100.0	100.0	100.0	100.4
104.7	101.9	92.1	117.0	81.0	107.6	96.2
100.0	100.0	100.0	100.0	100.0	100.0	100.0
100.0	100.1	100.1	100.3	100.0	100.0	100.0
99.9	101.7	100.0	100.6	100.0	100.0	101.1
101.1	100.3	100.7	100.4	100.9	100.2	99.5
103.6	101.0	102.5	101.6	102.9	100.8	98.1
100.0	100.0	100.0	100.0	100.0	100.0	100.0
103.8	101.1	102.7	101.7	103.1	100.8	98.0
99.8	100.2	99.8	100.0	100.1	100.3	100.0
100.1	100.0	100.0	99.9	100.0	100.0	100.0
100.0	100.0	99.7	100.0	100.0	100.0	100.0
100.0	100.0	100.0	100.0	100.0	100.0	100.0
100.7	99.8	100.3	99.7	100.0	99.8	100.0
100.0	100.0	100.0	100.0	100.0	100.0	100.0
99.9	100.0	100.2	100.0	100.0	100.0	100.8
100.0	100.0	100.7	100.0	100.0	100.0	100.0
99.9	100.0	100.0	100.0	100.0	100.0	101.1
100.1	100.2	100.0	101.3	100.2	100.1	100.5
100.1	100.2	100.1	101.8	100.6	100.4	100.4
100.3	100.0	100.2	101.4	100.0	100.0	100.3
100.3	100.1	100.0	100.2	100.0	100.0	100.3
100.0	100.0	100.0	101.4	100.0	100.0	100.0
100.5	100.0	100.3	101.8	100.0	100.0	100.5
100.4	99.0	100.1	99.5	100.1	100.0	99.9
100.1	100.2	100.1	101.9	100.6	100.5	100.4

5-5 续表 6

(上月=100)

类　别	1月	2月	3月	4月	5月
学前教育	100.2	100.8	100.5	100.1	100.1
小学初中教育	99.1	99.4	100.0	100.1	100.1
高中中职教育	100.0	100.9	100.7	100.6	100.6
高等教育	100.0	100.0	100.0	100.0	100.0
课外教育	100.4	100.1	100.1	100.3	100.0
专业技能培训	99.4	100.0	100.2	100.0	100.0
文化娱乐	102.3	98.8	99.6	100.3	100.0
文娱耐用消费品	100.8	101.1	100.5	99.7	100.3
电 视 机	102.7	101.5	99.6	98.4	100.5
照 相 机	100.0	99.8	99.8	100.0	100.0
台式计算机	100.0	101.4	100.8	99.2	100.0
笔记本平板	99.5	101.2	102.4	102.4	99.8
乐　　器	99.9	100.5	100.0	100.2	101.7
音　　响	99.9	100.0	100.1	100.0	99.7
其他文娱耐用消费品	99.9	100.0	100.0	100.0	100.8
其他文娱用品	100.1	100.2	100.1	100.0	100.1
书报杂志	100.5	100.4	100.3	100.0	100.2
纸张文具	100.0	99.8	100.1	100.0	100.3
体育户外用品	100.1	100.1	100.2	99.8	100.0
游戏用品和玩具	99.6	100.4	99.9	100.8	100.0
园艺花卉及用品	100.3	101.0	99.9	100.1	99.9
宠物及用品	100.0	99.8	100.0	100.0	100.0
其他文化娱乐用品	100.0	99.9	100.3	99.8	100.3
文化娱乐服务	100.1	101.0	99.5	100.7	100.0
电 影 票	99.6	100.7	99.6	100.0	101.7
景点门票	100.2	101.6	98.8	101.7	99.6
有线电视	100.0	100.0	100.0	100.0	100.0
健身活动	99.9	100.2	99.2	100.4	100.0
其他文娱服务	100.3	102.0	100.0	100.2	100.0
旅游	109.2	92.2	97.9	101.3	99.5
旅行社收费	109.4	92.1	97.8	101.3	99.6
其他旅游	100.6	100.9	99.9	102.6	97.4
医疗保健	100.3	100.3	100.3	100.8	100.2
药品及医疗器具	100.4	100.7	100.7	101.9	100.4
中药	100.8	101.1	100.6	102.9	100.3
中 药 材	100.7	100.2	101.0	101.5	100.3
中 成 药	100.8	101.4	100.5	103.4	100.3
西药	100.4	100.7	100.6	102.4	100.4
抗微生物药	99.9	100.1	99.7	101.8	100.1
消化系统用药	100.1	100.6	100.2	102.5	100.4
呼吸系统用药	101.2	100.8	100.7	101.8	100.6
解热镇痛药	100.6	100.2	100.4	100.5	99.9
抗肿瘤药	99.7	100.0	100.7	100.6	100.3
激素及影响内分泌药	101.5	100.6	100.3	101.3	100.3

6月	7月	8月	9月	10月	11月	12月
100.2	100.1	100.0	102.8	100.1	100.0	100.0
100.1	100.0	100.2	102.2	100.1	100.0	100.0
100.5	100.5	100.0	105.0	103.2	102.7	102.2
100.0	100.0	100.0	99.9	100.0	100.0	100.0
100.2	100.9	100.2	102.9	100.1	100.1	100.0
99.4	100.4	100.1	100.4	100.5	100.1	100.1
100.1	100.1	99.9	100.5	99.7	99.6	100.6
100.6	99.2	99.6	100.8	99.9	98.7	102.3
102.0	98.1	97.9	101.1	99.2	98.5	101.0
100.0	100.0	100.0	100.0	100.0	100.0	100.0
100.0	100.6	100.2	100.8	100.6	98.2	100.4
99.5	98.2	101.3	101.1	100.0	98.4	110.1
100.1	100.0	100.0	100.1	100.0	100.2	100.0
100.1	100.5	100.0	100.1	99.9	99.9	100.0
100.0	100.0	100.0	100.0	100.0	100.0	100.0
100.0	100.0	100.1	100.1	100.0	100.3	100.1
100.0	100.0	100.2	100.1	100.0	100.4	100.0
100.0	100.3	100.0	100.0	100.3	100.5	100.1
100.2	100.1	99.9	100.1	99.8	100.1	100.1
99.7	99.8	100.6	100.0	100.0	100.3	100.0
100.0	99.8	99.6	100.1	100.0	100.2	100.1
100.0	99.9	100.1	100.8	99.8	100.0	100.0
100.0	100.0	100.0	100.3	100.4	100.0	99.9
99.0	99.5	100.0	100.0	100.3	100.1	99.2
100.0	100.0	100.0	99.6	100.0	100.0	100.0
97.7	98.5	100.0	100.1	100.9	100.3	97.8
100.0	100.0	100.0	100.0	100.0	100.0	100.0
100.6	100.0	99.8	100.0	99.5	100.0	100.0
99.0	100.0	100.0	99.9	100.0	100.0	100.0
100.4	102.4	100.3	100.7	98.5	100.0	100.0
100.4	102.4	100.3	100.7	98.5	100.0	100.0
100.0	102.5	100.1	100.3	100.1	99.1	100.0
100.2	100.2	100.4	104.4	100.9	100.3	100.3
100.6	100.6	100.9	100.1	100.5	100.3	100.8
100.7	100.9	100.6	100.5	100.2	100.5	100.5
101.0	100.5	100.6	100.5	100.8	101.2	100.7
100.6	101.1	100.7	100.5	99.9	100.3	100.5
100.8	100.7	101.3	100.0	100.4	100.2	100.5
100.6	101.1	100.7	99.8	100.3	99.6	100.7
100.4	100.7	102.0	100.0	100.1	100.2	100.6
100.2	100.5	100.3	99.9	99.7	100.2	100.1
99.9	100.6	104.7	100.0	101.4	100.0	100.3
102.0	101.0	100.0	102.2	100.4	100.1	99.9
101.2	101.2	100.5	99.7	100.5	99.8	100.2

5–5 续表 7

(上月＝100)

类　　别	1月	2月	3月	4月	5月
心血管系统用药	100.7	101.7	101.1	107.0	100.4
血液系统用药	100.6	99.8	100.3	100.3	100.2
治疗精神障碍药	100.4	99.8	100.5	101.8	100.6
神经系统用药	100.1	100.9	101.2	100.5	100.7
消毒防腐及创伤外科用药	99.9	100.0	99.5	103.9	101.3
泌尿系统用药	100.5	100.5	100.8	100.4	100.5
维生素、矿物质类药	99.9	100.7	101.6	101.1	101.2
调节水、电解质及酸碱平衡药	100.5	101.8	99.2	99.7	99.9
滋补保健品	100.5	100.7	101.5	100.5	100.7
滋补保健品	100.5	100.7	101.5	100.5	100.7
医疗卫生器具	100.0	100.3	100.2	101.5	100.1
医疗卫生器具	100.0	100.3	100.2	101.5	100.1
保健器具	100.0	100.0	100.0	100.1	100.0
保健器具	100.0	100.0	100.0	100.1	100.0
医疗服务	100.2	100.0	100.1	100.1	100.0
综合医疗类	100.4	100.0	100.2	100.1	100.1
一般医疗服务	100.6	100.0	100.0	100.0	100.0
一般治疗操作	100.3	100.0	100.4	100.2	100.1
护　　理	100.4	100.0	100.4	100.2	100.9
其他综合医疗服务	100.0	100.0	100.0	100.0	100.0
诊断类	100.0	100.0	100.0	100.1	100.0
病理学诊断	100.0	100.0	100.0	100.0	100.0
实验室诊断	100.0	100.0	100.0	100.0	100.0
影像学诊断	100.0	100.0	100.0	100.1	100.0
临床诊断	100.0	100.0	100.0	100.0	100.0
治疗类	100.3	100.0	100.0	100.1	100.0
临床手术治疗	100.4	100.0	100.0	100.0	100.0
临床非手术治疗	100.2	100.0	100.0	100.4	100.0
康复类	100.2	100.3	100.0	100.2	100.0
康复医疗	100.2	100.3	100.0	100.2	100.0
中医医疗服务类	100.3	100.0	100.0	101.8	100.0
中医治疗	100.3	100.0	100.0	101.8	100.0
其他医疗服务	100.0	100.0	100.0	100.0	100.0
其他医疗服务	100.0	100.0	100.0	100.0	100.0
其他用品和服务	100.8	100.6	100.0	101.3	99.3
其他用品类	100.5	101.3	100.0	101.3	99.8
首饰手表	100.6	101.7	100.0	101.7	99.8
金 饰 品	100.7	102.1	100.0	102.1	99.7
银 饰 品	100.2	100.0	99.9	99.9	100.2
铂金饰品	101.5	100.7	99.0	100.0	99.9
手　　表	100.0	99.9	100.0	100.1	100.4
其他杂项用品	100.0	100.0	100.1	100.1	99.9
箱　　包	99.9	100.0	100.0	100.0	100.0
母婴用品	100.0	100.0	100.3	100.1	99.9

6月	7月	8月	9月	10月	11月	12月
100.7	100.7	100.9	99.9	100.7	100.4	101.4
101.5	101.7	104.5	98.9	100.0	100.1	99.7
100.4	100.5	100.2	101.5	100.2	100.6	100.4
100.2	99.9	100.6	100.2	100.5	100.2	100.5
100.3	101.4	100.1	99.8	100.2	101.4	99.9
100.8	99.9	100.4	99.7	100.2	99.8	100.3
103.9	100.3	102.3	100.0	101.5	101.9	99.8
100.2	100.1	100.2	99.8	99.3	100.1	100.0
100.2	100.3	100.4	100.2	100.9	100.4	101.9
100.2	100.3	100.4	100.2	100.9	100.4	101.9
100.1	100.0	100.2	100.0	99.9	100.0	100.6
100.1	100.0	100.2	100.0	99.9	100.0	100.6
100.0	100.2	100.8	100.0	100.1	100.1	100.1
100.0	100.2	100.8	100.0	100.1	100.1	100.1
100.0	100.0	100.0	107.4	101.2	100.3	100.0
100.1	100.0	100.0	112.9	101.4	100.4	100.0
100.2	100.0	100.0	106.9	100.9	100.5	100.0
100.1	100.0	100.0	110.8	100.8	100.2	100.0
100.0	100.0	100.0	154.4	105.8	100.9	100.0
100.0	100.0	100.0	101.9	100.0	100.0	100.0
100.0	100.0	100.0	101.6	100.1	99.9	100.0
100.0	100.0	100.0	110.2	100.3	100.0	100.0
100.0	100.0	100.0	102.9	99.8	100.0	100.0
100.0	100.0	100.0	98.2	100.2	99.9	100.0
100.0	100.0	100.0	106.8	100.1	100.0	100.0
100.0	100.0	100.0	109.0	101.7	100.6	100.0
100.0	100.0	100.0	109.8	101.9	100.7	100.1
100.0	100.0	100.0	106.6	101.3	100.2	100.0
100.0	100.0	100.0	108.1	106.2	100.0	100.0
100.0	100.0	100.0	108.1	106.2	100.0	100.0
100.0	100.0	100.0	105.5	100.9	100.2	100.0
100.0	100.0	100.0	105.5	100.9	100.2	100.0
100.0	100.0	100.0	109.7	100.5	100.0	100.0
100.0	100.0	100.0	109.7	100.5	100.0	100.0
100.0	99.6	100.1	100.7	100.1	100.1	99.9
100.1	99.1	100.0	100.8	99.8	100.2	99.6
100.1	98.7	100.0	101.1	99.7	100.2	99.4
100.2	98.4	100.0	101.2	99.7	100.2	99.2
99.0	99.9	99.9	100.5	100.2	100.4	100.2
99.2	100.3	99.6	100.6	99.2	100.0	99.4
100.3	100.2	100.0	99.9	99.8	100.2	100.4
99.9	100.1	100.0	100.0	100.0	100.1	100.4
100.0	99.9	100.1	100.0	100.0	100.4	100.0
100.0	100.2	100.0	100.0	100.0	99.9	100.7

5-5　续表 8

(上月=100)

类　别	1月	2月	3月	4月	5月
眼　镜	100.0	99.9	99.7	100.2	100.1
其他服务类	101.1	100.1	99.9	101.3	98.9
旅馆住宿	100.4	99.9	100.6	114.6	88.8
宾馆住宿	100.5	99.5	100.3	115.8	86.2
其他住宿	100.4	100.1	100.8	113.9	90.3
美容美发洗浴	101.9	100.3	99.6	99.9	99.8
美　容	100.1	100.7	100.1	100.0	99.5
美　发	101.8	100.0	99.9	99.9	100.0
洗　浴	103.6	100.3	99.0	99.9	99.7
养老服务	100.3	100.0	100.3	100.3	100.3
养老服务	100.3	100.0	100.3	100.3	100.3
金融保险	100.8	99.9	100.0	100.5	99.8
金融服务	99.9	100.0	100.0	101.8	100.0
车辆保险	100.3	99.8	100.0	100.2	99.7
旅行保险	100.0	100.3	100.0	100.0	100.0
其他保险	106.1	100.0	100.0	100.0	100.0
其他服务类	100.0	100.0	99.9	100.0	99.9
中介服务	100.1	100.0	99.9	100.0	99.9
其他服务	100.0	100.0	100.0	100.0	100.0

6月	7月	8月	9月	10月	11月	12月
99.8	100.3	100.0	100.1	100.2	100.1	100.2
99.9	100.1	100.2	100.6	100.3	100.1	100.1
98.8	99.6	101.5	99.5	101.4	98.2	99.7
100.4	98.8	100.3	100.1	100.3	98.8	99.9
97.9	100.0	102.2	99.2	102.0	97.8	99.6
99.8	100.0	100.0	100.0	100.6	100.5	100.3
99.8	100.0	100.1	100.0	100.0	100.3	100.0
99.9	100.1	100.1	100.0	100.4	100.5	100.0
99.6	100.0	100.0	99.9	101.4	100.7	100.8
100.6	100.4	100.9	100.7	100.0	100.2	100.2
100.6	100.4	100.9	100.7	100.0	100.2	100.2
100.0	100.0	100.0	101.9	99.9	100.0	100.0
100.0	100.0	100.0	109.3	100.0	100.0	100.0
100.0	100.0	100.0	100.0	100.0	100.0	100.0
100.0	100.0	100.0	100.0	100.0	100.0	100.0
100.0	100.1	100.0	100.0	99.2	100.3	100.0
100.0	100.3	100.0	100.0	100.0	100.0	100.5
100.0	100.6	100.0	100.0	100.0	100.0	101.0
100.0	100.0	100.0	100.0	100.0	100.0	100.0

5-6 城市居民消费

(上年同月＝100)

类　　别	年平均	1月	2月	3月	4月	5月
总 指 数	**101.5**	**102.4**	**100.6**	**100.5**	**100.7**	**100.9**
食品烟酒	98.9	102.1	97.1	96.8	97.3	98.3
食品	97.3	102.3	94.8	94.3	94.9	96.4
粮食	102.3	101.0	100.9	101.6	102.2	102.7
薯类	98.4	111.7	100.3	97.8	90.5	85.1
豆类	99.8	99.7	99.7	99.8	99.6	100.1
食用油	102.0	102.9	103.5	102.4	102.7	102.4
菜	91.8	108.9	79.7	74.1	78.9	91.4
畜肉类	93.4	106.0	97.6	98.0	94.8	90.6
禽肉类	96.6	100.0	95.8	93.0	93.9	93.8
水产品	105.9	104.9	104.6	105.3	107.8	109.5
蛋类	94.3	86.7	79.1	85.5	83.4	78.8
奶类	98.5	98.1	98.4	98.0	97.7	98.1
干鲜瓜果类	100.0	99.1	99.8	100.7	102.5	108.7
糖果糕点类	102.2	102.3	102.7	102.3	101.5	101.5
调味品	101.8	101.3	102.7	101.8	101.3	101.5
其他食品类	99.9	98.6	100.7	99.5	100.4	100.2
茶及饮料	100.9	99.7	101.9	100.3	100.3	100.2
茶　　叶	100.4	101.0	100.7	100.0	100.1	100.5
固体咖啡	100.3	100.0	100.5	100.3	100.0	100.2
其他固体饮料	101.5	99.7	99.8	101.1	100.6	100.4
饮 用 水	99.4	99.2	98.4	98.3	97.0	97.6
果汁饮料	106.3	101.2	104.2	106.1	106.4	105.2
其他液体饮料	99.4	97.7	103.0	98.6	98.5	98.4
烟酒	102.5	101.1	101.5	101.7	102.0	102.2
烟草	99.7	99.5	99.6	99.5	99.5	99.6
酒类	104.7	102.3	103.0	103.3	103.9	104.2
在外餐饮	101.7	102.0	102.0	102.0	102.0	101.8
正　　餐	100.5	101.2	101.0	100.8	100.5	100.1
快　　餐	101.3	101.5	101.1	101.1	101.6	101.6
地方小吃	104.7	104.4	105.0	105.5	105.6	105.1
其他在外餐饮	104.1	104.1	105.1	105.2	105.4	105.2
衣着	101.3	101.1	101.2	101.5	101.5	101.7
服装	101.2	101.0	100.9	101.3	101.2	101.4
男式服装	100.9	100.5	100.3	100.5	100.5	101.0
女式服装	101.1	101.2	101.2	101.5	101.4	101.4
儿童服装	102.3	101.4	101.4	102.3	102.0	102.5
服装材料	102.0	102.3	102.2	102.2	102.4	102.7
其他衣着及配件	101.2	100.6	101.0	101.3	101.4	101.2
衣着加工服务费	108.8	110.8	111.0	111.1	111.1	110.9
鞋类	101.0	100.7	101.0	101.4	101.5	101.5

价格分月指数(2017年)

6月	7月	8月	9月	10月	11月	12月
101.1	**101.0**	**101.4**	**101.9**	**102.1**	**102.3**	**102.5**
98.9	98.7	99.6	99.0	99.5	99.5	100.2
97.4	97.1	98.4	97.3	98.2	98.1	99.1
102.7	102.6	102.8	103.0	102.8	102.7	102.5
84.3	91.6	100.5	110.3	114.8	105.1	104.5
99.9	99.9	99.9	99.8	99.7	99.9	100.0
102.4	101.5	101.0	101.2	101.5	101.9	101.4
104.3	105.5	107.0	97.4	97.8	90.2	87.5
86.8	88.1	89.3	89.9	91.9	94.2	94.9
94.1	95.4	96.9	97.5	98.4	99.2	101.0
108.4	106.9	106.1	104.8	104.4	104.5	103.8
91.0	92.8	105.9	103.9	101.8	107.2	116.3
98.2	97.8	98.0	99.3	99.4	99.4	99.9
107.1	98.7	95.2	92.8	95.5	96.8	103.0
101.7	101.8	101.9	102.4	102.5	102.8	103.0
101.6	101.6	101.1	101.4	102.0	102.7	103.0
99.6	99.8	99.6	99.8	99.9	100.3	100.0
100.9	101.2	100.9	100.8	101.1	101.6	101.6
100.8	100.9	100.2	100.2	100.3	100.2	100.3
100.8	100.1	100.0	100.2	100.6	100.4	100.5
100.6	100.8	103.0	102.4	103.1	103.2	103.5
98.4	98.5	99.9	101.0	100.1	102.0	102.3
107.8	108.2	107.5	106.8	107.3	107.2	107.2
98.8	99.2	99.0	99.0	99.6	100.7	100.7
102.3	102.4	102.8	103.5	103.7	103.7	103.3
99.7	99.8	99.7	99.9	100.0	99.7	99.6
104.3	104.5	105.2	106.2	106.5	106.8	106.1
101.5	101.3	101.3	101.6	101.6	101.6	101.8
99.9	99.9	99.8	100.2	100.5	100.7	101.1
101.4	101.1	101.3	101.6	101.2	101.0	101.2
104.9	104.6	104.3	104.4	104.4	104.3	104.4
104.2	103.7	103.7	103.6	103.6	103.2	102.6
101.6	101.6	101.4	101.2	101.1	101.1	101.1
101.4	101.5	101.4	101.1	101.0	101.1	101.1
101.1	101.3	101.1	101.0	101.1	101.3	101.4
101.2	101.2	101.1	100.8	100.6	100.5	100.6
102.8	102.9	103.0	102.6	102.2	102.4	102.4
102.6	102.4	102.2	102.2	101.4	100.8	101.2
101.2	101.2	100.9	101.3	101.3	101.1	101.2
110.4	109.2	108.1	108.1	106.6	104.5	104.6
101.2	101.3	100.8	100.7	100.6	100.6	100.8

5-6 续表

(上年同月=100)

类　　别	年平均	1月	2月	3月	4月	5月
居住	103.3	103.7	103.7	103.4	103.3	103.0
租赁房房租	102.9	104.0	103.6	103.6	103.1	103.1
住房保养维修及管理	103.5	102.7	103.8	103.7	103.7	102.8
水电燃料	104.0	103.1	103.2	103.3	103.3	103.2
自有住房	103.1	104.2	103.8	103.4	103.2	103.0
生活用品及服务	101.4	100.6	101.0	100.8	100.5	100.6
家具及室内装饰品	100.9	100.4	100.4	100.8	101.0	100.6
家用器具	102.4	98.1	100.1	99.3	99.0	99.7
家用纺织品	100.1	100.1	100.2	100.1	100.2	100.0
家庭日用杂品	100.2	100.5	100.5	100.4	100.1	100.4
个人护理用品	101.2	101.7	101.7	101.6	101.2	100.8
家庭服务	105.6	108.5	108.0	106.6	105.4	105.4
交通和通信	100.2	100.6	99.7	99.7	99.9	99.3
交通	102.1	103.4	102.4	103.1	103.3	102.1
交通工具	98.6	98.4	98.4	98.3	98.3	98.1
交通工具用燃料	112.4	120.0	121.3	120.5	118.5	113.6
交通工具使用和维修	100.4	100.7	99.8	100.4	100.5	100.5
交通费	101.4	100.9	95.4	99.2	102.4	101.1
通信	96.8	95.7	95.0	94.0	94.2	94.4
通信工具	91.5	88.2	85.8	83.0	83.5	85.0
通信服务	99.0	98.9	98.9	98.8	98.8	98.3
邮递服务	100.2	100.0	100.0	100.0	100.0	100.2
教育文化和娱乐	102.5	102.5	101.9	102.2	102.0	102.5
教育	103.1	102.2	102.4	102.8	103.0	103.2
教育服务	103.2	102.2	102.4	102.9	103.2	103.4
文化娱乐	101.7	102.9	101.3	101.5	100.7	101.6
医疗保健	107.2	104.8	104.9	104.6	105.4	104.9
药品及医疗器具	108.0	107.8	108.0	107.4	109.0	108.9
中药	108.6	106.6	106.7	106.4	109.2	109.4
西药	109.4	109.2	109.5	108.6	111.2	110.6
医疗服务	106.6	102.7	102.7	102.7	102.9	102.1
其他用品和服务	102.7	105.5	104.8	103.8	104.5	103.2
其他用品类	103.0	109.7	108.3	105.2	106.8	104.3
首饰手表	103.6	112.3	110.4	106.3	108.3	105.1
其他杂项用品	100.8	100.7	100.9	100.9	101.2	101.0
其他服务类	102.5	102.9	102.5	102.8	103.0	102.4
旅馆住宿	101.8	100.7	100.6	101.8	102.5	101.9
美容美发洗浴	103.3	105.8	104.7	105.1	104.3	103.6
养老服务	105.5	104.6	104.6	104.9	105.6	105.4
金融保险	100.8	99.3	99.4	99.4	100.5	100.1
其他服务类	100.6	101.2	101.2	100.9	100.9	100.7

6月	7月	8月	9月	10月	11月	12月
102.9	103.2	103.3	103.5	103.2	103.3	103.4
103.0	102.7	101.9	102.2	102.2	102.5	102.5
103.0	103.4	103.6	103.9	103.5	103.5	104.3
103.1	103.6	106.1	106.0	104.7	104.4	104.1
102.8	103.1	102.3	102.5	102.7	102.9	103.0
101.0	101.5	102.0	102.0	102.0	101.9	102.4
100.6	100.4	100.8	101.3	101.7	101.9	101.5
101.9	104.3	106.0	105.6	105.1	104.6	105.4
99.9	99.8	99.8	100.0	99.9	100.2	100.6
100.1	100.0	100.3	100.0	100.0	100.1	100.6
100.9	100.9	100.9	100.7	100.9	101.2	102.0
104.8	104.0	104.3	105.4	105.3	105.1	104.9
98.9	98.8	99.7	100.6	101.4	102.1	101.9
100.7	100.4	101.2	101.7	102.3	102.8	102.4
98.0	98.6	98.6	98.2	99.0	99.1	99.9
106.9	104.1	109.9	107.8	110.3	110.0	108.5
99.5	99.5	99.5	100.9	101.0	101.2	101.6
101.8	101.8	99.8	104.3	102.6	105.3	102.0
95.6	95.9	97.1	98.6	99.8	100.9	100.9
88.4	89.1	91.4	96.8	100.7	104.8	105.2
98.5	98.6	99.4	99.3	99.3	99.3	99.3
100.0	100.0	100.4	100.4	100.4	100.4	100.2
102.7	102.7	102.7	102.8	102.4	102.6	102.7
103.3	103.2	103.1	103.3	103.4	103.5	103.6
103.4	103.3	103.2	103.5	103.6	103.6	103.7
101.9	102.0	102.1	102.2	101.1	101.5	101.4
104.7	104.3	104.3	111.3	112.1	112.2	112.2
108.6	108.0	108.4	107.9	107.6	107.1	108.0
109.1	108.9	109.2	109.2	109.8	109.5	109.4
110.2	109.1	110.0	109.2	108.7	108.1	108.4
102.0	101.7	101.3	113.8	115.4	116.0	115.2
102.8	100.5	100.5	101.0	101.8	101.9	102.6
103.8	98.3	98.2	99.2	100.6	100.8	102.8
104.5	97.7	97.6	98.8	100.6	100.8	103.3
101.0	100.9	100.8	100.7	100.7	100.5	100.6
102.2	102.1	102.2	102.3	102.7	102.7	102.4
102.2	101.8	102.1	101.6	102.5	101.9	101.4
103.3	103.2	102.7	101.0	101.7	102.0	101.9
105.0	104.9	106.1	106.9	107.2	106.8	104.6
99.8	99.8	100.2	103.0	102.9	102.9	102.9
100.4	100.2	100.2	100.1	100.1	100.1	100.9

5—7 农村居民消费

（上年同月＝100）

类　别	年平均	1月	2月	3月	4月	5月
总指数	**101.2**	**102.2**	**100.2**	**100.0**	**100.5**	**100.6**
食品烟酒	97.5	101.2	95.5	94.8	95.8	96.3
食品	95.8	101.6	93.5	92.4	93.5	94.0
粮食	101.4	101.6	101.7	101.4	101.6	101.3
薯类	92.9	115.5	106.7	99.7	83.7	79.8
豆类	100.8	101.7	98.1	100.6	101.5	101.3
食用油	99.4	101.4	99.7	99.8	100.3	100.0
菜	89.6	109.6	76.2	68.9	77.2	89.8
畜肉类	90.4	103.8	95.5	93.7	90.5	86.2
禽肉类	95.7	96.0	91.5	87.1	90.8	91.1
水产品	103.3	104.6	101.9	104.0	104.6	103.4
蛋类	91.8	80.9	70.9	79.2	77.1	70.4
奶类	100.3	99.6	100.3	99.6	99.8	99.9
干鲜瓜果类	102.8	101.7	102.1	104.0	110.5	119.2
糖果糕点类	103.1	103.0	102.8	103.0	103.3	103.6
调味品	101.5	102.8	102.4	101.8	101.5	101.1
其他食品类	100.0	100.4	99.9	100.1	99.7	99.3
茶及饮料	101.0	98.6	98.7	99.9	100.2	100.6
茶　叶	102.8	101.9	101.9	101.9	103.7	103.8
固体咖啡	100.0	100.3	100.3	99.7	99.5	99.0
其他固体饮料	100.9	99.7	100.0	100.0	99.9	100.8
饮 用 水	100.2	98.5	98.6	99.0	99.3	100.5
果汁饮料	101.1	98.8	98.7	99.1	100.2	100.5
其他液体饮料	100.4	97.3	97.5	99.4	99.1	99.6
烟酒	99.5	97.8	98.1	98.2	99.2	99.8
烟草	99.0	98.6	98.8	98.6	98.9	99.2
酒类	100.4	96.5	97.0	97.4	99.7	100.7
在外餐饮	103.2	103.3	103.1	103.0	103.6	103.4
正　餐	102.1	103.0	102.5	102.3	102.3	102.2
快　餐	101.6	101.6	101.8	101.8	101.8	101.8
地方小吃	110.1	107.5	108.3	109.0	112.7	111.6
其他在外餐饮	101.6	105.0	102.3	99.7	99.7	99.7
衣着	101.4	100.3	100.1	100.7	101.2	101.4
服装	101.5	100.1	99.9	100.8	101.5	101.6
男式服装	101.6	100.2	100.2	101.1	102.0	102.1
女式服装	101.2	99.9	99.9	100.4	100.9	101.3
儿童服装	102.2	100.6	99.4	101.5	102.0	101.3
服装材料	101.1	100.1	100.1	100.1	100.6	99.8
其他衣着及配件	100.9	100.6	100.6	99.9	100.6	100.9
衣着加工服务费	104.5	105.3	104.4	104.0	103.1	103.3
鞋类	100.8	100.4	100.5	100.0	100.2	100.9

价格分月指数(2017年)

6月	7月	8月	9月	10月	11月	12月
100.8	**100.9**	**101.6**	**101.6**	**102.0**	**101.8**	**102.0**
96.3	96.9	98.4	98.0	99.0	98.9	99.3
94.1	94.8	97.0	96.3	97.7	97.5	98.1
100.7	101.2	101.4	101.7	101.5	101.6	101.6
74.3	84.8	93.7	103.7	106.0	94.7	91.0
101.7	101.4	100.5	99.9	101.1	101.1	101.0
99.2	98.7	98.7	98.8	99.0	98.9	98.6
105.3	105.7	103.9	95.6	97.4	86.8	82.7
81.5	84.2	86.4	87.9	91.2	92.6	93.3
90.1	93.2	99.0	100.9	102.4	103.4	104.5
103.1	103.2	103.2	102.9	102.7	103.2	103.3
86.1	87.3	107.8	105.5	104.0	111.4	122.9
99.7	99.9	100.2	101.5	101.2	101.1	100.7
112.5	101.5	97.7	91.3	94.0	98.1	100.8
103.9	103.6	103.1	103.1	103.1	102.6	102.4
100.5	101.0	101.5	101.9	101.4	101.2	101.3
99.0	99.3	99.7	100.5	100.5	100.5	100.6
101.0	101.1	101.4	102.2	102.8	102.7	102.8
103.7	103.3	103.2	103.0	102.5	102.4	102.2
99.2	99.6	100.4	100.5	100.6	100.4	100.7
100.6	101.1	102.3	102.2	101.7	101.5	101.5
100.3	99.9	100.8	101.0	101.3	101.6	101.6
101.1	101.6	102.1	102.2	102.4	103.0	103.6
100.2	100.3	100.6	102.1	103.2	103.0	103.2
99.6	99.9	100.2	99.9	100.1	100.7	100.9
98.9	98.9	99.0	99.1	99.1	99.4	99.6
100.8	101.6	102.0	101.1	101.9	102.9	103.1
103.1	103.1	103.4	103.5	103.2	103.2	102.8
102.2	102.0	101.7	102.0	101.7	101.8	101.6
101.8	101.2	101.7	101.6	101.5	101.6	101.0
109.7	110.5	111.0	111.2	110.3	110.0	109.5
99.7	102.0	102.0	102.7	102.6	102.2	102.1
101.7	101.8	101.7	102.1	102.2	101.8	101.6
102.0	102.1	102.0	102.4	102.4	101.8	101.5
102.3	102.4	102.1	102.2	101.8	101.3	101.2
101.7	101.9	101.6	101.9	102.1	101.6	101.3
101.9	102.3	103.1	104.1	104.3	103.5	102.6
101.1	101.3	101.8	101.9	102.2	102.4	101.9
101.1	101.0	101.1	101.2	101.1	101.5	101.5
103.2	105.2	104.7	105.0	104.8	105.2	106.3
101.0	100.5	100.5	101.3	101.5	101.4	101.6

5-7 续表 1

(上年同月＝100)

类　　别	年平均	1月	2月	3月	4月	5月
居住	104.2	103.7	103.7	104.0	104.0	104.1
租赁房房租	103.2	104.0	104.2	104.0	103.8	104.0
住房保养维修及管理	104.0	104.0	104.0	104.5	104.5	103.9
水电燃料	106.0	103.3	103.2	104.3	104.9	105.4
自有住房	103.1	103.8	103.8	103.5	103.3	103.4
生活用品及服务	101.7	100.2	100.8	100.4	100.7	100.8
家具及室内装饰品	101.4	101.6	101.6	101.8	101.8	101.2
家用器具	102.7	98.1	100.2	99.0	99.8	100.4
家用纺织品	101.0	100.7	100.8	100.8	101.0	101.0
家庭日用杂品	101.0	100.8	100.7	100.5	100.7	100.9
个人护理用品	100.6	100.7	100.7	100.7	100.5	100.4
家庭服务	103.4	102.4	102.0	101.9	101.8	101.6
交通和通信	100.3	101.2	99.8	100.0	99.9	99.4
交通	102.4	104.1	102.4	103.9	103.5	102.3
交通工具	99.3	99.5	99.5	99.5	99.3	98.8
交通工具用燃料	113.2	121.3	122.2	121.5	119.5	114.8
交通工具使用和维修	101.9	103.2	97.4	102.3	102.3	101.6
交通费	101.0	101.7	97.9	101.5	101.4	101.0
通信	96.8	96.4	95.6	93.7	94.0	94.4
通信工具	91.6	88.4	86.2	83.2	83.8	84.9
通信服务	99.2	100.2	100.2	98.9	98.9	98.9
邮递服务	100.2	100.0	100.0	100.0	100.0	100.0
教育文化和娱乐	103.1	103.6	103.2	102.7	102.4	102.6
教育	103.6	105.1	104.4	103.6	103.0	103.0
教育服务	103.7	105.3	104.5	103.7	103.1	103.1
文化娱乐	101.9	100.3	100.7	100.9	101.0	101.6
医疗保健	105.0	104.3	104.7	104.9	105.2	105.3
药品及医疗器具	112.1	112.0	113.1	113.4	114.2	114.3
中药	112.7	107.6	109.9	109.9	113.1	113.5
西药	113.1	112.7	113.8	114.7	115.2	115.1
医疗服务	101.3	100.5	100.5	100.7	100.8	100.8
其他用品和服务	102.8	105.9	104.4	102.8	104.1	103.5
其他用品类	102.0	106.9	105.4	102.3	104.1	103.1
首饰手表	103.1	110.7	108.5	103.5	106.4	104.8
其他杂项用品	100.0	100.0	99.7	99.8	99.9	99.8
其他服务类	103.9	104.5	103.1	103.5	104.1	104.1
旅馆住宿	100.5	102.9	100.2	100.5	100.5	100.4
美容美发洗浴	107.2	110.1	106.4	107.8	107.7	107.7
养老服务	103.2	103.0	103.0	103.0	103.0	103.0
金融保险	102.4	101.8	101.4	101.3	102.8	102.8
其他服务类	100.3	100.0	100.0	100.0	100.0	100.0

6月	7月	8月	9月	10月	11月	12月
104.2	104.2	105.0	105.0	104.6	103.6	103.6
104.0	103.8	102.6	102.1	102.5	101.7	101.8
103.7	103.8	103.6	104.0	104.2	103.6	104.3
105.7	105.9	109.5	109.5	107.8	106.3	105.9
103.4	103.4	103.0	102.9	102.9	102.0	101.9
101.7	102.3	102.9	102.7	102.5	102.4	102.7
101.5	101.4	101.0	101.2	101.6	101.1	101.2
102.8	104.7	106.7	105.8	104.9	104.7	105.4
101.2	101.0	101.0	101.0	101.0	101.2	101.6
101.0	101.1	101.3	101.4	101.3	101.4	101.3
100.4	100.4	100.4	100.5	100.5	100.7	101.4
102.5	103.8	104.5	104.5	105.4	105.1	105.4
99.2	99.0	99.9	100.5	101.3	101.8	101.7
101.4	100.9	101.8	101.7	102.3	102.4	102.2
99.1	99.2	99.2	98.9	99.4	99.5	99.8
107.8	105.2	110.6	108.3	110.7	110.8	108.6
101.5	102.1	102.5	102.9	102.4	101.8	102.5
101.1	100.6	100.4	101.6	101.5	101.9	101.6
95.5	95.8	96.7	98.4	99.6	100.7	101.0
88.2	89.2	91.6	97.0	100.7	104.5	105.2
98.9	98.9	99.0	99.0	99.0	99.0	99.0
100.0	100.0	100.0	100.0	100.0	100.0	102.1
102.9	103.0	102.7	102.5	103.1	103.8	104.2
103.0	103.1	103.0	102.3	103.4	104.3	105.1
103.1	103.1	103.0	102.3	103.4	104.4	105.2
102.6	102.8	102.2	102.9	102.6	102.6	102.2
105.3	105.2	104.6	105.3	105.7	104.6	104.5
114.2	113.9	111.8	111.7	111.1	108.5	108.3
114.5	116.0	115.2	116.0	113.8	111.3	111.1
114.9	115.3	113.4	113.0	111.8	109.4	109.2
100.8	100.8	100.8	102.1	102.9	102.5	102.5
103.4	101.3	100.9	101.3	101.8	101.8	102.7
103.0	99.4	98.7	99.5	100.3	100.6	102.0
104.8	99.1	98.0	99.2	100.5	100.7	102.6
99.6	99.9	100.1	100.1	100.0	100.4	100.8
103.9	104.2	104.1	103.9	103.9	103.5	103.6
100.5	100.5	99.6	100.0	100.1	100.4	100.6
107.6	107.7	107.6	106.6	106.6	105.3	105.9
101.8	103.2	103.2	104.1	104.1	104.1	103.6
102.8	102.8	102.8	102.8	102.8	102.8	102.8
100.0	100.5	100.5	100.5	100.5	100.5	100.5

5-8 商品零售价格

(上年同月=100)

类　　别	年平均	1月	2月	3月	4月	5月
总指数	**101.3**	**102.1**	**100.7**	**100.2**	**100.6**	**100.8**
食品	98.3	102.4	96.3	95.5	96.3	97.7
粮食	102.1	101.3	101.2	101.7	102.2	102.5
薯类	97.0	112.8	101.2	97.7	88.6	83.7
豆类	99.9	99.9	99.6	99.9	99.9	100.2
食用油	101.5	102.2	102.2	101.5	102.0	101.9
菜	91.5	109.1	79.9	73.8	78.8	90.7
畜肉类	92.8	105.6	97.2	97.0	93.9	89.8
禽肉类	96.4	99.5	95.3	92.1	93.4	93.2
水产品	105.6	104.8	104.2	105.3	107.4	108.5
蛋类	93.7	85.7	77.5	84.4	82.3	77.4
奶类	98.7	98.3	98.7	98.3	98.1	98.4
干鲜瓜果类	100.6	99.6	100.3	101.4	103.6	110.4
糖果糕点类	102.4	102.3	102.7	102.5	101.9	102.0
调味品	101.5	101.7	102.6	101.6	101.1	101.1
其他食品类	99.9	98.9	100.6	99.8	100.4	100.2
在外餐饮	101.9	102.2	102.1	102.0	102.2	102.0
饮料、烟酒	101.6	100.0	100.9	100.6	101.1	101.3
茶及饮料	101.0	99.6	101.7	100.3	100.3	100.4
烟草	99.6	99.3	99.4	99.4	99.4	99.5
酒类	103.6	100.8	101.5	101.8	103.0	103.4
服装、鞋帽	101.1	100.8	100.8	101.1	101.1	101.3
服装	101.2	100.8	100.7	101.2	101.1	101.4
男士服装	101.0	100.4	100.3	100.6	100.8	101.1
女士服装	101.0	100.9	101.0	101.3	101.2	101.3
儿童服装	102.2	101.1	100.9	102.1	101.8	102.1
鞋帽袜	101.0	100.7	101.0	101.1	101.1	101.3
鞋	100.9	100.8	101.0	101.0	101.1	101.3
袜子	100.3	99.6	99.4	100.2	100.6	100.6
帽子	103.0	102.1	103.7	102.7	102.7	102.7
其他衣着配件	100.3	100.7	100.6	100.5	100.5	100.4
纺织品	100.9	101.0	101.1	100.9	101.1	101.0
服装材料	102.1	102.1	102.1	102.1	102.4	102.5
床上用品	100.5	100.7	100.8	100.6	100.8	100.6

分月指数(2017年)

6月	7月	8月	9月	10月	11月	12月
100.9	**100.9**	**101.7**	**101.7**	**102.1**	**102.0**	**102.2**
98.5	98.4	99.3	98.5	99.1	98.8	99.4
102.2	102.2	102.5	102.6	102.5	102.4	102.2
81.9	90.4	99.4	109.1	112.1	102.0	101.2
100.1	99.9	100.0	99.9	99.8	99.9	100.1
101.8	101.1	100.7	100.8	101.1	101.3	100.9
103.8	105.5	106.4	97.1	97.5	89.4	86.7
85.8	87.3	88.8	89.5	91.7	93.9	94.5
93.4	95.0	97.2	98.0	98.9	99.8	101.4
107.7	106.4	105.7	104.4	104.1	104.5	103.9
90.2	91.5	105.9	103.8	102.0	107.6	117.0
98.3	97.9	98.2	99.4	99.4	99.4	99.8
108.3	99.2	95.7	92.8	95.4	97.0	102.7
102.2	102.3	102.2	102.7	102.7	102.9	102.9
101.0	101.1	100.8	101.0	101.4	102.0	102.3
99.5	99.7	99.7	99.9	100.0	100.3	100.0
101.7	101.6	101.7	101.9	101.9	101.9	102.0
101.5	101.8	102.0	102.2	102.5	102.7	102.6
101.0	101.3	101.0	101.1	101.4	101.8	101.9
99.6	99.6	99.7	99.8	99.8	99.7	99.7
103.4	103.8	104.4	104.9	105.3	105.7	105.2
101.3	101.4	101.2	101.2	101.1	101.1	101.1
101.4	101.6	101.4	101.3	101.2	101.2	101.2
101.2	101.5	101.2	101.1	101.2	101.3	101.3
101.2	101.2	101.0	101.0	100.9	100.7	100.7
102.6	102.7	102.9	102.8	102.5	102.7	102.4
101.2	101.1	100.8	100.9	100.9	100.9	101.1
101.1	101.0	100.6	100.7	100.7	100.7	100.9
100.8	100.8	100.3	100.4	100.4	100.4	100.4
102.8	102.7	103.2	103.6	103.4	103.3	103.5
100.3	100.2	100.0	99.9	99.9	100.0	100.1
101.0	100.8	100.7	100.8	100.5	100.6	100.9
102.5	102.3	102.3	102.2	101.8	101.4	101.5
100.5	100.4	100.2	100.3	100.1	100.4	100.8

5-8 续表

(上年同月=100)

类　　别	年平均	1月	2月	3月	4月	5月
家用电器及音像器材	101.1	96.8	99.0	98.3	97.8	99.2
家庭设备	102.5	98.1	100.1	99.2	99.2	99.9
文娱用耐用消费品	100.1	95.3	98.3	97.9	96.8	99.9
专业音像器材	94.4	92.8	92.8	92.8	91.8	91.8
文化办公用品	103.2	101.3	102.1	102.9	103.4	103.3
日用品	100.7	100.5	100.5	100.7	100.6	100.6
日用百货	101.6	101.0	101.0	101.1	101.3	101.3
厨具餐具茶具	101.0	100.9	101.2	101.7	101.3	101.4
清洗用品	99.5	99.9	99.8	99.6	99.2	99.5
其他日用品	100.7	100.0	100.3	100.6	100.7	100.5
体育娱乐用品	100.4	99.7	99.8	100.6	100.4	100.4
体育户外用品	100.1	99.5	99.6	100.9	100.4	100.0
娱乐用品	100.8	100.0	100.1	100.1	100.3	100.9
交通、通信用品	95.7	94.6	93.6	92.5	92.7	93.2
交通运输机械	97.8	97.9	97.8	97.7	97.7	97.4
通信器材	91.6	88.3	86.0	83.1	83.6	85.1
家具	100.8	100.5	100.5	101.0	101.0	100.6
化妆品	101.3	101.7	101.8	101.7	101.3	101.0
金银饰品	103.1	111.3	109.7	105.8	107.2	104.2
中西药品及医疗保健用品	109.2	108.4	108.9	108.4	110.6	110.5
医疗卫生器具	103.9	103.5	103.8	103.0	104.5	104.4
中药	109.7	106.9	107.7	107.4	110.2	110.6
西药	110.1	109.9	110.3	109.7	112.2	111.8
保健器具及用品	106.6	106.9	107.1	107.1	106.2	106.9
书报杂志及电子出版物	102.0	101.6	101.9	102.0	102.0	102.1
教材及参考书	101.9	101.6	101.6	101.6	101.6	101.6
书报杂志	102.9	102.2	102.9	103.3	103.3	103.5
计算机办公软件	100.0	100.0	100.0	100.0	100.0	100.0
燃料	111.4	117.7	117.0	116.3	115.1	112.1
煤炭及制品	118.4	131.0	122.1	119.6	118.9	118.5
石油及制品	109.8	114.9	115.8	115.6	114.2	110.7
建筑材料及五金电料	103.0	102.6	102.6	102.9	103.0	102.7
建筑装璜材料	103.5	102.8	102.9	103.2	103.3	103.0
五金水暖	101.8	102.0	102.0	102.0	102.0	101.9

6月	7月	8月	9月	10月	11月	12月
101.4	102.7	103.4	104.4	103.5	103.7	103.3
102.1	104.4	106.2	105.7	105.0	104.6	105.4
102.6	102.2	101.0	103.0	101.4	103.0	100.2
91.8	91.8	91.8	99.3	99.3	99.3	99.3
103.1	102.7	103.0	103.7	103.7	102.9	105.7
100.5	100.7	100.9	100.9	101.0	101.0	101.0
101.2	101.8	102.1	102.0	102.2	102.1	101.9
101.1	101.1	101.0	100.8	100.7	100.8	100.5
99.3	99.3	99.4	99.4	99.4	99.6	100.1
100.5	100.5	100.6	100.9	101.4	101.4	101.4
100.4	100.4	100.7	100.5	100.4	100.8	101.0
99.9	100.0	100.5	99.8	99.7	100.2	100.6
100.9	101.0	101.1	101.4	101.3	101.4	101.6
94.3	94.8	95.6	97.0	98.9	100.3	101.1
97.3	97.7	97.7	97.0	97.8	97.9	99.0
88.4	89.3	91.6	97.0	101.0	105.0	105.4
100.6	100.4	100.5	100.8	101.1	101.1	101.0
101.0	101.0	101.0	100.8	101.0	101.2	102.0
103.9	97.7	97.3	98.9	100.7	100.5	102.5
110.2	109.7	109.9	109.3	108.8	108.0	108.4
104.0	104.5	103.9	104.2	103.9	102.8	103.8
110.5	110.6	110.7	110.9	110.8	110.1	110.1
111.4	110.6	110.8	109.8	109.0	108.2	108.4
106.8	106.6	106.5	105.8	105.9	105.6	107.7
102.4	102.4	102.4	102.3	101.6	101.7	101.9
102.1	102.0	102.1	101.9	101.9	102.0	102.3
103.5	103.5	103.6	103.6	101.7	102.0	102.0
100.0	100.0	100.0	100.0	100.0	100.0	100.0
107.3	106.1	111.8	110.9	110.4	107.8	106.2
114.4	117.9	130.1	131.3	118.2	105.4	102.6
105.8	103.7	107.9	106.5	108.4	108.4	107.2
102.8	103.1	102.9	103.3	103.3	103.2	103.7
103.1	103.6	103.4	104.1	103.9	103.8	104.4
102.0	101.7	101.5	101.4	101.6	101.6	101.6

5-9 城市商品零售

(上年同月=100)

类　别	年平均	1月	2月	3月	4月	5月
总指数	**101.3**	**102.1**	**100.7**	**100.3**	**100.5**	**100.8**
食品	98.4	102.5	96.4	95.7	96.4	97.9
粮食	102.2	101.1	101.0	101.7	102.3	102.7
薯类	97.8	112.2	100.3	97.7	89.9	84.5
豆类	99.8	99.7	99.8	99.9	99.6	100.0
食用油	102.1	102.7	103.4	102.3	102.6	102.6
菜	91.8	109.1	80.6	74.6	78.9	90.7
畜肉类	93.4	106.0	97.6	97.9	94.8	90.7
禽肉类	96.5	100.3	96.1	93.1	93.8	93.7
水产品	105.9	104.8	104.7	105.5	107.8	109.2
蛋类	94.3	87.0	79.4	85.8	83.6	79.2
奶类	98.6	98.2	98.5	98.2	97.9	98.3
干鲜瓜果类	100.1	99.3	100.0	100.7	102.4	108.8
糖果糕点类	102.2	102.2	102.7	102.4	101.5	101.5
调味品	101.5	101.5	102.7	101.6	101.1	101.2
其他食品类	99.9	98.8	100.7	99.7	100.4	100.3
在外餐饮	101.7	102.0	102.0	101.9	102.0	101.8
饮料、烟酒	102.0	100.6	101.7	101.3	101.5	101.5
茶及饮料	101.0	99.7	102.0	100.4	100.3	100.3
烟草	99.7	99.5	99.6	99.5	99.5	99.5
酒类	104.7	102.3	103.1	103.5	104.1	104.3
服装、鞋帽	101.1	100.9	100.9	101.3	101.1	101.3
服装	101.2	100.9	100.9	101.3	101.1	101.3
男士服装	100.9	100.5	100.3	100.5	100.5	101.0
女士服装	101.0	101.2	101.2	101.5	101.3	101.3
儿童服装	102.2	101.2	101.2	102.3	101.8	102.3
鞋帽袜	101.0	100.9	101.3	101.5	101.4	101.4
鞋	100.9	100.9	101.2	101.4	101.4	101.4
袜子	99.8	99.3	99.0	100.2	100.3	100.0
帽子	103.8	102.5	104.5	103.7	103.7	103.7
其他衣着配件	100.3	100.8	100.7	100.6	100.6	100.5
纺织品	100.8	101.2	101.3	101.0	101.2	101.1
服装材料	102.1	102.4	102.4	102.4	102.6	102.9
床上用品	100.5	100.8	100.9	100.6	100.9	100.6

价格分月指数(2017年)

6月	7月	8月	9月	10月	11月	12月
100.9	**100.8**	**101.6**	**101.6**	**101.9**	**101.9**	**102.2**
98.8	98.6	99.4	98.5	99.1	98.8	99.5
102.6	102.4	102.7	102.8	102.7	102.6	102.4
83.6	91.5	100.4	110.1	113.4	103.1	103.2
99.8	99.7	99.8	99.7	99.6	99.7	99.9
102.6	101.7	101.2	101.4	101.7	102.0	101.5
103.6	105.4	106.6	97.2	97.5	89.9	87.4
87.0	88.2	89.4	90.0	91.9	94.2	94.9
94.1	95.3	96.7	97.3	98.2	99.0	100.8
108.3	107.0	106.1	104.7	104.3	104.7	104.1
91.2	92.6	105.5	103.5	101.5	106.9	115.7
98.2	97.8	98.0	99.2	99.3	99.3	99.8
107.3	98.7	95.2	92.8	95.5	96.7	102.9
101.7	101.9	102.0	102.5	102.5	102.9	103.0
101.1	101.2	100.7	100.9	101.5	102.3	102.7
99.5	99.7	99.7	99.8	99.9	100.2	99.9
101.6	101.4	101.4	101.7	101.7	101.6	101.8
101.8	102.0	102.2	102.6	102.8	103.0	102.7
101.0	101.2	100.9	100.9	101.2	101.7	101.7
99.7	99.8	99.8	99.9	100.0	99.7	99.7
104.3	104.4	105.2	106.2	106.4	106.7	106.0
101.3	101.4	101.2	101.0	100.9	101.0	101.0
101.4	101.5	101.3	101.1	101.0	101.1	101.1
101.0	101.3	101.1	100.8	101.0	101.2	101.3
101.1	101.1	101.0	100.7	100.6	100.5	100.5
102.7	102.8	102.9	102.6	102.2	102.5	102.4
101.1	101.2	100.8	100.7	100.6	100.6	100.8
101.0	101.1	100.6	100.5	100.4	100.4	100.6
100.1	100.4	99.6	99.8	99.8	99.8	99.9
103.7	103.5	103.9	104.4	104.1	103.7	103.9
100.4	100.2	100.0	99.9	100.0	100.0	100.1
100.9	100.8	100.6	100.6	100.3	100.4	100.7
102.7	102.3	102.2	102.2	101.5	101.0	101.2
100.4	100.3	100.1	100.2	99.9	100.2	100.5

5-9 续表

(上年同月=100)

类　别	年平均	1月	2月	3月	4月	5月
家用电器及音像器材	100.9	96.8	98.9	98.3	97.7	99.1
家庭设备	102.4	98.1	100.1	99.2	99.0	99.7
文娱用耐用消费品	100.1	95.6	98.5	98.1	97.0	100.0
专业音像器材	94.4	92.8	92.8	92.8	91.7	91.7
文化办公用品	103.0	100.9	101.7	102.6	103.2	103.0
日用品	100.8	100.6	100.7	100.8	100.6	100.6
日用百货	101.9	101.5	101.6	101.7	101.6	101.5
厨具餐具茶具	101.0	100.9	101.2	101.7	101.2	101.4
清洗用品	99.5	99.8	99.7	99.6	99.1	99.4
其他日用品	100.8	100.0	100.3	100.6	100.8	100.6
体育娱乐用品	100.5	99.7	99.9	100.7	100.5	100.5
体育户外用品	100.1	99.6	99.7	101.1	100.6	100.0
娱乐用品	100.9	99.9	100.1	100.1	100.3	101.0
交通、通信用品	95.7	94.7	93.8	92.7	92.9	93.3
交通运输机械	97.7	97.8	97.7	97.6	97.6	97.4
通信器材	91.7	88.3	85.9	83.1	83.6	85.1
家具	100.6	100.3	100.3	100.8	100.9	100.5
化妆品	101.4	101.9	101.9	101.8	101.5	101.1
金银饰品	103.2	111.4	110.0	106.1	107.4	104.2
中西药品及医疗保健用品	108.5	107.8	108.1	107.4	109.7	109.6
医疗卫生器具	103.8	103.4	103.8	102.9	104.4	104.3
中药	109.0	106.6	106.9	106.6	109.5	109.9
西药	109.3	109.1	109.3	108.4	111.3	110.8
保健器具及用品	106.6	106.9	107.1	107.1	106.1	106.9
书报杂志及电子出版物	102.1	101.7	102.0	102.2	102.2	102.3
教材及参考书	101.9	101.6	101.6	101.6	101.6	101.6
书报杂志	103.1	102.4	103.1	103.6	103.6	103.8
计算机办公软件	100.0	100.0	100.0	100.0	100.0	100.0
燃料	111.5	117.8	117.0	116.6	115.2	112.1
煤炭及制品	120.5	134.0	123.8	123.0	121.5	121.5
石油及制品	109.6	114.7	115.6	115.3	113.9	110.4
建筑材料及五金电料	102.4	102.2	102.2	102.4	102.5	102.2
建筑装璜材料	102.8	102.3	102.3	102.5	102.7	102.3
五金水暖	101.7	101.9	101.9	102.0	101.9	101.8

6月	7月	8月	9月	10月	11月	12月
101.2	102.4	103.0	104.2	103.3	103.6	103.2
101.9	104.4	106.0	105.6	105.1	104.6	105.4
102.5	102.1	101.0	103.0	101.3	103.0	100.2
91.7	91.7	91.7	99.3	99.3	99.3	99.3
102.8	102.4	102.8	103.6	103.7	102.9	106.1
100.5	100.7	100.9	100.8	101.0	101.0	101.0
101.2	102.0	102.5	102.3	102.5	102.3	102.0
101.0	101.0	101.0	100.7	100.5	100.7	100.4
99.3	99.2	99.4	99.4	99.5	99.6	100.2
100.7	100.5	100.6	100.9	101.5	101.5	101.4
100.4	100.5	100.8	100.6	100.4	100.8	101.1
99.9	100.0	100.5	99.8	99.6	100.2	100.6
101.0	101.0	101.2	101.6	101.4	101.6	101.8
94.4	94.9	95.6	97.0	98.8	100.1	100.9
97.2	97.6	97.6	97.0	97.8	97.9	98.9
88.5	89.3	91.6	97.0	101.0	105.1	105.4
100.4	100.1	100.3	100.6	100.8	101.0	100.7
101.0	101.1	101.0	100.9	101.1	101.3	102.1
103.8	97.5	97.3	98.8	100.7	100.6	102.5
109.3	108.5	109.1	108.3	108.1	107.6	108.1
103.9	104.5	104.0	104.3	104.0	102.9	103.9
109.5	109.3	109.7	109.7	110.1	109.8	109.7
110.4	109.2	110.0	108.8	108.2	107.7	108.0
106.8	106.6	106.6	105.9	105.8	105.7	108.1
102.6	102.5	102.6	102.4	101.6	101.7	101.9
102.2	102.1	102.2	101.9	101.9	101.9	102.2
103.8	103.8	103.8	103.8	101.8	102.1	102.0
100.0	100.0	100.0	100.0	100.0	100.0	100.0
107.3	106.0	111.8	110.9	110.2	107.9	106.5
117.0	120.2	133.2	134.5	118.2	106.3	103.5
105.5	103.4	107.8	106.4	108.3	108.3	107.2
102.2	102.6	102.4	102.8	102.5	102.4	102.8
102.4	103.1	102.9	103.5	103.0	102.9	103.5
102.0	101.7	101.3	101.2	101.3	101.4	101.3

5-10 农村商品零售

(上年同月=100)

类别	年平均	1月	2月	3月	4月	5月
总指数	**101.6**	**102.1**	**100.5**	**100.1**	**100.8**	**101.0**
食品	97.8	101.9	95.6	94.8	96.1	96.8
粮食	101.7	101.9	101.9	101.6	101.9	101.6
薯类	92.9	115.8	106.0	97.5	82.9	80.2
豆类	101.1	101.4	98.3	100.4	101.7	101.5
食用油	99.6	101.1	99.1	99.3	100.5	100.3
菜	89.8	109.4	76.1	69.4	78.2	90.6
畜肉类	90.2	104.0	95.7	93.4	90.2	85.8
禽肉类	96.0	96.2	92.0	87.6	91.4	91.3
水产品	103.1	104.6	101.3	104.2	105.1	103.7
蛋类	91.6	81.2	71.2	79.5	77.3	70.9
奶类	99.9	99.1	99.8	99.2	99.5	99.3
干鲜瓜果类	103.9	102.0	102.5	105.3	111.5	120.9
糖果糕点类	103.1	102.7	102.5	102.8	103.2	103.4
调味品	101.3	102.7	102.2	101.7	101.3	100.8
其他食品类	100.2	100.3	100.1	100.7	100.4	99.9
在外餐饮	102.7	102.9	102.6	102.5	102.9	102.7
饮料、烟酒	100.2	97.7	98.0	98.2	99.7	100.4
茶及饮料	101.4	98.3	98.5	99.4	100.3	100.8
烟草	99.2	98.8	99.0	98.9	99.2	99.5
酒类	100.5	96.8	97.2	97.5	99.9	100.9
服装、鞋帽	101.3	100.2	100.0	100.4	101.0	101.3
服装	101.5	100.0	99.8	100.7	101.4	101.5
男士服装	101.7	100.1	100.1	101.1	102.1	102.1
女士服装	101.2	99.8	99.7	100.1	100.7	101.2
儿童服装	102.1	100.8	99.8	101.4	101.9	101.1
鞋帽袜	100.9	100.4	100.4	99.9	100.3	100.9
鞋	100.9	100.4	100.5	100.0	100.2	100.9
袜子	101.2	100.2	100.2	100.2	101.2	101.8
帽子	100.0	100.5	100.5	98.8	98.8	98.8
其他衣着配件	100.0	100.0	100.0	99.9	100.0	100.0
纺织品	101.0	100.6	100.7	100.6	100.9	100.8
服装材料	102.0	101.3	101.3	101.3	101.7	101.0
床上用品	100.7	100.5	100.6	100.5	100.7	100.7

价格分月指数(2017年)

6月	7月	8月	9月	10月	11月	12月
101.0	**101.3**	**102.1**	**102.3**	**102.8**	**102.4**	**102.5**
96.9	97.3	98.9	98.4	99.2	98.9	99.1
100.9	101.4	101.7	101.9	101.8	101.8	101.6
74.0	85.1	94.6	104.1	105.9	96.4	91.5
101.9	101.7	101.2	100.7	101.5	101.5	101.3
99.7	99.3	99.2	99.2	99.4	99.3	99.1
105.1	106.1	104.7	96.2	97.4	86.2	82.5
81.2	83.7	86.2	87.8	91.2	92.5	92.8
90.3	93.7	99.3	101.2	102.5	103.2	104.2
103.1	102.6	102.6	102.4	102.1	103.1	102.7
86.2	87.4	107.3	105.1	103.7	110.4	121.6
99.3	99.5	99.8	100.9	100.8	100.8	100.4
114.3	102.6	98.9	92.7	94.8	99.0	101.4
103.8	103.6	103.0	103.3	103.2	103.0	102.8
100.3	100.7	101.1	101.4	101.0	101.0	101.1
99.3	99.7	100.0	100.5	100.5	100.5	100.8
102.5	102.7	102.9	103.1	102.8	102.8	102.5
100.3	100.9	101.1	100.7	101.3	101.9	102.0
101.4	101.5	101.9	103.0	103.8	103.8	103.8
99.1	99.1	99.3	99.3	99.3	99.6	99.7
100.9	101.9	102.2	101.1	102.1	103.0	103.1
101.6	101.6	101.5	102.1	102.2	101.8	101.6
101.9	102.0	101.9	102.5	102.6	102.0	101.6
102.4	102.4	102.2	102.5	102.1	101.5	101.5
101.6	101.7	101.4	102.1	102.4	101.8	101.4
101.7	102.1	102.7	103.8	104.1	103.4	102.5
101.2	100.7	100.7	101.5	101.6	101.6	101.8
101.2	100.6	100.6	101.5	101.7	101.7	101.9
101.9	101.5	101.4	101.6	101.5	101.4	101.2
99.2	99.5	100.4	100.3	100.3	101.5	102.0
100.0	100.2	100.0	100.0	99.7	100.4	100.3
101.1	101.0	101.0	101.1	101.1	101.3	101.5
102.1	102.3	102.7	102.4	102.6	102.8	102.2
100.9	100.7	100.6	100.7	100.8	100.9	101.4

5-10 续表

(上年同月=100)

类　别	年平均	1月	2月	3月	4月	5月
家用电器及音像器材	101.7	96.8	99.1	98.2	98.5	99.8
家庭设备	102.6	98.0	100.1	98.9	99.7	100.3
文娱用耐用消费品	99.7	93.6	96.8	96.7	95.4	99.1
专业音像器材	94.9	93.1	93.1	93.1	92.4	92.4
文化办公用品	104.1	103.3	104.1	104.8	104.8	104.8
日用品	100.7	100.1	99.9	100.1	100.5	100.6
日用百货	100.9	99.8	99.7	100.0	100.7	100.8
厨具餐具茶具	101.5	100.9	101.2	101.3	101.4	101.3
清洗用品	99.7	100.4	99.9	99.7	99.5	99.8
其他日用品	100.5	100.2	100.2	100.3	100.4	100.2
体育娱乐用品	100.0	99.8	99.6	99.6	99.7	99.9
体育户外用品	99.7	98.9	98.8	99.0	99.1	99.7
娱乐用品	100.2	100.5	100.3	100.2	100.2	100.2
交通、通信用品	95.3	94.0	92.9	91.5	91.8	92.2
交通运输机械	98.2	98.2	98.1	98.2	98.1	97.9
通信器材	91.6	88.6	86.4	83.3	83.9	84.9
家具	101.7	101.8	101.7	101.8	101.7	101.2
化妆品	100.5	100.6	100.6	100.7	100.4	100.3
金银饰品	102.7	110.4	107.9	103.2	106.1	104.5
中西药品及医疗保健用品	113.0	111.5	113.0	113.4	114.6	114.6
医疗卫生器具	104.0	105.3	105.3	105.4	106.2	106.2
中药	112.9	108.3	111.0	110.7	113.1	113.5
西药	114.0	113.4	114.6	115.4	116.1	115.9
保健器具及用品	106.4	106.9	107.7	107.2	107.6	107.6
书报杂志及电子出版物	101.2	100.8	100.9	100.9	100.9	100.9
教材及参考书	101.7	101.2	101.2	101.2	101.2	101.2
书报杂志	101.0	100.7	100.9	100.9	100.9	100.9
计算机办公软件	100.0	100.0	100.0	100.0	100.0	100.0
燃料	111.3	117.6	116.8	115.0	114.7	112.1
煤炭及制品	112.5	122.7	117.0	109.9	111.7	110.3
石油及制品	110.8	115.8	116.7	116.8	115.8	112.8
建筑材料及五金电料	104.8	104.0	104.0	104.5	104.6	104.5
建筑装璜材料	105.3	104.4	104.2	105.0	105.0	105.0
五金水暖	102.5	102.3	102.4	102.0	102.4	101.9

6月	7月	8月	9月	10月	11月	12月
102.4	103.9	105.1	105.1	104.0	104.1	104.1
102.7	104.7	106.7	105.8	104.9	104.6	105.4
103.3	102.9	101.6	103.3	101.8	103.1	100.4
92.4	92.4	92.4	99.7	99.7	99.7	99.7
104.4	104.3	104.0	103.9	103.8	102.6	104.0
100.7	100.8	100.9	101.0	101.0	101.2	101.1
101.2	101.3	101.3	101.5	101.5	101.7	101.6
101.4	101.5	101.7	102.0	101.9	101.8	101.6
99.7	99.7	99.7	99.4	99.2	99.5	99.3
100.0	100.2	100.4	100.6	100.7	101.2	101.4
100.1	100.2	100.1	100.1	100.1	100.1	100.4
100.0	99.9	100.1	100.2	100.0	100.2	100.7
100.3	100.4	100.0	100.1	100.3	100.1	100.2
93.7	94.3	95.3	97.3	99.3	100.9	101.8
97.9	98.2	98.2	97.6	98.3	98.3	99.4
88.2	89.2	91.6	97.0	100.7	104.4	105.2
101.5	101.5	101.5	101.7	102.3	101.6	101.9
100.3	100.3	100.4	100.4	100.5	100.6	101.2
104.1	98.8	97.1	99.0	100.4	100.5	102.5
115.0	115.7	113.8	113.8	112.1	109.9	109.6
106.2	105.9	102.1	101.8	102.2	100.9	100.9
114.5	116.0	115.2	116.1	113.8	111.4	111.4
116.1	116.8	114.3	113.9	112.3	109.9	109.7
107.3	106.2	106.0	105.4	105.9	104.7	104.4
100.8	100.8	101.2	101.6	101.6	101.8	101.8
101.2	101.1	101.7	102.6	102.6	102.7	102.7
100.7	100.7	101.1	101.0	101.0	101.4	101.4
100.0	100.0	100.0	100.0	100.0	100.0	100.0
107.2	106.5	111.9	110.9	111.5	107.3	105.2
107.0	111.5	121.2	122.6	118.3	103.0	99.8
107.2	104.8	108.7	106.9	108.9	109.1	107.4
104.5	104.5	104.4	105.2	105.8	105.7	106.4
105.0	105.0	104.7	105.6	106.3	106.1	106.9
101.9	101.9	102.3	102.9	103.2	103.1	103.8

5-11 农业生产资料

(上年同月=100)

类 别	年平均	1月	2月	3月	4月	5月
总指数	**99.7**	**99.9**	**99.9**	**99.3**	**99.3**	**98.3**
农用手工工具	104.3	104.2	105.1	105.1	105.3	102.9
农用手工工具	104.3	104.2	105.1	105.1	105.3	102.9
饲料	100.4	99.2	98.1	100.8	102.8	101.6
混合饲料	99.3	100.5	99.0	101.0	102.0	100.4
其他饲料	102.7	96.6	96.0	100.3	104.5	103.9
仔畜幼禽及产品畜	84.3	121.4	109.9	88.1	80.8	72.9
仔 畜	83.5	132.9	120.6	92.1	80.7	71.8
幼 禽	89.7	91.1	76.1	69.1	80.0	76.1
产 品 畜	82.0	98.9	95.2	87.7	83.1	78.9
半机械化农具	102.1	101.1	101.7	101.1	101.1	101.3
半机械化农具	102.1	101.1	101.7	101.1	101.1	101.3
机械化农具	101.3	100.1	100.5	100.9	101.4	101.4
机械化农具	101.3	100.1	100.5	100.9	101.4	101.4
化学肥料	100.7	94.6	97.1	97.9	98.2	98.4
氮 肥	105.1	97.0	101.8	103.7	104.1	104.5
磷 肥	101.8	96.7	99.3	99.1	99.9	99.8
钾 肥	98.2	92.0	94.4	95.2	96.9	97.0
复合肥料	98.3	93.2	94.4	94.7	94.6	94.9
农药及农药器械	100.4	98.6	99.8	100.1	100.4	100.5
化学农药	100.4	98.5	99.8	100.1	100.4	100.5
杀 虫 剂	99.4	97.3	97.5	97.8	98.1	98.1
杀 菌 剂	100.1	99.4	99.6	99.8	100.3	100.3
除 草 剂	102.4	99.0	103.4	103.8	103.8	104.2
生长调节剂	100.6	100.0	100.0	100.0	100.5	100.5
农药器械	100.5	100.0	100.5	100.5	100.5	100.5
农药器械	100.5	100.0	100.5	100.5	100.5	100.5
农机用油	114.5	121.3	122.9	122.2	121.7	117.5
农用柴油	115.2	122.4	124.1	123.4	122.9	118.4
润 滑 油	101.3	101.0	101.5	101.3	101.3	101.3
其他农用生产资料	99.7	97.2	98.0	99.1	99.8	99.8
农用种子	99.2	96.4	97.4	98.5	99.6	99.6
农用薄膜	101.4	99.9	99.9	102.0	100.8	100.8
未列名的其他农用生产资料	101.9	101.0	101.0	101.2	100.8	101.0
农业生产服务	100.6	100.3	100.3	100.3	100.5	101.1
排 灌 费	102.5	100.0	100.0	100.0	100.0	100.0
机械作业费	99.2	99.7	99.7	99.7	99.7	101.0
农业用电	100.0	100.0	100.0	100.0	100.0	100.0
农业用工	104.8	103.6	103.6	103.6	105.0	104.1

价格分月指数(2017年)

6月	7月	8月	9月	10月	11月	12月
97.7	**97.9**	**99.0**	**100.0**	**101.2**	**101.7**	**102.1**
103.8	103.7	103.9	103.6	104.6	104.6	104.6
103.8	103.7	103.9	103.6	104.6	104.6	104.6
99.2	98.0	98.8	100.1	101.9	101.5	102.6
98.1	97.4	98.2	98.1	98.6	98.4	99.6
101.6	99.3	100.2	104.3	109.0	108.0	109.1
70.6	75.1	77.1	78.4	82.2	85.6	85.8
68.3	71.4	72.9	75.9	80.2	81.5	80.1
82.2	98.0	101.3	93.1	93.9	107.0	116.5
74.4	74.5	73.8	74.7	78.7	83.8	84.9
101.8	102.6	103.0	103.4	103.4	102.4	102.1
101.8	102.6	103.0	103.4	103.4	102.4	102.1
101.8	100.8	101.3	101.4	101.2	102.2	102.2
101.8	100.8	101.3	101.4	101.2	102.2	102.2
99.5	100.3	102.2	104.6	105.4	105.7	106.0
104.6	104.6	107.3	108.9	108.9	108.6	108.3
99.1	98.6	99.6	103.7	107.0	108.0	111.2
97.2	99.7	100.2	99.4	100.7	102.7	103.9
97.0	98.3	100.1	103.1	103.6	103.9	103.7
100.6	99.8	101.0	100.2	100.5	101.6	102.4
100.6	99.8	101.0	100.2	100.5	101.6	102.5
98.0	97.4	99.9	100.5	101.2	102.7	104.1
100.9	100.4	100.6	99.0	98.8	100.1	101.3
104.3	102.6	103.3	100.9	100.8	101.3	101.3
100.5	100.5	100.5	100.2	100.9	102.2	102.2
100.5	100.5	100.4	100.4	100.4	100.2	101.1
100.5	100.5	100.4	100.4	100.4	100.2	101.1
110.6	107.5	111.5	108.6	111.8	111.7	109.3
111.1	107.9	112.1	109.0	112.3	112.1	109.7
101.0	100.6	100.6	100.8	101.4	102.3	102.3
99.9	99.9	100.1	100.5	100.2	101.1	101.1
99.6	99.6	99.7	100.1	99.6	100.4	100.4
100.8	100.8	101.1	101.5	102.0	103.7	104.1
101.9	101.9	102.1	102.8	103.0	103.0	103.1
100.6	100.7	100.6	100.8	100.8	100.8	100.8
104.3	104.3	104.3	104.3	104.3	104.3	104.3
98.6	98.6	98.6	98.6	98.6	98.6	98.6
100.0	100.0	100.0	100.0	100.0	100.0	100.0
104.6	105.1	104.5	105.9	105.9	105.9	105.9

5-12 26个调查市县居民

(上年=100)

市县	居民消费价格总指数	食品烟酒	粮食	鲜菜	畜肉类	蛋类	衣着
全省平均	**101.4**	**98.4**	**102.0**	**90.0**	**92.2**	**93.3**	**101.3**
城市平均	**101.5**	**98.9**	**102.3**	**90.8**	**93.4**	**94.3**	**101.3**
郑州市	101.8	99.6	103.3	92.8	96.4	95.7	101.1
开封市	101.0	99.1	103.2	86.9	92.7	93.4	100.9
洛阳市	101.0	99.2	101.1	94.6	94.0	94.8	100.7
平顶山市	101.3	97.9	100.1	84.8	93.1	94.3	100.9
安阳市	101.8	98.7	101.7	92.8	91.4	93.8	101.2
鹤壁市	101.7	97.7	103.5	86.6	92.5	93.1	102.8
新乡市	101.5	98.9	101.2	88.8	91.0	99.4	102.0
焦作市	101.4	98.1	103.2	87.4	93.1	92.7	100.3
濮阳市	100.9	97.9	98.0	87.6	91.3	92.7	101.2
许昌市	101.4	98.5	103.0	88.4	91.4	90.1	101.0
漯河市	101.3	98.1	100.9	89.8	90.4	90.7	103.3
三门峡市	101.5	98.0	102.4	91.4	91.7	90.1	101.0
南阳市	101.2	98.3	102.6	87.3	92.6	95.4	100.9
商丘市	101.8	99.4	101.8	94.4	93.9	90.1	100.6
信阳市	101.4	99.3	102.7	96.8	91.2	93.1	104.5
周口市	101.4	98.7	104.4	89.2	90.3	91.6	101.4
驻马店市	101.4	99.2	103.5	89.9	92.6	93.0	102.1
农村平均	**101.2**	**97.5**	**101.4**	**88.5**	**90.4**	**91.8**	**101.4**
滑县	101.1	97.5	99.1	86.2	91.6	92.3	99.9
辉县市	101.3	96.1	100.4	91.3	85.3	84.6	100.2
襄城县	101.1	97.3	99.9	87.1	92.0	90.6	101.2
灵宝市	100.7	97.5	100.5	86.2	93.3	90.9	100.1
镇平县	100.9	98.1	105.3	91.4	92.8	91.8	101.8
永城市	101.3	97.0	100.4	87.1	87.0	92.7	102.5
固始县	101.6	97.9	102.6	89.2	89.1	95.0	102.3
淮阳县	101.7	98.5	100.8	90.4	93.8	91.3	102.0
汝南县	101.6	97.7	103.1	88.5	89.5	95.3	101.7

消费价格指数(2017年)

居住	水、电、燃料	生活用品及服务	交通和通讯	教育文化和娱乐	医疗保健	其他用品和服务
103.6	**104.8**	**101.5**	**100.2**	**102.7**	**106.3**	**102.7**
103.3	**104.0**	**101.4**	**100.2**	**102.5**	**107.2**	**102.7**
104.0	105.4	100.7	100.2	101.1	108.8	103.6
101.9	100.5	101.9	99.3	101.3	107.2	102.2
102.4	103.1	101.4	100.5	101.1	104.7	101.4
103.1	102.8	102.6	101.5	102.6	107.6	103.1
103.5	108.1	101.3	100.5	105.8	107.4	101.5
104.0	105.1	101.6	100.8	101.1	111.8	106.4
101.7	104.1	102.2	100.4	106.2	105.5	101.8
103.4	103.2	101.4	100.1	106.7	104.6	101.9
102.1	101.2	100.3	100.5	104.3	105.7	101.5
106.8	100.1	100.6	99.4	100.9	103.4	101.5
103.4	101.3	102.3	97.6	102.8	107.7	103.8
104.5	103.0	103.4	100.4	100.5	107.8	107.6
101.7	101.3	102.1	100.0	104.5	108.0	101.7
105.0	101.9	100.9	100.2	103.1	105.6	102.8
100.5	101.7	101.3	100.4	102.6	108.4	101.6
104.2	100.9	101.1	100.6	102.3	105.5	101.3
103.0	102.2	101.8	100.1	102.2	106.0	101.5
104.2	**106.0**	**101.7**	**100.3**	**103.1**	**105.0**	**102.8**
104.9	113.5	101.9	100.2	103.4	103.8	103.0
105.7	109.9	103.3	101.0	104.7	105.2	102.2
105.1	107.5	101.6	100.6	103.0	102.9	100.9
102.0	106.4	101.3	98.5	102.8	106.3	102.1
101.8	100.5	101.5	100.1	101.5	106.3	103.9
105.4	106.0	101.2	100.3	101.6	106.4	102.3
105.2	107.6	102.3	99.9	103.8	104.4	102.7
104.8	102.1	100.9	101.5	103.9	103.5	102.7
104.5	106.0	101.3	100.7	104.3	105.9	105.2

5-13 26个调查市县商品

（上年＝100）

市 县	商品零售价格总指数	食品类	饮料、烟酒	服装、鞋帽类	纺织品类	家用电器及音像器材	文化办公用品	日用品
全省平均	**101.3**	**98.3**	**101.6**	**101.1**	**100.9**	**101.1**	**103.2**	**100.7**
城市平均	**101.3**	**98.4**	**102.0**	**101.1**	**100.8**	**100.9**	**103.0**	**100.8**
郑州市	101.7	99.3	102.6	100.9	100.1	100.9	102.7	101.1
开封市	101.5	98.4	102.3	100.4	100.7	101.4	102.7	102.5
洛阳市	101.1	98.8	102.2	100.6	103.5	101.0	103.2	99.4
平顶山市	101.0	96.8	101.7	100.8	101.5	100.8	104.0	103.1
安阳市	101.9	98.6	101.6	101.0	101.0	100.8	102.6	100.2
鹤壁市	101.0	97.2	100.9	102.6	99.9	100.8	102.1	99.2
新乡市	101.3	98.2	101.9	101.9	100.0	101.0	103.2	101.3
焦作市	100.7	97.6	101.0	100.4	100.1	101.0	102.8	99.7
濮阳市	100.6	97.3	101.0	101.2	100.3	101.2	103.4	97.5
许昌市	100.7	98.0	103.2	100.6	93.1	100.5	102.4	99.4
漯河市	100.9	97.4	101.6	103.4	100.9	101.3	102.0	101.1
三门峡市	101.0	98.1	101.1	101.2	96.6	101.0	103.2	100.4
南阳市	100.6	97.8	100.1	100.5	102.4	100.7	103.2	100.4
商丘市	100.5	99.4	100.0	100.1	100.4	100.6	102.7	99.7
信阳市	101.6	98.4	105.6	104.4	101.0	101.1	103.7	102.4
周口市	100.9	98.5	101.4	101.0	101.8	100.7	103.5	99.4
驻马店市	101.4	98.8	100.1	102.4	98.1	101.1	103.3	99.4
农村平均	**101.6**	**97.8**	**100.2**	**101.3**	**101.0**	**101.7**	**104.1**	**100.7**
滑县	101.7	97.7	101.0	99.8	100.0	102.1	104.2	100.2
辉县市	102.5	96.5	100.5	100.1	101.4	101.9	103.9	101.3
襄城县	101.0	97.3	99.2	101.1	101.4	101.9	103.6	100.1
灵宝市	101.7	97.5	99.8	99.9	102.9	102.1	105.8	99.3
镇平县	101.3	98.4	99.5	101.6	99.2	100.4	106.4	102.1
永城市	101.2	97.3	100.1	102.5	101.5	102.0	103.5	100.4
固始县	101.0	98.0	101.5	102.0	100.3	101.0	101.5	99.7
淮阳县	101.5	98.3	100.5	101.9	100.6	102.1	103.5	102.2
汝南县	102.8	98.6	97.9	102.1	101.8	101.9	103.6	100.9

零售价格指数(2017年)

体　　育 娱乐用品	交通、 通信用品	家具	化妆品类	金银饰品类	中西药品 及医疗保 健用品类	书报杂志 及电子 出版物类	燃料类	建筑材料 及五金 电料类
100.4	**95.7**	**100.8**	**101.3**	**103.1**	**109.2**	**102.0**	**111.4**	**103.0**
100.5	**95.7**	**100.6**	**101.4**	**103.2**	**108.5**	**102.1**	**111.5**	**102.4**
100.0	95.8	96.4	101.9	102.6	110.2	99.9	114.9	101.8
100.4	96.1	101.0	102.1	103.7	110.4	102.4	109.2	103.3
99.8	95.5	99.7	101.6	103.2	106.6	108.2	110.6	101.3
103.6	95.5	103.4	101.2	104.2	106.1	104.7	109.4	104.7
103.1	95.2	105.4	100.8	105.2	115.3	104.2	111.7	103.2
99.8	95.7	110.7	101.6	101.6	105.4	100.9	112.5	101.3
100.7	95.3	104.7	100.1	102.3	106.5	101.1	112.1	103.0
99.2	96.2	103.1	99.8	102.8	103.6	102.3	110.3	102.0
99.5	95.4	101.5	101.7	102.1	109.2	100.4	108.8	102.8
98.9	95.9	100.1	104.6	101.6	110.1	101.2	108.0	101.7
102.2	96.4	100.1	102.6	106.4	102.3	102.0	107.2	107.1
101.2	95.9	111.1	101.8	103.3	106.7	107.1	108.9	99.8
100.2	95.5	105.2	99.5	102.4	107.9	102.0	109.2	101.6
101.0	95.4	99.8	100.3	104.4	105.6	99.8	108.2	100.2
97.5	95.5	98.8	99.5	103.4	108.6	100.9	108.3	105.1
100.0	96.0	101.8	100.4	101.1	107.4	101.3	110.7	101.1
100.8	95.5	106.9	101.5	103.6	110.5	101.1	109.9	104.8
100.0	**95.3**	**101.7**	**100.5**	**102.7**	**113.0**	**101.2**	**111.3**	**104.8**
100.9	95.0	102.9	100.0	103.1	109.5	101.8	113.6	105.9
99.2	94.9	106.9	101.1	103.4	112.2	101.7	122.1	109.9
100.2	94.9	100.7	99.8	100.7	106.7	104.5	112.9	103.9
99.7	96.4	102.0	98.4	101.8	120.2	104.1	111.1	101.1
100.9	96.2	99.9	100.4	104.4	116.1	100.6	106.5	102.2
99.2	94.9	99.5	101.3	100.7	109.0	100.0	111.3	103.5
100.1	95.1	103.6	99.8	104.1	112.0	100.0	105.9	104.6
100.6	95.0	97.8	103.1	102.0	111.3	100.3	106.3	105.0
98.8	94.8	101.1	102.0	105.9	115.3	99.8	114.5	112.6

主要统计指标解释

居民消费价格指数 是反映一定时期内城乡居民购买并用于日常生活消费的商品和服务项目价格水平变动趋势和程度的相对数。居民消费价格水平的变动率在一定程度上反映了通货膨胀（或紧缩）的程度。编制居民消费价格指数（CPI）的目的，是为了了解市场价格变动的基本情况，分析研究价格变动对社会经济和居民生活支出的影响，满足各级政府制定政策和计划、进行宏观调控的需要；同时居民消费价格指数也是国民经济核算和社会担保实际支付调整的重要指标。

城市居民消费价格指数 是反映城市居民家庭所购买用于日常生活消费的商品和服务项目价格变动趋势和程度的相对数。城市居民消费价格指数可以用以观察分析消费商品和服务项目价格变动对职工货币工资的影响，作为研究职工生活和确定工资政策以及相关社会保障政策的依据。

农村居民消费价格指数 是反映农村居民家庭所购买用于日常生活消费的商品和服务项目价格变动趋势和程度的相对数。农村居民消费价格指数可以用以观察分析农村消费商品和服务项目价格变动对农村居民生活消费支出的影响，直接反映农民生活水平的实际变化情况，为分析和研究农村居民生活问题和制定相关惠农政策提供依据。

商品零售价格指数 商品零售价格是工业、商业、餐饮和其他零售企业向城乡居民、机关团体出售生活消费品和办公用品的价格，不包括服务项目价格。商品零售价格的变动直接影响到城乡居民的生活支出和国家的财政收入，影响居民购买力和市场供需平衡，影响消费与积累的比例。编制商品零售价格指数(RPI)，以此反映市场商品零售价格变动趋势和变动程度，从另一个侧面对上述经济活动进行观察和分析。

农业生产资料价格指数 是反映工业、商业及其他单位和个人向农民出售农业生产资料（包括主要生产性服务）价格变动趋势和变动程度的相对数。编制农业生产资料价格指数（AMPI），目的在于掌握农业生产资料的平均价格水平和变动情况，为国家制定经济政策提供依据；同时，为研究城乡市场流通和国民经济核算提供参考依据。

生产价格

资料整理：芦松林　刘继红　王晓燕

6-1 历年工业生产者出厂及购进价格指数

(上年=100)

年 份	工业生产者出厂价格总指数	按轻、重工业分		按部类分		工业生产者购进价格总指数
		轻工业	重工业	生产资料	生活资料	
1989	119.7	116.6	122.6	121.4	117.5	130.0
1990	105.5	105.3	105.5	105.4	105.4	105.5
1991	104.3	102.0	106.2	105.7	102.1	104.4
1992	106.2	104.1	108.0	107.3	104.6	110.0
1993	118.1	108.8	125.9	124.4	108.4	133.0
1994	124.1	129.5	119.4	119.4	131.1	122.0
1995	115.0	119.9	110.9	114.3	116.2	114.1
1996	104.1	102.8	105.1	104.8	103.0	106.0
1997	100.6	98.5	102.1	101.2	99.5	100.6
1998	95.3	94.2	96.0	95.8	94.2	94.8
1999	95.4	93.9	96.5	96.0	94.4	94.3
2000	104.0	99.6	106.5	106.0	98.0	105.1
2001	100.5	98.7	101.5	101.1	98.6	101.9
2002	98.6	96.8	99.7	98.8	98.2	97.6
2003	105.0	103.2	106.9	105.7	102.7	107.8
2004	110.2	106.4	113.9	111.4	106.4	115.7
2005	106.1	102.6	109.2	107.3	101.9	108.3
2006	104.3	101.3	106.7	105.3	100.7	105.3
2007	105.2	105.7	104.9	104.5	107.7	106.4
2008	112.1	107.9	115.4	113.3	108.1	111.9
2009	94.9	98.4	92.2	93.3	101.1	97.1
2010	107.8	104.3	110.7	108.8	103.9	110.2
2011	107.2	106.9	107.3	107.7	105.5	110.1
2012	99.4	100.1	99.2	98.6	102.5	99.2
2013	98.5	101.8	97.3	97.5	102.2	99.3
2014	98.1	100.9	96.9	97.2	100.9	98.4
2015	95.4	99.8	93.6	93.9	100.4	95.4
2016	99.0	99.1	99.0	99.2	98.6	99.2
2017	106.8	101.9	108.9	109.7	99.6	107.3

6—2 主要年份分类工业生产者出厂价格指数

(上年=100)

项目名称	1990年	1995年	2000年	2005年	2010年	2013年	2014年	2015年	2016年	2017年
总指数	**105.5**	**115.0**	**104.0**	**106.1**	**107.8**	**98.5**	**98.1**	**95.4**	**99.0**	**106.8**
核心指数						98.5	98.5	96.4	99.3	106.5
高技术						99.6	100.3	101.2	97.4	97.5
能源						94.5	93.9	87.4	96.3	120.0
按轻重工业分										
轻工业	105.3	119.9	99.6	102.6	104.3	101.8	100.9	99.8	99.1	101.9
以农产品为原料	106.5	120.8	99.6	101.1	106.0	102.1	100.8	99.6	99.2	101.8
以非农产品为原料	101.8	116.0	99.5	104.4	102.4	100.0	101.0	100.5	98.8	102.3
重工业	105.5	110.9	106.5	109.2	110.7	97.3	96.9	93.6	99.0	108.9
采掘	108.5	108.8	116.3	125.6	116.7	91.8	91.3	82.1	96.5	116.0
原料	107.1	106.5	108.8	107.1	112.9	96.8	96.9	93.4	99.4	115.7
加工	102.8	117.2	99.6	104.2	105.0	99.1	98.5	96.9	99.1	105.5
按两大部类分										
生产资料	105.4	114.3	106.0	107.3	108.8	97.5	97.2	93.9	99.2	109.7
采掘	108.5	108.8	115.3	123.6	116.8	91.8	91.3	82.1	96.5	116.0
原料	106.8	112.0	108.2	106.3	112.0	96.9	97.5	94.1	100.0	116.1
加工	103.1	119.2	100.2	103.3	104.6	99.2	98.5	96.7	99.2	106.5
生活资料	105.4	116.2	98.0	101.9	103.9	102.2	100.9	100.4	98.6	99.6
食品	102.7	115.4	94.3	102.1	103.7	103.5	101.2	100.4	99.6	99.9
衣着	112.1	118.0	104.0	102.8	105.6	100.4	100.9	100.8	99.1	100.3
一般日用品	100.0	116.8	101.0	101.7	103.7	100.0	100.3	100.1	97.5	101.4
耐用消费品	96.2	107.1	97.9	99.7	103.9	100.5	99.8	100.0	96.9	96.5
按初级中间最终产品分										
初级产品						91.8	91.3	82.1	96.5	116.0
矿产品						91.8	91.3	82.1	96.5	116.0
中间产品						98.9	98.5	96.3	99.3	107.9
最终产品						100.9	100.2	98.9	98.1	101.7
最终投资品						100.0	99.8	98.3	97.9	102.6
最终消费品						101.9	100.6	99.6	98.2	100.5
按工业部门分										
冶金工业	116.4	103.9	109.6	104.8	116.4	95.9	95.6	90.5	103.7	117.3
电力工业	102.3	105.9	105.4	105.0	103.6	100.8	99.7	96.9	93.6	101.1
煤炭及炼焦工业	103.5	108.9	96.9	124.5	113.1	89.1	88.5	83.1	100.9	140.9
石油工业	114.8	104.3	146.8	125.8	127.9	96.4	96.9	77.6	91.9	113.4
化学工业	106.8	124.8	100.6	106.4	107.3	97.0	97.6	96.8	96.9	107.4
机械工业	100.8	112.2	99.0	101.5	101.4	100.1	99.8	99.0	97.8	100.1
建筑材料工业	96.8	110.8	100.4	108.4	101.1	100.5	100.2	98.9	99.0	105.4
森林工业	95.7	108.9	101.4	99.5	99.9	100.8	101.3	100.7	99.4	101.0
食品工业	102.4	115.4	94.3	101.9	103.7	103.6	101.1	99.9	99.2	99.8
纺织工业	109.1	119.3	107.7	95.4	116.4	99.5	97.7	95.9	98.3	105.4
缝纫工业	130.9	129.1	105.7	103.3	105.3	99.5	100.7	99.5	97.6	101.0
皮革工业	99.9	126.8	100.9	104.0	102.7	104.1	108.1	109.3	105.2	102.1
造纸工业	98.4	140.5	101.2	102.3	103.4	99.1	99.8	98.8	99.3	111.7
文教艺术用品工业	97.7	100.4	97.6	101.7	101.8	102.5	99.3	98.6	97.8	100.0
其它工业	100.9	144.7	100.5	101.9	103.5	99.1	99.6	99.6	99.3	106.4

6–3 主要年份分类工业生产者购进价格指数

(上年=100)

项目名称	1990年	1995年	2000年	2005年	2010年	2013年	2014年	2015年	2016年	2017年
总 指 数	**105.5**	**114.1**	**105.1**	**108.3**	**110.2**	**99.3**	**98.4**	**95.4**	**99.2**	**107.3**
按初级中间最终产品分										
初级产品						98.8	96.3	91.7	99.2	109.1
农产品						101.3	97.9	97.0	100.2	99.4
矿产品						96.4	94.7	86.1	98.6	119.4
废料						96.3	95.5	90.7	93.1	104.5
中间产品						99.5	99.3	97.0	99.3	106.5
九大类原材料购进价格指数										
燃料、动力类	105.1	109.2	107.9	115.2	108.9	96.7	96.8	91.0	98.1	113.1
黑色金属材料类	107.7	95.0	102.2	106.0	108.4	96.4	93.6	85.4	96.7	117.4
钢材		95.7	104.2	106.7	105.9	95.9	97.9	91.9	96.2	113.1
其它		94.2	99.3	105.1	113.1	97.4	85.5	71.8	97.3	122.9
有色金属材料及电线类	98.6	126.7	111.6	115.4	123.2	96.4	97.9	95.4	101.2	118.3
化工原料类	89.9	123.8	111.2	107.5	116.8	94.6	97.1	92.7	99.1	107.2
木材及纸浆类	111.5	108.3	100.6	103.1	104.7	100.8	98.5	98.2	98.1	105.4
建筑材料及非金属类	104.3		99.6	114.9	103.9	98.8	99.5	98.7	97.7	106.6
建筑材料类		100.4								
非金属矿类		109.3								
其它工业原材料及半成品类			99.9	112.5	107.4	104.4	102.3	100.5	100.1	101.4
农副产品类	106.2	135.1	98.2	102.5	108.3	101.3	97.9	97.0	100.2	99.4
纺织原料类	123.6	116.3	107.4	100.6	118.1	99.7	96.2	93.4	100.0	103.9

6–4 各月分类工业生产者

(上年同期=100)

项目名称	全年	1月	2月	3月	4月	5月
总指数	**106.8**	**107.3**	**108.0**	**107.5**	**106.6**	**105.8**
核心指数	106.5	106.9	107.4	107.0	105.8	104.9
高技术	97.5	96.5	96.2	96.7	96.8	97.2
能源	120.0	122.0	125.7	124.6	124.8	124.3
按轻重工业分						
轻工业	101.9	101.4	101.7	101.9	101.8	101.6
以农产品为原料	101.8	101.5	101.6	101.8	101.7	101.4
以非农产品为原料	102.3	101.2	102.1	102.4	102.3	102.4
重工业	108.9	109.9	110.8	110.0	108.7	107.7
采掘	116.0	119.8	121.6	119.2	118.0	117.3
原料	115.7	118.7	120.5	119.4	118.2	115.6
加工	105.5	105.5	106.0	105.6	104.2	103.6
按两大部类分						
生产资料	109.7	110.5	111.6	110.9	109.6	108.5
采掘	116.0	119.8	121.6	119.2	118.0	117.3
原料	116.1	119.2	121.4	120.1	118.9	116.1
加工	106.5	106.4	107.0	106.6	105.4	104.8
生活资料	99.6	99.4	99.1	99.3	99.2	99.1
食品	99.9	100.2	100.0	99.7	99.3	99.0
衣着	100.3	100.3	100.2	100.4	100.8	100.6
一般日用品	101.4	100.2	100.5	101.2	101.3	101.4
耐用消费品	96.5	95.9	95.0	95.6	95.8	96.2
按初级中间最终产品分						
初级产品	116.0	119.9	121.6	119.2	118.0	117.3
矿产品	116.0	119.9	121.6	119.2	118.0	117.3
中间产品	107.9	108.4	109.3	108.7	107.6	106.6
最终产品	101.7	100.7	101.0	101.2	101.1	100.9
最终投资品	102.6	101.2	101.6	101.9	101.9	101.6
最终消费品	100.5	100.0	100.0	100.2	100.0	99.9
按工业部门分						
冶金工业	117.3	124.3	125.2	121.5	115.8	112.5
电力工业	101.1	98.3	98.8	99.7	99.5	99.8
煤炭及炼焦工业	140.9	148.9	155.1	151.3	154.9	154.7
石油工业	113.4	120.4	127.6	127.0	119.6	114.7
化学工业	107.4	105.7	107.7	108.7	108.0	106.6
机械工业	100.1	99.5	99.6	99.6	99.6	99.6
建筑材料工业	105.4	106.2	105.9	105.4	105.7	105.7
森林工业	101.0	100.3	100.4	100.6	100.6	100.7
食品工业	99.8	100.2	99.9	99.7	99.3	99.0
纺织工业	105.4	104.2	105.2	106.3	106.4	106.2
缝纫工业	101.0	100.6	100.3	101.0	101.5	101.8
皮革工业	102.1	102.7	103.0	102.8	102.8	102.4
造纸工业	111.7	105.2	106.9	108.9	109.8	109.6
文教艺术用品工业	100.0	98.5	99.5	99.4	99.6	99.1
其它工业	106.4	101.0	100.8	101.5	101.2	100.9

出厂价格同比指数(2017年)

6月	7月	8月	9月	10月	11月	12月
106.1	**106.4**	**106.9**	**108.0**	**107.7**	**106.1**	**105.3**
105.8	106.1	106.5	107.7	107.8	106.4	105.7
97.6	97.8	97.7	98.1	98.3	98.4	99.2
120.0	120.0	121.3	122.2	117.2	111.8	109.8
101.4	101.6	102.0	102.5	102.6	102.4	102.0
101.2	101.5	102.0	102.5	102.5	102.3	101.9
102.3	102.3	102.1	102.4	102.8	102.5	102.4
108.1	108.5	109.0	110.4	109.8	107.7	106.7
116.2	113.4	113.3	115.8	113.5	114.1	111.6
114.2	114.7	115.5	118.0	116.4	110.5	108.2
104.8	105.6	106.1	106.9	106.8	105.7	105.4
108.8	109.1	109.7	111.1	110.6	108.5	107.3
116.2	113.4	113.3	115.8	113.5	114.1	111.6
114.6	114.8	115.9	118.3	116.6	110.9	108.6
105.8	106.5	107.0	107.9	108.0	106.8	106.2
99.2	99.6	99.9	100.1	100.1	99.9	100.1
98.9	99.7	100.1	100.5	100.6	100.4	100.5
100.5	100.6	101.7	101.5	99.0	99.0	99.0
101.7	102.0	101.6	101.4	102.1	101.9	102.0
96.7	96.7	96.6	96.9	97.1	97.1	97.7
116.2	113.4	113.3	115.8	113.5	114.1	111.5
116.2	113.4	113.3	115.8	113.5	114.1	111.5
106.9	107.6	108.2	109.4	109.1	107.0	106.1
101.1	101.7	102.1	102.5	102.8	102.8	102.8
101.9	102.3	102.8	103.5	104.0	104.1	104.1
100.0	100.8	101.1	101.1	101.1	100.9	101.0
114.9	115.5	116.5	119.8	119.9	114.1	110.6
100.1	102.6	103.0	102.8	102.8	102.8	102.5
145.1	144.3	145.3	146.6	132.6	120.1	114.3
107.6	103.0	106.7	107.6	109.2	108.9	113.9
106.7	106.4	107.3	108.3	108.4	108.1	107.4
100.0	100.0	100.2	100.5	100.7	100.6	100.7
105.9	106.2	105.2	105.3	104.1	104.2	104.9
100.7	101.3	101.4	101.8	101.4	101.5	101.7
98.8	99.5	99.9	100.4	100.6	100.4	100.1
106.5	105.6	104.6	105.4	105.3	104.6	104.4
101.7	101.8	103.4	103.0	99.2	99.2	99.3
102.1	101.7	101.6	101.8	101.8	101.5	101.6
109.8	110.5	112.7	114.2	118.9	118.6	115.2
99.6	99.7	100.3	100.0	101.9	100.4	102.0
103.5	106.7	108.6	111.6	112.9	113.6	114.3

6-5 各月分大类工业生产者

(上年同期=100)

大类行业名称	全年	1月	2月	3月	4月
煤炭开采和洗选业	131.4	133.6	134.8	134.1	136.2
石油和天然气开采业	115.6	133.2	154.0	142.3	123.3
黑色金属矿采选业	122.7	126.3	136.5	130.2	125.0
有色金属矿采选业	104.6	110.6	109.4	107.4	106.0
非金属矿采选业	102.0	102.4	102.5	102.5	102.5
农副食品加工业	99.7	100.9	100.4	100.0	99.3
食品制造业	100.6	100.1	100.3	100.1	100.1
酒、饮料和精制茶制造业	102.1	101.5	102.2	102.0	102.4
烟草制品业	100.0	100.0	100.0	100.0	100.0
纺织业	106.4	105.5	106.4	107.5	107.7
纺织服装、服饰业	98.2	97.2	96.8	97.5	98.1
皮革、毛皮、羽毛及其制品和制鞋业	101.0	101.0	101.2	101.0	101.0
木材加工和木、竹、藤、棕、草制品业	101.3	100.3	100.5	100.9	100.8
家具制造业	100.3	100.3	100.3	100.0	100.2
造纸和纸制品业	111.7	105.2	106.9	108.9	109.8
印刷和记录媒介复制业	99.9	97.9	99.0	99.1	99.4
文教、工美、体育和娱乐用品制造业	101.8	102.5	103.2	103.3	103.1
石油加工、炼焦和核燃料加工业	147.1	164.5	180.2	172.8	174.5
化学原料和化学制品制造业	112.1	110.8	112.7	114.2	112.9
医药制造业	100.8	98.5	99.2	99.7	100.4
化学纤维制造业	105.5	100.8	110.1	109.3	109.1
橡胶和塑料制品业	104.0	101.5	104.1	105.1	104.2
非金属矿物制品业	106.4	105.2	104.9	104.6	104.9
黑色金属冶炼和压延加工业	129.0	141.5	143.0	136.8	122.9
有色金属冶炼和压延加工业	113.0	117.2	118.0	114.9	113.3
金属制品业	107.0	105.9	107.0	106.9	106.9
通用设备制造业	101.0	101.9	102.6	101.8	100.5
专用设备制造业	100.7	100.6	100.7	100.7	100.7
汽车制造业	100.8	100.0	100.1	100.2	101.2
铁路、船舶、航空航天和其他运输设备制造业	99.0	97.6	97.3	98.2	98.1
电气机械和器材制造业	101.8	100.8	100.9	101.0	100.7
计算机、通信和其他电子设备制造业	94.6	94.2	93.3	93.7	93.6
仪器仪表制造业	100.4	99.8	100.0	100.9	100.5
其他制造业	107.2	106.1	106.1	109.5	109.9
金属制品、机械和设备修理业	100.0	100.0	100.0	100.0	100.0
电力、热力生产和供应业	101.0	98.3	98.8	99.7	99.5
燃气生产和供应业	100.4	99.2	99.2	101.9	101.4
水的生产和供应业	104.4	101.0	103.3	104.1	105.2

出厂价格同比指数(2017年)

5月	6月	7月	8月	9月	10月	11月	12月
139.5	137.3	135.8	135.7	136.7	126.7	121.0	114.3
115.2	105.6	97.0	101.1	105.5	108.4	107.5	116.5
118.0	122.0	122.2	127.5	122.4	122.9	115.0	108.1
102.9	102.7	99.1	97.8	101.4	102.4	108.4	108.5
102.3	101.8	101.5	101.7	102.1	102.0	101.7	100.9
98.6	98.2	99.0	99.5	100.1	100.5	100.2	99.6
100.2	100.4	101.0	101.2	101.2	101.1	101.2	100.8
101.6	101.1	100.6	103.2	103.3	102.2	103.0	102.5
100.0	100.0	100.0	100.0	100.0	100.0	100.0	100.0
107.5	107.7	106.8	106.7	107.3	104.9	104.3	104.1
98.5	98.4	98.6	98.6	98.7	98.7	98.7	98.9
100.6	100.5	100.5	100.8	101.3	101.4	101.5	101.3
100.8	100.5	101.5	101.7	102.3	101.9	102.2	102.2
100.4	100.7	100.6	100.5	100.4	100.2	99.9	100.4
109.6	109.8	110.5	112.7	114.2	118.9	118.6	115.2
98.8	99.2	99.4	100.4	100.0	102.4	100.5	102.4
102.8	102.5	102.1	100.3	100.1	100.7	100.2	100.5
164.7	143.7	142.5	147.4	148.7	135.4	116.6	115.2
110.3	111.1	110.7	111.0	113.1	114.1	112.8	111.2
100.7	100.8	101.4	101.4	101.6	101.2	101.4	103.6
108.6	105.8	103.2	103.7	101.4	102.4	103.8	108.1
103.9	103.6	103.4	104.3	104.8	104.6	104.7	103.8
104.8	105.8	107.2	107.1	108.1	107.4	107.6	108.5
118.9	125.9	131.1	129.8	132.8	133.0	122.1	117.7
110.9	110.9	110.0	113.5	117.3	116.4	109.4	105.3
105.1	105.3	105.9	106.0	106.6	108.9	109.6	109.4
100.7	100.5	100.7	100.5	101.0	100.4	100.2	100.8
100.6	100.8	101.0	100.7	100.7	100.7	100.8	100.4
100.0	101.5	100.7	100.9	100.8	101.9	101.2	101.6
99.1	98.9	98.9	99.4	99.6	100.2	100.6	100.8
101.1	101.5	101.7	102.5	103.3	103.0	102.7	102.2
94.2	94.6	94.8	94.6	95.2	95.8	95.8	96.1
101.0	101.3	100.4	101.0	100.5	100.2	99.7	99.1
109.2	109.7	108.9	107.6	107.6	106.9	103.7	101.8
100.0	100.0	100.0	100.0	100.0	100.0	100.0	100.0
99.7	100.0	102.6	103.0	102.8	102.8	102.8	102.5
101.3	100.4	100.3	100.0	100.1	97.5	98.9	105.0
105.2	105.1	105.2	105.2	105.2	104.5	104.5	104.5

6-6 各月分大中类工业生产者

(上年同期=100)

大中类行业名称	全年	1月	2月	3月	4月
煤炭开采和洗选业	131.4	133.6	134.8	134.1	136.2
烟煤和无烟煤开采洗选	131.5	133.6	134.9	134.2	136.3
其他煤炭采选	107.1	122.2	118.4	114.6	112.1
石油和天然气开采业	115.6	133.2	154.0	142.3	123.3
石油开采	116.5	137.1	158.2	145.0	125.0
天然气开采	103.4	94.6	110.4	111.7	103.6
黑色金属矿采选业	122.7	126.3	136.5	130.2	125.0
铁矿采选	122.7	126.3	136.5	130.2	125.0
有色金属矿采选业	104.6	110.6	109.4	107.4	106.0
常用有色金属矿采选	108.9	107.3	114.6	123.6	106.9
贵金属矿采选	100.8	110.5	106.6	101.5	103.1
稀有稀土金属矿采选	121.5	120.3	120.5	120.2	126.3
非金属矿采选业	102.0	102.4	102.5	102.5	102.5
土砂石开采	100.5	100.6	100.6	100.4	100.2
化学矿开采	118.4	126.0	131.1	126.2	136.1
采盐	115.7	102.9	116.0	123.0	124.9
石棉及其他非金属矿采选	102.9	105.8	102.8	103.1	101.5
农副食品加工业	99.7	100.9	100.4	100.0	99.3
谷物磨制	102.4	100.8	101.3	102.3	102.3
饲料加工	100.6	100.7	100.1	100.6	101.9
植物油加工	98.7	104.4	103.2	102.2	97.6
屠宰及肉类加工	96.7	99.8	98.5	96.2	94.8
水产品加工	103.4	105.4	106.5	105.4	111.4
蔬菜、水果和坚果加工	95.6	104.8	102.0	101.8	101.8
其他农副食品加工	101.5	100.1	100.3	102.0	102.4
食品制造业	100.6	100.1	100.3	100.1	100.1
焙烤食品制造	99.5	97.5	97.8	97.9	98.6
糖果、巧克力及蜜饯制造	100.0	100.0	100.0	100.0	100.0
方便食品制造	100.0	100.3	100.3	100.2	100.3
乳制品制造	101.7	99.6	99.3	99.3	99.4
罐头食品制造	99.8	98.9	98.9	100.0	100.0
调味品、发酵制品制造	100.0	99.2	99.1	98.6	98.8
其他食品制造	103.8	104.0	105.2	104.3	102.9
酒、饮料和精制茶制造业	102.1	101.5	102.2	102.0	102.4

出厂价格同比指数(2017年)

5月	6月	7月	8月	9月	10月	11月	12月
139.5	137.3	135.8	135.7	136.7	126.7	121.0	114.3
139.6	137.4	135.8	135.8	136.8	126.8	121.1	114.3
108.4	105.6	110.1	111.7	103.5	99.5	96.7	89.1
115.2	105.6	97.0	101.1	105.5	108.4	107.5	116.5
116.7	105.7	96.5	100.8	105.6	108.8	107.8	117.4
98.6	103.6	102.9	105.8	102.9	102.9	102.9	103.6
118.0	122.0	122.2	127.5	122.4	122.9	115.0	108.1
118.0	122.0	122.2	127.5	122.4	122.9	115.0	108.1
102.9	102.7	99.1	97.8	101.4	102.4	108.4	108.5
94.8	98.5	102.8	104.2	104.7	107.0	125.6	123.5
102.9	102.0	95.4	93.3	96.8	97.9	100.9	101.4
123.0	117.6	119.8	117.5	126.2	124.0	122.4	120.3
102.3	101.8	101.5	101.7	102.1	102.0	101.7	100.9
100.4	100.2	100.0	100.5	101.1	101.2	100.8	100.3
128.5	121.6	120.7	120.6	110.7	104.0	106.8	98.4
125.0	123.2	117.7	109.6	113.7	113.7	110.7	108.3
101.5	101.5	101.5	101.5	103.4	104.0	104.0	104.3
98.6	98.2	99.0	99.5	100.1	100.5	100.2	99.6
102.0	102.1	102.6	103.1	103.7	103.7	102.7	102.7
102.1	100.9	100.2	99.6	99.7	101.2	100.9	99.9
97.3	97.5	97.8	98.5	99.6	97.3	96.0	93.4
93.6	93.2	95.2	96.4	97.6	98.3	98.7	98.7
109.1	104.3	100.0	100.0	100.0	100.0	100.0	100.0
97.3	91.8	91.7	90.0	89.6	92.3	92.4	92.4
101.5	100.8	101.8	101.8	101.4	102.2	102.7	101.7
100.2	100.4	101.0	101.2	101.2	101.1	101.2	100.8
98.0	97.9	101.3	100.9	100.5	100.8	101.1	102.5
100.0	100.0	100.0	100.0	100.0	100.0	100.0	100.0
99.9	100.0	100.0	100.3	100.2	100.3	100.1	98.5
103.4	104.9	101.4	101.5	101.9	101.8	102.6	105.6
99.6	100.0	100.0	100.1	100.1	100.1	100.1	99.6
99.1	100.1	100.4	100.4	100.7	101.1	101.2	101.8
103.2	103.4	104.0	104.6	104.8	103.8	103.7	101.8
101.6	101.1	100.6	103.2	103.3	102.2	103.0	102.5

6-6 续表 1

(上年同期=100)

大中类行业名称	全年	1月	2月	3月	4月
酒的制造	104.1	104.0	105.2	105.0	105.6
饮料制造	99.4	98.5	98.3	98.3	98.5
精制茶加工	101.3	97.9	97.9	96.8	96.9
烟草制品业	100.0	100.0	100.0	100.0	100.0
烟叶复烤	100.0	100.0	100.0	100.0	100.0
卷烟制造	100.0	100.0	100.0	100.0	100.0
其他烟草制品制造	100.0	100.0	100.0	100.0	100.0
纺织业	106.4	105.5	106.4	107.5	107.7
棉纺织及印染精加工	105.7	104.7	106.0	106.9	106.8
毛纺织及染整精加工	103.7	102.9	101.9	103.4	103.7
麻纺织及染整精加工	105.1	106.6	103.0	106.5	106.3
丝绢纺织及印染精加工	101.3	101.3	101.5	101.3	101.4
化纤织造及印染精加工	100.5	100.0	100.0	100.0	100.0
针织或钩针编织物及其制品制造	124.5	131.1	131.1	131.6	131.6
家用纺织制成品制造	101.7	100.8	101.3	100.6	101.1
非家用纺织制成品制造	104.7	98.7	96.8	101.9	107.5
纺织服装、服饰业	98.2	97.2	96.8	97.5	98.1
机织服装制造	98.5	96.8	96.4	97.4	98.5
针织或钩针编织服装制造	97.5	99.6	99.2	99.0	97.1
服饰制造	95.9	97.4	95.7	94.8	94.7
皮革、毛皮、羽毛及其制品和制鞋业	101.0	101.0	101.2	101.0	101.0
皮革鞣制加工	105.9	105.9	106.2	106.1	106.1
皮革制品制造	100.1	100.1	100.3	100.0	100.3
毛皮鞣制及制品加工	99.4	103.0	103.6	103.0	103.1
羽毛(绒)加工及制品制造	96.6	94.6	94.1	94.3	94.7
制鞋业	98.8	97.8	98.1	97.8	97.5
木材加工和木、竹、藤、棕、草制品业	101.3	100.3	100.5	100.9	100.8
木材加工	100.9	99.2	100.2	100.2	100.6
人造板制造	101.5	100.4	100.6	101.2	101.0
木制品制造	100.6	100.7	100.3	100.2	100.3
竹、藤、棕、草等制品制造	100.1	100.2	100.1	100.1	100.1
家具制造业	100.3	100.3	100.3	100.0	100.2
木质家具制造	100.4	100.4	100.3	99.8	100.1
金属家具制造	100.0	100.0	100.0	100.0	100.0

5月	6月	7月	8月	9月	10月	11月	12月
103.6	102.9	101.7	105.3	105.0	103.1	104.4	103.3
98.9	98.8	98.9	100.1	100.6	100.7	100.8	100.9
100.1	99.6	102.9	104.8	104.6	104.2	105.2	104.7
100.0	100.0	100.0	100.0	100.0	100.0	100.0	100.0
100.0	100.0	100.0	100.0	100.0	100.0	100.0	100.0
100.0	100.0	100.0	100.0	100.0	100.0	100.0	100.0
100.0	100.0	100.0	100.0	100.0	100.0	100.0	100.0
107.5	107.7	106.8	106.7	107.3	104.9	104.3	104.1
106.6	106.9	105.7	104.7	105.7	105.5	104.7	104.3
103.8	104.2	104.4	105.2	104.5	104.4	103.2	103.3
105.2	106.6	108.2	106.7	104.3	102.9	102.9	102.5
101.5	101.6	101.7	101.5	101.3	101.0	100.7	101.0
100.0	100.0	100.0	100.0	100.0	100.0	101.8	103.6
131.7	131.7	130.5	156.3	150.2	100.0	100.0	100.0
101.9	101.2	105.0	102.5	101.2	101.4	102.3	101.1
105.9	105.9	105.8	105.6	105.8	107.2	106.9	108.8
98.5	98.4	98.6	98.6	98.7	98.7	98.7	98.9
99.0	99.0	99.2	99.3	99.1	99.1	99.0	99.1
97.8	96.3	96.2	95.4	96.4	97.0	97.5	98.1
93.5	94.5	95.3	96.0	97.6	96.7	97.6	97.6
100.6	100.5	100.5	100.8	101.3	101.4	101.5	101.3
106.1	106.0	105.8	105.6	106.0	105.5	105.8	105.5
100.1	100.0	100.0	100.5	100.0	100.1	100.0	100.1
101.3	99.9	98.7	95.7	96.3	97.3	95.5	96.3
94.5	95.0	95.1	96.1	99.7	100.4	100.9	100.8
97.1	97.4	98.2	100.5	100.0	100.0	100.9	100.0
100.8	100.5	101.5	101.7	102.3	101.9	102.2	102.2
101.3	101.0	101.1	101.8	101.6	101.5	101.4	101.0
100.8	100.5	101.7	101.9	102.7	102.2	102.6	102.5
100.5	100.4	100.5	100.7	100.6	100.7	100.8	101.8
100.1	100.1	100.0	100.0	100.0	100.0	100.0	100.0
100.4	100.7	100.6	100.5	100.4	100.2	99.9	100.4
100.6	101.0	100.8	100.8	100.5	100.2	99.6	100.5
100.0	100.0	100.0	100.0	100.0	100.0	100.0	100.0

6-6 续表 2

(上年同期=100)

大中类行业名称	全年	1月	2月	3月	4月
其他家具制造	101.6	101.3	101.7	101.6	101.7
造纸和纸制品业	111.7	105.2	106.9	108.9	109.8
纸浆制造	108.3	104.3	105.0	107.3	107.7
造纸	113.3	104.3	106.9	109.6	111.0
纸制品制造	108.4	107.1	107.2	107.4	107.4
印刷和记录媒介复制业	99.9	97.9	99.0	99.1	99.4
印刷	99.9	97.9	99.0	99.1	99.4
文教、工美、体育和娱乐用品制造业	101.8	102.5	103.2	103.3	103.1
文教办公用品制造	100.3	100.4	100.4	100.4	100.3
乐器制造	105.7	110.0	111.2	110.6	110.2
工艺美术品制造	102.0	103.0	103.6	103.9	103.6
玩具制造	100.1	100.2	101.1	100.1	100.1
游艺器材及娱乐用品制造	98.9	97.0	97.9	96.9	97.9
石油加工、炼焦和核燃料加工业	147.1	164.5	180.2	172.8	174.5
精炼石油产品制造	117.9	124.4	130.3	131.8	126.0
炼焦	164.2	191.6	215.0	200.4	208.4
化学原料和化学制品制造业	112.1	110.8	112.7	114.2	112.9
基础化学原料制造	119.0	123.3	124.0	124.0	121.0
肥料制造	111.1	103.8	106.8	109.0	108.3
农药制造	101.1	102.2	100.8	101.0	100.8
涂料、油墨、颜料及类似产品制造	112.1	112.5	113.0	114.7	116.8
合成材料制造	108.2	110.0	117.4	117.2	111.3
专用化学产品制造	104.0	101.0	100.7	104.3	104.5
炸药、火工及焰火产品制造	100.3	101.5	101.5	101.5	101.1
日用化学产品制造	114.3	103.3	113.9	115.4	116.8
医药制造业	100.8	98.5	99.2	99.7	100.4
化学药品原料药制造	98.9	92.6	94.1	95.1	97.5
化学药品制剂制造	103.2	101.3	101.6	102.3	102.8
中药饮片加工	100.0	100.0	100.0	100.0	100.0
中成药生产	103.6	100.0	101.3	103.2	103.8
兽用药品制造	100.6	100.3	100.3	100.3	100.3
生物药品制造	100.1	101.5	101.5	100.4	99.9
卫生材料及医药用品制造	100.1	100.0	100.0	100.0	100.0
化学纤维制造业	105.5	100.8	110.1	109.3	109.1

5月	6月	7月	8月	9月	10月	11月	12月
101.7	101.6	101.6	101.6	101.6	101.6	101.6	101.6
109.6	109.8	110.5	112.7	114.2	118.9	118.6	115.2
108.7	108.5	107.7	107.6	107.7	109.0	111.9	113.5
110.6	110.9	111.9	114.4	118.3	122.7	121.6	117.6
107.4	107.4	107.7	109.3	105.9	111.4	112.5	110.2
98.8	99.2	99.4	100.4	100.0	102.4	100.5	102.4
98.8	99.2	99.4	100.4	100.0	102.4	100.5	102.4
102.8	102.5	102.1	100.3	100.1	100.7	100.2	100.5
100.2	100.2	100.2	100.3	100.3	100.3	100.3	100.1
108.0	103.9	103.8	101.9	102.3	101.9	101.8	104.3
103.3	102.9	102.4	100.3	100.1	100.9	100.3	100.5
100.1	100.1	100.0	100.0	100.0	100.0	100.0	100.0
97.9	101.1	100.0	98.9	98.9	98.9	100.0	101.1
164.7	143.7	142.5	147.4	148.7	135.4	116.6	115.2
120.2	111.6	107.3	112.5	111.6	114.3	113.5	115.9
195.4	163.9	165.2	168.9	170.9	146.6	117.8	114.8
110.3	111.1	110.7	111.0	113.1	114.1	112.8	111.2
115.2	117.3	113.7	114.3	119.1	121.9	119.5	115.8
107.4	109.5	112.9	114.0	114.5	116.4	116.1	114.9
102.4	100.2	101.6	101.4	100.5	100.5	100.6	100.8
113.3	112.9	114.4	111.3	111.0	109.9	108.1	108.2
106.6	103.0	102.5	107.2	110.1	106.6	103.4	104.7
105.1	105.5	105.6	104.9	104.8	104.6	103.7	102.9
100.9	100.6	100.3	99.6	100.1	99.6	98.7	98.7
115.9	114.8	114.9	112.6	114.6	115.7	117.0	116.3
100.7	100.8	101.4	101.4	101.6	101.2	101.4	103.6
98.5	98.8	100.8	100.7	101.6	100.6	102.1	104.7
103.0	103.3	102.6	103.7	103.5	103.8	105.3	105.9
100.0	100.0	100.0	100.0	100.0	100.0	100.0	100.0
103.7	103.8	104.1	104.1	104.2	102.8	101.4	110.2
100.2	100.3	101.6	100.7	100.8	101.0	100.9	101.0
100.1	99.9	100.0	99.8	99.7	99.6	99.3	99.0
100.1	100.3	100.3	100.3	100.3	100.3	100.0	100.2
108.6	105.8	103.2	103.7	101.4	102.4	103.8	108.1

6-6 续表 3

(上年同期=100)

大中类行业名称	全年	1月	2月	3月	4月
纤维素纤维原料及纤维制造	104.9	98.3	109.6	108.2	109.4
合成纤维制造	107.8	109.6	111.7	113.8	108.4
橡胶和塑料制品业	104.0	101.5	104.1	105.1	104.2
橡胶制品业	107.6	97.3	103.1	106.5	107.2
塑料制品业	102.2	103.5	104.5	104.3	102.7
非金属矿物制品业	106.4	105.2	104.9	104.6	104.9
水泥、石灰和石膏制造	133.0	146.4	144.6	141.6	143.5
石膏、水泥制品及类似制品制造	104.7	102.8	102.2	102.3	103.4
砖瓦、石材等建筑材料制造	98.6	99.8	99.6	98.6	98.4
玻璃制造	103.0	102.3	104.0	103.9	103.0
玻璃制品制造	100.5	98.8	99.2	98.4	98.8
玻璃纤维和玻璃纤维增强塑料制品制造	100.2	100.2	100.2	100.1	100.1
陶瓷制品制造	102.7	102.4	103.0	101.9	101.7
耐火材料制品制造	101.6	100.0	100.2	100.8	101.1
石墨及其他非金属矿物制品制造	109.8	100.8	100.1	101.0	100.6
黑色金属冶炼和压延加工业	129.0	141.5	143.0	136.8	122.9
炼铁	140.0	158.6	161.3	160.9	150.7
炼钢	159.6	190.1	189.1	175.7	158.8
黑色金属铸造	105.5	102.8	103.4	103.0	104.2
钢压延加工	130.9	148.0	150.4	141.6	121.1
铁合金冶炼	113.5	114.1	110.5	114.2	117.7
有色金属冶炼和压延加工业	113.0	117.2	118.0	114.9	113.3
常用有色金属冶炼	121.7	126.1	129.2	125.7	120.7
贵金属冶炼	102.6	114.3	108.5	104.4	107.8
稀有稀土金属冶炼	100.0	100.0	100.0	100.0	100.0
有色金属合金制造	106.9	105.5	108.9	106.8	105.7
有色金属压延加工	110.7	112.5	114.2	111.5	110.6
金属制品业	107.0	105.9	107.0	106.9	106.9
结构性金属制品制造	105.5	102.7	104.2	104.3	104.1
金属工具制造	100.0	100.0	100.0	100.0	100.0
集装箱及金属包装容器制造	108.5	108.2	108.3	107.0	107.8
金属丝绳及其制品制造	122.7	132.7	129.2	130.4	130.2
建筑、安全用金属制品制造	101.5	100.9	101.0	99.9	99.1
搪瓷制品制造	100.8	100.6	100.6	100.6	100.3

5月	6月	7月	8月	9月	10月	11月	12月
108.3	105.5	103.2	104.1	101.4	101.2	102.5	107.6
110.0	107.6	103.3	102.3	101.4	107.6	108.6	110.2
103.9	103.6	103.4	104.3	104.8	104.6	104.7	103.8
107.5	107.2	106.5	109.2	109.9	112.1	112.6	112.0
102.0	101.7	101.8	101.9	102.4	101.0	101.0	100.0
104.8	105.8	107.2	107.1	108.1	107.4	107.6	108.5
141.7	142.3	141.5	132.5	130.4	116.4	114.6	119.2
103.9	103.4	105.5	106.6	107.9	107.1	105.1	106.4
98.2	98.6	98.6	98.2	98.0	98.2	98.4	98.5
104.2	104.9	103.2	101.6	101.0	103.1	102.1	102.6
100.9	100.9	101.1	100.8	100.9	101.7	102.8	101.7
100.1	100.1	100.1	100.1	100.1	100.2	100.2	100.2
101.8	102.0	102.8	102.9	103.4	103.4	103.3	103.9
101.1	101.6	101.9	101.4	101.4	102.7	104.0	103.1
100.3	104.6	110.2	114.3	119.0	120.7	122.2	123.4
118.9	125.9	131.1	129.8	132.8	133.0	122.1	117.7
136.0	143.1	143.3	139.4	140.0	136.7	117.9	115.5
145.8	150.6	173.3	154.5	163.5	167.5	143.7	131.1
104.5	104.8	105.4	106.2	106.5	107.8	108.8	109.2
117.5	128.3	132.2	132.6	135.4	134.7	122.5	117.9
111.1	105.6	111.0	116.8	117.9	117.9	112.4	113.2
110.9	110.9	110.0	113.5	117.3	116.4	109.4	105.3
118.1	119.0	120.5	124.6	129.8	127.9	115.1	107.6
103.7	103.7	95.8	96.0	98.7	99.9	99.4	102.2
100.0	100.0	100.0	100.0	100.0	100.0	100.0	100.0
104.2	104.4	105.6	110.2	112.1	109.4	105.4	105.0
108.9	108.1	107.9	112.7	115.6	114.1	108.8	104.5
105.1	105.3	105.9	106.0	106.6	108.9	109.6	109.4
103.2	103.5	103.7	104.4	104.9	109.2	111.0	110.8
100.0	100.0	100.0	100.0	100.0	100.0	100.0	100.0
106.0	105.3	105.7	111.0	111.0	110.7	110.8	110.6
120.9	123.6	123.9	116.6	117.3	118.3	119.7	114.4
98.6	99.9	100.3	102.1	103.8	104.2	104.2	104.5
101.0	101.0	101.3	101.1	101.0	101.0	100.8	100.6

6-6 续表 4

(上年同期=100)

大中类行业名称	全年	1月	2月	3月	4月
金属制日用品制造	100.1	100.0	100.2	100.5	100.6
其他金属制品制造	103.4	99.6	103.8	102.6	102.9
通用设备制造业	101.0	101.9	102.6	101.8	100.5
锅炉及原动设备制造	100.6	99.0	98.7	98.8	98.9
金属加工机械制造	98.9	98.7	98.8	98.0	98.3
物料搬运设备制造	98.7	99.2	99.2	99.4	99.9
泵、阀门、压缩机及类似机械制造	99.1	98.9	98.9	99.0	99.1
轴承、齿轮和传动部件制造	101.2	109.0	110.1	104.3	96.4
烘炉、风机、衡器、包装等设备制造	105.1	102.4	106.5	106.5	106.8
文化、办公用机械制造	101.1	100.4	100.4	101.0	100.8
通用零部件制造	100.4	100.3	101.1	101.3	101.2
其他通用设备制造业	115.8	132.7	131.4	123.7	107.1
专用设备制造业	100.7	100.6	100.7	100.7	100.7
采矿、冶金、建筑专用设备制造	99.3	98.9	99.2	99.3	99.3
化工、木材、非金属加工专用设备制造	102.0	101.9	102.0	102.2	101.8
食品、饮料、烟草及饲料生产专用设备制造	100.8	101.7	101.9	101.4	101.4
印刷、制药、日化及日用品生产专用设备制造	104.5	105.1	105.1	105.0	105.5
纺织、服装和皮革加工专用设备制造	105.3	104.2	102.6	102.9	102.9
电子和电工机械专用设备制造	103.6	100.7	100.9	101.3	102.1
农、林、牧、渔专用机械制造	101.7	101.9	101.7	101.6	101.7
医疗仪器设备及器械制造	106.2	109.3	108.9	109.3	107.2
环保、社会公共服务及其他专用设备制造	100.2	100.4	100.1	100.1	100.0
汽车制造业	100.8	100.0	100.1	100.2	101.2
汽车整车制造	98.3	100.2	99.9	98.3	98.8
改装汽车制造	94.8	90.9	89.1	95.0	95.1
低速载货汽车制造	100.0	99.7	100.1	100.3	100.0
汽车车身、挂车制造	104.3	99.9	99.9	99.8	100.7
汽车零部件及配件制造	102.3	100.7	101.2	101.5	103.0
铁路、船舶、航空航天和其他运输设备制造业	99.0	97.6	97.3	98.2	98.1
铁路运输设备制造	99.7	97.1	96.9	99.2	98.6
船舶及相关装置制造	99.9	101.1	101.1	101.1	101.1
摩托车制造	98.4	96.8	96.4	96.8	96.8
自行车制造	100.3	99.7	99.4	101.0	100.7
电气机械和器材制造业	101.8	100.8	100.9	101.0	100.7

5月	6月	7月	8月	9月	10月	11月	12月
100.4	100.0	100.0	100.0	99.8	99.9	99.8	99.9
102.0	100.9	102.9	104.8	105.5	105.3	103.5	107.3
100.7	100.5	100.7	100.5	101.0	100.4	100.2	100.8
99.0	99.1	101.6	102.0	102.1	102.8	102.9	102.5
99.4	98.7	99.1	98.9	99.6	99.7	98.6	99.2
100.3	97.2	97.5	97.5	97.2	97.9	97.2	101.3
99.1	98.9	98.3	98.1	98.9	99.7	100.3	100.2
96.2	101.7	103.3	100.8	103.0	95.9	97.1	97.0
106.8	106.5	106.2	105.3	105.5	103.7	102.8	102.1
100.8	101.1	101.1	100.9	100.9	103.3	101.2	101.8
100.6	100.5	99.4	100.1	100.1	100.1	100.1	100.3
108.8	111.4	111.7	112.6	118.2	116.6	114.4	107.2
100.6	100.8	101.0	100.7	100.7	100.7	100.8	100.4
99.2	99.5	99.8	99.4	99.4	99.3	99.4	99.2
102.2	102.1	102.1	101.8	102.0	101.9	102.2	102.3
101.0	100.9	101.2	100.5	100.1	100.3	100.0	100.0
104.8	104.4	104.5	103.8	104.1	104.2	103.9	103.7
104.5	104.9	106.8	106.5	106.3	107.8	107.2	106.6
102.7	102.7	103.7	103.9	104.2	106.3	106.8	108.2
101.1	101.7	101.8	101.9	102.1	102.1	102.2	100.8
107.8	106.4	106.1	104.3	103.9	103.2	104.2	104.1
100.0	100.0	100.0	100.1	100.4	100.5	100.5	100.4
100.0	101.5	100.7	100.9	100.8	101.9	101.2	101.6
97.6	98.3	98.1	98.6	98.1	97.1	96.8	98.2
90.8	96.0	92.6	91.1	95.4	101.9	101.7	100.1
100.6	99.7	99.7	99.7	99.8	99.9	100.0	100.0
100.7	100.6	100.8	100.5	100.8	116.3	116.0	115.5
101.9	103.6	102.6	103.0	102.6	103.0	102.1	102.3
99.1	98.9	98.9	99.4	99.6	100.2	100.6	100.8
99.1	99.7	100.5	100.7	100.9	100.9	101.4	101.1
101.1	100.3	99.5	99.5	98.5	98.1	97.3	99.7
98.5	98.1	98.0	98.8	99.1	100.1	100.7	100.9
100.5	100.5	100.3	100.3	100.2	100.3	100.5	100.4
101.1	101.5	101.7	102.5	103.3	103.0	102.7	102.2

6-6 续表 5

(上年同期=100)

大中类行业名称	全年	1月	2月	3月	4月
电机制造	102.4	102.9	102.1	103.1	102.9
输配电及控制设备制造	100.9	99.4	99.6	99.6	99.3
电线、电缆、光缆及电工器材制造	104.5	104.0	104.8	104.3	103.7
电池制造	103.1	103.8	102.4	103.0	102.6
家用电力器具制造	99.1	98.4	98.7	99.5	99.5
非电力家用器具制造	116.3	101.9	103.8	108.6	108.2
照明器具制造	97.1	96.7	96.2	96.1	96.0
其他电气机械及器材制造	100.9	98.8	99.3	100.4	101.0
计算机、通信和其他电子设备制造业	94.6	94.2	93.3	93.7	93.6
计算机制造	101.8	100.0	99.5	101.5	101.5
通信设备制造	93.9	93.8	92.3	92.9	93.4
广播电视设备制造	93.9	94.8	96.0	93.9	91.9
电子器件制造	92.4	91.2	93.2	91.8	86.8
电子元件制造	98.9	96.7	98.0	97.7	96.2
其他电子设备制造	94.6	99.6	99.2	100.9	100.6
仪器仪表制造业	100.4	99.8	100.0	100.9	100.5
通用仪器仪表制造	99.8	97.8	98.0	99.9	99.6
专用仪器仪表制造	102.4	105.5	105.6	105.0	104.7
光学仪器及眼镜制造	100.4	100.1	100.3	100.4	100.2
其他仪器仪表制造业	98.8	98.5	98.1	97.7	96.5
其他制造业	107.2	106.1	106.1	109.5	109.9
日用杂品制造	116.1	114.1	114.1	121.7	122.7
煤制品制造	101.2	100.0	100.0	101.5	101.5
其他未列明制造业	100.0	100.0	100.0	100.0	100.0
金属制品、机械和设备修理业	100.0	100.0	100.0	100.0	100.0
铁路、船舶、航空航天等运输设备修理	100.0	100.0	100.0	100.0	100.0
电力、热力生产和供应业	101.0	98.3	98.8	99.7	99.5
电力生产	101.3	95.9	96.4	98.6	98.7
电力供应	100.9	99.6	100.1	100.3	100.0
热力生产和供应	98.3	98.8	98.8	98.4	98.1
燃气生产和供应业	100.4	99.2	99.2	101.9	101.4
水的生产和供应业	104.4	101.0	103.3	104.1	105.2
自来水生产和供应	105.6	101.2	104.1	105.1	106.6
污水处理及其再生利用	100.0	100.0	100.0	100.0	100.0

5月	6月	7月	8月	9月	10月	11月	12月
102.2	101.2	101.1	102.1	103.6	102.7	102.9	101.8
99.3	101.0	101.7	102.5	102.7	101.4	101.5	102.6
103.9	103.5	103.7	105.3	106.3	106.9	104.8	103.0
102.0	100.0	100.9	101.4	104.9	105.5	106.9	103.8
99.5	99.5	99.5	98.8	98.8	99.1	99.2	99.2
125.6	126.6	126.0	124.2	121.1	118.4	116.5	114.6
96.1	97.5	97.0	97.4	97.6	97.8	97.9	98.8
100.3	100.2	99.7	99.6	102.9	103.7	102.1	102.4
94.2	94.6	94.8	94.6	95.2	95.8	95.8	96.1
99.3	100.3	101.2	102.1	104.0	104.0	104.0	104.0
93.2	94.0	94.0	93.9	94.5	94.7	94.9	95.5
91.8	90.5	89.1	89.7	94.3	98.3	99.7	97.4
92.4	87.5	90.1	90.7	93.5	96.3	98.5	97.9
99.1	99.5	99.5	99.5	99.5	101.5	100.5	99.2
101.1	101.1	101.5	86.6	86.7	86.4	85.6	85.8
101.0	101.3	100.4	101.0	100.5	100.2	99.7	99.1
100.1	99.9	100.3	100.2	100.8	100.4	100.2	99.8
104.9	106.3	100.7	103.9	99.9	99.1	97.3	96.3
100.5	100.6	100.6	100.4	100.6	100.6	100.4	100.5
97.8	98.8	99.2	99.6	99.6	100.0	100.8	99.2
109.2	109.7	108.9	107.6	107.6	106.9	103.7	101.8
120.8	122.2	120.1	116.8	116.8	115.2	107.7	103.4
101.5	101.5	101.5	101.5	101.5	101.5	101.5	101.5
100.0	100.0	100.0	100.0	100.0	100.0	100.0	100.0
100.0	100.0	100.0	100.0	100.0	100.0	100.0	100.0
100.0	100.0	100.0	100.0	100.0	100.0	100.0	100.0
99.7	100.0	102.6	103.0	102.8	102.8	102.8	102.5
98.8	99.7	104.2	105.5	104.9	105.0	104.8	104.2
100.3	100.3	101.9	101.8	101.7	101.7	101.8	101.7
97.8	97.7	97.7	96.9	98.0	98.5	100.0	99.2
101.3	100.4	100.3	100.0	100.1	97.5	98.9	105.0
105.2	105.1	105.2	105.2	105.2	104.5	104.5	104.5
106.6	106.5	106.5	106.5	106.5	105.7	105.7	105.7
100.0	100.0	100.0	100.0	100.0	100.0	100.0	100.0

6-7 各月分类工业生产者

(上月=100)

项目名称	全年	1月	2月	3月	4月	5月
总指数	**105.3**	**100.4**	**100.5**	**100.1**	**99.9**	**99.8**
核心指数	105.7	100.4	100.5	100.4	99.8	99.7
高技术	99.2	99.8	99.4	100.0	99.9	100.0
能源	109.8	100.9	101.8	98.7	100.9	101.0
按轻重工业分						
轻工业	102.0	100.3	100.3	100.1	99.9	99.8
以农产品为原料	101.9	100.2	100.2	100.1	99.8	99.8
以非农产品为原料	102.4	100.5	100.7	100.1	100.1	100.1
重工业	106.7	100.5	100.6	100.1	99.8	99.8
采掘	111.6	101.7	100.2	100.5	100.6	101.1
原料	108.2	101.1	101.7	99.8	100.1	99.4
加工	105.4	100.1	100.3	100.2	99.7	99.8
按两大部类分						
生产资料	107.3	100.6	100.8	100.2	99.9	99.8
采掘	111.6	101.7	100.2	100.5	100.6	101.1
原料	108.6	101.2	101.9	99.8	100.0	99.3
加工	106.2	100.2	100.5	100.3	99.7	99.8
生活资料	100.1	100.0	99.8	100.0	99.8	99.9
食品	100.5	100.2	100.0	99.9	99.6	99.7
衣着	99.0	99.4	99.9	100.2	99.9	100.0
一般日用品	102.0	100.1	100.0	100.1	100.3	100.0
耐用消费品	97.7	99.8	99.0	99.9	99.9	100.2
按初级中间最终产品分						
初级产品	111.5	101.7	100.2	100.5	100.6	101.1
矿产品	111.5	101.7	100.2	100.5	100.6	101.1
中间产品	106.1	100.4	100.8	100.1	99.7	99.7
最终产品	102.8	100.3	100.1	100.1	99.9	99.9
最终投资品	104.1	100.5	100.2	100.2	100.0	99.9
最终消费品	101.0	100.1	100.0	100.0	99.8	99.9
按工业部门分						
冶金工业	110.6	100.1	101.5	101.3	98.9	99.2
电力工业	102.5	99.6	99.9	99.9	99.8	100.2
煤炭及炼焦工业	114.3	100.4	103.1	97.0	103.0	101.8
石油工业	113.9	105.7	102.1	100.9	97.4	100.2
化学工业	107.4	101.5	101.0	100.9	99.8	99.0
机械工业	100.7	100.3	99.9	99.9	99.9	99.9
建筑材料工业	104.9	100.1	99.5	99.6	100.2	100.1
森林工业	101.7	100.3	100.0	100.4	100.1	99.9
食品工业	100.1	100.2	99.9	99.8	99.5	99.7
纺织工业	104.4	100.1	100.9	100.6	100.5	100.0
缝纫工业	99.3	99.2	99.7	100.2	99.8	100.0
皮革工业	101.6	100.2	100.6	100.3	100.3	100.1
造纸工业	115.2	101.0	101.6	102.0	100.4	100.1
文教艺术用品工业	102.0	99.9	101.0	99.8	100.3	99.7
其它工业	114.3	100.1	99.9	100.2	100.1	100.0

出厂价格环比指数(2017年)

6月	7月	8月	9月	10月	11月	12月
100.1	**100.6**	**100.9**	**101.4**	**100.5**	**100.4**	**100.6**
100.3	100.7	100.9	101.3	100.6	100.5	100.5
99.9	99.9	100.0	100.0	99.8	100.1	100.4
99.2	100.4	101.4	103.4	101.0	100.0	100.9
99.9	100.0	100.2	100.6	100.3	100.2	100.3
99.8	100.0	100.3	100.7	100.3	100.3	100.3
100.0	100.0	100.0	100.2	100.2	100.0	100.5
100.2	100.8	101.1	101.8	100.6	100.5	100.7
100.0	99.6	100.4	102.6	101.2	103.8	99.5
99.7	101.2	101.7	103.4	100.7	99.1	100.2
100.4	100.8	101.0	101.0	100.5	100.6	101.0
100.2	100.8	101.1	101.9	100.7	100.5	100.6
100.0	99.6	100.4	102.6	101.2	103.8	99.5
99.7	101.2	101.7	103.5	100.8	99.1	100.3
100.4	100.8	101.0	101.1	100.6	100.7	100.9
99.9	100.0	100.1	100.2	100.0	100.0	100.4
99.7	100.0	100.3	100.6	99.9	100.1	100.6
99.8	100.1	99.9	99.9	100.2	100.0	99.9
100.2	99.8	100.2	100.0	100.5	100.3	100.6
99.9	99.9	99.7	99.6	99.9	99.8	100.1
100.0	99.6	100.4	102.6	101.2	103.8	99.5
100.0	99.6	100.4	102.6	101.2	103.8	99.5
100.2	100.8	101.1	101.7	100.6	100.2	100.7
100.1	100.4	100.4	100.4	100.4	100.2	100.4
100.3	100.4	100.5	100.5	100.7	100.4	100.4
99.9	100.4	100.2	100.2	100.0	100.0	100.5
100.5	102.1	102.8	103.3	100.5	100.0	100.0
100.0	102.5	100.7	100.0	99.8	100.1	99.9
98.8	99.7	101.9	106.5	101.5	99.4	100.6
98.5	97.0	101.3	101.7	102.2	101.8	104.5
99.9	99.7	100.6	101.4	101.0	101.2	101.2
100.3	100.1	100.0	100.0	100.0	100.1	100.3
100.1	100.2	99.9	100.7	100.7	101.9	101.7
100.1	100.5	100.0	100.2	99.8	100.1	100.1
99.7	100.1	100.3	100.5	100.0	100.1	100.3
100.1	100.0	100.0	100.7	100.3	100.7	100.4
99.9	100.1	100.1	100.0	100.1	100.0	100.1
99.9	100.0	99.9	100.2	100.3	99.9	100.0
100.2	100.6	101.4	102.6	104.1	100.6	99.7
100.1	100.0	99.7	99.9	101.4	98.6	101.6
102.3	103.4	102.4	102.3	101.4	100.8	100.7

6-8 各月分大类工业生产者

(上月=100)

大类行业名称	全年	1月	2月	3月	4月
煤炭开采和洗选业	114.3	100.9	100.2	98.8	101.4
石油和天然气开采业	116.5	108.2	101.7	100.6	96.2
黑色金属矿采选业	108.1	101.2	107.2	102.4	96.0
有色金属矿采选业	108.5	101.9	98.4	102.4	101.1
非金属矿采选业	100.9	99.8	100.5	100.4	100.4
农副食品加工业	99.6	100.5	99.9	99.6	99.1
食品制造业	100.8	99.7	100.1	99.9	100.1
酒、饮料和精制茶制造业	102.5	100.6	99.8	100.1	99.8
烟草制品业	100.0	100.0	100.0	100.0	100.0
纺织业	104.1	100.1	100.9	100.6	100.4
纺织服装、服饰业	98.9	98.9	99.6	100.3	99.7
皮革、毛皮、羽毛及其制品和制鞋业	101.3	100.1	100.4	100.1	100.3
木材加工和木、竹、藤、棕、草制品业	102.2	100.4	100.1	100.6	100.0
家具制造业	100.4	100.2	100.0	100.0	100.2
造纸和纸制品业	115.2	101.0	101.6	102.0	100.4
印刷和记录媒介复制业	102.4	99.9	101.1	99.9	100.3
文教、工美、体育和娱乐用品制造业	100.5	100.0	99.8	100.0	100.2
石油加工、炼焦和核燃料加工业	115.2	101.5	107.5	95.8	103.4
化学原料和化学制品制造业	111.2	102.8	100.9	101.1	99.7
医药制造业	103.6	100.0	100.1	100.5	100.6
化学纤维制造业	108.1	99.5	107.5	101.3	100.8
橡胶和塑料制品业	103.8	100.4	101.7	100.9	99.4
非金属矿物制品业	108.5	100.1	99.6	99.7	100.2
黑色金属冶炼和压延加工业	117.7	99.8	102.5	102.2	97.0
有色金属冶炼和压延加工业	105.3	99.3	101.8	100.0	100.0
金属制品业	109.4	101.6	99.9	100.3	100.3
通用设备制造业	100.8	100.7	100.0	99.5	99.2
专用设备制造业	100.4	100.2	99.9	100.1	100.0
汽车制造业	101.6	100.5	100.1	99.7	100.7
铁路、船舶、航空航天和其他运输设备制造业	100.8	100.1	100.1	100.0	100.0
电气机械和器材制造业	102.2	100.5	100.2	100.2	99.7
计算机、通信和其他电子设备制造业	96.1	99.8	98.7	99.7	99.6
仪器仪表制造业	99.1	99.6	100.1	100.1	99.7
其他制造业	101.8	101.2	100.0	101.7	100.0
金属制品、机械和设备修理业	100.0	100.0	100.0	100.0	100.0
电力、热力生产和供应业	102.5	99.6	99.9	99.9	99.8
燃气生产和供应业	105.0	101.5	99.9	100.5	99.1
水的生产和供应业	104.5	100.3	102.3	100.8	101.1

出厂价格环比指数(2017年)

5月	6月	7月	8月	9月	10月	11月	12月
102.8	99.6	99.5	100.6	104.4	102.4	104.2	98.7
99.4	99.3	96.4	101.1	104.5	102.1	102.9	103.6
96.2	97.5	102.4	104.8	101.8	99.2	98.5	101.3
99.6	100.9	99.7	99.7	101.1	98.8	104.4	100.3
99.8	99.6	99.7	100.3	100.4	100.1	100.5	99.5
99.4	99.4	100.1	100.4	100.8	99.9	100.1	100.4
100.0	100.2	99.9	100.3	100.1	100.0	100.1	100.5
99.4	100.0	99.5	100.6	101.0	100.1	100.9	100.6
100.0	100.0	100.0	100.0	100.0	100.0	100.0	100.0
100.0	100.1	100.0	100.0	100.7	100.3	100.6	100.3
100.1	99.8	100.1	100.1	100.1	100.1	100.0	100.1
100.0	100.1	100.1	100.0	100.1	100.1	100.1	99.9
99.9	99.9	100.8	100.1	100.4	99.9	100.4	99.9
100.0	100.3	100.0	100.0	99.8	99.8	99.7	100.3
100.1	100.2	100.6	101.4	102.6	104.1	100.6	99.7
99.7	100.0	100.0	99.7	99.8	101.8	98.1	102.0
100.1	100.0	100.1	100.0	99.8	100.1	100.0	100.4
100.2	97.1	98.8	104.1	107.9	101.0	93.1	104.8
98.4	100.1	99.9	100.3	102.2	102.0	101.6	101.6
100.1	100.0	99.8	100.6	100.1	99.5	100.5	101.6
96.9	99.5	97.8	100.0	100.4	100.4	99.8	104.5
99.7	99.6	99.8	100.8	100.5	100.7	100.3	100.0
100.1	100.8	101.2	100.7	101.3	101.1	101.9	101.6
98.9	100.9	104.1	102.8	104.2	100.2	100.2	103.8
99.5	100.3	101.4	103.9	103.3	100.9	98.5	96.5
100.0	100.1	100.4	101.1	101.2	102.3	100.9	101.0
100.1	99.6	100.5	99.9	100.2	99.8	100.2	101.1
100.1	100.1	100.1	99.7	99.9	100.1	100.1	100.1
99.0	101.7	99.6	100.1	100.1	100.2	99.8	100.1
100.2	100.0	100.0	100.0	100.0	99.9	100.4	100.1
100.2	100.6	100.4	100.5	100.2	99.8	100.0	100.1
99.9	99.7	99.8	99.6	99.8	100.0	99.9	99.6
100.0	100.2	100.1	100.0	99.9	99.8	99.8	99.9
100.0	100.0	100.0	100.0	100.0	99.6	99.4	100.0
100.0	100.0	100.0	100.0	100.0	100.0	100.0	100.0
100.2	100.0	102.5	100.7	100.0	99.8	100.1	99.9
99.5	99.4	99.8	99.5	100.2	97.2	101.5	107.1
100.0	100.0	100.0	100.0	100.0	100.0	100.0	100.0

6-9 各月分大中类工业生产者

(上月=100)

大中类行业名称	全年	1月	2月	3月	4月
煤炭开采和洗选业	114.3	100.9	100.2	98.8	101.4
烟煤和无烟煤开采洗选	114.3	100.9	100.3	98.8	101.4
其他煤炭采选	89.1	101.1	96.9	95.3	96.7
石油和天然气开采业	116.5	108.2	101.7	100.6	96.2
石油开采	117.4	108.8	101.9	100.4	96.0
天然气开采	103.6	100.0	98.6	103.6	100.0
黑色金属矿采选业	108.1	101.2	107.2	102.4	96.0
铁矿采选	108.1	101.2	107.2	102.4	96.0
有色金属矿采选业	108.5	101.9	98.4	102.4	101.1
常用有色金属矿采选	123.5	102.4	95.0	107.8	104.6
贵金属矿采选	101.4	101.8	99.2	100.8	99.3
稀有稀土金属矿采选	120.3	101.7	100.7	102.0	104.3
非金属矿采选业	100.9	99.8	100.5	100.4	100.4
土砂石开采	100.3	99.7	100.1	100.1	100.0
化学矿开采	98.4	98.6	102.1	102.0	106.6
采盐	108.3	100.0	110.6	105.8	101.2
石棉及其他非金属矿采选	104.3	100.9	100.3	100.3	100.0
农副食品加工业	99.6	100.5	99.9	99.6	99.1
谷物磨制	102.7	100.7	100.4	100.2	100.1
饲料加工	99.9	100.6	99.5	99.5	99.9
植物油加工	93.4	100.1	99.3	98.9	96.6
屠宰及肉类加工	98.7	100.4	99.7	99.1	98.2
水产品加工	100.0	101.0	101.0	99.0	101.0
蔬菜、水果和坚果加工	92.4	100.8	98.8	99.1	99.9
其他农副食品加工	101.7	100.9	99.9	100.0	99.9
食品制造业	100.8	99.7	100.1	99.9	100.1
焙烤食品制造	102.5	100.0	100.2	100.4	100.5
糖果、巧克力及蜜饯制造	100.0	100.0	100.0	100.0	100.0
方便食品制造	98.5	98.4	100.1	100.0	100.1
乳制品制造	105.6	100.1	99.8	100.0	100.0
罐头食品制造	99.6	100.0	100.0	100.0	99.9
调味品、发酵制品制造	101.8	100.8	99.8	99.9	99.9
其他食品制造	101.8	101.2	100.1	98.8	99.7
酒、饮料和精制茶制造业	102.5	100.6	99.8	100.1	99.8

出厂价格环比指数(2017年)

5月	6月	7月	8月	9月	10月	11月	12月
102.8	99.6	99.5	100.6	104.4	102.4	104.2	98.7
102.8	99.6	99.5	100.6	104.4	102.4	104.3	98.7
97.4	99.4	100.0	100.9	100.0	103.5	100.0	97.5
99.4	99.3	96.4	101.1	104.5	102.1	102.9	103.6
99.4	99.2	96.1	101.0	105.0	102.2	103.1	103.8
100.0	100.0	100.0	102.8	97.3	100.7	100.0	100.7
96.2	97.5	102.4	104.8	101.8	99.2	98.5	101.3
96.2	97.5	102.4	104.8	101.8	99.2	98.5	101.3
99.6	100.9	99.7	99.7	101.1	98.8	104.4	100.3
93.7	104.9	99.7	101.5	98.9	94.4	117.1	103.7
101.2	99.9	99.9	98.9	100.5	100.4	100.8	98.8
102.9	99.1	98.4	100.0	108.9	99.1	100.9	101.1
99.8	99.6	99.7	100.3	100.4	100.1	100.5	99.5
100.1	99.8	99.8	100.6	100.5	100.0	99.7	99.9
94.4	95.4	99.3	99.0	93.3	100.0	118.0	92.1
99.9	98.8	94.9	93.5	103.5	100.0	99.1	101.8
100.0	100.0	100.0	100.0	101.8	100.6	100.0	100.3
99.4	99.4	100.1	100.4	100.8	99.9	100.1	100.4
99.5	99.7	99.7	100.2	100.7	100.7	100.2	100.4
100.1	99.8	100.0	99.8	99.8	100.6	100.1	100.3
99.4	99.4	100.2	100.7	100.8	98.5	99.8	99.3
99.0	99.2	100.6	100.8	101.7	99.1	100.1	100.9
98.0	100.0	100.0	100.0	100.0	100.0	100.0	100.0
98.7	94.7	99.7	100.0	100.6	100.4	100.1	99.5
99.4	99.8	100.8	99.9	100.2	100.0	100.5	100.2
100.0	100.2	99.9	100.3	100.1	100.0	100.1	100.5
99.5	99.8	100.0	100.2	100.1	100.1	100.3	101.3
100.0	100.0	100.0	100.0	100.0	100.0	100.0	100.0
99.8	100.1	100.0	100.1	99.9	100.0	100.0	100.0
103.8	101.3	97.0	100.4	100.6	100.4	100.7	101.6
99.7	100.3	100.0	100.1	100.0	100.0	100.0	99.5
100.3	100.6	100.2	99.9	100.0	100.2	99.9	100.4
99.7	100.1	100.5	101.2	100.1	99.9	100.2	100.3
99.4	100.0	99.5	100.6	101.0	100.1	100.9	100.6

6-9 续表 1

(上月=100)

大中类行业名称	全年	1月	2月	3月	4月
酒的制造	103.3	101.1	99.7	100.2	99.8
饮料制造	100.9	99.8	100.0	99.9	99.8
精制茶加工	104.7	100.2	100.0	100.1	100.1
烟草制品业	100.0	100.0	100.0	100.0	100.0
烟叶复烤	100.0	100.0	100.0	100.0	100.0
卷烟制造	100.0	100.0	100.0	100.0	100.0
其他烟草制品制造	100.0	100.0	100.0	100.0	100.0
纺织业	104.1	100.1	100.9	100.6	100.4
棉纺织及印染精加工	104.3	100.2	101.1	100.6	100.3
毛纺织及染整精加工	103.3	101.3	100.6	101.2	100.2
麻纺织及染整精加工	102.5	100.4	96.6	101.7	101.5
丝绢纺织及印染精加工	101.0	100.1	100.2	100.1	100.0
化纤织造及印染精加工	103.6	100.0	100.0	100.0	100.0
针织或钩针编织物及其制品制造	100.0	100.0	100.0	100.0	100.0
家用纺织制成品制造	101.1	99.3	100.2	99.8	100.0
非家用纺织制成品制造	108.8	98.8	101.2	102.3	103.2
纺织服装、服饰业	98.9	98.9	99.6	100.3	99.7
机织服装制造	99.1	98.8	99.5	100.3	99.8
针织或钩针编织服装制造	98.1	99.5	100.0	100.7	99.1
服饰制造	97.6	98.6	99.0	99.3	100.5
皮革、毛皮、羽毛及其制品和制鞋业	101.3	100.1	100.4	100.1	100.3
皮革鞣制加工	105.5	100.4	100.7	100.5	100.6
皮革制品制造	100.1	100.0	100.0	100.0	100.0
毛皮鞣制及制品加工	96.3	100.0	101.4	100.2	100.3
羽毛(绒)加工及制品制造	100.8	99.7	99.5	99.4	100.4
制鞋业	100.0	100.0	100.1	100.1	100.0
木材加工和木、竹、藤、棕、草制品业	102.2	100.4	100.1	100.6	100.0
木材加工	101.0	100.1	101.0	100.0	100.4
人造板制造	102.5	100.5	99.9	100.7	99.9
木制品制造	101.8	99.8	100.1	100.2	100.0
竹、藤、棕、草等制品制造	100.0	100.0	100.0	100.0	100.0
家具制造业	100.4	100.2	100.0	100.0	100.2
木质家具制造	100.5	100.2	100.0	100.0	100.4
金属家具制造	100.0	100.0	100.0	100.0	100.0

5月	6月	7月	8月	9月	10月	11月	12月
98.5	99.9	99.1	100.4	101.8	100.2	101.6	101.0
100.4	100.1	100.0	101.1	100.0	100.0	100.0	100.0
103.6	100.2	100.0	100.3	100.0	100.1	100.3	99.9
100.0	100.0	100.0	100.0	100.0	100.0	100.0	100.0
100.0	100.0	100.0	100.0	100.0	100.0	100.0	100.0
100.0	100.0	100.0	100.0	100.0	100.0	100.0	100.0
100.0	100.0	100.0	100.0	100.0	100.0	100.0	100.0
100.0	100.1	100.0	100.0	100.7	100.3	100.6	100.3
100.0	100.1	100.0	100.0	100.9	100.2	100.6	100.3
100.0	99.7	99.7	100.7	99.7	100.2	100.0	100.0
100.5	99.7	99.9	100.3	99.3	100.1	101.5	101.1
100.1	100.0	100.0	100.0	100.1	100.0	99.9	100.3
100.0	100.0	100.0	100.0	100.0	100.0	101.8	101.8
100.0	100.0	100.0	100.0	100.0	100.0	100.0	100.0
100.1	100.4	100.8	99.3	99.5	100.4	101.0	100.3
99.5	100.0	100.3	99.8	100.0	101.0	101.3	101.1
100.1	99.8	100.1	100.1	100.1	100.1	100.0	100.1
100.1	100.0	100.1	100.1	100.1	100.2	100.0	100.1
100.0	98.5	100.2	100.0	100.1	100.1	100.0	100.1
98.4	100.5	100.4	100.3	100.8	99.4	100.4	100.0
100.0	100.1	100.1	100.0	100.1	100.1	100.1	99.9
100.3	100.4	100.2	100.5	100.7	100.0	100.7	100.3
100.0	100.0	100.0	100.1	99.9	100.0	100.0	100.0
99.6	98.9	99.5	98.3	99.4	101.3	98.1	99.4
100.3	100.5	100.2	101.0	99.9	99.9	100.0	100.1
99.9	100.1	100.2	100.0	99.9	99.7	100.7	99.4
99.9	99.9	100.8	100.1	100.4	99.9	100.4	99.9
100.0	100.0	100.0	100.5	100.0	100.0	99.7	99.4
99.8	99.9	101.0	100.0	100.5	99.8	100.6	99.8
100.2	100.0	100.3	100.1	100.0	100.1	100.0	101.0
100.0	100.0	100.0	100.0	100.0	100.0	100.0	100.0
100.0	100.3	100.0	100.0	99.8	99.8	99.7	100.3
100.1	100.5	99.9	100.0	99.7	99.7	99.4	100.6
100.0	100.0	100.0	100.0	100.0	100.0	100.0	100.0

6–9 续表 2

(上月=100)

大中类行业名称	全年	1月	2月	3月	4月
其他家具制造	101.6	101.3	100.4	99.9	100.1
造纸和纸制品业	115.2	101.0	101.6	102.0	100.4
纸浆制造	113.5	99.9	102.0	102.5	100.6
造纸	117.6	100.6	102.4	102.8	100.6
纸制品制造	110.2	102.1	100.1	100.2	100.0
印刷和记录媒介复制业	102.4	99.9	101.1	99.9	100.3
印刷	102.4	99.9	101.1	99.9	100.3
文教、工美、体育和娱乐用品制造业	100.5	100.0	99.8	100.0	100.2
文教办公用品制造	100.1	100.0	100.0	100.0	100.0
乐器制造	104.3	101.3	101.1	100.7	100.5
工艺美术品制造	100.5	100.0	99.6	100.2	100.2
玩具制造	100.0	100.0	100.9	99.1	100.0
游艺器材及娱乐用品制造	101.1	100.0	100.0	98.9	101.1
石油加工、炼焦和核燃料加工业	115.2	101.5	107.5	95.8	103.4
精炼石油产品制造	115.9	105.9	103.2	101.3	97.4
炼焦	114.8	99.1	109.9	93.0	106.8
化学原料和化学制品制造业	111.2	102.8	100.9	101.1	99.7
基础化学原料制造	115.8	104.7	99.7	101.4	99.1
肥料制造	114.9	103.7	101.4	100.7	100.0
农药制造	100.8	100.6	99.8	100.2	100.1
涂料、油墨、颜料及类似产品制造	108.2	103.7	100.0	102.5	102.5
合成材料制造	104.7	100.1	103.3	101.1	97.1
专用化学产品制造	102.9	99.9	100.4	101.1	100.3
炸药、火工及焰火产品制造	98.7	100.5	100.0	100.0	99.7
日用化学产品制造	116.3	101.4	108.4	100.9	101.4
医药制造业	103.6	100.0	100.1	100.5	100.6
化学药品原料药制造	104.7	99.2	99.7	100.7	101.9
化学药品制剂制造	105.9	100.5	100.3	100.7	100.4
中药饮片加工	100.0	100.0	100.0	100.0	100.0
中成药生产	110.2	100.5	101.0	101.8	100.7
兽用药品制造	101.0	100.8	100.0	100.0	100.0
生物药品制造	99.0	100.1	100.0	99.5	99.8
卫生材料及医药用品制造	100.2	100.0	100.0	100.0	100.0
化学纤维制造业	108.1	99.5	107.5	101.3	100.8

5月	6月	7月	8月	9月	10月	11月	12月
100.0	99.9	100.0	100.0	100.0	100.0	100.0	100.0
100.1	100.2	100.6	101.4	102.6	104.1	100.6	99.7
100.4	100.3	100.0	100.0	100.4	101.6	101.8	103.1
100.1	100.3	100.8	101.4	103.6	104.0	100.4	99.5
100.1	100.0	100.2	101.6	100.4	104.5	100.9	99.9
99.7	100.0	100.0	99.7	99.8	101.8	98.1	102.0
99.7	100.0	100.0	99.7	99.8	101.8	98.1	102.0
100.1	100.0	100.1	100.0	99.8	100.1	100.0	100.4
100.0	100.0	100.0	100.1	100.0	100.0	100.0	100.0
100.0	98.2	100.0	98.1	100.4	99.6	101.9	102.5
100.1	100.0	100.2	100.1	99.7	100.2	100.0	100.4
100.0	100.0	100.0	100.0	100.0	100.0	100.0	100.0
98.9	102.2	99.0	98.9	100.0	100.0	101.1	101.1
100.2	97.1	98.8	104.1	107.9	101.0	93.1	104.8
100.9	97.8	96.4	102.2	100.8	104.2	101.3	104.0
99.8	96.8	100.1	105.2	111.5	99.6	89.3	105.2
98.4	100.1	99.9	100.3	102.2	102.0	101.6	101.6
96.7	100.3	98.9	100.6	104.5	104.8	103.3	101.3
99.4	100.3	101.3	100.4	100.5	100.8	101.8	103.6
101.4	99.5	100.3	99.6	99.1	99.8	100.0	100.4
99.4	101.0	100.8	98.6	100.7	99.8	98.9	100.3
96.5	97.8	101.3	104.3	104.0	98.7	99.0	101.9
100.5	99.9	99.2	99.6	100.6	100.7	100.1	100.6
100.0	100.0	100.0	99.6	100.2	99.7	99.0	100.0
98.4	100.3	100.1	98.6	101.1	100.6	102.3	101.8
100.1	100.0	99.8	100.6	100.1	99.5	100.5	101.6
100.1	99.8	99.3	102.2	100.3	98.8	102.9	99.9
100.6	100.3	99.9	100.4	100.3	99.9	101.2	101.2
100.0	100.0	100.0	100.0	100.0	100.0	100.0	100.0
100.0	99.8	100.3	100.0	100.1	98.7	98.7	108.4
100.0	100.0	100.0	100.0	100.0	100.2	99.9	100.1
100.2	100.0	99.5	100.3	99.9	100.1	99.7	100.1
100.1	100.2	100.0	100.0	100.0	100.0	99.7	100.2
96.9	99.5	97.8	100.0	100.4	100.4	99.8	104.5

6-9 续表 3

(上月=100)

大中类行业名称	全年	1月	2月	3月	4月
纤维素纤维原料及纤维制造	107.6	97.1	109.3	101.7	101.6
合成纤维制造	110.2	107.8	101.7	100.1	97.9
橡胶和塑料制品业	103.8	100.4	101.7	100.9	99.4
橡胶制品业	112.0	100.9	104.1	103.3	100.4
塑料制品业	100.0	100.1	100.6	99.8	98.9
非金属矿物制品业	108.5	100.1	99.6	99.7	100.2
水泥、石灰和石膏制造	119.2	101.1	97.4	97.1	100.0
石膏、水泥制品及类似制品制造	106.4	99.1	99.5	100.2	101.1
砖瓦、石材等建筑材料制造	98.5	99.8	99.9	99.8	99.9
玻璃制造	102.6	101.4	100.3	99.0	98.5
玻璃制品制造	101.7	99.9	100.0	99.3	100.4
玻璃纤维和玻璃纤维增强塑料制品制造	100.2	100.0	100.0	100.0	100.0
陶瓷制品制造	103.9	100.8	100.2	99.6	100.1
耐火材料制品制造	103.1	100.1	100.0	100.3	100.2
石墨及其他非金属矿物制品制造	123.4	100.1	99.9	100.2	100.0
黑色金属冶炼和压延加工业	117.7	99.8	102.5	102.2	97.0
炼铁	115.5	102.5	101.0	101.5	99.9
炼钢	131.1	106.8	103.6	100.2	97.8
黑色金属铸造	109.2	100.2	101.1	100.1	101.5
钢压延加工	117.9	98.1	103.0	103.3	95.0
铁合金冶炼	113.2	100.0	100.4	103.2	102.3
有色金属冶炼和压延加工业	105.3	99.3	101.8	100.0	100.0
常用有色金属冶炼	107.6	99.7	103.0	99.9	98.4
贵金属冶炼	102.2	100.7	101.4	100.8	102.0
稀有稀土金属冶炼	100.0	100.0	100.0	100.0	100.0
有色金属合金制造	105.0	99.1	102.7	99.6	101.0
有色金属压延加工	104.5	98.1	100.8	99.9	100.9
金属制品业	109.4	101.6	99.9	100.3	100.3
结构性金属制品制造	110.8	100.7	100.6	100.5	100.2
金属工具制造	100.0	100.0	100.0	100.0	100.0
集装箱及金属包装容器制造	110.6	103.2	100.0	101.0	98.2
金属丝绳及其制品制造	114.4	105.9	97.3	100.5	102.5
建筑、安全用金属制品制造	104.5	100.7	100.1	98.9	99.2
搪瓷制品制造	100.6	100.0	100.0	100.0	100.0

5月	6月	7月	8月	9月	10月	11月	12月
96.8	99.8	97.2	99.8	100.4	99.9	99.3	105.0
97.0	98.4	99.9	100.6	100.3	102.4	101.3	102.7
99.7	99.6	99.8	100.8	100.5	100.7	100.3	100.0
100.2	99.6	99.2	101.7	99.9	101.9	100.4	99.8
99.4	99.6	100.1	100.4	100.8	100.1	100.3	100.1
100.1	100.8	101.2	100.7	101.3	101.1	101.9	101.6
100.8	100.1	99.3	98.6	103.7	100.7	110.2	109.7
100.3	100.3	102.2	101.1	100.8	100.5	99.5	101.9
99.8	99.9	99.9	99.9	99.8	99.9	100.0	100.0
100.7	100.9	98.5	99.2	102.1	101.2	100.0	101.1
101.6	100.1	100.3	99.8	100.1	101.1	100.3	99.0
100.0	100.0	100.1	100.0	100.0	100.1	100.0	100.0
100.2	100.2	100.5	99.9	100.6	100.3	100.3	101.2
99.9	100.2	100.0	100.0	100.1	101.6	101.2	99.3
99.9	103.8	105.5	103.8	103.7	102.2	101.3	100.9
98.9	100.9	104.1	102.8	104.2	100.2	100.2	103.8
98.7	96.6	98.6	103.0	104.9	100.9	102.0	105.3
98.7	100.5	114.7	98.9	110.6	99.6	96.6	101.0
100.3	100.2	100.4	100.9	99.9	101.4	101.2	101.6
98.5	101.7	103.6	103.9	104.2	100.0	100.8	105.0
99.0	97.4	100.5	108.3	99.9	99.9	99.7	102.4
99.5	100.3	101.4	103.9	103.3	100.9	98.5	96.5
99.4	101.0	102.7	104.2	105.1	101.8	97.4	95.2
98.7	99.8	98.2	101.4	101.2	99.1	99.6	99.2
100.0	100.0	100.0	100.0	100.0	100.0	100.0	100.0
99.9	99.5	101.9	104.5	101.2	99.8	98.7	97.2
99.8	99.8	101.3	104.9	102.7	100.7	99.1	96.6
100.0	100.1	100.4	101.1	101.2	102.3	100.9	101.0
100.2	100.5	100.4	100.8	100.4	104.1	101.7	100.1
100.0	100.0	100.0	100.0	100.0	100.0	100.0	100.0
99.6	99.6	100.4	105.1	102.7	100.2	100.3	100.0
99.7	98.8	99.8	100.8	104.5	102.0	100.2	101.9
99.5	101.3	100.4	101.8	101.6	100.4	100.0	100.6
100.6	100.0	100.0	100.0	100.0	100.0	100.0	100.0

6-9 续表 4

(上月=100)

大中类行业名称	全年	1月	2月	3月	4月
金属制日用品制造	99.9	100.1	100.2	100.0	100.1
其他金属制品制造	107.3	101.0	100.0	99.6	99.6
通用设备制造业	100.8	100.7	100.0	99.5	99.2
锅炉及原动设备制造	102.5	100.0	100.0	100.0	100.0
金属加工机械制造	99.2	99.0	100.0	98.9	100.0
物料搬运设备制造	101.3	100.0	99.8	100.0	100.3
泵、阀门、压缩机及类似机械制造	100.2	99.9	100.0	100.0	100.0
轴承、齿轮和传动部件制造	97.0	106.0	100.1	95.5	93.6
烘炉、风机、衡器、包装等设备制造	102.1	100.9	100.0	100.3	100.3
文化、办公用机械制造	101.8	99.6	100.2	100.5	99.8
通用零部件制造	100.3	100.1	100.6	100.0	100.0
其他通用设备制造业	107.2	100.0	99.6	101.9	94.9
专用设备制造业	100.4	100.2	99.9	100.1	100.0
采矿、冶金、建筑专用设备制造	99.2	100.1	99.9	100.0	99.9
化工、木材、非金属加工专用设备制造	102.3	100.0	100.2	100.2	100.3
食品、饮料、烟草及饲料生产专用设备制造	100.0	100.1	100.1	100.0	100.3
印刷、制药、日化及日用品生产专用设备制造	103.7	100.3	100.5	100.4	100.6
纺织、服装和皮革加工专用设备制造	106.6	102.0	99.0	100.6	101.1
电子和电工机械专用设备制造	108.2	100.0	100.1	100.4	100.8
农、林、牧、渔专用机械制造	100.8	100.2	99.6	100.0	100.1
医疗仪器设备及器械制造	104.1	100.8	100.5	100.8	98.9
环保、社会公共服务及其他专用设备制造	100.4	100.0	100.0	99.9	100.0
汽车制造业	101.6	100.5	100.1	99.7	100.7
汽车整车制造	98.2	101.2	99.2	98.1	100.5
改装汽车制造	100.1	101.5	97.9	107.1	100.0
低速载货汽车制造	100.0	99.6	100.3	100.0	100.0
汽车车身、挂车制造	115.5	100.0	100.1	100.0	100.1
汽车零部件及配件制造	102.3	100.2	100.7	99.8	100.9
铁路、船舶、航空航天和其他运输设备制造业	100.8	100.1	100.1	100.0	100.0
铁路运输设备制造	101.1	100.4	100.4	100.2	99.9
船舶及相关装置制造	99.7	100.0	100.0	100.0	100.0
摩托车制造	100.9	100.0	100.1	100.0	100.0
自行车制造	100.4	100.1	100.2	100.0	100.0
电气机械和器材制造业	102.2	100.5	100.2	100.2	99.7

5月	6月	7月	8月	9月	10月	11月	12月
99.8	99.7	100.0	100.0	100.0	100.0	100.0	100.0
100.3	99.9	101.2	101.3	100.7	99.8	100.0	103.7
100.1	99.6	100.5	99.9	100.2	99.8	100.2	101.1
100.0	100.0	102.2	100.0	100.0	100.0	100.0	100.0
100.4	99.3	100.4	99.9	100.0	100.0	99.8	101.4
100.4	97.0	100.0	100.0	99.9	100.0	100.0	104.1
99.9	100.0	100.0	100.0	100.2	100.2	100.1	99.9
100.0	103.7	102.2	97.6	100.2	97.6	101.6	99.6
100.0	100.0	100.1	100.5	100.2	100.0	99.9	100.0
100.2	100.4	99.8	99.8	100.2	100.9	100.0	100.4
99.8	99.9	99.7	100.0	100.0	100.0	100.0	100.2
100.4	100.7	101.0	102.9	103.7	99.1	100.0	102.9
100.1	100.1	100.1	99.7	99.9	100.1	100.1	100.1
100.0	100.2	100.1	99.6	99.7	99.9	100.0	99.8
100.5	100.1	100.1	100.4	100.1	100.0	100.3	100.1
100.1	100.1	100.0	99.0	99.9	100.0	99.9	100.2
100.1	100.4	100.3	100.0	100.2	100.4	100.2	100.3
100.9	100.5	99.4	99.0	99.8	101.7	101.6	100.8
100.6	100.1	101.1	100.1	100.4	102.1	100.6	101.5
100.0	100.0	100.0	100.1	100.3	100.0	100.1	100.3
101.6	100.0	100.0	99.6	100.8	100.0	100.0	101.1
100.0	100.0	100.0	100.1	100.3	100.1	100.0	100.0
99.0	101.7	99.6	100.1	100.1	100.2	99.8	100.1
99.1	100.5	100.2	100.0	99.5	99.7	99.5	100.7
95.4	105.6	96.6	98.0	102.1	93.3	104.0	99.7
100.0	100.0	99.9	100.1	100.0	100.0	100.0	100.0
99.9	99.9	100.0	100.0	100.1	115.5	100.1	99.9
99.2	102.1	99.5	100.4	100.2	99.9	99.6	99.9
100.2	100.0	100.0	100.0	100.0	99.9	100.4	100.1
100.2	100.1	99.9	100.0	100.0	100.0	100.0	100.1
100.0	99.2	99.2	100.0	99.1	99.5	100.3	102.5
100.3	100.0	100.0	100.0	100.0	99.9	100.6	100.0
100.1	100.1	100.0	100.0	100.0	100.0	100.0	100.0
100.2	100.6	100.4	100.5	100.2	99.8	100.0	100.1

6–9 续表 5

（上月=100）

大中类行业名称	全年	1月	2月	3月	4月
电机制造	101.8	102.0	99.4	101.1	100.0
输配电及控制设备制造	102.6	100.2	100.3	100.2	99.4
电线、电缆、光缆及电工器材制造	103.0	100.1	100.7	99.8	100.2
电池制造	103.8	101.8	99.6	100.4	99.2
家用电力器具制造	99.2	100.2	100.6	100.1	99.8
非电力家用器具制造	114.6	100.6	101.6	103.6	100.8
照明器具制造	98.8	100.2	99.5	99.5	99.5
其他电气机械及器材制造	102.4	100.1	99.1	101.4	100.1
计算机、通信和其他电子设备制造业	96.1	99.8	98.7	99.7	99.6
计算机制造	104.0	99.5	100.0	102.0	100.0
通信设备制造	95.5	99.6	98.3	99.7	99.8
广播电视设备制造	97.4	100.0	101.3	97.8	97.9
电子器件制造	97.9	101.7	100.1	97.7	94.5
电子元件制造	99.2	100.0	100.0	100.0	99.9
其他电子设备制造	85.8	100.1	100.1	100.0	99.7
仪器仪表制造业	99.1	99.6	100.1	100.1	99.7
通用仪器仪表制造	99.8	99.7	100.1	100.1	99.6
专用仪器仪表制造	96.3	98.9	99.8	100.1	99.4
光学仪器及眼镜制造	100.5	100.2	100.1	99.9	100.0
其他仪器仪表制造业	99.2	99.2	100.0	100.0	100.0
其他制造业	101.8	101.2	100.0	101.7	100.0
日用杂品制造	103.4	102.6	100.0	103.0	100.0
煤制品制造	101.5	100.0	100.0	101.5	100.0
其他未列明制造业	100.0	100.0	100.0	100.0	100.0
金属制品、机械和设备修理业	100.0	100.0	100.0	100.0	100.0
铁路、船舶、航空航天等运输设备修理	100.0	100.0	100.0	100.0	100.0
电力、热力生产和供应业	102.5	99.6	99.9	99.9	99.8
电力生产	104.2	99.7	99.5	100.2	100.0
电力供应	101.7	99.6	100.2	99.8	99.6
热力生产和供应	99.2	100.0	100.0	100.0	99.7
燃气生产和供应业	105.0	101.5	99.9	100.5	99.1
水的生产和供应业	104.5	100.3	102.3	100.8	101.1
自来水生产和供应	105.7	100.3	102.9	101.0	101.4
污水处理及其再生利用	100.0	100.0	100.0	100.0	100.0

5月	6月	7月	8月	9月	10月	11月	12月
99.9	99.4	99.8	100.5	100.1	100.4	99.1	100.2
100.0	102.2	101.0	100.3	99.3	98.8	100.2	100.7
99.6	99.9	100.3	101.4	101.0	100.5	99.6	99.8
99.5	98.0	100.8	100.3	102.5	100.6	101.7	99.4
100.0	99.6	99.8	99.8	99.8	99.8	99.8	100.0
116.1	100.8	99.3	98.7	97.6	97.8	99.4	98.7
99.7	101.0	99.5	99.9	100.0	100.0	100.0	100.0
100.2	99.6	100.6	99.9	101.1	100.9	99.5	99.8
99.9	99.7	99.8	99.6	99.8	100.0	99.9	99.6
97.9	100.9	100.9	100.9	101.8	100.0	100.0	100.0
99.8	99.8	99.8	99.7	99.6	99.7	99.8	99.8
99.9	96.5	99.7	104.4	100.3	100.0	99.8	100.0
103.2	96.5	100.4	99.7	101.6	98.4	105.5	99.0
100.1	100.0	99.9	100.0	100.0	101.6	98.9	98.7
100.3	100.7	100.0	85.5	100.1	99.8	99.3	100.2
100.0	100.2	100.1	100.0	99.9	99.8	99.8	99.9
100.0	100.1	100.3	100.1	100.2	99.8	100.1	99.6
100.2	100.8	99.6	99.7	98.8	99.5	98.9	100.6
100.1	100.0	100.1	100.0	100.0	100.0	100.0	100.1
100.0	100.0	100.0	100.0	100.0	100.0	100.0	100.0
100.0	100.0	100.0	100.0	100.0	99.6	99.4	100.0
100.0	100.0	100.0	100.0	100.0	99.2	98.7	100.0
100.0	100.0	100.0	100.0	100.0	100.0	100.0	100.0
100.0	100.0	100.0	100.0	100.0	100.0	100.0	100.0
100.0	100.0	100.0	100.0	100.0	100.0	100.0	100.0
100.0	100.0	100.0	100.0	100.0	100.0	100.0	100.0
100.2	100.0	102.5	100.7	100.0	99.8	100.1	99.9
100.1	100.1	103.9	101.5	99.7	99.4	100.4	99.8
100.3	99.9	101.9	100.3	100.2	100.0	100.0	100.0
100.0	100.0	99.9	99.2	101.1	100.1	100.0	99.2
99.5	99.4	99.8	99.5	100.2	97.2	101.5	107.1
100.0	100.0	100.0	100.0	100.0	100.0	100.0	100.0
100.0	100.0	100.0	100.0	100.0	100.0	100.0	100.0
100.0	100.0	100.0	100.0	100.0	100.0	100.0	100.0

6-10 各月分类工业生产者

(2015年=100)

项目名称	全年	1月	2月	3月	4月	5月
总指数	**105.8**	**103.9**	**104.4**	**104.6**	**104.4**	**104.2**
核心指数	105.8	103.7	104.1	104.6	104.3	104.0
高技术	95.0	95.7	95.1	95.1	95.0	95.1
能源	115.6	111.5	113.5	112.0	113.0	114.1
按轻重工业分						
轻工业	101.0	100.5	100.8	100.9	100.8	100.6
以农产品为原料	101.0	100.6	100.8	100.9	100.7	100.5
以非农产品为原料	101.1	100.1	100.8	100.8	101.0	101.0
重工业	107.8	105.3	106.0	106.1	106.0	105.8
采掘	112.0	108.1	108.3	108.8	109.5	110.7
原料	115.0	111.2	113.1	112.9	113.0	112.3
加工	104.6	102.8	103.1	103.3	103.0	102.8
按两大部类分						
生产资料	108.8	106.0	106.8	107.0	106.9	106.7
采掘	112.0	108.1	108.3	108.8	109.5	110.7
原料	116.2	112.3	114.4	114.2	114.2	113.3
加工	105.7	103.4	103.9	104.3	104.0	103.8
生活资料	98.2	98.6	98.4	98.3	98.1	98.0
食品	99.5	100.0	100.0	99.8	99.4	99.1
衣着	99.4	99.6	99.5	99.7	99.6	99.6
一般日用品	98.9	98.3	98.3	98.4	98.7	98.7
耐用消费品	93.5	94.7	93.8	93.7	93.6	93.8
按初级中间最终产品分						
初级产品	111.9	108.1	108.3	108.8	109.5	110.6
矿产品	111.9	108.1	108.3	108.8	109.5	110.6
中间产品	107.2	104.9	105.7	105.9	105.6	105.2
最终产品	99.8	98.9	99.1	99.2	99.1	99.0
最终投资品	100.5	99.1	99.4	99.5	99.5	99.5
最终消费品	98.7	98.7	98.6	98.6	98.4	98.3
按工业部门分						
冶金工业	121.7	115.9	117.7	119.2	117.9	116.9
电力工业	94.6	93.3	93.2	93.2	93.0	93.2
煤炭及炼焦工业	142.1	133.7	137.8	133.6	137.7	140.2
石油工业	104.2	103.4	105.6	106.5	103.8	104.0
化学工业	104.1	102.3	103.3	104.1	103.9	102.9
机械工业	97.8	97.9	97.8	97.6	97.5	97.5
建筑材料工业	104.3	103.8	103.3	102.9	103.1	103.2
森林工业	100.4	99.6	99.7	100.1	100.1	100.1
食品工业	99.0	99.6	99.5	99.3	98.8	98.5
纺织工业	103.6	101.3	102.2	102.9	103.4	103.3
缝纫工业	98.6	98.8	98.4	98.7	98.5	98.5
皮革工业	107.4	106.3	106.9	107.2	107.6	107.6
造纸工业	110.9	103.9	105.6	107.7	108.1	108.2
文教艺术用品工业	97.8	96.9	97.8	97.6	97.9	97.7
其它工业	105.6	99.9	99.8	100.0	100.1	100.1

出厂价格定基指数(2017年)

6月	7月	8月	9月	10月	11月	12月
104.3	**104.9**	**105.8**	**107.3**	**107.9**	**108.3**	**109.0**
104.3	105.1	106.0	107.4	108.0	108.6	109.1
94.9	94.8	94.8	94.9	94.7	94.8	95.1
113.2	113.6	115.2	119.1	120.2	120.3	121.4
100.5	100.5	100.7	101.3	101.7	101.9	102.2
100.3	100.4	100.7	101.4	101.7	102.0	102.3
101.1	101.1	101.1	101.3	101.5	101.5	102.0
106.0	106.8	108.0	109.9	110.6	111.1	111.8
110.7	110.3	110.7	113.6	114.9	119.3	118.7
111.9	113.2	115.1	119.1	120.0	118.9	119.1
103.2	104.0	105.0	106.1	106.6	107.2	108.3
106.9	107.7	108.9	111.0	111.7	112.3	113.0
110.7	110.3	110.7	113.6	114.9	119.3	118.7
113.0	114.3	116.2	120.3	121.2	120.1	120.5
104.2	105.0	106.1	107.3	107.9	108.7	109.6
97.9	97.8	98.0	98.2	98.2	98.2	98.6
98.8	98.9	99.2	99.7	99.6	99.7	100.3
99.3	99.4	99.3	99.2	99.4	99.3	99.2
98.9	98.6	98.9	98.9	99.3	99.6	100.2
93.7	93.7	93.4	93.0	92.9	92.7	92.8
110.7	110.2	110.7	113.6	114.9	119.2	118.6
110.7	110.2	110.7	113.6	114.9	119.2	118.6
105.4	106.2	107.4	109.2	109.8	110.0	110.8
99.1	99.5	99.9	100.3	100.7	101.0	101.4
99.8	100.2	100.7	101.2	101.9	102.3	102.7
98.2	98.6	98.8	99.0	99.0	99.1	99.6
117.6	120.0	123.4	127.5	128.1	128.1	128.1
93.2	95.5	96.2	96.2	96.0	96.1	96.0
138.4	138.0	140.7	149.9	152.1	151.3	152.2
102.4	99.4	100.7	102.4	104.7	106.6	111.4
102.7	102.5	103.1	104.5	105.5	106.8	108.2
97.7	97.8	97.9	97.9	97.9	98.0	98.3
103.3	103.5	103.4	104.2	105.0	107.0	108.8
100.2	100.7	100.7	100.9	100.8	100.9	101.0
98.3	98.3	98.6	99.1	99.1	99.2	99.5
103.5	103.5	103.4	104.2	104.5	105.2	105.6
98.4	98.5	98.6	98.6	98.7	98.8	98.9
107.6	107.5	107.4	107.6	107.9	107.8	107.8
108.5	109.1	110.6	113.5	118.2	118.9	118.5
97.7	97.7	97.4	97.3	98.7	97.4	98.9
102.4	105.9	108.4	110.9	112.5	113.3	114.1

6–11 各月分大类工业生产者

(2015年=100)

大类行业名称	全年	1月	2月	3月	4月
煤炭开采和洗选业	124.1	118.5	118.8	117.4	119.0
石油和天然气开采业	95.4	95.6	97.3	97.8	94.1
黑色金属矿采选业	107.3	102.4	109.8	112.4	108.0
有色金属矿采选业	106.3	104.1	102.4	104.9	106.0
非金属矿采选业	103.2	102.3	102.9	103.2	103.7
农副食品加工业	98.9	100.2	100.1	99.7	98.8
食品制造业	100.0	99.8	99.8	99.7	99.8
酒、饮料和精制茶制造业	100.3	100.3	100.1	100.2	100.0
烟草制品业	99.6	99.6	99.6	99.6	99.6
纺织业	104.5	102.3	103.2	103.8	104.3
纺织服装、服饰业	95.8	96.0	95.6	95.9	95.6
皮革、毛皮、羽毛及其制品和制鞋业	104.2	103.3	103.7	103.8	104.1
木材加工和木、竹、藤、棕、草制品业	100.8	99.9	99.9	100.5	100.4
家具制造业	99.5	99.3	99.3	99.3	99.6
造纸和纸制品业	110.9	103.9	105.6	107.7	108.1
印刷和记录媒介复制业	96.7	95.6	96.7	96.6	96.9
文教、工美、体育和娱乐用品制造业	103.8	103.8	103.5	103.6	103.7
石油加工、炼焦和核燃料加工业	161.8	150.5	161.8	155.0	160.3
化学原料和化学制品制造业	107.1	104.7	105.7	106.9	106.6
医药制造业	99.3	98.0	98.1	98.6	99.2
化学纤维制造业	103.7	98.3	105.7	107.1	107.9
橡胶和塑料制品业	101.8	99.7	101.4	102.4	101.7
非金属矿物制品业	105.0	102.8	102.3	102.0	102.2
黑色金属冶炼和压延加工业	138.7	129.7	133.0	135.9	131.9
有色金属冶炼和压延加工业	115.0	109.8	111.8	111.8	111.8
金属制品业	105.1	102.7	102.6	102.9	103.2
通用设备制造业	99.2	100.0	100.0	99.5	98.8
专用设备制造业	99.6	99.5	99.4	99.5	99.5
汽车制造业	100.4	99.8	99.9	99.6	100.3
铁路、船舶、航空航天和其他运输设备制造业	96.7	96.4	96.5	96.5	96.5
电气机械和器材制造业	99.1	98.2	98.3	98.5	98.2
计算机、通信和其他电子设备制造业	91.0	93.2	92.0	91.7	91.3
仪器仪表制造业	99.8	99.9	99.9	100.0	99.6
其他制造业	108.5	107.2	107.2	109.0	109.0
金属制品、机械和设备修理业	99.6	99.6	99.6	99.6	99.6
电力、热力生产和供应业	94.6	93.3	93.2	93.1	92.9
燃气生产和供应业	92.0	93.1	93.0	93.4	92.6
水的生产和供应业	105.4	101.7	104.0	104.9	106.0

出厂价格定基指数(2017年)

5月	6月	7月	8月	9月	10月	11月	12月
122.3	121.9	121.3	122.0	127.3	130.4	135.9	134.2
93.6	92.9	89.5	90.5	94.5	96.5	99.4	102.9
103.8	101.2	103.7	108.7	110.6	109.7	108.1	109.5
105.6	106.6	106.2	105.9	107.0	105.8	110.4	110.8
103.4	103.0	102.6	102.9	103.3	103.4	103.9	103.4
98.2	97.6	97.7	98.1	98.9	98.8	99.0	99.3
99.8	99.9	99.9	100.1	100.2	100.3	100.4	100.8
99.5	99.5	98.9	99.6	100.6	100.7	101.6	102.2
99.6	99.6	99.6	99.6	99.6	99.6	99.6	99.6
104.3	104.4	104.4	104.4	105.1	105.4	106.0	106.4
95.7	95.5	95.6	95.7	95.8	95.9	95.9	96.0
104.1	104.2	104.3	104.3	104.4	104.5	104.6	104.5
100.3	100.2	101.0	101.1	101.5	101.4	101.8	101.7
99.6	99.9	99.8	99.8	99.6	99.5	99.2	99.5
108.2	108.5	109.1	110.6	113.5	118.2	118.9	118.5
96.6	96.6	96.7	96.4	96.3	98.0	96.2	98.1
103.8	103.8	103.9	103.9	103.7	103.8	103.9	104.3
160.7	156.1	154.2	160.6	173.3	175.1	163.0	170.8
104.9	105.0	104.8	105.2	107.5	109.7	111.5	113.3
99.3	99.3	99.1	99.7	99.8	99.3	99.8	101.5
104.5	104.0	101.7	101.7	102.0	102.5	102.3	106.9
101.4	101.0	100.8	101.6	102.1	102.8	103.2	103.2
102.3	103.1	104.4	105.1	106.5	107.7	109.7	111.4
130.4	131.6	137.0	140.9	146.8	147.1	147.4	152.9
111.2	111.5	113.1	117.5	121.4	122.5	120.6	116.4
103.2	103.3	103.7	104.8	106.1	108.6	109.5	110.6
98.8	98.5	98.9	98.8	99.1	98.8	99.0	100.1
99.6	99.7	99.8	99.6	99.5	99.6	99.7	99.7
99.3	101.0	100.5	100.7	100.8	101.0	100.8	100.9
96.7	96.7	96.7	96.7	96.7	96.6	97.0	97.1
98.4	99.0	99.3	99.8	100.0	99.8	99.8	99.9
91.2	90.9	90.8	90.5	90.3	90.3	90.2	89.8
99.7	99.9	100.0	100.0	99.9	99.7	99.5	99.5
109.0	109.0	109.0	109.0	109.0	108.6	107.9	107.9
99.6	99.6	99.6	99.6	99.6	99.6	99.6	99.6
93.1	93.1	95.5	96.2	96.2	96.0	96.1	96.0
92.2	91.6	91.4	91.0	91.2	88.6	90.0	96.3
106.0	106.0	106.0	106.0	106.1	106.1	106.1	106.0

6-12　工业生产者出厂价格完整同比指数(2017年)

(上年＝100)

项目名称	指　数	项目名称	指　数
煤炭开采和洗选业	131.4	其他建筑用石料	100.0
烟煤和无烟煤开采洗选	131.5	粘土及其他土砂石开采	101.3
无烟煤	128.6	砂石	100.4
烟煤	135.0	其他粘土及其他土砂石	110.9
洗煤	130.7	化学矿开采	118.4
其他煤炭采选	107.1	硫铁矿石	95.4
石油和天然气开采业	115.6	磷矿石	105.0
石油开采	116.5	其他化学矿	122.0
原油	116.5	采盐	115.7
天然气开采	103.4	井盐	115.7
黑色金属矿采选业	122.7	石棉及其他非金属矿采选	102.9
铁矿采选	122.7	石墨、滑石采选	102.9
铁矿石成品矿	99.5	滑石	102.9
铁矿石原矿	136.5	农副食品加工业	99.7
有色金属矿采选业	104.6	谷物磨制	102.4
常用有色金属矿采选	108.9	小麦粉	102.4
铜矿采选	102.5	小麦专用粉	104.1
铅锌矿采选	111.8	大米	101.8
铝矿采选	107.1	其他谷物磨制产品	101.5
贵金属矿采选	100.8	饲料加工	100.6
金矿采选	100.8	配合饲料	100.7
银矿采选	104.2	浓缩饲料	105.9
稀有稀土金属矿采选	121.5	混合饲料	89.5
钨钼矿采选	121.5	预混合饲料	100.7
钨矿	107.3	蛋白质饲料	94.3
钼矿	123.0	其他饲料加工	100.6
非金属矿采选业	102.0	植物油加工	98.7
土砂石开采	100.5	食用植物油加工	98.6
石灰石、石膏开采	99.2	毛油(初榨植物油)	84.3
石灰石	99.2	精制食用植物油	99.7
建筑装饰用石开采	100.0	其他食用植物油	98.6
天然大理石荒料	100.0	非食用植物油加工	100.5
天然花岗石荒料	99.9	屠宰及肉类加工	96.7

6-12 续表 1

(上年＝100)

项目名称	指　数	项目名称	指　数
牲畜屠宰	96.3	方便面及其他方便食品制造	99.8
鲜、冷藏肉	96.3	乳制品制造	101.7
禽类屠宰	94.6	液体乳	101.7
肉制品及副产品加工	98.6	罐头食品制造	99.8
动物肠衣	100.4	肉、禽类罐头制造	100.2
蒸煮肉类制品	98.6	蔬菜、水果罐头制造	99.7
酱卤烧烤肉制品	101.8	调味品、发酵制品制造	100.0
其他未列明肉制品	100.0	味精制造	95.8
水产品加工	103.4	酱油、食醋及类似制品制造	100.2
水产饲料制造	103.4	酱油	100.1
蔬菜、水果和坚果加工	95.6	食醋	100.1
蔬菜加工	94.6	其他酱油、食醋及类似制品的制造	101.0
水果和坚果加工	97.7	其他调味品、发酵制品制造	102.8
其他农副食品加工	101.5	复合调味品	102.7
淀粉及淀粉制品制造	101.6	发酵类制品	102.8
豆制品制造	100.0	其他食品制造	103.8
蛋品加工	100.0	营养食品制造	100.0
其他未列明农副食品加工	102.6	营养配餐食品	100.0
食品制造业	100.6	保健食品制造	100.0
焙烤食品制造	99.5	冷冻饮品及食用冰制造	105.4
糕点、面包制造	96.8	盐加工	118.7
糕点制造	105.5	食用盐	118.4
面包制造	94.2	非食用盐	153.9
饼干及其他焙烤食品制造	101.4	食品及饲料添加剂制造	110.6
饼干	101.4	食品添加剂	110.6
膨化食品	101.7	酒、饮料和精制茶制造业	102.1
其他焙烤食品	102.7	酒的制造	104.1
糖果、巧克力及蜜饯制造	100.0	酒精制造	112.2
糖果、巧克力制造	100.0	白酒制造	99.9
糖果	100.0	啤酒制造	100.5
方便食品制造	100.0	葡萄酒制造	102.1
米、面制品制造	100.8	其他酒制造	83.7
速冻食品制造	99.8	饮料制造	99.4

6-12 续表 2

(上年＝100)

项目名称	指　数	项目名称	指　数
碳酸饮料制造	100.1	蚕丝及交织机织物	109.1
瓶(罐)装饮用水制造	101.3	其他绢纺和丝织加工	95.5
果菜汁及果菜汁饮料制造	96.6	化纤织造及印染精加工	100.5
含乳饮料和植物蛋白饮料制造	100.0	化纤织造加工	100.5
含乳饮料	100.0	针织或钩针编织物及其制品制造	124.5
植物蛋白饮料	100.0	针织或钩针编织物织造	124.5
茶饮料及其他饮料制造	99.9	家用纺织制成品制造	101.7
茶饮料	100.0	床上用品制造	101.9
其他茶饮料及饮料	99.9	床褥单、枕套、被罩、套件、被面	101.0
精制茶加工	101.3	其他床上用品	102.0
精制茶	101.3	毛巾类制品制造	101.9
烟草制品业	100.0	窗帘、布艺类产品制造	100.1
烟叶复烤	100.0	非家用纺织制成品制造	104.7
卷烟制造	100.0	纺织带和帘子布制造	105.5
卷烟	100.0	帘子布	110.7
其他烟草制品制造	100.0	其他纺织带和帘子布	104.2
纺织业	106.4	其他非家用纺织制成品制造	101.5
棉纺织及印染精加工	105.7	纺织服装、服饰业	98.2
棉纺纱加工	106.0	机织服装制造	98.5
纱	106.0	羽绒服	95.9
线	105.9	西服及西服套装	102.0
棉织造加工	103.6	上衣	99.0
布	103.6	衬衫	94.4
棉印染精加工	101.6	裤	98.4
毛纺织及染整精加工	103.7	裙	97.2
毛条和毛纱线加工	105.7	婴儿、儿童服装及衣着附件	103.5
毛织造加工	100.6	职业服装、工作服及类似服装	104.2
毛机织物(呢绒)	100.6	针织或钩针编织服装制造	97.5
麻纺织及染整精加工	105.1	服饰制造	95.9
麻织造加工	105.1	皮革、毛皮、羽毛及其制品和制鞋业	101.0
丝绢纺织及印染精加工	101.3	皮革鞣制加工	105.9
缫丝加工	100.0	半成品革	103.4
绢纺和丝织加工	106.9	成品革	106.3

6-12 续表 3

(上年=100)

项目名称	指　数	项目名称	指　数
其他皮革	100.0	棕制品制造	100.1
皮革制品制造	100.1	家具制造业	100.3
皮革服装制造	100.0	木质家具制造	100.4
皮箱、包(袋)制造	100.0	卧室用木质家具	101.8
手提包(袋)、背包	100.0	木质坐具	99.4
皮手套及皮装饰制品制造	101.5	办公室用木质家具	100.1
其他皮革制品制造	100.0	客厅、餐厅用木质家具	100.0
毛皮鞣制及制品加工	99.4	其他木制家具	99.2
毛皮鞣制加工	98.8	金属家具制造	100.0
其他毛皮制品加工	100.9	办公室用金属家具	100.0
羽毛(绒)加工及制品制造	96.6	其他金属家具	100.0
羽毛(绒)加工	90.7	其他家具制造	101.6
羽毛(绒)制品加工	102.3	软体坐具	119.8
制鞋业	98.8	床垫、褥垫	100.0
纺织面料鞋制造	100.0	其他家具	101.0
纺织面鞋	100.0	造纸和纸制品业	111.7
皮鞋制造	98.4	纸浆制造	108.3
橡胶鞋制造	98.2	木竹浆制造	111.9
木材加工和木、竹、藤、棕、草制品业	101.3	非木竹浆制造	103.8
木材加工	100.9	非木材纤维纸浆	100.0
锯材加工	100.4	化学溶解浆及其他纸浆	106.5
单板加工	104.0	造纸	113.3
人造板制造	101.5	机制纸及纸板制造	113.9
胶合板制造	101.7	未涂布印刷书写用纸	118.1
纤维板制造	102.4	新闻纸	125.5
刨花板制造	100.7	卫生用纸原纸	109.2
其他人造板制造	99.4	其他机制纸及纸板	109.4
木制品制造	100.6	加工纸制造	101.1
建筑用木料及木材组件加工	100.2	纸制品制造	108.4
木门窗、楼梯制造	99.1	纸和纸板容器制造	103.6
地板制造	101.7	其他纸制品制造	119.1
实木木地板	101.7	卫生用纸制品	97.7
竹、藤、棕、草等制品制造	100.1	纸制壁纸、窗纸、铺地制品及类似品	95.1

6-12 续表 4

(上年=100)

项目名称	指 数	项目名称	指 数
其他纸制品	119.1	游艺器材及娱乐用品制造	98.9
印刷和记录媒介复制业	99.9	露天游乐场所游乐设备制造	98.9
印刷	99.9	石油加工、炼焦和核燃料加工业	147.1
书、报刊印刷	100.5	精炼石油产品制造	117.9
单色印刷品	137.2	原油加工及石油制品制造	117.9
多色印刷品	100.2	汽油	110.6
本册印制	100.0	煤油	125.5
用于书写本册	100.0	柴油	111.2
包装装潢及其他印刷	99.8	润滑油基础油	101.9
塑料印刷品	99.1	燃料油	99.2
其他包装装潢及印刷	100.1	润滑脂	99.7
文教、工美、体育和娱乐用品制造业	101.8	石油沥青	215.7
文教办公用品制造	100.3	焦油	136.9
教学用模型及教具制造	100.3	炼焦	164.2
乐器制造	105.7	焦炭	166.4
中乐器制造	105.7	煤焦油	110.5
工艺美术品制造	102.0	化学原料和化学制品制造业	112.1
雕塑工艺品制造	101.8	基础化学原料制造	119.0
雕刻工艺品	101.8	无机酸制造	95.0
金属工艺品制造	100.2	硫酸	105.9
其他金属工艺品	100.2	盐酸	52.9
漆器工艺品制造	100.3	其它无机酸产品	102.6
天然植物纤维编织工艺品制造	99.1	无机碱制造	131.7
地毯、挂毯制造	93.3	烧碱	128.4
机制地毯、挂毯	93.3	纯碱类	135.5
珠宝首饰及有关物品制造	100.0	其它无机碱产品	123.8
其他珠宝首饰及有关物品	100.0	无机盐制造	108.6
其他工艺美术品制造	104.3	金属硫化物及硫酸盐	112.3
剧装道具	101.2	氟化物及其盐	143.4
发制品	104.6	氯化物及其盐	26.7
工艺扇子	101.1	氯氧化物及氢氧基氯化物	98.2
玩具制造	100.1	氰化物、氧氰化物及氰络合物	102.9
其他玩具	100.1	硅化物及硅酸盐	70.6

6-12 续表 5

(上年=100)

项目名称	指　数	项目名称	指　数
贵金属化合物	103.9	生物化学农药及微生物农药制造	99.8
有机化学原料制造	126.7	涂料、油墨、颜料及类似产品制造	112.1
芳烃	146.9	涂料制造	99.2
无环烃不饱和氯化衍生物	100.6	水性涂料	98.0
无环醇及其衍生物	135.7	非水性涂料	100.2
环醇	125.4	建筑涂料	100.0
羧酸及其衍生物	121.3	油墨及类似产品制造	100.0
氨基化合物	114.2	印刷油墨	100.0
醚	144.7	颜料制造	135.0
醛	129.4	无机颜料	135.9
有机－无机化合物	116.2	其他颜料及类似产品	101.5
其他有机化学原料	97.5	染料制造	120.6
其他基础化学原料制造	117.2	密封用填料及类似品制造	104.2
非金属无机氧化物	100.0	非定型密封材料	104.2
金属氧化物	129.7	合成材料制造	108.2
非金属基础化学品	102.3	初级形态塑料及合成树脂制造	102.4
其他未列明基础化学原料	123.2	合成纤维单(聚合)体制造	123.1
肥料制造	111.1	合成纤维单体	125.3
氮肥制造	117.8	合成纤维聚合物	100.0
氨及氨水	124.4	其他合成材料制造	105.5
氮肥(折含N100%)	117.3	油脂类高分子聚合物	115.4
磷肥制造	100.0	其他合成材料制造	95.7
钾肥制造	106.6	专用化学产品制造	104.0
复混肥料制造	104.5	化学试剂和助剂制造	108.3
有机肥料及微生物肥料制造	108.4	化学试剂	99.7
微生物肥料	108.5	催化剂及载体	109.9
动物、植物肥料	100.7	橡胶助剂	124.1
农药制造	101.1	塑料助剂	103.5
化学农药制造	101.2	造纸工业用整理剂、助剂	96.0
杀虫(杀螨)用原药及制剂	100.6	炭黑	129.9
杀菌用原药及制剂	100.0	专项化学用品制造	97.5
除草用原药及制剂	101.8	油田用化学制剂	95.5
其他化学农药	100.0	建工建材用化学助剂	100.2

6-12　续表 6

(上年＝100)

项目名称	指　数	项目名称	指　数
林产化学产品制造	101.6	血液系统用药	101.9
竹材、木材水解产品	101.6	化学药品制剂制造	103.2
信息化学品制造	100.0	粉针剂	100.0
感光胶片	101.3	注射液	111.2
电子半导体材料	99.8	输液	101.8
其他信息化学品	99.3	片剂	104.3
环境污染处理专用药剂材料制造	107.6	胶囊剂	100.7
污水处理化学药剂	110.7	冻干粉针剂	95.1
其它环境污染处理专用药剂材料制造	100.2	其他化学药品制剂	100.4
其他专用化学产品制造	102.9	中药饮片加工	100.0
炸药、火工及焰火产品制造	100.3	植物类饮片	100.0
炸药及火工产品制造	100.3	中成药生产	103.6
炸药	100.3	中成药丸剂	118.3
火工产品	101.2	中成药颗粒剂	100.2
日用化学产品制造	114.3	中成药糖浆	100.2
肥皂及合成洗涤剂制造	106.3	中成药片剂	95.0
肥(香)皂	103.2	中成药胶囊	98.0
合成洗涤剂	106.9	中成药注射液	121.0
化妆品制造	100.0	中成药合剂	104.2
护发用化妆品	100.0	药酒	116.2
香料、香精制造	127.9	膏药	100.5
香料	163.0	兽用药品制造	100.6
香精	107.4	兽用疫苗	101.9
其他日用化学产品制造	116.6	兽用药品	99.4
其它日用化学品	116.6	生物药品制造	100.1
医药制造业	100.8	酶类生化制剂	103.1
化学药品原料药制造	98.9	生物制剂	100.4
抗菌素(抗感染药)	100.5	球蛋白、白蛋白	94.8
消化系统用药	96.3	血液制品制剂	100.1
解热镇痛药	100.0	其他生物化学药品	100.0
激素类药	77.8	卫生材料及医药用品制造	100.1
抗肿瘤药	76.6	卫生材料及敷料	100.1
心血管系统用药	105.6	化学纤维制造业	105.5

6-12 续表 7

(上年＝100)

项目名称	指　数	项目名称	指　数
纤维素纤维原料及纤维制造	104.9	其他塑料板、管、型材	100.0
化纤浆粕制造	100.2	塑料丝、绳及编织品制造	99.8
人造纤维(纤维素纤维)制造	106.1	塑料编织布	109.0
人造纤维短纤维	109.7	塑料绳	104.3
人造纤维长丝	105.3	塑料编织袋	99.2
合成纤维制造	107.8	塑料袋	100.5
锦纶纤维制造	105.3	其他塑料丝、绳及编织品	99.9
涤纶纤维制造	111.9	泡沫塑料制造	117.2
其他合成纤维制造	93.2	聚乙烯泡沫塑料	100.0
橡胶和塑料制品业	104.0	聚苯乙烯泡沫塑料	119.0
橡胶制品业	107.6	聚氨酯泡沫塑料	137.1
轮胎制造	117.4	塑料人造革、合成革制造	98.3
斜交轮胎外胎	118.2	塑料人造革	97.7
子午线轮胎外胎	117.1	塑料合成革	100.0
橡胶内胎	103.6	塑料包装箱及容器制造	102.6
橡胶板、管、带制造	101.2	塑料容器	102.6
橡胶带	101.0	其他塑料制品制造	106.5
橡胶管	101.9	医疗卫生用塑料制品	100.4
橡胶零件制造	100.9	塑料粒料	118.7
橡胶密封件	102.6	其他未列明塑料制品	100.0
其他橡胶零件	99.8	非金属矿物制品业	106.4
日用及医用橡胶制品制造	87.5	水泥、石灰和石膏制造	133.0
日用橡胶制品	100.1	水泥制造	133.0
医疗、卫生用橡胶制品	85.4	通用硅酸盐水泥	135.8
其他橡胶制品制造	96.2	专用水泥	136.0
橡胶充气、减震制品	96.2	特性水泥	107.6
塑料制品业	102.2	硅酸盐水泥熟料	130.3
塑料薄膜制造	99.2	石膏、水泥制品及类似制品制造	104.7
聚乙烯(PE)塑料薄膜	99.1	水泥制品制造	106.9
聚氯乙烯(PVC)塑料薄膜	99.6	商品混凝土	116.5
塑料板、管、型材制造	101.7	水泥混凝土电杆	101.2
塑料板、片	99.9	预应力混凝土桩	106.7
塑料管及附件	102.1	混凝土轨枕及铁道用混凝土制品	105.2

6-12 续表 8

(上年＝100)

项目名称	指 数	项目名称	指 数
水泥混凝土砖	100.0	玻璃纤维纱	103.5
其他水泥制品	101.3	玻璃纤维布	100.0
石棉水泥制品制造	100.0	玻璃纤维增强塑料制品制造	100.0
轻质建筑材料制造	101.4	陶瓷制品制造	102.7
石膏板	102.7	卫生陶瓷制品制造	100.2
其他轻质建筑材料	100.0	陶瓷制便器	100.2
砖瓦、石材等建筑材料制造	98.6	陶瓷制洗涤器	100.3
粘土砖瓦及建筑砌块制造	98.5	特种陶瓷制品制造	110.0
建筑砌块	100.0	其他特种陶瓷制品	110.0
砖	99.9	日用陶瓷制品制造	100.5
瓦	80.8	耐火材料制品制造	101.6
建筑陶瓷制品制造	97.8	耐火陶瓷制品及其他耐火材料制造	101.6
瓷质砖	97.8	致密定形耐火制品	101.9
建筑用石加工	100.1	隔热耐火制品	98.3
天然石材、石料	100.1	其他耐火材料制品	102.3
防水建筑材料制造	101.5	石墨及其他非金属矿物制品制造	109.8
沥青和改性沥青防水卷材	101.5	石墨及碳素制品制造	121.9
隔热和隔音材料制造	99.1	石墨制品	128.7
矿物材料制品	99.1	炭制品	107.0
玻璃制造	103.0	炭素新材料	99.7
平板玻璃制造	107.8	其他石墨及碳素产品	104.6
浮法玻璃	107.8	其他非金属矿物制品制造	103.5
其他玻璃制造	100.6	磨具	100.6
玻璃制品制造	100.5	磨料	105.2
技术玻璃制品制造	101.4	其他非金属矿物制品	100.3
钢化玻璃	100.2	黑色金属冶炼和压延加工业	129.0
夹层玻璃	102.8	炼铁	140.0
中空玻璃	105.0	生铁	142.1
日用玻璃制品制造	99.6	其他炼铁产品	94.5
玻璃包装容器制造	100.0	炼钢	159.6
制镜及类似品加工	107.1	非合金钢粗钢	162.5
玻璃纤维和玻璃纤维增强塑料制品制造	100.2	其他炼钢	138.6
玻璃纤维及制品制造	101.2	黑色金属铸造	105.5

6-12 续表 9

(上年＝100)

项目名称	指　数	项目名称	指　数
铸铁件	105.5	氧化铝	134.3
铸钢件	105.3	原铝(电解铝)	116.8
钢压延加工	130.9	镁冶炼	105.4
大型型钢	154.5	贵金属冶炼	102.6
中小型型钢	157.4	金冶炼	102.5
钢筋	154.1	矿山成品金	103.2
棒材	148.2	冶炼产金	102.4
线材(盘条)	116.8	银冶炼	105.5
特厚板	121.8	矿料产银	105.7
厚钢板	124.8	再生银	103.7
中板	125.0	稀有稀土金属冶炼	100.0
热轧薄板	88.9	钨钼冶炼	100.0
冷轧薄板	117.8	钼	100.0
中厚宽钢带	119.9	有色金属合金制造	106.9
热轧薄宽钢带	142.7	镍合金	103.2
冷轧薄宽钢带	108.4	铝合金	109.2
热轧窄钢带	144.5	有色金属压延加工	110.7
冷轧窄钢带	127.0	铜压延加工	121.3
无缝钢管	161.6	铝压延加工	108.1
焊接钢管	112.8	铝棒材	113.8
其他钢材	107.7	铝型材	104.7
铁合金冶炼	113.5	铝板材	108.5
特种铁合金	114.5	铝带材	110.8
其他铁合金	100.0	铝箔材	109.3
有色金属冶炼和压延加工业	113.0	其他铝材及附件	112.1
常用有色金属冶炼	121.7	稀有稀土金属压延加工	98.1
铜冶炼	124.0	钼加工材	98.1
粗铜	95.6	其他有色金属压延加工	113.2
精炼铜(电解铜)	124.5	镁、钛及其他相关常用有色金属加工材	113.2
铅锌冶炼	124.6	金属制品业	107.0
铅	125.2	结构性金属制品制造	105.5
锌	122.9	金属结构制造	106.5
铝冶炼	120.5	钢结构	106.3

6-12 续表 10

(上年＝100)

项目名称	指 数	项目名称	指 数
钢铁结构体部件、加工钢材	107.2	粉末冶金零件	103.5
金属门窗制造	104.2	交通及公共管理用金属标牌制造	100.0
金属制门及其框架、门槛	104.2	通用设备制造业	101.0
金属制窗及窗框	102.6	锅炉及原动设备制造	100.6
金属护栏及类似品	106.7	锅炉及辅助设备制造	101.0
金属工具制造	100.0	工业锅炉	101.1
切削工具制造	100.0	锅炉用辅助设备及装置	99.7
金属切削机床用切削刀具	100.0	内燃机及配件制造	100.0
集装箱及金属包装容器制造	108.5	内燃机零部件及配件	100.0
金属压力容器制造	111.2	金属加工机械制造	98.9
金属压力容器	110.8	金属切削机床制造	98.9
大型金属容器，容积＞300L	112.3	车床	100.0
金属包装容器制造	104.5	数控特种加工机床	100.0
钢铁制包装容器	104.5	数控车床	97.7
金属丝绳及其制品制造	122.7	数控铣床	100.0
钢丝	110.5	金属成形机床制造	100.5
钢丝绳	109.5	锻造机及冲压机	101.7
钢绞线	127.5	金属加工压力机	100.0
建筑、安全用金属制品制造	101.5	铸造机械制造	100.3
建筑装饰及水暖管道零件制造	102.4	其他金属加工机械制造	96.0
供暖用散热器(暖气片)	102.4	物料搬运设备制造	98.7
其他建筑、安全用金属制品制造	100.0	轻小型起重设备制造	97.4
搪瓷制品制造	100.8	起重机制造	98.2
搪瓷日用品及其他搪瓷制品制造	100.8	其他起重机制造	98.2
其他搪瓷日用品及其他搪瓷制品	100.8	生产专用车辆制造	100.0
金属制日用品制造	100.1	电动车辆	100.0
金属制餐具和器皿制造	100.0	连续搬运设备制造	100.0
铝制厨用器皿及餐具制造	100.6	输送机械(输送机和提升机)	100.0
铸铁及其他金属制厨方器具及餐具	99.4	电梯、自动扶梯及升降机制造	104.7
其他金属制日用品制造	100.2	电梯	104.7
其他金属制品制造	103.4	其他物料搬运设备制造	102.9
锻件及粉末冶金制品制造	104.5	泵、阀门、压缩机及类似机械制造	99.1
锻件	104.9	泵及真空设备制造	99.9

6-12 续表 11

(上年＝100)

项目名称	指　数	项目名称	指　数
动力式泵	100.0	灌装、装填容器用机械	95.0
真空泵	99.5	文化、办公用机械制造	101.1
泵、液体提升机零件及其他未列明泵及真空设备	103.2	其他文化、办公用机械制造	101.1
气体压缩机械制造	100.0	通用零部件制造	100.4
其他气体压缩机械及零件	100.0	金属密封件制造	105.6
阀门和旋塞制造	98.4	紧固件制造	100.3
阀门	98.4	钢铁制紧固件	100.3
液压和气压动力机械及元件制造	100.2	弹簧制造	100.0
液压元件	99.7	机械零部件加工	100.0
液压系统及装置	100.0	其他通用设备制造业	115.8
气动元件	100.8	其他通用设备	115.8
轴承、齿轮和传动部件制造	101.2	专用设备制造业	100.7
轴承制造	103.0	采矿、冶金、建筑专用设备制造	99.3
滚动轴承	103.0	矿山机械制造	98.7
齿轮及齿轮减、变速箱制造	99.4	采掘、凿岩设备	97.3
齿轮传动轴	101.6	矿物破碎机械	97.9
齿轮	99.2	矿物粉磨机械	98.7
其他传动部件制造	98.8	矿物筛分、洗选设备	100.0
离合器	98.8	矿山用牵引车及其矿车	100.1
烘炉、风机、衡器、包装等设备制造	105.1	矿山设备专用配套件及其他矿山专用设备	98.7
风机、风扇制造	100.0	石油钻采专用设备制造	96.2
离心式通风机	100.0	石油钻井设备	96.5
鼓风机	100.0	采油设备	95.0
气体、液体分离及纯净设备制造	101.3	石油钻井工具	99.4
气体分离及液化设备	100.0	石油钻探、开采专用设备零件及其他石油钻采专用设备	96.4
其他气体、液体分离及纯净设备	101.8	建筑工程用机械制造	101.4
制冷、空调设备制造	108.8	挖掘、铲土运输机械	102.5
工商用冷藏、冷冻柜及类似设备	113.0	压实机械	105.8
制冷、空调设备零部件	108.3	捣固机(车)	100.0
衡器制造	100.4	桩工机械	98.8
工业用衡器	100.0	建筑材料生产专用机械制造	101.6
商业用衡器	105.0	混凝土机械	101.6
包装专用设备制造	95.0	水泥专用设备	100.4

6-12 续表 12

(上年=100)

项目名称	指　数	项目名称	指　数
建筑材料专用窑炉	100.0	纺织专用设备制造	105.3
非金属矿物混合搅拌机械	102.2	纺织机械及其辅助机械零件、附件	104.6
建筑材料制品成型机械	99.8	其他纺织专用设备制造	106.1
其他建筑材料生产专用机械及零件	103.9	电子和电工机械专用设备制造	103.6
冶金专用设备制造	99.6	电工机械专用设备制造	103.6
连续铸钢设备及铸锭设备	95.1	电线、电缆专用生产机械	103.6
金属轧制设备	100.1	农、林、牧、渔专用机械制造	101.7
化工、木材、非金属加工专用设备制造	102.0	拖拉机制造	104.2
炼油、化工生产专用设备制造	100.0	大型拖拉机	102.0
塔类设备	100.0	中型拖拉机	106.3
木材加工机械制造	100.0	机械化农业及园艺机具制造	99.7
木质板材挤压加工机械	100.0	播种机	100.0
模具制造	104.0	农作物收获机械	99.6
金属、硬质合金用型模	104.5	场上作业机械	109.0
其他模具	100.0	其他机械化农业及园艺机具制造	100.0
食品、饮料、烟草及饲料生产专用设备制造	100.8	畜牧机械制造	95.9
食品、酒、饮料及茶生产专用设备制造	104.6	家畜饲养机械	95.9
食品制造机械	104.6	农林牧渔机械配件制造	100.7
农副食品加工专用设备制造	100.4	拖拉机零配件	100.7
油脂加工机械	100.0	其他农、林、牧、渔业机械制造	100.0
磨粉机械	100.7	医疗仪器设备及器械制造	106.2
其他农副食品加工专用设备制造	100.0	医疗、外科及兽医用器械制造	106.2
烟草生产专用设备制造	98.3	注射器	113.9
印刷、制药、日化及日用品生产专用设备制造	104.5	中医治疗器具	100.5
制浆和造纸专用设备制造	100.1	呼吸机	85.6
造纸机	100.0	手术及急救装置	100.0
纸或纸板整理机械	100.0	机械治疗及病房护理设备制造	100.0
纸制品生产专用机械	101.0	电疗仪器	100.0
其他制浆和造纸专用设备及零件	100.0	环保、社会公共服务及其他专用设备制造	100.2
制药专用设备制造	118.0	环境保护专用设备制造	100.0
饮片生产机械	118.0	大气污染防治设备	100.0
其他日用品生产专用设备制造	100.0	商业、饮食、服务专用设备制造	100.0
纺织、服装和皮革加工专用设备制造	105.3	其他商业、饮食、服务业专用设备	100.0

6-12 续表 13

(上年＝100)

项目名称	指　数	项目名称	指　数
社会公共安全设备及器材制造	104.3	船舶及相关装置制造	99.9
消防自动系统	88.2	金属船舶制造	99.9
灭火器及零件	108.9	民用钢质船舶	99.9
水资源专用机械制造	100.6	摩托车制造	98.4
水利专用机械	100.6	摩托车整车制造	98.4
自来水生产专用设备	100.7	两轮摩托车	100.0
汽车制造业	100.8	三轮摩托车	97.6
汽车整车制造	98.3	自行车制造	100.3
多功能乘用车(MPV)	100.0	助动自行车制造	100.3
运动型多用途乘用车(SUV)	96.5	两轮助动自行车	100.3
交叉型乘用车	102.5	电气机械和器材制造业	101.8
大型客车	96.6	电机制造	102.4
中型客车	100.3	发电机及发电机组制造	100.0
轻型载货车	97.1	汽轮发电机组	100.0
半挂牵引车	92.4	内燃发电机组	100.0
改装汽车制造	94.8	电动机制造	103.4
低速载货汽车制造	100.0	直流电动机	108.2
汽车车身、挂车制造	104.3	交流电动机	103.0
汽车车身	100.0	输配电及控制设备制造	100.9
挂车、半挂车	104.7	变压器、整流器和电感器制造	103.4
汽车零部件及配件制造	102.3	变压器	103.4
机动车(汽车)零配件	101.3	电容器及其配套设备制造	93.9
汽车底盘、车架、车身及其零配件	103.5	电力电容器	93.9
铁路、船舶、航空航天和其他运输设备制造业	99.0	配电开关控制设备制造	98.3
铁路运输设备制造	99.7	高压开关设备	100.0
铁路机车车辆配件制造	103.6	隔离开关及断续开关	97.7
铁道车辆用制动装置及其零件	99.7	避雷器、电压限幅器及电涌抑制器	104.3
铁路机车用挂接装置及类似器材	116.8	高压开关、保护或连接用组合装置	97.3
其他铁路机车车辆配件	106.2	其他高压电路开关、保护电器装置	94.5
铁路专用设备及器材、配件制造	97.9	低压电路开关装置	103.1
平交道、道岔口控制器固定装置及附件	100.0	高压电力控制或电力分配装置	93.5
铁路用电动气动操纵设备	87.5	低压电力控制或电力分配装置	102.0
铁路用机械信号、交通管理装置	99.6	安全、自动化监控设备	100.0

6-12　续表 14

(上年＝100)

项目名称	指　数	项目名称	指　数
其他配电开关控制设备	102.7	其他家用电力器具制造	100.0
电力电子元器件制造	107.0	非电力家用器具制造	116.3
继电器	109.7	燃气、太阳能及类似能源家用器具制造	116.3
其他电力电子元器件	100.0	太阳能用具	116.3
光伏设备及元器件制造	80.7	照明器具制造	97.1
其他输配电及控制设备制造	107.5	照明灯具制造	96.2
电线、电缆、光缆及电工器材制造	104.5	装饰用灯	99.9
电线、电缆制造	105.6	其他照明灯具	91.6
绝缘电线	113.7	灯用电器附件及其他照明器具制造	100.0
电力电缆	100.2	其他灯用电器附件及照明器具	100.0
通信及电子网络用电缆	108.1	其他电气机械及器材制造	100.9
其他电线、电缆	106.3	电气信号设备装置制造	99.1
光纤、光缆制造	102.4	其他电气信号设备装置	99.1
普通光缆	102.4	其他未列明电气机械及器材制造	104.8
绝缘制品制造	100.0	计算机、通信和其他电子设备制造业	94.6
混合绝缘材料制电气绝缘子	99.8	计算机制造	101.8
电气设备用绝缘配件	100.8	计算机零部件制造	100.0
其他电工器材制造	100.1	其他计算机制造	104.0
电池制造	103.1	其他未列明计算机设备制造	104.0
锂离子电池制造	100.4	通信设备制造	93.9
镍氢电池制造	126.1	通信系统设备制造	100.0
其他电池制造	104.9	其他通信系统设备	100.0
铅酸蓄电池	104.9	通信终端设备制造	93.9
家用电力器具制造	99.1	移动通信手持机(手机)	93.9
家用制冷电器具制造	100.0	广播电视设备制造	93.9
家用电冰箱	100.0	应用电视设备及其他广播电视设备制造	93.9
家用冷柜(家用冷冻箱)	100.0	电子器件制造	92.4
家用空气调节器制造	100.0	半导体分立器件制造	98.4
房间空气调节器	100.0	半导体二极管、三极管	100.0
家用厨房电器具制造	90.4	传感器	97.7
家用电炉灶	90.4	光电子器件及其他电子器件制造	92.1
家用清洁卫生电器具制造	99.3	显示器件	100.1
家用洗衣机	99.3	其他光电子器件及电子器件	86.9

6-12 续表 15

(上年=100)

项目名称	指　数	项目名称	指　数
电子元件制造	98.9	其他制造业	107.2
电子元件及组件制造	98.9	日用杂品制造	116.1
电容器	99.8	鬃毛加工、制刷及清扫工具制造	100.0
电阻器及电阻网络	96.4	刷子类制品	100.0
磁性材料元件	99.8	其他日用杂品制造	123.3
敏感元件	95.0	打火机及其零件	123.3
其他电子设备制造	94.6	煤制品制造	101.2
仪器仪表制造业	100.4	其他未列明制造业	100.0
通用仪器仪表制造	99.8	金属制品、机械和设备修理业	100.0
电工仪器仪表制造	99.5	铁路、船舶、航空航天等运输设备修理	100.0
电能表	99.1	铁路运输设备修理	100.0
其他电工仪器仪表	100.0	电力、热力生产和供应业	101.0
绘图、计算及测量仪器制造	100.6	电力生产	101.3
绘图台及绘图机、绘图工具	100.8	火力发电	101.4
量仪	100.0	水力发电	100.6
实验分析仪器制造	100.2	其他电力生产	100.1
流量仪表	99.7	电力供应	100.9
电化学式分析仪器	100.0	热力生产和供应	98.3
其他实验分析仪器	102.3	热力生产	98.1
供应用仪表及其他通用仪器制造	97.8	热力供应	98.9
其他供应用仪表及通用仪器	97.8	燃气生产和供应业	100.4
专用仪器仪表制造	102.4	煤气生产	100.0
环境监测专用仪器仪表制造	94.0	人工煤气供应	100.6
其他环境监测专用仪器仪表	94.0	天然气供应	100.8
电子测量仪器制造	105.8	液化天然气(LNG)供应	94.4
通用电子测量仪器	99.4	液化石油气供应	100.0
其他电子测量仪器	111.2	水的生产和供应业	104.4
光学仪器及眼镜制造	100.4	自来水生产和供应	105.6
光学仪器制造	100.4	自来水生产	99.8
光学望远镜	100.1	自来水供应	105.7
其他光学仪器及零件、附件	100.9	污水处理及其再生利用	100.0
其他仪器仪表制造业	98.8	污水的处理及深度净化	100.0

6-13 各月分类工业生产者

(上年同期=100)

项目名称	全年	1月	2月	3月	4月
总 指 数	**107.3**	**108.0**	**108.7**	**108.2**	**107.4**
按初级中间最终产品分					
初级产品	109.1	111.3	112.2	111.0	109.8
农产品	99.4	101.1	100.3	98.7	98.0
矿产品	119.4	123.3	125.9	125.1	123.1
废料	104.5	100.8	102.0	103.4	103.7
中间产品	106.5	106.6	107.4	107.1	106.5
九大类原材料购进价格指数					
燃料、动力类	113.1	113.8	116.1	116.1	115.4
黑色金属材料类	117.4	121.0	124.9	124.2	118.9
钢材	113.1	110.7	113.5	114.5	113.6
其它	122.9	135.5	141.0	137.1	125.7
有色金属材料及电线类	118.3	121.6	121.5	119.7	118.5
化工原料类	107.2	108.2	110.8	108.8	106.9
木材及纸浆类	105.4	103.3	104.1	103.8	103.7
建筑材料类及非金属类	106.6	104.4	104.8	104.7	105.9
其它工业原材料及半成品类	101.4	102.1	101.7	102.2	101.8
农副产品类	99.4	101.1	100.3	98.7	98.0
纺织原料类	103.9	103.3	103.9	104.9	104.8

购进价格同比指数(2017年)

5月	6月	7月	8月	9月	10月	11月	12月
106.3	**106.3**	**106.5**	**106.8**	**108.2**	**108.0**	**106.8**	**105.9**
108.1	108.1	108.2	108.3	109.5	109.5	107.2	105.9
96.4	96.8	98.2	98.6	100.0	101.3	101.5	101.6
121.2	120.7	119.1	118.8	119.4	117.7	112.5	109.7
104.4	104.2	103.4	103.9	106.1	107.5	107.1	106.8
105.5	105.6	105.8	106.2	107.7	107.4	106.6	105.9
115.2	114.1	113.5	113.1	113.7	111.7	108.5	107.8
114.4	114.0	114.9	117.1	119.3	117.9	113.0	110.8
112.1	111.6	112.4	113.9	115.0	115.2	113.6	111.6
117.2	117.2	118.2	121.3	124.8	121.3	112.3	109.8
115.8	117.2	115.2	116.4	121.4	122.1	117.5	113.7
105.9	106.1	106.3	106.8	107.5	106.8	107.2	105.2
103.4	103.8	104.1	105.3	109.2	110.5	107.8	105.7
105.6	106.5	107.5	107.5	107.3	106.8	108.5	109.1
101.2	101.0	101.0	100.8	101.4	101.1	101.0	101.2
96.3	96.8	98.2	98.6	100.0	101.3	101.5	101.7
105.0	104.6	103.5	103.9	104.1	103.5	102.9	102.0

6-14 各月分类工业生产者

(上月=100)

项目名称	全年	1月	2月	3月	4月
总 指 数	**105.9**	**100.9**	**100.6**	**100.2**	**99.4**
按初级中间最终产品分					
初级产品	105.9	101.0	100.7	100.5	99.1
农产品	101.6	100.9	99.2	100.2	99.1
矿产品	109.7	101.1	102.0	100.7	99.0
废料	106.8	99.5	100.7	101.1	100.0
中间产品	105.9	100.9	100.6	100.1	99.6
九大类原材料购进价格指数					
燃料、动力类	107.8	101.2	101.2	100.7	99.2
黑色金属材料类	110.8	103.0	102.8	101.8	98.4
钢材	111.6	102.2	102.1	100.9	100.4
其它	109.8	104.0	103.8	102.7	96.2
有色金属材料及电线类	113.7	100.3	101.4	100.8	99.3
化工原料类	105.2	101.3	102.1	98.9	98.7
木材及纸浆类	105.7	100.5	100.9	100.1	99.2
建筑材料类及非金属类	109.1	101.4	99.4	99.6	100.9
其它工业原材料及半成品类	101.2	100.2	99.6	100.0	99.9
农副产品类	101.7	101.0	99.2	100.2	99.1
纺织原料类	102.0	100.1	101.0	100.5	100.1

购进价格环比指数(2017年)

5月	6月	7月	8月	9月	10月	11月	12月
99.5	**99.9**	**100.3**	**100.6**	**101.7**	**101.2**	**100.8**	**100.6**
98.9	99.6	100.2	100.7	101.8	101.0	100.9	101.4
98.8	99.8	100.2	100.6	100.7	100.4	100.5	101.3
98.9	99.4	100.2	100.9	102.7	101.5	101.3	101.7
100.9	99.8	99.6	100.5	102.3	101.5	100.8	100.1
99.7	100.1	100.3	100.5	101.6	101.3	100.7	100.3
100.3	98.9	100.0	100.0	102.1	102.5	100.7	100.8
97.6	98.3	100.9	103.2	102.4	99.4	100.7	102.2
99.7	99.7	100.5	101.7	101.8	100.9	100.8	100.5
95.1	96.5	101.5	105.1	103.0	97.6	100.4	104.3
98.7	101.7	100.6	101.4	105.1	103.5	101.3	98.9
99.5	99.8	100.2	100.3	101.3	101.4	101.1	100.6
100.7	100.2	100.3	101.4	104.1	101.4	98.4	98.5
99.8	100.4	100.8	100.3	100.5	101.5	102.6	101.5
99.9	100.2	100.1	99.9	100.4	99.9	100.2	100.8
98.8	99.8	100.2	100.5	100.7	100.4	100.5	101.3
100.1	99.7	99.8	100.4	99.8	100.6	100.3	99.6

6-15 各月分类工业生产者

(2015年=100)

项目名称	全年	1月	2月	3月	4月
总 指 数	**106.4**	**105.0**	**105.6**	**105.8**	**105.3**
按初级中间最终产品分					
初级产品	108.1	107.2	107.9	108.4	107.5
农产品	99.6	100.9	100.1	100.3	99.4
矿产品	117.7	114.6	116.9	117.7	116.6
废料	97.3	94.2	94.8	95.8	95.8
中间产品	105.7	104.1	104.7	104.8	104.4
九大类原材料购进价格指数					
燃料、动力类	111.0	108.7	110.0	110.7	109.8
黑色金属材料类	113.5	110.3	113.4	115.4	113.6
钢材	108.8	104.1	106.2	107.2	107.6
其它	119.6	118.5	122.9	126.3	121.4
有色金属材料及电线类	119.8	113.7	115.3	116.3	115.4
化工原料类	106.2	105.4	107.6	106.5	105.0
木材及纸浆类	103.4	100.4	101.3	101.4	100.6
建筑材料类及非金属类	104.1	102.4	101.9	101.5	102.4
其它工业原材料及半成品类	101.5	101.6	101.3	101.2	101.1
农副产品类	99.6	100.9	100.1	100.3	99.4
纺织原料类	103.8	102.4	103.4	103.9	104.0

购进价格定基指数(2017年)

5月	6月	7月	8月	9月	10月	11月	12月
104.7	**104.6**	**104.9**	**105.6**	**107.3**	**108.7**	**109.5**	**110.2**
106.3	105.9	106.0	106.8	108.7	109.8	110.8	112.4
98.2	98.1	98.2	98.8	99.4	99.8	100.3	101.5
115.3	114.5	114.7	115.8	119.0	120.7	122.3	124.3
96.6	96.4	96.1	96.5	98.8	100.2	101.0	101.1
104.1	104.2	104.5	105.1	106.8	108.2	108.9	109.2
110.2	109.0	109.0	108.9	111.3	114.1	114.9	115.8
110.8	108.9	109.9	113.4	116.1	115.3	116.1	118.6
107.2	106.9	107.4	109.3	111.2	112.2	113.1	113.7
115.5	111.4	113.1	118.8	122.4	119.4	120.0	125.1
113.9	115.9	116.6	118.2	124.3	128.7	130.3	128.8
104.5	104.3	104.4	104.7	106.1	107.6	108.9	109.5
101.3	101.5	101.8	103.3	107.5	109.0	107.2	105.6
102.1	102.6	103.4	103.7	104.2	105.8	108.6	110.2
101.0	101.2	101.3	101.2	101.6	101.6	101.8	102.6
98.2	98.0	98.2	98.7	99.4	99.8	100.3	101.6
104.0	103.7	103.6	104.0	103.7	104.3	104.7	104.3

6–16 工业生产者购进价格完整同比指数(2017年)

(上年＝100)

项目名称	指数	项目名称	指数
农业	102.7	香料作物种植	97.4
谷物种植	102.9	调味香料	96.5
稻谷种植	103.7	香味料	99.5
小麦种植	102.3	茶及其他饮料作物种植	103.3
玉米种植	103.3	中药材种植	99.7
其他谷物种植	103.1	其他农业	116.8
谷子	98.6	林业	114.1
高粱	101.8	木材和竹材采运	99.6
大麦	101.2	木材采运	99.6
谷物茎、秆、根	102.2	针叶原木	101.1
其他谷物	105.5	非针叶原木	99.6
豆类、油料和薯类种植	102.2	其他木材	99.2
豆类种植	103.3	林产品采集	117.9
大豆	103.3	木竹材林产品采集	104.1
其他豆类及豆秸	105.0	非木竹材林产品采集	119.6
油料种植	99.4	天然橡胶	121.6
花生	99.0	天然树脂、树胶、栲胶原料	101.6
油菜籽	98.4	其他非木竹材林产品	101.6
芝麻	102.6	畜牧业	93.1
薯类种植	104.5	牲畜饲养	91.8
木薯	104.5	牛的饲养	99.6
棉、麻、糖、烟草种植	106.5	猪的饲养	87.9
棉花种植	107.4	羊的饲养	105.6
麻类种植	100.5	其他牲畜饲养	96.7
烟草种植	100.0	家禽饲养	92.1
蔬菜、食用菌及园艺作物种植	100.1	鸡的饲养	89.4
蔬菜种植	100.1	鸭的饲养	95.7
食用菌种植	100.2	其他畜牧业	101.9
水果种植	97.5	蚕茧	103.6
仁果类和核果类水果种植	97.0	其他未列明畜牧业产品	100.8
其他水果种植	97.6	农、林、牧、渔服务业	104.8
坚果、含油果、香料和饮料作物种植	100.2	农业服务业	104.8
坚果种植	91.5	农产品初加工服务	104.8

6-16 续表 1

(上年＝100)

项目名称	指 数	项目名称	指 数
煤炭开采和洗选业	125.6	其他稀有金属矿采选	105.1
烟煤和无烟煤开采洗选	125.8	非金属矿采选业	110.1
无烟煤	111.4	土砂石开采	111.6
烟煤	127.9	石灰石、石膏开采	108.8
洗煤	136.9	石灰石	111.6
筛选煤	157.3	石膏类	81.2
其他煤炭采选	109.6	建筑装饰用石开采	100.7
石油和天然气开采业	113.0	天然大理石荒料	98.8
石油开采	113.8	天然花岗石荒料	100.8
原油	113.8	耐火土石开采	123.0
天然气开采	98.7	耐火粘土	101.0
黑色金属矿采选业	122.5	萤石	144.5
铁矿采选	122.2	其他耐火土石类	106.0
铁矿石成品矿	122.5	粘土及其他土砂石开采	103.9
铁矿石原矿	96.4	粘土	100.8
锰矿、铬矿采选	152.1	砂石	110.0
铬矿石	152.1	其他粘土及其他土砂石	100.3
有色金属矿采选业	122.0	化学矿开采	102.2
常用有色金属矿采选	125.9	磷矿石	102.1
铜矿采选	128.9	其他化学矿	102.5
铅锌矿采选	129.3	采盐	113.3
镍钴矿采选	103.9	海盐	119.3
镍矿	103.9	井盐	122.6
铝矿采选	114.9	矿盐	100.0
镁矿采选	141.1	其他采盐	84.8
其他常用有色金属矿采选	133.0	石棉及其他非金属矿采选	100.7
钛矿	134.6	石棉、云母矿采选	100.3
其他常用有色金属矿	85.4	石棉	100.0
贵金属矿采选	106.8	云母	101.3
金矿采选	106.8	石墨、滑石采选	100.7
稀有稀土金属矿采选	101.8	石墨	100.2
钨钼矿采选	101.7	滑石	100.7
钼矿	101.7	宝石、玉石采选	100.0

6–16 续表 2

(上年＝100)

项目名称	指　数	项目名称	指　数
天然玉石类矿	100.0	蔬菜、水果和坚果加工	99.6
其他未列明非金属矿采选	100.7	蔬菜加工	97.6
农副食品加工业	101.3	水果和坚果加工	100.1
谷物磨制	102.2	其他农副食品加工	102.9
小麦粉	101.3	淀粉及淀粉制品制造	103.4
小麦专用粉	107.4	豆制品制造	102.6
大米	101.3	蛋品加工	99.8
其他谷物磨制产品	102.4	其他未列明农副食品加工	102.0
饲料加工	100.6	食品制造业	85.6
浓缩饲料	100.3	糖果、巧克力及蜜饯制造	105.5
混合饲料	101.7	糖果、巧克力制造	105.5
预混合饲料	101.4	巧克力	105.5
蛋白质饲料	100.0	乳制品制造	99.9
其他饲料加工	99.1	液体乳	99.9
植物油加工	102.3	固体及半固体乳制品	98.8
食用植物油加工	101.9	调味品、发酵制品制造	84.9
毛油(初榨植物油)	93.9	味精制造	99.8
精制食用植物油	104.3	其他调味品、发酵制品制造	82.9
其他食用植物油	101.7	复合调味品	99.0
非食用植物油加工	104.1	发酵类制品	80.4
制糖业	108.2	其他食品制造	81.1
原糖	110.9	盐加工	79.4
成品糖	103.8	食用盐	64.1
加工糖	102.7	非食用盐	115.7
屠宰及肉类加工	99.5	食品及饲料添加剂制造	96.7
牲畜屠宰	98.9	食品添加剂	96.7
鲜、冷藏肉	98.9	酒、饮料和精制茶制造业	98.1
禽类屠宰	95.9	酒的制造	97.6
肉制品及副产品加工	120.5	酒精制造	97.1
动物肠衣	120.5	白酒制造	100.0
其他未列明肉制品	101.6	啤酒制造	96.6
水产品加工	98.3	葡萄酒制造	102.3
水产饲料制造	98.3	其他酒制造	102.3

6-16 续表 3

(上年＝100)

项目名称	指　数	项目名称	指　数
饮料制造	98.2	毛皮鞣制加工	101.0
果菜汁及果菜汁饮料制造	97.5	羽毛(绒)加工及制品制造	98.5
固体饮料制造	100.0	羽毛(绒)加工	98.5
精制茶加工	100.0	制鞋业	100.0
精制茶	100.0	橡胶鞋制造	100.0
纺织业	103.9	木材加工和木、竹、藤、棕、草制品业	102.2
棉纺织及印染精加工	103.8	木材加工	102.2
棉纺纱加工	104.1	锯材加工	102.5
已梳皮棉	105.6	木片加工	101.9
纱	100.7	木片	100.0
线	98.9	其他木材加工	103.3
棉织造加工	102.9	人造板制造	100.6
布	101.3	胶合板制造	101.1
其他棉织造加工	112.2	纤维板制造	99.9
毛纺织及染整精加工	101.3	刨花板制造	100.9
毛条和毛纱线加工	102.6	木制品制造	100.7
毛织造加工	100.9	建筑用木料及木材组件加工	101.5
毛机织物(呢绒)	100.9	木门窗、楼梯制造	100.0
丝绢纺织及印染精加工	92.7	地板制造	100.0
缫丝加工	92.2	复合木地板	100.0
绢纺和丝织加工	118.6	竹、藤、棕、草等制品制造	104.0
蚕丝及交织机织物	125.7	竹制品制造	104.0
其他绢纺和丝织加工	112.7	造纸和纸制品业	109.2
非家用纺织制成品制造	116.0	纸浆制造	109.5
纺织带和帘子布制造	116.0	木竹浆制造	111.7
帘子布	118.6	非木竹浆制造	108.9
其他纺织带和帘子布	100.0	非木材纤维纸浆	104.5
皮革、毛皮、羽毛及其制品和制鞋业	99.8	废纸纸浆	109.8
皮革鞣制加工	97.2	化学溶解浆及其他纸浆	107.4
半成品革	96.5	造纸	106.7
成品革	100.4	机制纸及纸板制造	106.7
其他皮革	95.9	未涂布印刷书写用纸	114.0
毛皮鞣制及制品加工	101.0	新闻纸	113.4

6-16 续表 4

(上年＝100)

项目名称	指　数	项目名称	指　数
其他机制纸及纸板	104.9	无机盐制造	111.5
加工纸制造	109.9	非金属卤化物及硫化物	100.6
纸制品制造	111.9	金属硫化物及硫酸盐	102.9
纸和纸板容器制造	110.4	金属硝酸盐、亚硝酸盐	96.0
其他纸制品制造	114.9	金属氧化物酸盐、金属过氧化物酸盐	130.6
其他纸制品	114.9	磷化物、金属磷酸盐	101.1
石油加工、炼焦和核燃料加工业	114.8	氟化物及其盐	143.6
精炼石油产品制造	110.8	氯化物及其盐	103.3
原油加工及石油制品制造	110.8	氯氧化物及氢氧基氯化物	109.3
汽油	103.0	氰化物、氧氰化物及氰络合物	102.3
柴油	101.1	硅化物及硅酸盐	134.0
润滑油基础油	101.9	硼化物、硼酸盐和过硼酸盐	100.0
燃料油	107.8	碳化物及碳酸盐	102.7
石脑油	129.3	贵金属化合物	109.7
溶剂油	111.8	有机化学原料制造	111.8
石油液化气	93.9	链烯烃	115.9
石油焦	119.7	芳烃	105.8
石油沥青	104.4	无环烃饱和氯化衍生物	110.2
白色油	126.9	无环烃不饱和氯化衍生物	145.6
其它原油加工及石油制品制造	91.8	烃磺化、硝化或亚硝化衍生物	117.0
炼焦	120.3	无环醇及其衍生物	109.3
焦炭	120.5	酚	106.5
煤焦油	115.3	羧酸及其衍生物	116.7
化学原料和化学制品制造业	109.2	氨基化合物	119.4
基础化学原料制造	113.3	含氮基化合物	101.6
无机酸制造	92.5	醚	125.2
硫酸	91.2	醛	121.9
盐酸	100.0	酮	126.9
其它无机酸产品	99.7	其他有机化学原料	109.6
无机碱制造	126.5	其他基础化学原料制造	110.4
烧碱	128.2	非金属无机氧化物	118.8
纯碱类	114.2	过氧化氢(双氧水)	100.0
其它无机碱产品	132.8	金属氧化物	101.5

6–16 续表 5

(上年＝100)

项目名称	指 数	项目名称	指 数
气体及稀有气体	100.4	氯丁橡胶	102.4
硫磺	121.7	其他合成橡胶	100.0
磷	114.0	合成纤维单(聚合)体制造	120.3
其他未列明基础化学原料	100.1	合成纤维单体	120.4
肥料制造	107.2	合成纤维聚合物	106.8
氮肥制造	108.9	其他合成材料制造	128.7
氮肥(折含N100%)	108.9	油脂类高分子聚合物	128.7
磷肥制造	100.7	专用化学产品制造	99.4
钾肥制造	102.5	化学试剂和助剂制造	109.7
复混肥料制造	109.6	化学试剂	111.8
农药制造	99.8	催化剂及载体	103.3
化学农药制造	99.8	橡胶助剂	114.8
杀虫(杀螨)用原药及制剂	100.2	塑料助剂	103.5
杀菌用原药及制剂	100.0	炭黑	106.9
除草用原药及制剂	99.2	其他化学试剂和助剂	109.4
其他化学农药	100.0	专项化学用品制造	144.5
涂料、油墨、颜料及类似产品制造	101.4	表面活性剂	144.5
涂料制造	102.1	林产化学产品制造	108.0
水性涂料	101.1	松香类产品	107.0
非水性涂料	109.0	其他林产化学产品	108.7
建筑涂料	100.0	信息化学品制造	94.7
涂料辅助材料	100.0	电子半导体材料	94.7
油墨及类似产品制造	94.0	其他专用化学产品制造	101.3
印刷油墨	92.6	炸药、火工及焰火产品制造	99.4
其它油墨及类似产品制造	118.0	炸药及火工产品制造	99.4
颜料制造	111.0	炸药	98.8
无机颜料	111.0	火工产品	100.6
合成材料制造	119.6	日用化学产品制造	98.5
初级形态塑料及合成树脂制造	104.1	香料、香精制造	98.5
合成橡胶制造	126.4	香料	99.8
顺丁橡胶	129.7	香精	98.4
丁苯橡胶	120.5	医药制造业	101.1
丁腈橡胶	134.5	化学药品原料药制造	99.7

6-16 续表 6

(上年＝100)

项目名称	指数	项目名称	指数
抗菌素(抗感染药)	99.5	斜交轮胎外胎	102.9
消化系统用药	100.5	橡胶内胎	100.0
解热镇痛药	100.0	橡胶零件制造	104.5
维生素类	123.3	橡胶密封件	104.5
中枢神经系统用药	78.6	日用及医用橡胶制品制造	111.8
激素类药	96.2	医疗、卫生用橡胶制品	111.8
心血管系统用药	100.0	其他橡胶制品制造	99.7
呼吸系统用药	123.9	硬质橡胶及其制品	99.4
调解水、电解质、酸碱平衡药	104.3	其他橡胶制品	100.0
制剂用辅料及附加剂	112.5	塑料制品业	103.3
其他化学药品原料药	97.4	塑料薄膜制造	101.1
中成药生产	104.3	聚乙烯(PE)塑料薄膜	102.1
中成药丸剂	105.4	聚丙烯(PP)塑料薄膜	98.6
其他中成药	102.7	聚氯乙烯(PVC)塑料薄膜	100.7
兽用药品制造	99.7	聚酯塑料薄膜	106.1
兽用药品	99.7	其他塑料薄膜	100.4
生物药品制造	104.4	塑料板、管、型材制造	117.4
生物制剂	100.0	塑料板、片	117.4
抗血清类	100.0	塑料丝、绳及编织品制造	100.3
血液制品制剂	107.8	塑料编织布	100.0
化学纤维制造业	110.1	塑料单丝	100.7
纤维素纤维原料及纤维制造	116.8	塑料编织袋	99.2
化纤浆粕制造	134.4	塑料袋	100.5
人造纤维(纤维素纤维)制造	101.3	泡沫塑料制造	101.8
人造纤维短纤维	101.0	聚乙烯泡沫塑料	100.9
人造纤维长丝	108.0	聚苯乙烯泡沫塑料	124.8
合成纤维制造	109.9	聚氨酯泡沫塑料	100.0
锦纶纤维制造	108.9	塑料人造革、合成革制造	100.0
涤纶纤维制造	110.0	塑料人造革	100.0
其他合成纤维制造	85.2	塑料包装箱及容器制造	99.2
橡胶和塑料制品业	102.3	塑料盒及类似品	98.1
橡胶制品业	100.2	塑料容器	100.1
轮胎制造	100.3	其他塑料制品制造	103.8

6-16 续表 7

(上年＝100)

项目名称	指　数	项目名称	指　数
医疗卫生用塑料制品	100.0	玻璃纤维增强塑料制品制造	99.7
塑料粒料	109.9	陶瓷制品制造	97.8
其他未列明塑料制品	100.3	特种陶瓷制品制造	97.6
非金属矿物制品业	105.5	功能陶瓷制品	97.6
水泥、石灰和石膏制造	121.1	日用陶瓷制品制造	100.0
水泥制造	126.2	耐火材料制品制造	88.9
通用硅酸盐水泥	128.5	石棉制品制造	99.8
专用水泥	128.9	耐火陶瓷制品及其他耐火材料制造	87.9
硅酸盐水泥熟料	117.1	致密定形耐火制品	100.0
石灰和石膏制造	101.9	隔热耐火制品	72.2
石灰	98.9	其他耐火材料制品	102.9
熟石膏	104.3	石墨及其他非金属矿物制品制造	107.2
砖瓦、石材等建筑材料制造	103.3	石墨及碳素制品制造	113.3
其他建筑材料制造	103.3	石墨制品	106.8
玻璃制造	108.8	炭制品	122.7
平板玻璃制造	108.8	炭素新材料	101.1
浮法玻璃	109.1	其他石墨及碳素产品	99.6
压延玻璃	99.5	其他非金属矿物制品制造	104.2
其他玻璃制造	109.1	磨具	100.8
玻璃制品制造	102.8	磨料	99.1
技术玻璃制品制造	99.1	其他非金属矿物制品	109.3
钢化玻璃	100.0	黑色金属冶炼和压延加工业	113.6
夹层玻璃	100.0	炼铁	125.5
中空玻璃	98.0	生铁	126.1
光学玻璃制造	102.5	其他炼铁产品	99.1
光学仪器用玻璃	101.8	炼钢	122.5
信号玻璃器及其他玻璃制光学元件	106.5	非合金钢粗钢	133.3
日用玻璃制品制造	104.4	低合金钢粗钢	151.2
玻璃包装容器制造	100.4	合金钢粗钢	101.0
玻璃纤维和玻璃纤维增强塑料制品制造	103.2	不锈钢粗钢	100.0
玻璃纤维及制品制造	103.2	其他炼钢	103.6
玻璃纤维工业用玻璃球	108.0	黑色金属铸造	105.5
玻璃纤维布	100.9	铸铁件	106.9

6-16 续表 8

(上年＝100)

项目名称	指　数	项目名称	指　数
铸钢件	104.7	精炼铜(电解铜)	122.0
钢压延加工	114.3	铅锌冶炼	126.1
非合金钢钢坯	110.0	铅	123.0
低合金钢钢坯	100.1	锌	127.7
合金钢钢坯	112.4	镍钴冶炼	103.6
大型型钢	124.4	镍	103.6
中小型型钢	120.2	铝冶炼	120.2
钢筋	112.8	氧化铝	128.2
棒材	108.0	原铝(电解铝)	109.5
线材(盘条)	127.6	再生铝	110.7
特厚板	99.3	镁冶炼	112.0
厚钢板	102.0	其他常用有色金属冶炼	99.9
中板	127.8	碱金属及碱土金属	99.9
热轧薄板	110.4	贵金属冶炼	103.0
冷轧薄板	112.9	金冶炼	103.0
中厚宽钢带	105.7	冶炼产金	103.0
热轧薄宽钢带	100.2	银冶炼	104.8
冷轧薄宽钢带	118.9	再生银	104.8
热轧窄钢带	105.4	稀有稀土金属冶炼	98.7
冷轧窄钢带	123.6	钨钼冶炼	99.8
镀层板带	125.2	钨	100.0
无缝钢管	105.9	钼	99.6
焊接钢管	115.6	稀土金属冶炼	98.7
其他钢材	111.2	混合稀土金属	98.7
铁合金冶炼	101.9	有色金属合金制造	108.0
普通铁合金	101.7	铝合金	108.0
特种铁合金	101.8	镁合金	112.4
其他铁合金	105.5	稀土金属合金	100.0
有色金属冶炼和压延加工业	115.9	其他有色金属合金	109.4
常用有色金属冶炼	120.1	有色金属铸造	114.4
铜冶炼	115.9	有色金属压延加工	107.0
粗铜	112.1	铜压延加工	112.2
阳极铜	127.4	铝压延加工	106.1

6-16 续表 9

(上年=100)

项目名称	指 数	项目名称	指 数
铝棒材	109.0	其他未列明的金属制品制造	111.4
铝型材	103.0	通用设备制造业	107.9
铝板材	106.1	锅炉及原动设备制造	97.2
铝箔材	106.7	内燃机及配件制造	97.2
其他铝材及附件	110.0	船舶用汽、柴油发动机	101.1
铝盘条、铝粉及片状粉末	109.6	其他内燃机	97.1
稀有稀土金属压延加工	116.2	泵、阀门、压缩机及类似机械制造	109.4
钼加工材	116.2	泵及真空设备制造	98.3
其他有色金属压延加工	99.6	动力式泵	98.3
铅压延加工材	99.8	气体压缩机械制造	114.0
锌压延加工材	100.0	冰箱压缩机	114.0
镁、钛及其他相关常用有色金属加工材	98.9	其他气体压缩机械及零件	108.6
金属制品业	108.2	阀门和旋塞制造	97.5
集装箱及金属包装容器制造	102.2	阀门	97.5
金属包装容器制造	102.2	液压和气压动力机械及元件制造	100.0
钢铁制包装容器	102.3	液压元件	100.0
其他金属包装容器	100.0	轴承、齿轮和传动部件制造	95.5
金属丝绳及其制品制造	108.4	轴承制造	94.9
铁丝	170.2	轴承零配件	94.9
钢丝	103.5	齿轮及齿轮减、变速箱制造	100.0
铜丝	102.3	齿轮	100.0
钢丝绳	97.0	齿轮传动装置(齿轮箱)	100.0
其他金属丝绳及其制品	110.6	其他传动部件制造	100.0
建筑、安全用金属制品制造	101.7	其他齿轮、传动和驱动部件及零件	100.0
建筑装饰及水暖管道零件制造	100.0	烘炉、风机、衡器、包装等设备制造	107.0
供暖用散热器(暖气片)	100.0	制冷、空调设备制造	107.0
金属建筑装饰材料	100.0	工商用制冷设备	100.0
安全、消防用金属制品制造	103.5	制冷、空调设备零部件	113.9
其他安全、消防用金属制品	103.5	通用零部件制造	113.8
其他金属制品制造	108.4	金属密封件制造	113.8
锻件及粉末冶金制品制造	103.2	其他通用零部件制造	95.1
锻件	103.2	汽车制造业	98.6
其他未列明金属制品制造	111.4	汽车零部件及配件制造	98.6

6-16 续表 10

(上年=100)

项目名称	指数	项目名称	指数
机动车(汽车)零配件	97.5	其他高压电路开关、保护电器装置	100.0
汽车底盘、车架、车身及其零配件	100.0	低压电路保护装置	101.1
铁路、船舶、航空航天和其他运输设备制造业	101.7	高压电力控制或电力分配装置	96.4
铁路运输设备制造	99.6	安全、自动化监控设备	100.0
铁路机车车辆配件制造	99.6	电力电子元器件制造	97.1
铁路机车转向架、轴、轮	98.8	继电器	100.6
铁道车辆用制动装置及其零件	100.5	其他电力电子元器件	96.6
摩托车制造	102.1	电线、电缆、光缆及电工器材制造	105.4
摩托车零部件及配件制造	102.1	电线、电缆制造	105.4
自行车制造	100.4	绝缘电线	106.8
助动自行车制造	100.4	其他电线、电缆	100.0
助动自行车零件	100.4	光纤、光缆制造	103.6
电气机械和器材制造业	101.2	光纤	103.6
电机制造	100.1	电池制造	99.6
发电机及发电机组制造	99.5	锂离子电池制造	98.9
直流发电机	100.0	镍氢电池制造	100.0
电机及发电机组专用零件	99.5	其他电池制造	99.6
电动机制造	101.1	铅酸蓄电池	99.6
交流电动机	99.6	家用电力器具制造	100.7
交直流两用电动机	105.2	家用清洁卫生电器具制造	100.7
其他电机及零件	98.5	电热水器	100.7
微电机及其他电机制造	100.8	照明器具制造	98.5
驱动微电机	100.8	电光源制造	98.1
输配电及控制设备制造	100.3	其他电光源、灯具零件	98.1
变压器、整流器和电感器制造	97.9	照明灯具制造	102.6
变压器	100.0	其他照明灯具	102.6
互感器	100.1	计算机、通信和其他电子设备制造业	100.1
静止式变流器	93.5	计算机制造	100.5
配电开关控制设备制造	101.1	计算机整机制造	101.2
高压开关设备	100.0	微型计算机设备	101.2
隔离开关及断续开关	104.6	计算机零部件制造	100.8
避雷器、电压限幅器及电涌抑制器	91.7	计算机外围设备制造	96.8
高压开关、保护或连接用组合装置	100.0	输入设备及装置	96.8

6-16 续表 11

（上年＝100）

项目名称	指　数	项目名称	指　数
通信设备制造	99.1	电工仪器仪表制造	100.0
通信系统设备制造	100.2	电能表	99.9
卫星通信设备	100.5	其他电工仪器仪表	100.0
通信传输设备零件	100.0	供应用仪表及其他通用仪器制造	99.8
通信终端设备制造	88.7	执行器	99.6
移动通信终端设备零件	88.7	其他供应用仪表及通用仪器	100.1
广播电视设备制造	98.1	光学仪器及眼镜制造	100.0
广播电视接收设备及器材制造	98.1	光学仪器制造	100.0
其他广播电视接收设备及器材	98.1	其他光学仪器及零件、附件	100.0
电子器件制造	99.0	废弃资源综合利用业	104.5
电子真空器件制造	99.9	金属废料和碎屑加工处理	105.7
真空开关管	99.9	熔炼用废钢	103.1
半导体分立器件制造	99.9	熔炼用废铁	100.6
半导体二极管、三极管	99.9	有色金属废料与碎屑	118.3
传感器	100.0	非金属废料和碎屑加工处理	94.2
集成电路制造	98.4	造纸废料、废纸	89.9
集成电路成品	98.4	塑料废料	98.3
其他集成电路	102.4	其他非金属废料和碎屑	100.0
光电子器件及其他电子器件制造	98.9	电力、热力生产和供应业	103.6
显示器件	98.9	电力供应	103.6
电子元件制造	100.9	热力生产和供应	101.6
电子元件及组件制造	102.0	热力生产	101.5
电容器	100.0	热力供应	101.7
电阻器及电阻网络	97.2	燃气生产和供应业	96.5
磁性材料元件	99.7	煤气生产	96.7
电子元件、组件零件	102.6	人工煤气供应	100.0
其他电子元件及组件	111.6	天然气供应	96.3
印制电路板制造	99.9	液化天然气(LNG)供应	114.2
刚性印制电路板	99.1	水的生产和供应业	106.3
挠性印制电路板	100.0	自来水生产和供应	106.7
其他印制电路板	99.7	自来水生产	107.8
仪器仪表制造业	100.0	自来水供应	101.3
通用仪器仪表制造	99.9	其他水的处理、利用与分配	100.0

6-17 历年固定资产投资价格指数

(上年=100)

年　份	总指数	建筑安装、装饰工程	人工费	材料费	机械使用费	设备、工器具购置	其它费用
1989		113.4	105.5	120.0			
1990		113.9	156.4	114.3			
1991	109.4	109.7				108.6	109.6
1992	119.8	122.5	111.7	123.8		115.0	112.0
1993	126.7	128.8	202.4	125.7		121.4	125.0
1994	106.0	103.2	117.4	100.3		113.1	105.4
1995	105.9	103.8	112.8	100.9		111.3	104.0
1996	103.9	103.9	102.3	103.8	110.3	103.8	104.6
1997	102.9	103.9	115.5	100.7	113.1	101.2	102.2
1998	98.7	98.1	101.8	96.2	103.4	100.0	98.5
1999	98.0	98.1	100.8	97.3	101.3	97.5	98.9
2000	102.9	105.0	111.5	104.2	104.5	99.0	100.4
2001	100.4	101.5	101.3	101.9	100.5	97.3	101.2
2002	98.7	99.5	100.7	99.0	100.5	95.9	100.2
2003	103.8	105.8	103.5	107.5	100.6	99.2	102.1
2004	110.1	113.6	104.1	118.8	101.3	103.9	102.5
2005	101.4	101.3	104.4	100.4	101.6	101.5	101.9
2006	101.6	101.5	110.0	99.7	100.8	101.5	101.7
2007	104.6	106.3	109.8	106.3	100.8	101.4	101.9
2008	109.0	112.1	114.1	117.1	102.6	102.5	103.3
2009	96.4	94.6	110.2	88.2	105.0	98.8	102.5
2010	103.5	104.9	109.9	103.8	102.4	100.5	101.3
2011	107.4	110.1	111.0	111.0	103.6	102.3	103.0
2012	101.0	101.4	111.0	98.6	102.4	99.7	101.9
2013	99.9	99.8	107.5	97.1	101.9	99.7	101.2
2014	100.0	100.1	106.8	97.8	101.4	99.4	100.7
2015	97.6	96.5	103.3	93.6	101.2	99.0	100.5
2016	99.2	99.1	102.2	97.8	101.2	98.6	100.7
2017	107.4	110.9	104.1	115.2	101.1	100.8	100.8

6-18 分季度固定资产投资价格指数(2017年)

(上年同期=100)

项　目	年平均	一季度	二季度	三季度	四季度
总 指 数	**107.4**	**107.7**	**105.2**	**108.5**	**108.2**
建筑安装、装饰工程	110.9	111.6	107.6	112.5	111.9
人工费	104.1	103.0	103.8	104.1	105.5
材料费	115.2	116.7	110.2	117.5	116.1
钢材	125.6	127.7	115.3	129.4	129.9
木材	102.4	102.6	102.6	98.1	106.4
水泥	112.3	112.0	107.8	117.4	112.2
地方建筑材料	110.2	111.0	109.0	113.2	107.6
化工材料	104.8	100.8	105.3	108.3	104.7
电料	103.3	100.3	101.7	104.0	107.1
其它材料	101.4	101.5	99.9	103.1	101.2
机械使用费	101.1	100.9	100.9	101.6	101.0
设备、工器具购置	100.8	100.3	100.5	100.8	101.4
其他费用	100.8	100.8	100.8	101.2	100.4

6-19 郑州市分月住宅

(上年同期=100)

项　　目	年平均	1月	2月	3月	4月	5月
新建住宅	**114.5**	**127.3**	**126.5**	**125.0**	**123.6**	**121.8**
新建商品住宅	114.7	127.7	126.9	125.4	124.0	122.1
90平方米及以下	115.5	129.2	128.2	127.6	125.7	123.5
90－144平方米	115.0	127.4	126.7	124.6	123.8	122.4
144平方米以上	111.2	124.6	123.7	121.5	119.2	117.3
二手住宅	**116.9**	**127.5**	**127.2**	**126.1**	**125.4**	**124.0**
90平方米及以下	117.3	127.4	127.0	126.0	125.6	124.5
90–144平方米	117.3	128.8	128.3	127.2	126.2	124.6
144平方米以上	115.4	125.0	125.0	124.1	123.1	121.7

6-19 续表

(上月=100)

项　　目	1月	2月	3月	4月	5月
新建住宅	**99.8**	**99.7**	**100.3**	**100.1**	**99.9**
新建商品住宅	99.8	99.7	100.3	100.1	99.9
90平方米及以下	99.8	99.6	100.8	100.2	99.8
90－144平方米	99.9	99.9	100.0	100.4	100.0
144平方米以上	99.7	99.6	99.4	99.1	99.5
二手住宅	**100.7**	**100.6**	**100.5**	**100.6**	**100.2**
90平方米及以下	101.0	100.6	100.4	100.6	100.2
90–144平方米	100.5	100.5	100.5	100.5	100.1
144平方米以上	100.7	100.6	100.6	100.7	100.2

销售价格指数(2017年)

6月	7月	8月	9月	10月	11月	12月
119.9	**117.5**	**111.0**	**103.1**	**99.5**	**99.0**	**99.3**
120.2	117.7	111.1	103.2	99.5	99.0	99.3
121.2	118.6	112.3	103.2	98.9	98.5	99.5
120.8	118.4	111.6	104.2	100.8	99.8	99.8
115.2	113.1	106.3	100.1	97.8	98.0	97.5
122.6	**121.0**	**115.3**	**107.2**	**103.4**	**102.3**	**101.0**
122.9	121.6	116.3	108.0	104.0	102.9	101.5
123.2	121.6	115.2	106.9	103.0	101.7	100.3
120.5	118.5	113.1	105.9	103.1	102.5	101.8

6月	7月	8月	9月	10月	11月	12月
100.0	**99.9**	**99.7**	**99.9**	**99.9**	**100.0**	**100.3**
100.0	99.9	99.7	99.9	99.9	100.0	100.3
99.8	100.0	99.8	99.6	99.9	99.9	100.3
100.3	99.8	99.7	100.0	99.8	99.8	100.2
99.8	99.7	99.4	100.2	100.3	100.5	100.5
100.3	**100.0**	**99.5**	**99.7**	**99.5**	**99.7**	**99.8**
100.3	100.1	99.8	99.7	99.5	99.6	99.7
100.4	99.9	99.3	99.8	99.4	99.6	99.8
100.3	100.1	99.5	99.7	99.9	99.8	99.9

6–20　洛阳市分月住宅

(上年同期=100)

项　　目	年平均	1月	2月	3月	4月	5月
新建住宅	**108.6**	**105.0**	**105.4**	**106.5**	**106.8**	**107.9**
新建商品住宅	109.0	105.3	105.6	106.9	107.2	108.3
90平方米及以下	110.9	108.4	108.7	110.0	109.3	109.9
90－144平方米	109.1	104.9	105.3	106.4	106.9	108.2
144平方米以上	107.3	103.9	104.3	106.0	106.2	107.2
二手住宅	**104.3**	**103.1**	**103.2**	**103.4**	**103.8**	**104.3**
90平方米及以下	104.3	103.1	103.4	103.5	103.9	103.9
90–144平方米	104.4	103.2	103.4	103.5	103.7	104.6
144平方米以上	104.1	102.9	102.5	103.3	104.1	104.3

6–20　续表

(上月=100)

项　　目	1月	2月	3月	4月	5月
新建住宅	**100.4**	**100.2**	**101.3**	**100.8**	**101.3**
新建商品住宅	100.4	100.2	101.4	100.9	101.3
90平方米及以下	100.7	100.0	101.5	100.3	101.1
90－144平方米	100.6	100.2	101.3	100.9	101.4
144平方米以上	99.5	100.6	101.4	101.3	101.3
二手住宅	**100.3**	**100.0**	**100.3**	**100.6**	**100.7**
90平方米及以下	100.1	100.3	100.2	100.6	100.4
90–144平方米	100.5	100.1	100.2	100.4	101.1
144平方米以上	100.3	99.5	100.6	100.8	100.4

销售价格指数(2017年)

6月	7月	8月	9月	10月	11月	12月
110.2	**110.7**	**111.0**	**110.7**	**110.7**	**109.4**	**108.9**
110.7	111.2	111.6	111.2	111.2	109.9	109.3
113.2	112.8	112.8	111.7	112.5	110.9	110.5
110.8	111.6	112.1	111.8	111.8	110.3	109.6
108.7	109.1	109.1	109.2	108.7	107.7	107.5
105.1	**105.1**	**104.9**	**104.8**	**104.7**	**104.4**	**104.4**
105.0	105.1	105.1	104.8	104.8	104.5	104.2
105.2	105.2	104.9	105.0	104.9	104.5	104.4
105.0	105.1	104.9	104.5	104.3	104.2	104.3

6月	7月	8月	9月	10月	11月	12月
102.3	**100.7**	**100.6**	**100.2**	**100.3**	**100.3**	**100.1**
102.4	100.7	100.6	100.2	100.4	100.3	100.1
103.1	100.5	100.8	100.6	101.0	100.1	100.4
102.5	100.7	100.8	100.0	100.4	100.4	100.1
101.4	100.9	100.2	100.6	99.8	100.4	99.9
100.9	**100.2**	**100.3**	**100.2**	**100.1**	**100.5**	**100.1**
101.2	100.3	100.3	100.1	100.2	100.5	100.0
100.7	100.2	100.3	100.3	100.1	100.4	100.1
101.1	100.2	100.2	100.1	100.1	100.7	100.3

6-21 平顶山市分月住宅

(上年同期=100)

项　目	年平均	1月	2月	3月	4月	5月
新建住宅	**105.6**	**103.5**	**103.6**	**103.9**	**105.1**	**105.6**
新建商品住宅	105.7	103.5	103.6	104.0	105.2	105.7
90平方米及以下	105.1	104.1	104.0	104.0	105.5	105.0
90－144平方米	106.2	103.3	103.5	104.0	105.0	106.3
144平方米以上	104.8	103.4	103.6	103.9	105.3	104.2
二手住宅	**102.8**	**100.5**	**100.4**	**100.4**	**101.3**	**102.0**
90平方米及以下	102.0	99.8	100.2	99.7	100.5	101.0
90–144平方米	102.5	99.6	99.0	99.6	100.5	101.7
144平方米以上	104.3	103.0	102.9	102.9	103.6	103.9

6-21 续表

(上月=100)

项　目	1月	2月	3月	4月	5月
新建住宅	**99.9**	**100.1**	**100.6**	**101.2**	**100.6**
新建商品住宅	99.9	100.1	100.6	101.3	100.6
90平方米及以下	100.1	100.0	100.4	101.3	99.4
90－144平方米	99.8	100.2	100.6	101.2	101.5
144平方米以上	100.2	99.9	100.9	101.5	99.0
二手住宅	**100.0**	**99.8**	**100.2**	**100.8**	**100.6**
90平方米及以下	100.5	99.9	99.8	100.6	100.6
90–144平方米	99.3	99.7	100.7	101.0	100.9
144平方米以上	100.2	99.9	100.4	100.7	100.2

销售价格指数(2017年)

6月	7月	8月	9月	10月	11月	12月
106.3	**106.9**	**106.9**	**106.3**	**106.2**	**106.4**	**106.4**
106.4	107.0	107.0	106.4	106.3	106.5	106.5
106.1	106.9	106.1	105.5	104.9	104.8	103.8
107.0	107.4	107.6	107.2	107.4	107.3	107.9
104.6	105.9	105.8	104.9	104.3	105.8	105.4
102.6	**103.5**	**104.1**	**104.1**	**104.3**	**104.8**	**105.0**
102.9	103.2	103.0	103.4	102.8	104.5	103.5
101.9	103.3	104.4	103.8	105.0	104.5	106.4
103.1	104.3	105.6	105.7	105.6	105.8	105.0

6月	7月	8月	9月	10月	11月	12月
100.9	**100.5**	**100.3**	**100.5**	**100.5**	**100.6**	**100.5**
100.9	100.5	100.3	100.5	100.5	100.6	100.5
100.8	100.7	99.5	100.6	100.1	100.2	100.7
101.0	100.3	100.7	100.6	100.7	100.6	100.6
100.5	101.3	100.1	100.3	100.2	101.3	100.1
100.5	**100.9**	**100.9**	**100.4**	**100.3**	**100.4**	**99.9**
100.5	100.2	100.1	100.8	100.6	100.5	99.4
100.7	101.3	101.5	99.9	100.3	100.1	100.8
100.2	101.2	101.3	100.8	100.0	100.7	99.3

6—22　郑州、洛阳、平顶山市

郑州市(以2015年价格为100)

项　目	1月	2月	3月	4月	5月
新建住宅	**130.3**	**129.9**	**130.3**	**130.4**	**130.2**
新建商品住宅	130.7	130.4	130.7	130.9	130.7
90平方米及以下	132.4	131.8	132.9	133.1	132.9
90－144平方米	130.2	130.1	130.1	130.6	130.7
144平方米以上	127.4	126.9	126.1	124.9	124.3
二手住宅	**130.7**	**131.5**	**132.1**	**132.8**	**133.0**
90平方米及以下	131.1	131.9	132.4	133.2	133.5
90–144平方米	131.9	132.6	133.2	133.8	134.0
144平方米以上	127.5	128.2	129.0	129.8	130.0

6–22　续表 1

洛阳市(以2015年价格为100)

项　目	1月	2月	3月	4月	5月
新建住宅	**104.1**	**104.3**	**105.7**	**106.6**	**107.9**
新建商品住宅	104.3	104.5	106.0	106.9	108.3
90平方米及以下	108.4	108.5	110.1	110.4	111.6
90－144平方米	103.8	104.0	105.3	106.3	107.8
144平方米以上	102.6	103.2	104.6	106.0	107.4
二手住宅	**102.3**	**102.3**	**102.6**	**103.2**	**103.9**
90平方米及以下	103.4	103.7	103.9	104.6	105.0
90–144平方米	102.2	102.3	102.5	102.9	104.0
144平方米以上	101.2	100.8	101.4	102.1	102.5

6–22　续表 2

平顶山市(以2015年价格为100)

项　目	1月	2月	3月	4月	5月
新建住宅	**103.9**	**104.0**	**104.6**	**105.9**	**106.5**
新建商品住宅	104.0	104.1	104.7	106.0	106.6
90平方米及以下	103.7	103.7	104.1	105.5	104.9
90－144平方米	103.9	104.1	104.7	106.0	107.6
144平方米以上	104.4	104.3	105.2	106.8	105.8
二手住宅	**100.3**	**100.2**	**100.4**	**101.2**	**101.8**
90平方米及以下	98.4	98.3	98.1	98.6	99.2
90–144平方米	99.6	99.3	100.0	101.0	101.9
144平方米以上	104.6	104.6	105.0	105.7	105.9

住宅销售价格定基指数(2017年)

6月	7月	8月	9月	10月	11月	12月
130.2	**130.1**	**129.7**	**129.5**	**129.4**	**129.3**	**129.6**
130.7	130.6	130.1	130.0	129.8	129.8	130.1
132.7	132.7	132.5	131.9	131.8	131.7	132.0
131.0	130.8	130.3	130.4	130.1	129.8	130.1
124.0	123.7	122.9	123.1	123.4	124.0	124.6
133.5	**133.5**	**132.9**	**132.5**	**131.9**	**131.4**	**131.1**
133.9	134.0	133.7	133.3	132.5	132.1	131.7
134.4	134.4	133.4	133.1	132.4	131.8	131.5
130.4	130.6	129.9	129.4	129.3	129.0	128.9

6月	7月	8月	9月	10月	11月	12月
110.4	**111.1**	**111.8**	**112.0**	**112.4**	**112.8**	**112.9**
110.9	111.7	112.4	112.6	113.0	113.4	113.5
115.0	115.6	116.5	117.2	118.4	118.5	119.0
110.5	111.3	112.1	112.1	112.5	112.9	113.1
108.8	109.9	110.1	110.8	110.5	110.9	110.8
104.9	**105.1**	**105.4**	**105.6**	**105.8**	**106.3**	**106.4**
106.2	106.5	106.8	106.9	107.1	107.7	107.7
104.7	105.0	105.2	105.6	105.6	106.1	106.2
103.7	103.9	104.1	104.2	104.4	105.1	105.4

6月	7月	8月	9月	10月	11月	12月
107.4	**108.0**	**108.3**	**108.9**	**109.4**	**110.1**	**110.7**
107.6	108.1	108.5	109.1	109.6	110.3	110.9
105.7	106.4	105.9	106.5	106.6	106.8	107.6
108.7	108.9	109.7	110.4	111.1	111.8	112.4
106.3	107.6	107.7	108.1	108.3	109.7	109.8
102.3	**103.3**	**104.2**	**104.7**	**105.0**	**105.4**	**105.3**
99.7	100.0	100.1	100.8	101.4	101.9	101.3
102.6	104.0	105.6	105.5	105.8	106.0	106.8
106.1	107.3	108.7	109.6	109.6	110.3	109.6

主要统计指标解释

工业生产者出厂价格指数 是反映工业产品出厂价格水平变动趋势及变动程度的相对数。工业生产者出厂价格是指工业企业向商业（物资）部门或商业企业、其他生产单位、个人出售产品的价格，它是工业产品进入流通领域的最初价格，是制定工业产品批发价格和零售价格的基础。工业生产者出厂价格指数按轻重工业分类，可以分为轻工业出厂价格指数和重工业价格指数；按两大部类分类，可以分为生产资料出厂价格指数和生活资料价格指数。

工业生产者购进价格指数 是反映工业企业作为生产投入，而从物资交易市场或能源、原材料生产企业购买原材料、燃料及动力产品时，所支付的价格水平变动趋势和程度的统计指标，它是扣除工业企业物质消耗成本中的价格变动影响的重要依据。目前，编制的工业生产者购进价格指数所调查的产品包括燃料、动力类，黑色金属材料类，有色金属材料和电线类，化工原料类，木材及纸浆类，建筑材料及非金属矿类，其它工业原材料及半成品类，农副食品类，纺织原料类共九大类的产品。

国家统计局从 2011 年 1 月开始实施新的工业生产者价格统计调查制度方法。“工业品价格统计”改称为“工业生产者价格统计”，相应地将“工业品出厂价格指数”和“原材料、燃料、动力购进价格指数”分别改称为“工业生产者出厂价格指数”和“工业生产者购进价格指数”。

2012 年，按国家统计局的要求，新的国家标准《国民经济行业分类》（GB/T4754-2011）从 2012 年定报统一开始使用。2012 年工业生产者出厂和购进价格指数行业分类标准均按新的国民经济行业分类标准执行。

2016 年制度更名为《工业生产者价格统计报表制度》，基期年份更新为 2015 年，调整调查项目目录。

为适应分析的需要，在工业生产者出厂价格指数分类中增加了核心指数、高技术指数、能源类指数、初级产品、中间产品、最终产品等新的分类指数。

核心指数是指扣除农副食品加工产品、煤炭、石油、发电等能源类相关产品的其他产品价格变动总体情况的度量指标。

高技术指数是指核电、生物制品、部分药品及医疗器械、飞机制造、大部分通讯电子产品、部分仪表、机床等科技含量比较高的产品价格变动总体情况的度量指标。

能源指数是指煤炭开采、石油天然气开采及加工、核能发电、火力发电、风能发电等能源类产品价格变动总体情况的度量指标。

初级产品指数是指直接开采的产品及废旧物资回收直接粗加工的产品价格波动指数。

中间产品指数是指工业加工处理后可能重新投入生产环节的产品价格变动总体情况的度量指标。

最终产品指数是指工业加工处理后可能投入最终消费或者投资的产品价格变动总体情况的度量指标。

部分产品可以既是中间产品，又是最终产品。

固定资产投资价格指数 是反映全社会、国民经济各行业及各类工程固定资产投资中涉及的各类投资品和取费项目价格变动趋势和变动幅度的相对数。固定资产投资价格指数按构成分为：建筑安装工程投资价格指数，设备、工器具投资价格指数，其它费用投资价格指数。建筑安装工程投资价格指数主要有，人工费价格指数，材料费价格指数，机械使用费价格指数。材料费按使用材料的种类分为：钢材、木材、水泥、地方材料、化工材料、电料、其它材料共七大类。

住宅销售价格指数 住宅销售价格指数是综合反映住宅商品价格水平总体变化趋势和变化幅度的相对数。中国住宅销售价格指数由 70 个大中城市的新建住宅销售价格指数和二手住宅销售价格指数组成，河南只有郑州、洛阳、平顶山三市作为国家调查城市，开展住宅销售价格指数调查编制工作。

2011 年国家统计局对房地产价格统计调查方案进行了较大改革，调整了调查指标和数据采集方式，将房屋销售价格指数调整为新建住宅销售价格指数和二手住宅销售价格指数，新建住宅销售价格统计的数据来源由过去开发商填报改成了直接使用网签数据；采用国际通行的链式拉氏公式，编制定基住宅销售价格指数序列，对比基期 5 年调整一次， 2016 年开始基期年份更新为 2015 年。

农产品价格

资料整理：贾世云

7-1 历年农产品生产者价格指数

(上年=100)

农产品名称	2001年	2005年	2010年	2013年	2014年	2015年	2016年	2017年
总 指 数		**100.7**	**112.5**	**102.6**	**97.5**	**100.7**	**103.2**	**94.9**
农业产品	**105.2**	**99.8**	**120.5**	**102.7**	**98.9**	**95.9**	**96.4**	**99.8**
谷物	121.0	96.5	111.3	106.2	104.3	94.3	91.4	103.8
小麦	124.3	97.4	110.5	108	105.3	98.3	95.6	107.5
稻谷	102.6	97.5	105.4	103.5	102.4	98	100.2	94.2
玉米	117.9	94.4	115.0	103.4	102.8	86.5	81.2	100.3
薯类	94.4	111.5	115.9	103.2	102.1	95.1	111.7	105.8
豆类	93.9	88.8	112.0	102.8	102.2	84.9	92.3	93.8
油料	94.8	97.0	118.1	99.8	91.1	98.8	102.0	91.0
花生	92.4	97.1	118.1	98.1	87.7	102	105.1	91.6
油菜籽	103.2	87.3	105.4	104.5	100.4	99.6	100.0	86.2
芝麻	101.6	105.0	103.0	102.4	108.1	96.1	78.5	94.5
棉花(籽棉)	85.0	100.4	141.8	102.9	83.3	96.4	97.0	101.5
烟草	114.9	104.3	103.9	105.6	105.4	105.2	96.7	104.4
蔬菜	101.6	111.3	138.4	94.5	99.8	100.9	112.7	85.2
水果	85.2	118.0	120.5	101.3	111.7	87	98.2	108.4
林业产品		**104.9**	**92.3**	**103.1**	**106.2**	**84.9**	**102.9**	**103.7**
牧业(畜产品)		**102.0**	**99.5**	**102**	**94.7**	**109.2**	**114.0**	**86.6**
牛	126.8	112.6	105.9	118.7	102.3	100.2	97.9	97.2
羊	112.8	116.7	110.2	110.9	101.1	88	75.2	119.9
猪	95.8	96.4	97.7	99.3	89.3	116.9	123.4	81.4
家禽		102.5	113.3	102.1	104.6	93.3	101.8	90.8
禽蛋	118.7	104.9	105.9	103	112.1	94.2	92.3	85.8
渔业	**89.2**	**103.0**	**102.0**	**110.8**	**106.1**	**99.4**	**99.3**	**100.9**

7-2 分季度农产品生产者价格指数(2017年)

(以上年同期价格为100)

农产品名称	全年	一季度	二季度	三季度	四季度
总 指 数	**94.9**	**95.3**	**85.3**	**98.9**	**96.1**
种植业产品	**99.8**	**96.5**	**91.6**	**103.5**	**98.3**
谷物	103.8	99.1	101.5	111.1	101.1
小麦	107.5	104.4	103.7	112.4	109.8
稻谷	94.2		87.2	100.5	92.9
玉米	100.3	95.2	101.3	107.6	97.5
薯类	105.8	100.0			112.6
豆类	93.8	87.0	100.0	92.0	96.2
油料	91.0	104.9	91.9	87.4	80.7
花生	91.6	100.8	92.5	87.4	78.4
油菜籽	86.2		86.2		
芝麻	94.5				94.5
棉花(籽棉)	101.5	109.5			93.6
烟草	104.4			107.6	101.5
蔬菜	85.2	81.7	65.9	88.9	99.0
水果	108.4	107.6	100.0	91.8	120.7
林业产品	**103.7**	**107.0**	**111.5**	**97.0**	**102.9**
牧业(畜产品)	**86.6**	**93.6**	**74.0**	**87.5**	**91.0**
牛	97.2	94.7	95.0	97.2	97.2
羊	119.9	112.8	119.8	119.4	128.8
猪	81.4	94.5	69.9	77.2	85.2
家禽	90.8	82.2	71.5	103.7	105.2
禽蛋	85.8	68.6	66.0	99.1	108.6
渔业	**100.9**	**97.7**	**95.5**	**107.5**	**108.5**

7-3 各月农产品集贸

农产品名称	1月	2月	3月	4月	5月
粮食类					
籼稻(中等)	2.60	2.60	2.60	2.60	2.60
粳稻(中等)	3.30	3.30	3.30	3.30	3.30
小麦(中等)	2.33	2.35	2.35	2.39	2.33
玉米(中等)	1.65	1.60	1.60	1.64	1.65
大豆(中等)	5.12	5.18	5.22	5.22	5.15
籼米(中等)	4.93	4.91	4.90	4.91	4.91
粳米(中等)	5.16	5.07	5.04	5.03	5.03
经济类					
棉花[籽棉](中准级)	6.85	6.80	6.30	6.60	6.60
花生仁(中等)	11.80	11.36	11.27	11.43	11.62
油菜籽(普通)	4.90	4.90	4.90	4.90	4.90
畜产品类					
活猪(中等)	18.06	16.88	16.23	15.19	13.70
仔猪(普通)	44.07	46.70	45.95	42.53	40.26
猪肉(去骨统肉)	27.83	26.28	25.43	24.17	23.00
活牛(中等)	23.61	23.21	23.71	23.43	23.86
牛肉(去骨统肉)	59.25	56.75	56.52	56.25	55.96
活羊(中等)	23.52	23.07	23.09	23.23	23.27
羊肉(去骨统肉)	58.46	56.84	56.32	56.11	56.21
活鸡(普通肉鸡)	13.66	12.65	12.28	12.66	12.02
鸡蛋(普通鲜蛋)	6.71	5.63	5.87	4.94	4.61
水产品类					
草鱼(1-2公斤)	14.29	13.95	14.30	14.64	14.70
鲤鱼(1-2公斤)	12.07	11.74	12.30	12.29	12.59
鲢鱼(1-2公斤)	8.41	8.20	8.36	8.24	8.31
带鱼(0.5-1公斤)	22.23	20.17	19.88	19.13	19.50
蔬菜类					
大白菜(中等)	2.13	1.56	1.47	1.57	1.50
黄瓜(中等)	8.82	5.79	4.09	3.33	2.35
西红柿(中等)	7.71	6.28	5.92	4.93	3.17
菜椒(中等)	6.64	5.99	5.78	4.94	3.33
四季豆(中等)	11.31	9.17	9.30	7.75	5.86
水果类					
红富士苹果(中等)	6.68	6.53	6.74	7.09	7.03
香蕉(中等)	3.80	3.85	4.18	4.72	5.46
橙子(中等)	9.13	8.67	9.70	9.70	10.48

市场平均价格(2017年)

单位：元/公斤

6月	7月	8月	9月	10月	11月	12月
2.60	2.40	2.40	2.36	2.40	2.50	2.40
3.30	3.20	3.30	3.30	3.00	3.30	3.30
2.28	2.30	2.35	2.37	2.39	2.43	2.43
1.66	1.67	1.69	1.69	1.67	1.65	1.66
5.23	5.32	5.40	5.33	5.34	5.39	5.37
4.91	5.00	5.00	4.99	5.01	5.03	5.05
5.02	5.07	5.06	5.03	5.04	5.05	5.06
6.60	6.50	6.50	6.50	6.80	6.80	6.60
11.46	11.20	11.33	11.11	10.99	10.98	10.78
4.95	4.85	4.90	5.10	5.15	5.20	5.25
13.64	14.14	14.58	14.36	14.09	14.14	14.64
37.75	37.66	37.28	35.74	33.91	31.80	32.93
22.72	23.02	23.94	23.65	23.76	23.56	24.11
23.61	23.89	24.63	24.46	23.99	23.93	24.54
56.09	55.91	55.96	55.92	56.25	56.58	57.29
22.91	23.36	23.96	23.59	24.03	24.64	25.25
56.54	56.21	56.57	56.75	58.04	60.45	62.07
12.08	12.77	13.87	14.01	13.77	13.93	14.44
7.32	6.19	8.90	8.82	8.02	8.68	9.19
14.80	15.16	14.95	14.88	14.45	14.01	14.09
12.78	12.36	12.46	12.25	11.91	12.11	12.11
8.41	8.26	8.26	8.41	8.21	8.16	8.07
19.17	19.00	18.67	19.00	19.00	19.00	19.00
2.18	2.42	2.59	2.20	1.95	1.43	1.06
2.21	2.87	3.16	3.30	4.90	4.50	4.58
3.43	2.96	3.61	4.07	4.70	3.91	4.24
3.26	3.19	3.58	3.83	3.66	4.23	5.05
5.57	5.61	6.09	6.62	7.64	8.02	8.69
6.86	6.98	6.87	6.70	6.95	6.65	6.82
4.78	4.30	4.08	3.89	3.48	3.65	4.42
10.60	11.13	10.37	10.75	8.88	10.90	9.90

主要统计指标解释

农产品生产者价格指数 是指农产品生产者第一手（直接）出售其产品时实际获得的单位产品价格，采取抽样调查和重点调查相结合的方法。农产品生产者价格指数是反映一定时期内，农产品生产者出售的农产品价格水平变动趋势及幅度的相对数。该指数可以客观反映农产品生产价格水平和结构变动情况，满足农业与国民经济核算需要。其中某代表品生产价格指数是通过对全部有出售该产品行为的调查单位的个体指数进行几何平均求得的，类价格指数是通过对其所属的类（或代表品）的价格指数进行加权平均求得的。季度累计价格指数的计算方法与分季指数的计算方法相同。

农产品集贸市场价格 是指农产品主产区集贸市场主要农产品的成交价格。

人民生活

资料整理：党元生　张亚男　孙晓亮　马　超
吴　婕

8-1 居民家庭基本情况(2017年)

指　　标	单位	绝对数
基本情况		
户均常住人口	人	3.24
户均劳动力人数	人	2.18
平均每户家庭从业人口比重	%	67.3
平均每一从业人口负担人数	人	1.49
户主文化程度		
未上过学	%	2.0
小学	%	14.9
初中	%	50.4
高中	%	19.8
大学专科	%	8.3
大学本科	%	4.4
研究生	%	0.2
常住从业人员就业类型		
雇主	%	1.5
公职人员	%	3.2
事业单位人员	%	6.1
国有企业雇员	%	4.1
其他雇员	%	41.1
农业自营	%	34.7
非农自营	%	9.3
常住从业人员从事主要行业		
第一产业	%	35.7
第二产业	%	21.7
第三产业	%	42.7

8-2 居民可支配收入(2017年)

指　　标	绝对数(元)	构成(%)
可支配收入	**20170.03**	**100.0**
工资性收入	**10108.13**	**50.1**
工资	9041.31	44.8
实物福利	18.21	0.1
其他	1048.61	5.2
经营净收入	**4574.46**	**22.7**
第一产业经营净收入	1990.72	9.9
农业	1644.76	8.2
林业	43.66	0.2
牧业	277.04	1.4
渔业	25.26	0.1
第二产业经营净收入	278.90	1.4
第三产业经营净收入	2304.85	11.4
财产净收入	**1237.32**	**6.1**
转移净收入	**4250.11**	**21.1**

8-3 居民现金可支配收入(2017年)

指　　标	绝对数(元)	构成(%)
现金收入	**21166.27**	**100.0**
现金工资性收入	**10089.92**	**47.7**
工资	9041.31	42.7
其他工资性收入	1048.61	5.0
现金经营性收入	**5924.05**	**28.0**
第一产业现金经营收入	2610.80	12.3
农业	1654.56	7.8
林业	42.68	0.2
牧业	862.25	4.1
渔业	51.31	0.2
第二产业现金经营收入	390.84	1.8
第三产业现金经营收入	2922.40	13.8
现金财产性收入	**583.25**	**2.8**
现金转移性收入	**4569.06**	**21.6**

8-4 居民生活消费支出(2017年)

指 标	绝对数(元)	构成(%)
消费支出	**13729.61**	**100.0**
食品烟酒	3687.00	26.9
衣着	1184.48	8.6
居住	2988.28	21.8
生活用品及服务	1056.43	7.7
交通通信	1698.59	12.4
教育文化娱乐	1559.79	11.4
医疗保健	1219.82	8.9
其他用品和服务	335.23	2.4

8-5 居民现金生活消费支出(2017年)

指 标	绝对数(元)	构成(%)
现金消费支出	**11691.14**	**100.0**
食品烟酒	3586.19	30.7
衣着	1184.30	10.1
居住	1308.42	11.2
生活用品及服务	1055.34	9.0
交通通信	1697.87	14.5
教育文化娱乐	1559.73	13.3
医疗保健	965.36	8.3
其他用品和服务	333.93	2.9

8-6 居民主要食品消费量(2017年)

指　　标	单位	绝对量(公斤)
粮食消费量	**公斤**	**124.49**
小麦	公斤	82.40
稻谷	公斤	24.39
玉米	公斤	3.50
薯类消费量	公斤	2.26
豆类消费量	公斤	7.22
油脂类消费量	**公斤**	**8.30**
植物油	公斤	8.24
动物油	公斤	0.06
蔬菜及菜制品消费量	**公斤**	**84.38**
肉类	**公斤**	**16.16**
猪肉	公斤	10.85
牛肉	公斤	1.19
羊肉	公斤	1.13
其他肉类及制品	公斤	3.00
禽类	**公斤**	**5.25**
水产品	**公斤**	**3.77**
蛋类及蛋制品	**公斤**	**14.28**
奶和奶制品	**公斤**	**11.52**
干鲜瓜果类	**公斤**	**57.56**
糖果糕点类	**公斤**	**5.27**
酒	**公斤**	**6.73**

8-7 居民每百户年末主要耐用消费品拥有量(2017年)

指　　标	单位	绝对数
家用汽车	辆	24.96
摩托车	辆	38.49
助力车	台	107.36
洗衣机	台	98.50
电冰箱(柜)	台	93.32
微波炉	台	26.03
彩色电视机	台	118.72
其中：接入有线电视	台	61.86
空调	台	114.88
热水器	台	73.29
其中：太阳能热水器	台	44.43
洗碗机	台	1.07
排油烟机	台	38.54
固定电话	线	18.79
移动电话	部	241.03
其中：接入互联网	部	120.50
计算机	台	50.62
其中：接入互联网	台	37.41
照相机	台	10.82
中高档乐器	架	1.98
健身器材	台	2.85

8-8 历年城镇居民家庭基本情况

单位：户、人、元

年 份	调 查 户 数	家 庭 人 口	平均每户 就业人口	每一就业者 负担人数	平均每人 全年总收入	#平均每人 生活费收入	#平均每人 可支配收入	平均每人 全年总支出
1978		4.65	2.08	2.24	315.86	291.00	315.00	
1980	948	4.60	2.16	2.13	365.12	341.60	365.00	
1981	1000	4.58	2.36	1.94	395.59	369.73	395.00	
1982	1020	4.51	2.39	1.89	429.50	402.23	429.00	
1983	1020	4.42	2.44	1.81	456.98	422.06	452.50	
1984	1542	4.29	2.37	1.81	501.46	466.82	497.49	
1985	1800	4.11	2.25	1.83	605.15	560.95	600.59	
1986	1781	4.02	2.21	1.82	728.57	667.55	724.21	705.56
1987	1781	3.91	2.18	1.79	818.29	744.25	814.20	775.24
1988	1860	3.80	2.15	1.77	950.99	862.12	946.10	992.56
1989	1862	3.70	2.10	1.76	1116.00	1015.01	1111.46	1078.03
1990	1860	3.60	2.09	1.72	1274.62	1152.95	1267.73	1188.91
1991	2040	3.49	2.01	1.73	1388.93	1249.50	1384.81	1355.56
1992	2200	3.47	2.03	1.71	1609.37	1459.15	1608.03	1532.10
1993	2200	3.43	2.00	1.72	1962.75	1792.88	1962.75	1870.02
1994	2200	3.37	1.90	1.77	2619.44	2398.35	2618.55	2598.42
1995	2200	3.34	1.89	1.77	3302.14	3029.47	3299.46	3161.27
1996	2400	3.33	1.89	1.76	3756.78	3450.11	3755.44	3586.22
1997	2440	3.29	1.92	1.71	4111.54	3713.47	4093.62	3945.82
1998	2440	3.24	1.85	1.75	4238.49	3797.27	4219.42	4073.45
1999	2440	3.21	1.82	1.77	4553.74	4077.48	4532.36	4320.88
2000	2820	3.23	1.66	1.94	4784.04	4303.74	4766.26	4486.47
2001	2920	3.18	1.60	1.98	5292.09	4781.95	5267.42	4894.74
2002	2551	3.07	1.52	2.02	6515.52		6245.40	5745.12
2003	2444	3.03	1.52	1.99	7245.00		6926.12	6465.61
2004	2414	3.00	1.53	1.96	8073.36		7704.90	6734.01
2005	2408	2.97	1.53	1.94	9145.98		8667.97	7830.68
2006	2459	2.94	1.53	1.92	10339.20		9810.26	8722.49
2007	2459	2.90	1.53	1.90	12082.99		11477.05	10039.21
2008	2399	2.88	1.44	2.00	13907.80		13231.11	11135.44
2009	2399	2.85	1.43	1.99	15408.04		14371.56	12902.14
2010	2400	2.84	1.46	1.95	17141.80		15930.26	13802.49
2011	2299	2.87	1.48	1.94	19526.92		18194.80	15477.17
2012	2298	2.85	1.50	1.90	21897.23		20442.62	17300.48
2013	2300	2.99	1.55	1.92	23686.53		22398.03	17837.95
2014新口径	3263	3.17	1.80	1.76	25595.32		23672.06	20337.92
2015	3305	3.17	1.76	1.80	27484.28		25575.61	21339.12
2016	3367	3.11	1.66	1.88	29220.70		27232.92	22644.47
2017	3342	3.10	1.66	1.86	31910.18		29557.86	25419.94

注：本表1978年数据为估算数；1980数据为推算数。1981—1991年城镇居民可支配收入根据当年生活费收入测算。2014年为新口径(下同)。

8-9 历年城镇居民家庭平均每人消费支出

单位：元

年份	平均每人消费支出	食品支出	衣着支出	居住支出	家庭设备用品服务	交通通信支出	娱乐教育文化服务	医疗保健支出	其它商品与服务
1978	274.00	163.00	43.00	12.00	20.00	5.20	14.00	2.90	13.90
1980	335.02	192.66	50.19	15.30	24.30	8.86	20.84	3.22	19.65
1981	363.23	205.18	54.88	16.91	26.74	10.04	25.31	3.68	20.49
1982	382.47	214.17	56.49	19.70	29.03	12.19	25.27	3.93	21.69
1983	405.00	232.07	57.97	19.92	28.55	13.64	28.31	3.83	20.71
1984	431.68	244.37	65.23	22.65	32.56	11.47	28.63	5.01	21.76
1985	556.72	277.74	80.90	33.76	55.15	12.19	62.50	7.69	26.79
1986	653.83	333.59	96.56	39.35	62.66	15.64	63.97	8.75	33.31
1987	711.27	379.57	100.18	41.09	66.80	16.52	57.22	9.68	40.21
1988	896.55	465.99	124.21	42.02	104.28	17.18	82.66	16.23	43.98
1989	963.97	533.19	131.09	44.17	86.31	16.88	86.84	18.96	46.53
1990	1067.67	585.27	156.43	54.19	91.90	19.33	86.93	23.24	50.38
1991	1199.95	644.26	191.31	59.16	92.98	23.95	101.38	29.61	57.30
1992	1342.58	716.99	221.79	67.88	108.89	27.53	102.65	38.92	57.93
1993	1609.24	798.78	260.17	96.38	148.94	49.29	136.80	50.01	68.89
1994	2155.15	1074.18	347.31	131.89	185.55	92.86	159.78	70.07	93.51
1995	2673.95	1338.93	437.45	159.31	220.24	114.35	200.18	96.67	106.82
1996	3009.35	1439.32	488.52	281.61	215.52	131.74	211.41	125.97	115.26
1997	3378.02	1506.25	491.33	352.46	256.77	171.60	299.00	159.64	140.97
1998	3415.65	1454.99	442.34	406.54	280.23	193.65	320.88	172.84	144.19
1999	3497.53	1427.65	431.79	421.31	288.55	217.00	337.76	208.14	165.32
2000	3830.71	1386.76	460.99	547.19	312.97	246.24	407.26	280.78	188.52
2001	4110.17	1424.90	484.16	650.25	333.24	299.89	427.88	298.74	191.10
2002	4504.68	1517.04	570.48	499.44	324.48	477.60	586.32	389.64	139.80
2003	4941.60	1662.30	602.64	566.30	345.68	533.86	629.91	443.27	157.63
2004	5294.19	1855.44	650.30	578.60	332.06	569.85	694.56	436.53	176.84
2005	6038.02	2067.51	806.39	651.98	376.27	636.57	805.08	472.31	221.91
2006	6685.18	2215.32	919.31	737.00	431.02	762.08	847.12	520.57	252.76
2007	7826.72	2707.44	1053.13	795.39	549.14	858.33	936.55	626.55	300.19
2008	8837.46	3079.82	1141.76	963.59	633.32	915.12	988.95	790.87	324.03
2009	9566.99	3272.75	1270.74	1004.37	684.79	1033.99	1048.14	875.52	376.70
2010	10838.49	3575.75	1444.63	1080.10	866.72	1374.76	1137.16	941.32	418.04
2011	12336.47	4212.76	1706.94	1087.08	977.52	1573.64	1373.94	919.83	484.76
2012	13732.96	4607.47	1885.99	1190.81	1145.42	1730.35	1525.33	1085.47	562.13
2013	14821.98	4913.87	1916.99	1315.28	1281.06	1768.28	1911.16	1054.54	660.81
2014新口径	16184.46	4662.45	1823.36	3136.02	1389.25	1735.02	1721.92	1204.14	512.28
2015	17154.30	4818.75	1797.63	3391.14	1382.18	1874.12	1991.87	1365.49	533.12
2016	18087.79	5067.71	1746.62	3753.39	1430.23	1993.75	2078.78	1524.52	492.79
2017	19422.27	5187.76	1779.34	4226.57	1572.09	2269.62	2226.94	1611.50	548.47

注：本表1978年数据为估算数；1980年数据为推算数。2014年后的食品支出指的是食品烟酒的支出。

8-10 城镇居民家庭居住情况(2017年)

指　　标	计量单位	数值
家庭居住人口数	**人/户**	**3.10**
现住房总建筑面积	**平方米/人**	**40.94**
现住房房屋来源	**%**	**100.00**
租赁公房	%	0.70
租赁私房	%	3.74
自建住房	%	32.65
购买商品房	%	34.80
购买房改住房	%	19.20
购买保障性住房	%	2.04
拆迁安置房	%	5.44
继承或获赠住房	%	0.44
免费借用房	%	0.25
雇主提供免费住房	%	0.01
其他来源	%	0.72
本住户居住空间样式	**%**	**100.00**
单栋楼房	%	23.89
单栋平房	%	10.75
四居室及以上单元房	%	4.78
三居室单元房	%	33.80
二居室单元房	%	24.52
一居室单元房	%	1.10
筒子楼或连片平房	%	0.79
其他	%	0.36
住户主要饮用水来源情况	**%**	**100.00**
经过净化处理的自来水	%	90.64
受保护的井水和泉水	%	6.61
不受保护的井水和泉水	%	1.79
江河湖泊水	%	0.36
收集雨水	%	0.03
桶装水	%	0.11
其他水源	%	0.46
住户厕所类型	**%**	**100.00**
水冲式卫生厕所	%	84.27
水冲式非卫生厕所	%	1.90
卫生旱厕	%	4.44
普通旱厕	%	8.02
无厕所	%	1.37
住户洗澡设施情况	**%**	**100.00**
统一供热水	%	2.83
家庭自装热水器	%	83.87
其他	%	4.29
无洗澡设施	%	9.01
住户主要取暖设备状况	**%**	**100.00**
由市政或小区集中供暖	%	23.31
自行供暖	%	52.61
无取暖设备	%	24.08
期末拥有房屋面积	**平方米/人**	**43.97**
自有现住房面积	平方米/人	39.59
出租住房面积	平方米/人	3.02
出租商用建筑物面积	平方米/人	0.47
偶尔居住房面积	平方米/人	0.26
空宅或其他用途房面积	平方米/人	0.63

8-11 城镇居民家庭人口情况(2017年)

单位：人

指　标	城镇平均	按比例分组				
		城镇低收入户	城镇中低收入户	城镇中等收入户	城镇中高收入户	城镇高收入户
期内住户常住成员数	3.11	3.73	3.49	3.12	2.81	2.42
是否离退休人员	2.19	2.28	2.38	2.25	2.11	1.93
行政事业单位离退休	0.09	0.02	0.03	0.06	0.14	0.21
其他单位离退休	0.30	0.14	0.25	0.36	0.41	0.37
未退休	1.79	2.12	2.10	1.83	1.57	1.34
户均就业人数	1.66	1.79	1.89	1.76	1.52	1.34
雇主	0.03	0.02	0.01	0.03	0.03	0.07
公职人员	0.12	0.05	0.13	0.16	0.12	0.14
事业单位人员	0.23	0.10	0.25	0.24	0.27	0.28
国有企业雇员	0.17	0.13	0.15	0.24	0.20	0.14
其他雇员	0.85	1.05	1.10	0.90	0.72	0.47
农业自营	0.10	0.28	0.10	0.04	0.03	0.05
非农自营	0.16	0.16	0.15	0.15	0.15	0.20

8-12 城镇居民家庭人均收入(2017年)

单位：元

指　　标	城镇平均	按比例分组				
		城镇低收入户	城镇中低收入户	城镇中等收入户	城镇中高收入户	城镇高收入户
可支配收入	**29557.86**	**12871.97**	**20759.74**	**27818.95**	**36669.74**	**60755.05**
工资性收入	16833.55	9221.45	14739.51	17893.99	21390.46	24551.65
工资	15762.84	8467.73	14034.77	16937.05	19979.61	22731.95
按月发放的工资	14343.93	7419.09	12929.13	15740.73	18659.29	19936.78
补发工资	270.32	105.56	139.75	142.26	322.44	802.07
不按月发放的奖金、津贴、过节费等	1148.59	943.08	965.90	1054.05	997.88	1993.10
实物福利	31.42	11.05	27.94	33.81	35.17	58.97
其他	1039.28	742.67	676.80	923.13	1375.68	1760.73
住房公积金	379.97	63.67	178.02	344.04	583.38	948.87
辞退金	2.35	0.93	5.89	0.72	1.55	2.47
自由职业劳动所得(如稿费、翻译费)	84.25	47.78	25.35	45.46	136.27	212.79
安家费						
股票期权	8.07					50.49
其他劳动所得	564.64	630.29	467.54	532.92	654.48	546.12
经营净收入	4356.77	1402.36	1601.51	2966.65	3671.32	15087.50
财产净收入	2544.99	893.06	1492.80	2243.30	2930.75	6403.86
利息净收入	36.12	3.02	2.43	24.52	-17.64	205.85
红利收入	215.14	45.63	102.43	219.58	265.90	559.87
储蓄性保险净收益	3.20	0.86	5.05		4.71	6.47
转让承包土地经营权租金净收入	38.28	40.51	19.77	12.06	32.23	101.26
出租房屋财产性收入	667.82	127.36	303.20	603.35	719.08	1997.23
出租机械、专利、版权等资产的收入	58.35	0.85	0.53	0.14	6.70	355.29
其他财产净收入	13.77	11.49	16.14	5.88	11.65	26.27
房屋虚拟租金	1512.33	663.34	1043.25	1377.76	1908.13	3151.61
转移净收入	5822.55	1355.11	2925.92	4715.01	8677.20	14712.03
转移性收入	6819.38	2027.64	3663.35	5596.74	9897.56	16449.59
养老金或离退休金	5411.45	1209.05	2921.84	4567.59	8429.84	12823.40
离退休金	5342.67	1130.09	2852.32	4491.79	8390.89	12746.80
(城镇)居民社会养老保险	24.29	22.87	17.65	42.98	9.64	27.75
新型农村养老保险	24.51	45.46	33.09	17.07	10.52	6.70
其他养老金	19.98	10.62	18.78	15.75	18.79	42.15
社会救济和补助	45.49	100.42	31.07	13.22	8.75	66.99
政策性生活补贴	114.58	5.74	21.43	81.77	280.56	264.11
报销医疗费	375.90	102.64	129.44	224.70	320.64	1376.84
家庭外出从业人员寄回带回收入	581.94	450.95	358.74	485.37	460.85	1343.79
赡养收入	195.65	103.60	139.94	136.26	293.80	377.04
其他经常转移收入	79.44	33.15	46.03	74.22	95.94	182.66
失业保险金	6.90	1.04	7.72		17.50	11.59
经常性捐赠收入	1.04	0.99	1.31		2.73	0.23
经常性赔偿收入	0.03	0.11				
其他转移性收入	71.47	31.02	37.00	74.22	75.71	170.84
从政府和组织得到的实物产品和服务折价	5.75	5.03	7.17	4.27	2.89	9.89
现金政策性惠农补贴	9.18	17.05	7.70	9.33	4.29	4.87
转移性支出	996.83	672.53	7.70	9.33	1220.35	1737.56

8-13 城镇居民家庭人均支出(2017年)

单位：元

指　　标	城镇平均	按比例分组				
		城镇低收入户	城镇中低收入户	城镇中等收入户	城镇中高收入户	城镇高收入户
总支出	**25419.94**	**13521.53**	**18101.19**	**24533.87**	**28778.76**	**50556.66**
消费支出	19422.27	10176.02	14459.50	19870.97	22900.66	35524.04
食品烟酒	5187.76	3031.58	4265.47	5372.73	6258.02	8225.42
衣着	1779.34	954.33	1455.39	1783.21	2166.32	3011.99
居住	4226.57	2146.59	2889.38	4073.39	5127.65	8353.94
生活用品及服务	1572.09	744.58	1090.99	1571.91	1928.89	3066.63
交通通信	2269.62	990.22	1515.88	2786.38	2646.53	4121.29
教育文化娱乐	2226.94	1334.67	1937.02	2288.35	2332.66	3746.12
医疗保健	1611.50	770.24	983.47	1419.98	1818.75	3742.43
其他用品和服务	548.47	203.79	321.89	575.01	621.82	1256.21
生产经营费用支出	1119.37	731.02	337.12	472.39	464.92	4335.71
财产性支出	26.95	12.85	23.58	34.93	50.98	15.67
生活贷款利息支出	22.31	9.15	23.34	20.21	49.11	13.37
住房贷款利息支出	20.56	8.04	20.47	19.01	45.48	13.37
其他生活贷款利息支出	1.79	1.11	2.87	1.20	3.64	
其他财产性支出	4.65	3.70	0.24	14.71	1.87	2.30
转移性支出	996.88	672.53	737.44	882.18	1220.35	1737.30
个人所得税	30.34	1.10	7.77	15.67	22.70	132.12
社会保障支出	846.62	613.34	648.22	748.64	1060.13	1357.49
个人缴纳的养老保险	582.21	447.89	431.80	503.89	716.22	942.93
个人缴纳的医疗保险	225.22	156.86	191.94	201.81	293.50	327.05
个人缴纳的失业保险	23.60	6.22	12.15	26.34	36.26	47.63
其他社会保障支出	15.60	2.38	12.34	16.60	14.14	39.87
外来从业人员寄给家人的支出	2.62	0.01		0.42	0.05	15.79
赡养支出	59.03	30.05	36.72	54.37	57.15	140.82
其他转移性支出	58.26	28.02	44.72	63.09	80.33	91.09
部分商业保险支出	121.61	25.99	75.99	123.45	272.70	157.12
意外伤害保险	8.60	3.43	9.38	5.51	10.88	16.58
商业医疗保险(含大病保险)	41.01	8.02	24.26	32.24	84.19	76.61
其他非储蓄性商业保险	25.85	4.92	19.46	40.83	31.41	40.09
其他储蓄性商业保险	46.16	9.63	22.90	44.88	146.22	23.83
购置资产及非经常性转移支出	3190.76	1748.61	2138.84	2554.65	3096.07	7700.38
购置资产支出	1468.18	881.02	679.26	997.21	1004.93	4548.66
建造住房支出	184.99	623.00	8.21	70.99	67.61	65.47
购买住房支出	1204.06	179.41	648.53	888.33	809.95	4324.17
购建第一产业生产性固定资产	3.69	7.47	3.67		0.12	6.84
购建第二产业生产性固定资产支出	1.39		0.05	6.71		
购建第三产业生产性固定资产支出	49.19	71.15	18.64	0.00	71.92	98.00
购建其他资产支出	24.85		0.16	31.17	55.32	54.18
非经常性转移支出	1722.58	867.59	1459.58	1557.44	2091.14	3151.72
博彩支出	4.75	1.97	6.20	3.27	9.29	3.72
婚丧嫁娶礼金支出	874.28	472.19	739.45	783.24	1063.86	1561.27
一次性赔偿支出	7.95	0.08	0.81	5.52	33.33	4.70
一次性馈赠支出	698.27	267.76	601.78	682.89	810.65	1360.93
其他非经常性转移支出	70.59	83.21	42.93	54.85	73.28	108.03
借贷性支出	542.08	154.51	328.74	595.30	773.08	1086.45
存入储蓄款	146.35	18.54	82.64	192.54	149.97	359.55
借出款	17.14	3.58	2.35	13.55	13.35	66.51
归还借款	43.85	49.74	24.36	94.42	18.80	24.97
购买有价证券	0.23		0.60		0.50	0.04
其他投资支出	19.41	0.91	0.32	12.08	0.67	103.31
归还住房贷款	275.86	74.87	189.50	245.76	518.16	463.67
归还汽车贷款	29.59	6.48	28.02	24.94	43.79	56.04
归还教育贷款	0.13				0.73	
归还其他贷款	6.65	0.03	0.52	10.28	24.51	0.63
其他借贷支出	2.87	0.36	0.43	1.73	2.61	11.73

8-14 城镇居民家庭人均购买生活消费品及服务现金支出(2017年)

单位：元

指标	城镇平均	按比例分组				
		城镇低收入户	城镇中低收入户	城镇中等收入户	城镇中高收入户	城镇高收入户
购买生活消费品及服务	**16780.71**	**8818.68**	**12574.94**	**17263.80**	**19603.64**	**30616.58**
食品烟酒	**5091.17**	**2966.65**	**4211.67**	**5247.41**	**6165.88**	**8054.62**
食品	3269.77	2117.96	2804.34	3307.51	3979.33	4781.27
谷物	416.37	333.71	385.85	400.91	470.09	541.11
小麦	0.14	0.18	0.03	0.26	0.05	0.22
面粉	71.76	67.83	67.03	58.49	81.06	82.34
稻谷	0.17	0.09	0.16	0.18	0.19	0.25
大米	103.19	73.30	97.55	99.72	116.84	144.34
玉米	5.31	2.15	3.63	3.90	4.95	14.50
小米	21.83	16.75	18.25	20.19	25.31	32.57
其他谷物	7.05	3.92	5.87	6.23	9.18	11.98
面粉制品	185.33	167.87	168.86	184.09	200.94	218.39
其他谷物制品	25.53	1.93	3.66	3.44	3.57	3.70
薯类	56.70	44.71	49.83	57.29	65.94	72.94
红薯	11.08	8.15	8.34	11.32	13.22	16.56
马铃薯	16.85	13.64	15.47	16.56	19.71	20.70
其他薯类及制品	28.76	22.92	26.02	29.40	33.01	35.68
豆类	55.39	42.72	48.99	55.43	64.76	72.57
大豆	3.40	2.11	3.13	3.25	4.20	5.02
其他豆类及制品	51.98	40.61	45.86	52.18	60.56	67.55
食用油	136.60	99.69	120.76	135.38	165.51	182.64
食用植物油	135.99	99.32	120.14	134.75	164.66	182.02
食用动物油	0.61	0.37	0.62	0.63	0.85	0.62
蔬菜和食用菌	412.58	271.33	344.29	419.51	501.19	608.88
鲜菜	353.52	234.83	297.36	361.01	429.81	512.61
干菜及制品	22.70	15.07	16.93	23.65	24.22	39.04
鲜菌	23.80	13.67	20.35	24.17	29.66	36.60
干菌及制品	12.56	7.76	9.64	10.68	17.50	20.64
肉类	695.61	426.98	580.54	705.02	867.62	1049.29
猪肉	343.93	238.00	298.15	347.41	413.44	482.40
牛肉	101.46	44.76	86.37	108.72	132.64	162.12
羊肉	92.91	55.61	70.39	93.20	121.90	146.82
其他肉类及制品	157.31	88.60	125.63	155.70	199.63	257.95
禽类	136.89	89.33	122.07	130.69	158.40	211.71
鸡	79.04	55.98	76.18	75.75	88.27	110.96
鸭	11.01	7.66	8.77	10.03	13.69	17.40
鹅	3.10	1.56	1.54	1.74	1.10	11.52
其他禽类及制品	43.73	24.13	35.59	43.17	55.35	71.83
水产品	119.38	50.82	87.31	108.64	161.47	232.30
鱼类	70.80	34.45	55.93	67.62	92.52	125.14
虾类	27.09	7.08	17.46	20.39	38.89	65.54
蟹类	4.76	0.73	1.37	3.90	6.38	14.71
贝类	1.27	0.20	0.74	1.02	2.37	2.73
藻类	3.37	1.76	3.15	3.44	4.81	4.37
其他水产品及制品	12.08	6.60	8.66	12.27	16.50	19.81
蛋类	119.61	93.62	109.44	117.39	143.84	148.14
鲜蛋	109.60	88.93	99.73	105.98	131.29	134.54
蛋制品	10.00	4.69	9.71	11.41	12.55	13.60

8–14 续表 1

单位：元

指　　标	城镇平均	按比例分组				
		城镇低收入户	城镇中低收入户	城镇中等收入户	城镇中高收入户	城镇高收入户
奶类	308.45	167.55	264.05	328.37	375.87	477.47
鲜奶	123.13	61.55	95.91	128.72	171.60	191.00
酸奶	62.81	25.83	44.65	63.05	86.55	116.03
奶粉	83.27	56.72	78.65	98.23	76.70	116.67
其他奶制品	39.25	23.45	44.84	38.37	41.02	53.78
干鲜瓜果类	418.09	216.61	325.59	437.86	534.07	690.00
鲜瓜果	303.29	162.63	238.66	319.26	386.66	487.78
瓜果制品	24.86	12.23	17.98	26.12	28.79	47.08
坚果类	89.93	41.75	68.95	92.48	118.61	155.15
糖果糕点类	126.13	75.39	96.75	127.72	154.59	208.30
食糖	10.69	8.68	9.62	11.05	12.03	13.18
糖果	15.40	7.24	11.20	15.20	18.53	30.06
糕点	86.62	52.46	65.36	89.67	102.51	145.07
其他糖果糕点	13.42	7.01	10.56	11.80	21.53	19.99
其他食品	267.99	205.49	268.89	283.29	315.99	285.92
调味品	86.68	62.43	77.63	88.85	101.46	115.84
其他食品	181.31	143.06	191.26	194.44	214.53	170.08
饮料	169.58	96.37	120.46	209.91	193.86	267.10
茶叶	68.31	28.06	36.87	102.46	63.49	132.67
咖啡	3.08	0.12	1.26	2.24	3.89	10.16
其他固体饮料	3.86	2.26	2.94	4.35	4.33	6.37
瓶装饮用水	10.71	6.98	8.15	10.22	13.39	17.45
果汁饮料	19.43	8.20	15.62	19.18	26.82	33.43
其他液体饮料	64.19	50.75	55.61	71.46	81.93	67.02
烟酒	596.44	323.70	456.01	643.54	682.08	1038.18
烟草	254.32	173.46	189.37	254.46	299.16	414.26
卷烟	253.98	173.38	189.14	254.38	298.81	413.07
烟丝、烟叶	0.33	0.08	0.22	0.07	0.35	1.18
酒类	342.13	150.24	266.64	389.09	382.92	623.93
啤酒	25.67	15.53	21.99	25.42	33.10	37.84
白酒	297.43	131.87	231.38	348.53	324.80	536.84
果酒	10.50	0.73	6.75	8.45	13.59	29.28
其他酒	8.53	2.09	6.52	6.68	11.43	19.96
饮食服务	1055.37	428.63	830.85	1086.44	1310.61	1968.06
食堂用餐	51.60	43.08	41.00	43.08	58.25	82.59
其他在外饮食	1001.88	383.82	786.89	1041.26	1250.84	1884.71
食品加工服务费	1.89	1.72	2.96	2.10	1.52	0.76
衣着	**1763.22**	**948.96**	**1450.36**	**1762.91**	**2147.39**	**2973.05**
衣类	1354.18	710.56	1105.12	1339.62	1674.71	2312.81
服装	1296.14	679.45	1059.96	1281.74	1605.67	2209.13
服装材料	3.83	1.30	3.74	3.35	6.46	5.41
其他衣类及配件	50.84	28.22	38.61	51.33	58.98	91.52
衣类加工服务费	3.37	1.59	2.81	3.20	3.60	6.76
鞋类	409.04	238.40	345.24	423.28	472.68	660.24
鞋	404.65	236.03	341.93	417.73	466.57	654.80
鞋类配件及加工服务费	4.39	2.37	3.31	5.56	6.11	5.43

8–14 续表 2

单位：元

指　　标	城镇平均	按比例分组				
		城镇低收入户	城镇中低收入户	城镇中等收入户	城镇中高收入户	城镇高收入户
居住	**1850.32**	**894.51**	**1112.34**	**1737.46**	**2229.63**	**4012.62**
租赁房房租	131.06	50.17	90.64	30.63	216.67	341.27
租赁公房房租	10.28	0.07	2.72	1.89	24.12	31.40
租赁私房房租	120.78	50.10	87.92	28.74	192.55	309.87
住房维修及管理	854.14	250.89	348.84	854.86	892.98	2402.21
住房装潢	493.88	105.64	187.64	544.05	508.78	1410.82
住房维修	256.22	104.11	113.45	224.05	227.72	751.83
物业管理费	77.71	20.32	35.97	59.75	118.80	198.18
其他	26.33	20.82	11.78	27.00	37.69	41.39
水电燃料及其他	865.13	593.46	672.86	851.97	1119.97	1269.14
水	91.64	55.97	75.71	91.40	115.60	140.19
电	449.26	341.05	388.54	453.17	503.79	627.88
燃料	194.58	136.24	165.41	217.30	223.32	260.12
柴	0.03	0.01		0.11		
草	0.00			0.00		
煤炭	17.16	23.48	13.16	15.75	7.48	25.94
沼气	0.08	0.01	0.24	0.02		0.12
管道天然气	101.85	45.11	79.52	96.43	141.58	179.61
管道煤气	1.21	0.49	1.29	1.05	0.71	2.92
管道液化石油气	0.19	0.07	0.05	0.07	0.72	0.11
罐装液化石油气	69.31	65.10	67.09	99.12	63.65	46.50
汽油(生活燃料)	4.23	1.58	3.82	4.34	7.84	4.56
柴油(生活燃料)	0.00	0.01			0.01	
其他油(生活燃料)	0.19	0.22	0.19	0.17	0.14	0.26
其他生活燃料	0.33	0.17	0.04	0.24	1.20	0.11
取暖费	84.48	19.39	30.06	64.04	156.06	203.59
其他	45.18	40.81	13.15	26.05	121.20	37.36
生活用品及服务	**1555.33**	**741.94**	**1086.73**	**1550.71**	**1904.43**	**3025.91**
家具及室内装饰品	390.83	145.32	231.41	373.61	458.33	921.87
家具	347.49	134.37	208.24	321.18	396.54	834.83
家具材料	9.64	0.32	5.82	22.15	8.50	13.80
室内装饰品	33.70	10.62	17.35	30.29	53.29	73.24
家用器具	390.35	169.85	257.47	401.93	516.41	746.09
耐用消费品	331.76	141.84	216.17	350.05	435.52	634.39
洗衣机	32.20	17.01	32.70	27.94	34.74	56.48
电冰箱(柜)	38.89	11.37	20.26	34.83	67.84	78.70
空调器	140.70	73.34	91.42	152.14	182.33	247.93
吸尘器	1.82	0.01	2.71	1.63	4.03	1.05
抽油烟机	12.86	4.70	4.63	15.97	14.56	30.46
微波炉	2.97	0.94	0.32	7.22	2.45	4.75
非太阳能热水器	18.05	5.22	12.46	18.56	16.12	46.17
太阳能热水器	7.21	4.65	6.79	9.55	5.86	10.07
燃气炉具	6.33	2.93	3.81	4.59	10.58	12.37
太阳能炉具	0.00				0.02	
洗碗机	3.06	0.18			5.72	12.54
消毒碗柜			1.67	2.00	0.68	2.05
其他	66.44	21.49	39.41	75.63	90.59	131.83
小家电	58.59	28.01	41.30	51.88	80.90	111.70

8-14 续表 3

单位：元

指　标	城镇平均	按比例分组				
		城镇低收入户	城镇中低收入户	城镇中等收入户	城镇中高收入户	城镇高收入户
家用纺织品	138.14	58.59	94.88	129.90	176.40	283.84
床上用品	111.32	42.79	80.87	103.53	139.64	233.32
窗帘门帘	14.07	10.12	3.61	16.58	12.53	32.94
其他家用纺织品	12.75	5.69	10.39	9.78	24.24	17.58
家庭日用杂品	350.62	235.98	291.51	363.71	405.78	523.93
洗涤及卫生用品	120.06	89.66	100.03	125.99	147.04	155.35
厨具、餐具、茶具	60.55	33.14	47.32	50.26	83.25	107.52
家用手工工具	1.36	0.86	0.58	1.01	2.04	2.85
其他	168.65	112.32	143.58	186.46	173.45	258.20
个人用品	236.77	115.38	186.35	248.84	287.06	414.52
化妆品	135.41	60.88	98.47	138.14	165.32	259.98
其他个人用品	101.36	54.49	87.88	110.71	121.73	154.55
家庭服务	48.63	16.83	25.11	32.72	60.44	135.67
家政服务	21.28	1.75	2.50	7.95	32.14	81.40
家庭设备修理费	27.35	15.08	22.61	24.77	28.30	54.27
交通通信	**2189.38**	**971.58**	**1479.95**	**2713.22**	**2509.30**	**3942.32**
交通	1466.92	515.72	878.89	1983.52	1623.77	2847.69
交通工具	749.39	235.66	340.36	1275.39	634.29	1525.10
汽车	593.41	138.68	241.11	1102.24	410.99	1299.36
摩托车	7.94	0.40	6.52	9.08	13.21	13.74
自行车	9.57	9.48	6.88	6.72	15.66	10.45
电动自行车	87.67	53.51	66.63	115.01	110.23	107.22
其他交通工具	50.80	33.59	19.23	42.35	84.20	94.32
交通费	161.04	61.82	94.11	132.21	250.57	338.81
飞机	40.19	5.36	13.78	22.32	78.00	109.62
火车	52.09	15.66	28.44	36.54	76.85	131.37
长途汽车	26.28	14.18	23.89	25.36	37.67	36.06
市内公共交通	15.25	9.07	11.44	15.07	24.48	19.71
出租汽车费	15.75	4.85	9.18	17.62	26.05	27.22
其他交通费	11.47	12.70	7.38	15.30	7.52	14.82
交通工具用燃料	371.78	135.94	306.69	376.57	483.49	679.74
汽油	362.36	132.55	290.70	369.94	477.56	663.23
柴油	2.84	2.40	0.38	0.81	1.46	11.08
其他燃料和润滑剂	6.58	0.99	15.61	5.83	4.48	5.42
交通工具使用及维修	184.72	82.30	137.73	199.35	255.42	304.05
交通工具零配件和维修	113.00	64.98	87.68	138.93	136.20	159.95
停车费	8.95	2.99	9.24	9.78	15.16	9.40
车辆使用税费(含过桥过路费)	41.03	11.31	26.03	39.17	49.57	98.65
其他	21.74	3.02	14.78	11.48	54.50	36.06
通信	722.46	455.86	601.06	729.69	885.52	1094.63
通信工具	269.62	158.24	211.91	268.09	337.86	440.62
电话机	1.11	1.51	1.08	0.18	0.44	2.48
移动电话机	255.80	150.45	197.39	253.22	322.16	422.36
其他通信工具及零配件	12.71	6.28	13.43	14.69	15.26	15.78
通信服务	452.84	297.63	389.15	461.61	547.66	654.01
固定电话费	14.01	8.64	7.45	9.95	18.51	31.36
移动电话费	344.64	228.14	296.68	361.57	411.63	487.15
上网费	88.70	57.72	80.81	83.73	112.29	125.62
邮费	1.85	0.99	1.69	1.85	1.50	3.72
其他通信服务费	3.64	2.14	2.53	4.51	3.74	6.16

8-14 续表 4

单位：元

指　　标	城镇平均	按比例分组				
		城镇低收入户	城镇中低收入户	城镇中等收入户	城镇中高收入户	城镇高收入户
教育文化娱乐	**2197.01**	**1327.19**	**1934.12**	**2280.12**	**2240.76**	**3685.73**
教育	1246.25	1007.34	1387.37	1398.67	1070.33	1396.80
学前教育	184.49	120.43	197.85	201.31	194.93	226.66
教育用品	3.29	0.88	2.77	5.80	1.59	6.21
学杂费	59.79	40.05	78.56	77.32	55.74	44.38
培训费	35.73	7.70	26.25	19.19	50.27	95.41
赞助费	4.05	4.60	4.48	1.03	2.48	8.23
一揽子教育服务(含食宿)	68.83	51.82	80.90	82.17	59.21	70.35
其他费用	12.80	15.38	4.89	15.80	25.64	2.09
小学教育	174.87	160.18	145.08	210.84	186.61	178.89
教育用品	8.48	6.78	9.05	9.16	10.13	7.51
学杂费	15.14	17.71	14.02	11.25	17.36	15.50
培训费	64.30	31.56	45.58	80.37	76.17	104.78
赞助费	1.29	0.63	1.09	2.84	0.28	1.67
一揽子教育服务(含食宿)	50.42	67.82	47.21	55.92	47.20	25.87
其他费用	35.23	35.68	28.14	51.30	35.46	23.56
初中教育	163.07	134.32	224.42	130.24	111.37	218.53
教育用品	7.85	7.27	8.15	4.04	9.81	11.06
学杂费	22.04	16.40	30.10	31.34	10.74	19.54
培训费	48.16	31.14	66.62	16.36	45.79	90.80
赞助费	0.68	0.22	2.39		0.02	0.54
一揽子教育服务(含食宿)	55.94	66.04	86.24	33.74	32.25	53.36
其他费用	28.40	13.26	30.93	44.76	12.75	43.24
高中教育	218.21	210.82	215.98	237.13	121.07	314.68
教育用品	4.41	3.81	3.95	7.57	3.02	3.37
学杂费	45.49	36.06	50.97	78.60	18.73	38.50
培训费	26.61	10.01	29.19	27.50	8.92	65.65
赞助费	7.39		6.37		19.73	15.61
一揽子教育服务(含食宿)	110.73	128.61	108.28	108.74	45.52	162.21
其他费用	23.58	32.32	17.22	14.72	25.15	29.34
中专职高教育	20.69	19.38	23.20	7.36	18.73	38.38
教育用品	0.20	0.09	0.34	0.09	0.23	0.28
学杂费	5.13	3.00	5.48		8.41	10.75
培训费	3.95	0.02	0.06		3.74	20.46
一揽子教育服务(含食宿)	9.50	12.49	15.37	6.57	4.65	5.99
其他费用	1.91	3.77	1.95	0.70	1.70	0.90
大专及以上教育	396.69	325.78	509.71	522.43	341.72	241.33
教育用品	1.99	1.86	2.39	2.81	0.82	1.86
学杂费	83.28	67.51	125.26	136.52	24.76	43.60
培训费	6.62	17.02	6.03	4.45	2.09	
一揽子教育服务(含食宿)	270.87	210.81	351.02	306.36	298.93	170.36
其他费用	33.92	28.59	25.01	72.30	15.12	25.50
成人教育	88.24	36.43	71.12	89.35	95.90	178.31
教育用品	3.74	1.42	1.72	2.44	12.88	1.57
培训费	53.45	20.72	46.88	61.68	59.67	93.25
其他费用	31.04	14.29	22.52	25.22	23.35	83.50

8–14 续表 5

单位：元

指　　标	城镇平均	按比例分组				
		城镇低收入户	城镇中低收入户	城镇中等收入户	城镇中高收入户	城镇高收入户
文化娱乐	950.76	319.85	546.75	881.45	1170.43	2288.93
文娱耐用消费品	148.66	70.99	82.69	154.42	160.50	334.45
组合音响	1.14	3.08	0.05	1.16	0.47	0.55
彩色电视机	65.10	27.86	40.94	89.84	74.03	111.85
影碟机	0.09			0.44		
摄像机	2.18		0.65	0.23	0.97	11.34
照相机	3.77	3.54	0.57	2.57	7.36	6.20
家用台式电脑	16.78	11.18	17.70	0.16	17.54	44.22
家用笔记本电脑	23.55	12.12	8.43	20.84	11.64	78.08
中高档乐器	7.02	1.39	0.96	11.17	9.74	15.45
健身器材	8.27	1.98	1.30	6.04	7.75	30.71
其他文娱耐用消费品	13.04	2.76	8.04	14.15	22.16	23.65
文娱耐用消费品的零配件及维修	7.71	7.08	4.05	7.81	8.85	12.39
其他文娱用品	165.93	97.29	123.40	173.41	183.76	296.86
书、报、杂志及音像制品	33.17	21.28	27.53	36.20	33.00	54.79
文具纸张	29.56	27.30	32.36	30.01	24.99	33.38
体育户外用品	9.14	4.69	6.50	7.60	13.07	16.99
游戏用品和玩具	37.39	20.18	23.31	39.68	35.48	81.51
园艺花卉及有关产品	16.65	5.21	7.67	19.51	18.12	40.66
宠物及有关产品	8.53	1.16	5.52	9.36	13.96	16.52
其他文娱用品及维修	31.50	17.47	20.50	31.05	45.14	53.02
文化娱乐服务	636.18	151.57	340.66	553.62	826.17	1657.62
团体旅游	467.35	86.52	231.81	401.12	609.16	1284.68
景点门票	37.01	12.61	23.04	31.06	54.79	80.42
体育健身活动	15.09	4.52	7.22	12.91	18.16	41.06
电影、话剧、演出票	13.78	2.62	8.84	11.76	19.14	33.73
有线电视费	45.60	24.32	36.21	40.65	59.88	80.61
其他文化娱乐服务	57.35	20.98	33.55	56.11	65.03	137.12
医疗保健	**1594.47**	**768.38**	**979.12**	**1408.18**	**1797.54**	**3683.29**
医疗器具及药品	597.64	304.67	387.35	551.20	769.68	1192.03
药品	432.25	286.64	323.63	421.77	547.71	684.23
滋补保健品	130.80	13.47	52.70	108.58	163.61	404.66
医疗卫生器具	12.16	1.91	3.06	8.54	9.10	47.94
保健器具	22.43	2.65	7.97	12.31	49.26	55.20
医疗服务	996.82	463.71	591.77	856.98	1027.86	2491.26
门诊医疗总费用	276.72	182.09	244.94	252.18	300.60	465.29
住院医疗总费用	720.11	281.63	346.82	604.80	727.26	2025.97
其他用品和服务	**539.82**	**199.47**	**320.65**	**563.79**	**608.72**	**1239.04**
其他用品	316.36	97.32	182.87	334.72	333.17	782.28
首饰及手表	222.15	51.47	88.57	229.03	240.85	629.93
其他杂项用品	94.21	45.85	94.30	105.69	92.32	152.35
其他服务	223.46	102.14	137.79	229.06	275.55	456.76
旅馆住宿费	34.20	5.83	16.82	28.95	38.67	101.99
美容美发洗浴	100.14	47.76	69.80	111.12	134.53	167.45
其他杂项服务	89.12	48.56	51.17	88.99	102.35	187.32

8-15 城镇居民家庭平均每人购买食品数量(2017年)

单位：千克、盒

指标	城镇平均	按比例分组				
		最低收入户	更低户	低收入户	较低收入户	中间收入户
面粉	18.20	16.28	18.28	15.53	21.54	20.64
大米	18.25	13.71	18.18	17.30	20.54	23.73
食用植物油	9.15	7.51	8.65	8.96	10.62	10.91
鲜菜	92.60	69.89	81.87	93.30	108.13	122.95
猪肉	12.88	9.25	11.20	13.03	15.43	17.54
牛肉	1.84	0.79	1.57	1.94	2.50	2.92
羊肉	1.82	1.05	1.41	1.86	2.44	2.78
鸡	4.39	3.39	4.39	4.21	4.90	5.54
鸭	0.57	0.40	0.47	0.55	0.70	0.85
鱼类	3.97	2.38	3.26	3.82	5.17	6.14
虾类	0.53	0.18	0.38	0.46	0.73	1.12
鲜蛋	14.87	12.85	13.83	14.48	17.37	17.06
鲜奶	10.32	5.72	7.80	11.42	14.39	14.71
酸奶	4.85	2.23	3.47	5.05	6.61	8.40
奶粉	0.54	0.33	0.47	0.83	0.40	0.70
鲜瓜果	62.14	43.45	53.95	65.24	75.31	82.52
坚果类	4.67	2.71	3.89	4.99	6.05	6.70
糕点	3.91	2.84	3.09	3.89	4.51	5.97
茶叶	0.26	0.13	0.16	0.33	0.28	0.45
卷烟	18.98	16.24	15.55	18.45	21.90	25.25
啤酒	3.83	2.64	3.32	3.78	4.96	5.08
白酒	2.71	1.85	2.16	2.72	3.52	3.83
果酒	0.17	0.04	0.09	0.13	0.21	0.45

注：卷烟单位为盒。

8-16 城镇居民家庭购买非食品数量(2017年)

指　标	计量单位	城镇平均	按比例分组				
			城镇低收入户	城镇中低收入户	城镇中等收入户	城镇中高收入户	城镇高收入户
鞋	双/人	3.22	2.71	3.10	3.25	3.43	3.88
水	吨/人	35.85	25.02	31.78	36.75	44.71	46.50
电	度/人	775.43	594.03	668.12	771.25	878.35	1083.76
煤炭	千克/人	21.41	30.32	16.10	18.03	8.69	34.13
管道天然气	立方米/人	44.85	20.10	34.42	44.65	60.10	79.23
管道煤气	立方米/人	0.83	0.33	0.77	0.36	0.74	2.34
管道液化石油气	千克/人	0.05	0.02	0.04	0.02	0.14	0.04
罐装液化石油气	千克/人	11.46	11.01	10.94	15.91	10.72	7.94
洗衣机	台/百户	1.83	1.15	1.81	1.52	2.25	2.81
电冰箱(柜)	台/百户	1.59	0.54	0.79	1.68	2.59	3.01
空调器	台/百户	3.96	2.34	3.01	3.78	5.25	6.46
吸尘器	台/百户	0.23	0.01	0.38	0.15	0.39	0.30
抽油烟机	台/百户	1.03	0.45	0.54	1.20	1.06	2.30
微波炉	台/百户	0.49	0.16	0.04	0.98	0.44	1.00
非太阳能热水器	台/百户	1.12	0.48	0.97	1.22	1.28	1.97
太阳能热水器	台/百户	0.38	0.25	0.35	0.57	0.24	0.52
燃气炉具	套/百户	1.04	0.81	0.55	0.88	1.80	1.42
太阳能炉具	套/百户	0.00				0.01	
洗碗机	台/百户	0.18	0.05			0.37	0.63
消毒碗柜	台/百户	0.09		0.11	0.04	0.12	0.21
汽车	辆/百户	0.57	0.16	0.37	0.90	0.50	1.11
摩托车	辆/百户	0.19	0.02	0.18	0.18	0.34	0.30
自行车	辆/百户	1.32	1.35	1.02	0.71	1.89	1.84
电动自行车	辆/百户	3.64	2.27	2.87	4.20	5.61	3.81
电话机	部/百户	0.37	0.27	0.37	0.31	0.22	0.77
移动电话机	部/百户	14.31	9.68	13.21	13.42	17.49	20.29
组合音响	台/百户	0.15	0.08	0.09	0.09	0.29	0.23
彩色电视机	台/百户	1.79	0.97	1.19	2.50	2.11	2.55
影碟机	台/百户	0.02			0.11		
摄像机	台/百户	0.05		0.02	0.02	0.06	0.20
照相机	台/百户	0.12	0.05	0.14	0.10	0.16	0.18
家用台式电脑	台/百户	0.35	0.45	0.31	0.01	0.40	0.63
家用笔记本电脑	台/百户	0.52	0.27	0.24	0.52	0.32	1.48

8-17 城镇居民家庭平均每百户主要消费品年末拥有量(2017年)

指　　标	单位	城镇平均	按比例分组				
			城镇低收入户	城镇中低收入户	城镇中等收入户	城镇中高收入户	城镇高收入户
家用汽车	辆	31.56	17.77	28.51	33.80	32.85	44.80
摩托车	辆	18.94	26.52	19.10	18.77	14.15	16.16
助力车	台	110.33	119.22	127.04	118.10	100.93	86.48
洗衣机	台	101.55	98.65	101.75	103.09	102.13	102.13
电冰箱(柜)	台	99.21	91.46	98.75	99.53	102.25	104.03
微波炉	台	46.08	24.73	40.80	48.78	54.44	61.57
彩色电视机	台	121.56	117.35	122.82	122.76	120.56	124.28
其中：接入有线电视	台	79.69	64.13	77.22	81.44	87.79	87.83
空调	台	161.41	118.21	152.96	167.51	171.90	196.32
热水器	台	89.34	78.79	88.54	91.33	94.44	93.58
其中：太阳能热水器	台	39.02	43.60	38.27	43.26	39.16	30.84
消毒碗柜	台						
洗碗机	台	1.43	0.69	0.45	2.03	1.57	2.41
排油烟机	台	69.84	48.70	65.53	71.83	78.94	84.12
固定电话	线	24.77	19.96	22.85	20.52	22.86	37.58
移动电话	部	236.51	236.81	245.66	251.85	224.86	223.40
其中：接入互联网	部	136.65	131.16	140.15	138.00	143.42	130.55
计算机	台	73.12	53.22	75.03	76.33	78.45	82.57
其中：接入互联网	台	56.78	41.22	57.76	59.95	59.81	65.13
摄像机	台						
照相机	台	20.33	5.33	18.70	21.40	23.89	32.29
中高档乐器	架	3.73	0.80	2.30	6.36	3.58	5.60
健身器材	台	4.65	1.75	5.33	6.59	3.96	5.63
组合音响	套						

8-18 历年农村居民收支

(指数以上年为100，按可比口径计算)　　单位：元

年份	农民家庭人均可支配收入	可支配收入指数	农民家庭人均生活消费支出	#食品
1978	104.71		81.70	
1979	133.56		110.83	67.32
1980	160.78		135.51	78.49
1981	215.57		165.57	89.08
1982	216.74		177.90	101.18
1983	272.00		196.35	113.71
1984	301.17		219.64	122.46
1985	328.78		260.19	145.83
1986	333.64	99.7	292.48	159.88
1987	377.72	110.1	309.90	164.03
1988	401.32	98.2	346.73	179.42
1989	457.06	102.5	390.05	199.99
1990	526.95	105.5	437.73	240.93
1991	539.29	102.3	454.68	242.83
1992	588.48	104.9	472.61	264.02
1993	695.85	109.0	564.93	334.52
1994	909.81	103.4	731.78	426.17
1995	1231.97	109.5	929.39	544.26
1996	1579.19	113.8	1206.43	670.89
1997	1733.89	107.4	1270.52	693.09
1998	1864.05	106.5	1240.30	700.78
1999	1948.36	106.4	1163.98	617.46
2000	1985.82	103.9	1315.83	654.13
2001	2097.86	104.9	1375.60	668.77
2002	2215.74	105.1	1451.51	697.02
2003	2235.68	99.6	1508.67	726.57
2004	2553.15	108.1	1664.09	808.27
2005	2870.58	107.5	1891.57	858.97
2006	3261.03	112.1	2229.28	911.48
2007	3851.60	112.2	2676.41	1017.43
2008	4454.24	107.2	3044.21	1165.81
2009	4806.95	107.5	3388.47	1220.36
2010	5523.73	111.0	3682.21	1371.17
2011	6604.03	112.7	4319.95	1559.74
2012	7524.94	111.3	5032.14	1701.75
2013	8475.34	109.5	5627.73	1938.47
2014	9966.07	109.4	7277.21	2153.81
2015	10852.86	107.6	7887.45	2301.27
2016	11696.74	105.7	8586.59	2447.29
2017	12719.18	107.5	9211.52	2495.89

注：2013年以前为纯收入口径。

8-19 农民家庭人口与劳动力状况

项　　目	单 位	2005年	2010年	2012年	2013年	2014年	2015年	2016年	2017年
调查户数	**户**	**4200**	**4200**	**4200**	**5032**	**3795**	**3806**	**3837**	**3838**
调查户常住人口	**人**	**17591**	**17007**	**17154**	**19744**	**13312**	**13403**	**13359**	**13034**
平均每户常住人口	人	4.19	4.05	4.08	3.91	3.51	3.52	3.79	3.37
整半劳动力	人	2.87	2.92	2.89	2.69	2.24	2.21	2.23	2.16
劳动力占常住人口比重	%	68.50	72.20	70.70	68.70	63.8	62.8	64.2	64.1
平均每个劳动力负担人口	人	1.46	1.39	1.41	1.46	1.57	1.59	1.56	1.56
平均每百个常住人口中									
学龄前人数	人	6.44	6.21	9.63	8.19	6.51	6.65	7.29	5.74
6-15岁人数	人	14.69	10.27	11.21	11.05	15.37	16.79	17.14	17.54
16-60岁人数	人	72.63	73.91	69.50	67.2	62.69	61.64	61.12	61.13
61岁及以上人数	人	6.24	9.66	9.49	13.3	15.43	14.91	14.46	15.59

8-20 农民家庭劳动力就业情况

项　　目	单位	2005年	2010年	2012年	2013年	2014年	2015年	2016年	2017年
每百个就业劳动力文化程度									
未上过学	人	6.65	5.26	5.14	3.21	4.07	4.00	2.66	3.71
小学	人	18.48	16.20	16.58	18.15	20.52	19.89	18.85	20.47
初中	人	61.23	60.90	60.93	61.51	58.94	59.75	59.7	59.68
高中	人	10.52	12.91	12.01	13.50	12.86	12.68	14.99	12.07
大学专科	人	2.11	2.78	2.47		2.71	2.63	2.85	3.06
大学本科	人	1.01	1.95	2.87	3.63	0.83	0.95	0.89	0.94
研究生						0.09	0.10	0.06	0.07
每百个就业劳动力从事的主要行业									
一产业就业劳动力	人	66.75	56.88	49.72	54.22	60.42	58.94	50.85	56.47
二产业就业劳动力	人	17.27	24.15	31.9	25.68	20.33	21.61	26.12	22.47
三产业就业劳动力	人	15.98	18.97	18.34	20.10	19.25	19.44	23.03	21.06

8-21 农民家庭居住情况

项目	单位	2005年	2010年	2012年	2013年	2014年	2015年	2016年	2017年
期末人均住房情况									
住房面积	平方米	27.21	34.69	38.46	35.18	42.94	43.60	46.65	47.84
#租用住房面积	平方米	0.04	0.09	0.50	0.06	0.31	0.42	0.25	0.10
住房价值	万元	0.58	1.12	1.96	2.21	2.88	3.10	3.69	3.79
主要建筑材料									
钢筋混凝土	%					12.12	14.29	17.86	17.74
砖混材料	%					61.55	61.13	62.02	62.28
砖瓦砖木	%					24.90	23.42	19.02	18.88
竹草土坯	%					1.03	0.78	0.74	0.74
其他	%					0.40	0.38	0.37	0.37
住宅外道路路面情况									
水泥或柏油路面	%	26.07	44.88	52.95	50.23	52.56	52.49	59.51	61.13
沙石或石板等硬质路面	%	8.93	11.95	13.57	12.94	12.63	15.79	16.08	15.90
其他	%	65.00	43.17	33.48	36.83	34.81	31.72	24.41	22.97
住户主要饮用水来源情况									
经过净化处理的自来水	%					26.60	33.84	45.41	46.74
受保护的井水和泉水	%					38.40	32.82	31.34	31.32
不受保护的井水和泉水	%					31.05	28.56	18.94	17.87
江河湖泊水	%					0.32	0.49	0.61	0.61
收集雨水	%								
桶装水	%						0.02	0.04	0.02
其他水源	%					3.64	4.28	3.65	3.45
住户厕所类型									
水冲式卫生厕所	%					6.52	4.76	7.20	7.33
水冲式非卫生厕所	%					1.05	1.44	2.57	2.43
卫生旱厕	%					14.28	21.28	22.78	23.29
普通旱厕	%					76.83	71.83	66.74	66.26
无厕所	%					1.32	0.69	0.70	0.69
住户主要取暖用能源状况									
柴草	%					11.10	13.03	13.20	12.68
煤炭	%					22.93	23.61	20.59	14.46
罐装液化石油气	%					3.25	3.04	5.04	4.69
管道液化石油气	%					0.03		0.03	0.07
管道煤气	%								
管道天然气	%						0.18	0.48	0.42
电	%					16.48	18.36	23.82	30.38
燃料用油	%							0.03	0.03
沼气	%					0.16	0.15	0.36	0.34
其他	%					2.87	2.16	2.55	2.26
无取暖行为	%					43.19	39.47	33.89	34.67
主要炊用能源状况									
柴草	%					30.30	30.64	26.10	26.87
煤炭	%					20.31	18.86	15.03	10.99
罐装液化石油气	%					24.85	28.57	33.81	33.53
管道液化石油气	%					0.26	0.66	0.28	0.36
管道煤气	%					0.03		0.13	0.13
管道天然气	%					0.58	0.78	0.82	0.86
电	%					19.75	17.46	21.52	24.86
燃料用油	%								
沼气	%					1.66	1.75	1.15	1.36
其他	%					1.70	1.01	0.61	0.55
无炊用行为	%					0.55	0.28	0.55	0.50

8-22 农民家庭土地经营情况

项 目	单 位	2005年	2010年	2012年	2013年	2014年	2015年	2016年	2017年
平均每百人土地经营情况									
期初实际经营土地面积	亩	158.88	172.61	170.15	178.83	198.67	201.45	204.06	209.84
耕地	亩	150.43	166.09	158.31	159.26	183.52	184.41	187.08	194.95
有效灌溉面积	亩	110.19	122.97	118.83	127.81	149.17	153.70	157.58	163.65
山地	亩	0.92	2.45	8.31	13.34	9.65	10.86	11.50	8.80
园地	亩	3.29	3.48	2.78	4.12	3.91	4.52	3.82	4.53
牧草地	亩	0.09	0.08	0.03	0.30		0.17	0.01	0.04
养殖水面	亩	4.15	0.52	0.71	1.81	1.59	1.49	1.66	1.52
期末实际经营的土地面积	亩	160.69	174.61	173.11	179.40	198.90	198.55	206.82	208.14
耕地	亩	151.65	168.00	162.25	159.99	185.11	183.81	189.90	194.67
有效灌溉面积	亩	110.62	125.20	121.09	127.90	150.32	151.97	158.86	163.56
山地	亩	0.92	2.38	7.80	13.28	8.30	8.78	10.94	7.81
园地	亩	3.30	3.40	2.31	4.38	3.97	4.47	4.31	4.43
牧草地	亩	0.09	0.08	0.03			0.05		
养殖水面	亩	4.74	0.75	0.71	1.75	1.51	1.45	1.68	1.23
期内主要粮食播种面积	亩	233.70	269.52	262.02	263.94	294.78	284.36	289.26	286.04
#小麦播种面积	亩	125.69	134.93	130.43	132.90	144.26	140.40	141.86	142.82
水稻播种面积	亩	11.69	15.69	15.70	20.08	24.26	22.88	24.46	28.13
玉米播种面积	亩	71.62	103.40	107.98	101.97	115.60	110.98	108.74	101.05
豆类播种面积	亩	19.56	12.86	6.88	7.91	9.28	8.44	11.77	11.07
薯类播种面积	亩	3.39	1.93	0.77	1.01	1.38	1.66	2.43	2.97
经济作物播种面积	亩	70.12	35.18	30.87	33.49	31.33	32.70	40.65	47.51
#棉花播种面积	亩	19.10	5.24	3.65	0.77	0.70	0.39	0.31	0.11
油料播种面积	亩	30.15	16.09	15.40	23.93	21.77	22.43	29.65	36.34
蔬菜播种面积	亩	12.45	7.98	7.47	5.50	5.19	5.54	6.19	7.31
果用瓜播种面积	亩	2.55	2.92	1.96	3.18	3.63	3.58	4.49	3.64

8-23 农民家庭生产经营情况

项　　目	单 位	2005年	2010年	2012年	2013年	2014年	2015年	2016年	2017年
谷物产量	公斤/人	845.87	1170.43	1249.96	1234.56	1412.60	1447.88	1397.22	1355.77
#小麦产量	公斤/人	461.33	599.19	595.32	607.57	718.72	692.56	666.40	686.50
稻谷产量	公斤/人	67.83	80.22	85.16	102.71	142.73	143.06	151.83	161.73
玉米产量	公斤/人	312.21	489.62	568.90	524.19	550.99	611.02	578.39	507.50
薯类产量	公斤/人	4.31	5.67	2.13	3.02	5.64	8.79	11.83	14.07
豆类产量	公斤/人	26.62	21.27	14.03	13.91	16.14	19.90	22.86	19.04
棉花产量	公斤/人	25.68	10.94	8.03	0.93	1.37	0.94	0.56	0.29
油料产量	公斤/人	50.23	34.45	43.58	65.56	61.60	65.33	88.46	111.86

8-24 农民家庭出售产品情况

项　　目	单　　位	2005年	2010年	2012年	2013年	2014年	2015年	2016年	2017年
出售粮食数量	公斤/人	367.21	540.63	670.84	709.73	843.98	897.57	972.61	882.04
#小麦	公斤/人	177.84	260.74	308.12	323.33	414.59	420.91	417.62	444.00
稻谷	公斤/人	40.70	43.55	41.75	59.72	93.81	121.88	109.51	106.18
玉米	公斤/人	133.44	222.44	309.77	309.62	333.87	354.13	421.53	306.23
薯类	公斤/人	0.31	2.08	0.92	0.98	1.92	4.03	5.19	6.62
豆类	公斤/人	13.61	11.49	9.78	14.34	10.36	15.89	17.41	13.94
出售棉花数量	公斤/人	17.96	4.42	3.90	0.66	0.20	0.42	0.34	0.32
出售油料数量	公斤/人	22.70	15.12	26.74	32.16	39.03	32.47	54.46	63.33
出售麻类数量	公斤/人	0.60	0.47	0.02	1.01	0.66	0.38	0.50	0.04
出售烟叶数量	公斤/人	3.11	4.12	6.47	4.98	2.22	4.30	2.87	2.64
出售蔬菜数量	公斤/人	116.79	126.29	146.68	112.71	105.41	144.62	137.53	153.65
出售水果数量	公斤/人	49.22	39.25	24.37	60.83	44.91	50.45	42.68	42.69
出售猪肉数量	公斤/人	39.54	47.95	49.23	43.38	50.56	54.21	44.56	51.73
出售牛肉数量	公斤/人	3.96	3.13	2.09	2.22	2.21	1.49	2.74	2.49
出售羊肉数量	公斤/人	1.36	1.18	1.12	1.94	2.94	3.10	2.54	2.05
出售家禽数量	公斤/人	4.59	6.84	5.87	1.87	2.71	6.72	10.76	16.12
出售蛋类数量	公斤/人	13.67	17.46	9.06	27.7	19.53	12.66	11.81	9.16
出售水产品数量	公斤/人	4.24	4.05	4.75	4.90	4.62	7.24	7.64	10.02

8-25 农民家庭主要食品消费量

项目	单位	2005年	2010年	2012年	2013年	2014年	2015年	2016年	2017年
粮食消费量	公斤/人	211.62	188.47	143.97	151.29	124.86	132.45	126.91	128.28
小麦	公斤/人	170.48	145.21	106.98	109.15	87.51	91.75	88.26	89.93
稻谷	公斤/人	19.58	20.84	20.03	22.83	22.78	24.19	21.97	22.49
玉米	公斤/人	16.86	15.51	10.90	12.09	6.10	5.98	5.84	4.93
薯类消费量	公斤/人	0.86	0.95	0.89	1.35	1.69	2.05	1.88	1.98
豆类消费量	公斤/人	2.93	1.87	1.71	3.81	4.60	4.87	6.13	5.64
油脂类消费量	公斤/人	4.36	4.85	6.91	6.62	8.42	7.61	7.49	7.54
植物油	公斤/人	4.25	4.79	6.85	6.53	8.31	7.53	7.41	7.47
动物油	公斤/人	0.11	0.05	0.06	0.09	0.11	0.08	0.07	0.07
蔬菜及菜制品消费量	公斤/人	100.75	88.03	70.46	63.65	68.71	67.72	73.71	72.59
肉类	公斤/人	8.68	12.42	10.91	12.93	12.34	12.79	12.36	12.72
猪肉	公斤/人	5.46	8.03	6.56	7.92	9.75	9.74	9.04	9.24
牛肉	公斤/人	0.83	0.34	0.26	0.37	0.49	0.66	0.67	0.67
羊肉	公斤/人	0.14	0.15	0.11	0.20	0.28	0.47	0.54	0.57
其他肉类及制品	公斤/人					1.81	1.92	2.11	2.24
禽类	公斤/人	1.57	2.28	2.27	2.69	3.64	3.88	4.53	4.24
水产品	公斤/人	1.30	1.50	1.74	1.91	2.40	2.53	2.80	2.51
蛋类及蛋制品	公斤/人	8.48	9.10	9.06	7.86	9.38	10.73	11.29	13.02
奶和奶制品	公斤/人	0.85	2.44	3.04	3.66	4.95	5.03	5.82	6.12
干鲜瓜果类	公斤/人	15.39	20.96	27.88	32.64	37.81	39.10	46.40	49.23
糖果糕点类	公斤/人					4.65	4.56	4.86	4.55
酒	公斤/人	5.97	6.24	6.14	6.43	7.10	6.71	6.54	6.75

8-26 农民家庭平均每百户主要耐用消费品年末拥有量

项目	单位	2005年	2010年	2012年	2013年	2014年	2015年	2016年	2017年
家用汽车	辆	0.33	1.76	5.07	8.99	10.13	11.99	18.10	19.28
摩托车	辆	39.14	54.88	51.31	66.58	70.01	65.18	58.12	55.33
助力车	辆					79.50	87.64	101.60	104.80
洗衣机	台	55.67	84.64	92.57	91.60	89.84	92.92	95.15	95.86
电冰箱(柜)	台	13.48	46.12	66.86	71.93	73.07	79.11	87.63	88.25
微波炉	台	0.67	5.12	5.29	10.51	10.04	8.99	8.75	8.75
彩色电视机	台	81.69	106.26	111.21	115.12	112.00	112.61	115.08	116.28
其中：接入有线电视	台	10.07	30.83	46.57	42.08	40.60	51.50	52.86	46.49
空调	台	5.19	22.86	37.24	46.22	48.05	54.78	70.37	74.79
热水器	台	3.24	16.26	32.48	40.90	41.55	48.32	57.94	59.46
其中：太阳能热水器	台					32.36	39.40	48.21	49.10
洗碗机	台					0.33	0.45	0.84	0.77
排油烟机	台	0.48	3.02	4.05	4.22	5.08	6.29	10.45	11.57
固定电话	部	51.33	34.26	26.33	18.92	28.14	20.06	13.93	13.63
移动电话	部	55.38	151.67	194.10	215.25	214.84	220.99	242.07	244.92
其中：接入互联网	部	1.69	13.45	26.05	46.30	54.31	67.71	100.86	106.58
计算机	台	0.57	7.50	20.21	22.90	24.42	26.56	31.13	31.23
其中：接入互联网	台	0.24	5.00	15.67	17.04	16.31	19.92	22.59	20.72
照相机	架	2.14	2.83	2.67	3.51	3.10	3.10	2.28	2.63
中高档乐器	台	0.07	0.21	0.38	0.47	0.32	0.23	0.46	0.48
健身器材	台					0.48	0.45	0.84	1.30

8–27　农民家庭平均每人总收入

单位：元

项　目	2005年	2010年	2012年	2013年	2014年	2015年	2016年	2017年
总收入	**3945.67**	**7293.38**	**9829.40**	**11344.74**	**12737.66**	**13666.79**	**14383.60**	**15629.73**
工资性收入	**853.95**	**1943.86**	**2989.36**	**3581.56**	**3260.22**	**3728.36**	**4227.98**	**4770.37**
工资					2395.50	2807.33	3253.79	3706.62
实物福利					4.83	3.78	4.34	7.73
其他					859.90	917.24	969.84	1056.01
经营性收入	**2965.64**	**4968.63**	**6196.90**	**6804.50**	**6868.04**	**7082.78**	**7140.18**	**7408.71**
第一产业经营收入	2532.24	4099.02	4928.92	5303.76	5348.70	5319.44	5275.01	5397.36
农业	1801.64	2977.76	3550.44	3874.40	4062.25	4055.98	3921.63	3997.35
林业	34.24	51.45	79.50	87.25	132.97	105.12	115.54	89.59
牧业	672.68	1041.67	1256.72	1297.41	1105.70	1089.49	1162.45	1217.95
渔业	23.68	28.14	42.26	44.71	47.78	68.86	75.39	92.47
第二产业经营收入	129.81	241.37	302.02	355.16	396.39	392.19	348.17	370.93
第三产业经营收入	303.59	628.24	965.96	1145.58	1122.95	1371.15	1517.00	1640.41
财产性收入	**35.85**	**59.29**	**135.49**	**160.30**	**152.85**	**161.11**	**173.75**	**205.18**
转移性收入	**90.24**	**321.59**	**507.66**	**798.37**	**2456.55**	**2694.55**	**2841.70**	**3245.47**
家庭外出从业人员寄回带回收入					1687.60	1877.18	2011.64	2302.68

8–28　农民家庭平均每人总收入构成

单位：%

项　目	2005年	2010年	2012年	2013年	2014年	2015年	2016年	2017年
总收入	**100.0**	**100.0**	**100.0**	**100.0**	**100.0**	**100.0**	**100.0**	**100.0**
工资性收入	**21.6**	**26.7**	**30.4**	**31.6**	**25.6**	**27.3**	**29.4**	**30.5**
工资					18.8	20.5	22.6	23.7
实物福利					0.0	0.0	0.0	0.0
其他					6.8	6.7	6.7	6.8
经营性收入	**75.2**	**68.1**	**63.0**	**60.0**	**53.9**	**51.8**	**49.6**	**47.4**
第一产业经营收入	64.2	56.2	50.1	46.8	42.0	38.9	36.7	34.5
农业	45.7	40.8	36.1	34.2	31.9	29.7	27.3	25.6
林业	0.9	0.7	0.8	0.8	1.0	0.8	0.8	0.6
牧业	17.0	14.3	12.8	11.4	8.7	8.0	8.1	7.8
渔业	0.6	0.4	0.4	0.4	0.4	0.5	0.5	0.6
第二产业经营收入	3.3	3.3	3.1	3.1	3.1	2.9	2.4	2.4
第三产业经营收入	7.7	8.6	9.8	10.1	8.8	10.0	10.6	10.5
财产性收入	**0.9**	**0.8**	**1.4**	**1.4**	**1.2**	**1.2**	**1.2**	**1.3**
转移性收入	**2.3**	**4.4**	**5.2**	**7.0**	**19.3**	**19.7**	**19.8**	**20.8**
家庭外出从业人员寄回带回收入					13.2	13.7	14.0	14.7

8-29　农民家庭平均每人总支出

单位：元

项　　目	2005年	2010年	2012年	2013年	2014年	2015年	2016年	2017年
总支出	**3106.97**	**5767.35**	**7852.11**	**8692.59**	**11750.66**	**12175.63**	**13006.08**	**13978.72**
消费支出	**1891.57**	**3682.21**	**5032.14**	**5627.73**	**7277.21**	**7887.45**	**8586.59**	**9211.52**
生产经营费用支出	**944.69**	**1562.48**	**2009.50**	**2250.28**	**2248.20**	**2339.18**	**2247.18**	**2394.96**
第一产业经营费用支出	841.82	1320.02	1679.80	1871.50	1879.97	1907.83	1791.93	1923.33
农业	470.37	723.59	875.35	1036.24	1144.39	1203.18	1063.12	1080.71
林业	3.89	2.36	13.34	17.60	20.72	15.34	15.73	13.11
牧业	357.09	586.91	779.26	797.35	695.25	651.39	669.95	782.87
渔业	10.49	7.15	11.85	10.03	19.61	37.92	43.13	46.64
第二产业经营费用支出	40.72	91.66	105.28	107.07	106.04	109.46	97.95	129.55
第三产业经营费用支出	62.15	150.80	224.42	271.72	262.18	321.89	357.29	342.08
财产性支出	**4.95**	**7.11**	**2.32**	**0.63**	**6.02**	**4.15**	**5.77**	**5.71**
转移性支出	**133.65**	**323.36**	**603.67**	**499.35**	**174.42**	**189.22**	**184.06**	**243.37**
部分商业保险支出					**30.08**	**33.12**	**40.70**	**41.35**
购置资产及非经常性转移支出					**1649.66**	**1484.28**	**1710.55**	**1775.60**
借贷性支出					**365.06**	**238.22**	**231.24**	**306.21**

8-30　农民家庭平均每人总支出构成

单位：%

项　　目	2005年	2010年	2012年	2013年	2014年	2015年	2016年	2017年
总支出	**100.0**	**100.0**	**100.0**	**100.0**	**100.0**	**100.0**	**100.0**	**100.0**
消费支出	**60.9**	**63.8**	**64.1**	**64.7**	**61.9**	**64.8**	**66.0**	**65.9**
生产经营费用支出	**30.4**	**27.1**	**25.6**	**25.9**	**19.1**	**19.2**	**17.3**	**17.1**
第一产业经营费用支出	27.1	22.9	21.4	21.5	16.0	15.7	13.8	13.8
农业	15.1	12.5	11.1	11.9	9.7	9.9	8.2	7.7
林业	0.1	0.0	0.2	0.2	0.2	0.1	0.1	0.1
牧业	11.5	10.2	9.9	9.2	5.9	5.3	5.2	5.6
渔业	0.3	0.1	0.2	0.1	0.2	0.3	0.3	0.3
第二产业经营费用支出	1.3	1.6	1.3	1.2	0.9	0.9	0.8	0.9
第三产业经营费用支出	2.0	2.6	2.9	3.1	2.2	2.6	2.7	2.4
财产性支出	**0.2**	**0.1**	**0.0**	**0.0**	**0.1**	**0.0**	**0.0**	**0.0**
转移性支出	**4.3**	**5.6**	**7.7**	**5.7**	**1.5**	**1.6**	**1.4**	**1.7**
部分商业保险支出					**0.3**	**0.3**	**0.3**	**0.3**
购置资产及非经常性转移支出					**14.0**	**12.2**	**13.2**	**12.7**
借贷性支出					**3.1**	**2.0**	**1.8**	**2.2**

8-31 农民家庭平均每人生活消费支出

单位：元

项目	2005年	2010年	2012年	2013年	2014年	2015年	2016年	2017年
全年生活消费支出	**1891.57**	**3682.21**	**5032.14**	**5627.73**	**7277.21**	**7887.45**	**8586.59**	**9211.52**
食品	858.97	1371.17	1701.75	1938.47	2153.81	2301.27	2447.29	2495.89
衣着	132.36	261.52	424.12	481.78	600.71	655.17	677.41	712.35
居住	317.97	765.18	1060.70	1043.93	1542.58	1643.28	1767.81	2005.50
家庭设备、用品及服务	82.69	254.47	361.63	415.97	505.88	560.58	588.10	647.16
交通和通讯	159.73	401.44	525.11	632.88	859.57	970.34	1210.89	1245.38
文化、教育、娱乐用品及服务	177.66	250.47	343.83	391.27	757.83	851.38	948.76	1030.30
医疗保健	123.41	287.83	468.81	603.73	731.37	768.98	797.80	908.95
其他商品和服务	38.76	90.14	146.21	119.70	125.45	136.45	148.54	165.98

8-32 农民家庭平均每人生活消费支出构成

单位：%

项目	2005年	2010年	2012年	2013年	2014年	2015年	2016年	2017年
全年生活消费支出	**100.0**	**100.0**	**100.0**	**100.0**	**100.0**	**100.0**	**100.0**	**100.0**
食品	45.4	37.2	33.8	34.4	29.6	29.2	28.5	27.1
衣着	7.0	7.1	8.4	8.6	8.3	8.3	7.9	7.7
居住	16.8	20.8	21.1	18.5	21.2	20.8	20.6	21.8
家庭设备、用品及服务	4.4	6.9	7.2	7.4	7.0	7.1	6.8	7.0
交通和通讯	8.4	10.9	10.4	11.2	11.8	12.3	14.1	13.5
文化、教育、娱乐用品及服务	9.4	6.8	6.8	7.0	10.4	10.8	11.0	11.2
医疗保健	6.5	7.8	9.3	10.7	10.1	9.7	9.3	9.9
其他商品和服务	2.0	2.4	2.9	2.1	1.7	1.7	1.7	1.8

8-33 农民家庭平均每人可支配收入

单位：元

项　　目	2005年	2010年	2012年	2013年	2014年	2015年	2016年	2017年
可支配收入	**2870.58**	**5523.73**	**7524.94**	**8475.34**	**9966.07**	**10852.86**	**11696.74**	**12719.18**
工资性收入	**853.95**	**1943.86**	**2989.36**	**3581.56**	**3260.22**	**3728.36**	**4227.98**	**4770.37**
工资					2395.50	2807.33	3253.79	3706.62
实物福利					4.83	3.78	4.34	7.73
其他					859.90	917.24	969.84	1056.01
经营净收入	**1913.66**	**3240.43**	**3973.43**	**4285.38**	**4277.59**	**4462.22**	**4643.18**	**4747.24**
第一产业经营净收入	1610.82	2658.12	3102.46	3266.60	3275.99	3265.14	3338.90	3321.13
农业	1260.82	2154.11	2558.07	2696.55	2762.36	2721.77	2737.55	2787.44
林业	30.22	49.00	66.12	69.11	110.22	89.28	98.60	75.73
牧业	306.82	434.27	448.27	466.69	375.66	423.76	471.16	412.79
渔业	12.96	20.74	30.00	34.25	27.75	30.34	31.59	45.16
第二产业经营净收入	80.67	137.21	187.12	213.81	253.13	262.89	238.19	230.66
第三产业经营净收入	222.17	445.10	683.86	804.97	748.48	934.18	1066.09	1195.45
财产净收入	**35.85**	**59.29**	**135.49**	**160.30**	**146.13**	**156.96**	**167.97**	**199.47**
转移净收入	**67.13**	**280.14**	**426.66**	**448.08**	**2282.13**	**2505.33**	**2657.61**	**3002.11**

8-34 农民家庭平均每人可支配收入构成

单位：%

项　　目	2005年	2010年	2012年	2013年	2014年	2015年	2016年	2017年
可支配收入	**100.0**	**100.0**	**100.0**	**100.0**	**100.0**	**100.0**	**100.0**	**100.0**
工资性收入	**29.7**	**35.2**	**39.7**	**42.3**	**32.7**	**34.4**	**36.1**	**37.5**
工资					24.0	25.9	27.8	29.1
实物福利					0.0	0.0	0.0	0.1
其他					8.6	8.5	8.3	8.3
经营净收入	**66.7**	**58.7**	**52.8**	**50.6**	**42.9**	**41.1**	**39.7**	**37.3**
第一产业经营净收入	56.1	48.1	41.2	38.5	32.9	30.1	28.5	26.1
农业	43.9	39.0	34.0	31.8	27.7	25.1	23.4	21.9
林业	1.1	0.9	0.9	0.8	1.1	0.8	0.8	0.6
牧业	10.7	7.9	6.0	5.5	3.8	3.9	4.0	3.2
渔业	0.5	0.4	0.4	0.4	0.3	0.3	0.3	0.4
第二产业经营净收入	2.8	2.5	2.5	2.5	2.5	2.4	2.0	1.8
第三产业经营净收入	7.7	8.1	9.1	9.5	7.5	8.6	9.1	9.4
财产净收入	**1.2**	**1.1**	**1.8**	**1.9**	**1.5**	**1.4**	**1.4**	**1.6**
转移净收入	**2.3**	**5.1**	**5.7**	**5.3**	**22.9**	**23.1**	**22.7**	**23.6**

8-35 农民家庭平均每人现金收入

单位：元

项目	2005年	2010年	2012年	2013年	2014年	2015年	2016年	2017年
现金可支配收入	**3015.69**	**5899.95**	**8444.61**	**9965.44**	**11241.27**	**12311.29**	**13171.81**	**14236.22**
现金工资性收入	**850.94**	**1942.05**	**2987.96**	**3578.33**	**3255.40**	**3724.58**	**4223.63**	**4762.64**
工资					2395.50	2807.33	3253.79	3706.62
其他工资性收入					859.90	917.24	969.84	1056.01
现金经营净收入	**2046.46**	**3586.81**	**4829.64**	**5430.25**	**5506.92**	**5878.51**	**6079.09**	**6182.46**
第一产业现金经营净收入	1614.99	2717.20	3561.76	3929.42	3987.58	4115.17	4213.92	4171.11
农业	918.61	1623.14	2192.91	2515.38	2733.56	2874.50	2902.96	2797.20
林业	26.25	49.51	77.53	87.96	109.57	90.78	82.15	72.85
牧业	648.04	1016.82	1249.08	1281.59	1097.04	1081.65	1153.92	1209.15
渔业	22.09	27.73	42.24	44.48	47.41	68.24	74.89	91.91
第二产业现金经营净收入	128.95	241.37	301.93	355.16	396.39	392.19	348.17	370.93
第三产业现金经营净收入	302.52	628.24	965.96	1145.67	1122.95	1371.15	1517.00	1640.41
现金财产净收入	**31.88**	**54.78**	**125.10**	**160.30**	**152.85**	**161.11**	**173.75**	**205.18**
现金转移净收入	**86.40**	**316.31**	**501.91**	**796.56**	**2326.10**	**2547.09**	**2695.35**	**3085.95**

8-36 农民家庭平均每人现金收入构成

单位：%

项目	2005年	2010年	2012年	2013年	2014年	2015年	2016年	2017年
现金可支配收入	**100.0**	**100.0**	**100.0**	**100.0**	**100.0**	**100.0**	**100.0**	**100.0**
现金工资性收入	**28.2**	**32.9**	**35.4**	**35.9**	**29.0**	**30.3**	**32.1**	**33.5**
工资					21.3	22.8	24.7	26.0
其他工资性收入					7.6	7.5	7.4	7.4
现金经营净收入	**67.9**	**60.8**	**57.2**	**54.5**	**49.0**	**47.7**	**46.2**	**43.4**
第一产业现金经营净收入	53.6	46.1	42.2	39.4	35.5	33.4	32.0	29.3
农业	30.5	27.5	26.0	25.2	24.3	23.3	22.0	19.6
林业	0.9	0.8	0.9	0.9	1.0	0.7	0.6	0.5
牧业	21.5	17.2	14.8	12.9	9.8	8.8	8.8	8.5
渔业	0.7	0.5	0.5	0.4	0.4	0.6	0.6	0.6
第二产业现金经营净收入	4.3	4.1	3.6	3.6	3.5	3.2	2.6	2.6
第三产业现金经营净收入	10.0	10.6	11.4	11.5	10.0	11.1	11.5	11.5
现金财产净收入	**1.1**	**0.9**	**1.5**	**1.6**	**1.4**	**1.3**	**1.3**	**1.4**
现金转移净收入	**2.9**	**5.4**	**5.9**	**8.0**	**20.7**	**20.7**	**20.5**	**21.7**

8-37 农民家庭平均每人现金支出

单位：元

项 目	2005年	2010年	2012年	2013年	2014年	2015年	2016年	2017年
现金支出	**2657.85**	**5767.35**	**7585.54**	**8392.55**	**10567.03**	**10906.80**	**11569.41**	**12512.32**
现金消费支出	**1520.18**	**3682.21**	**4779.64**	**5353.04**	**6113.69**	**6635.06**	**7167.24**	**7762.56**
生产经营现金费用支出	**868.03**	**1562.48**	**1996.74**	**2224.97**	**2228.09**	**2322.74**	**2229.86**	**2377.51**
第一产业经营现金费用支出	765.60	1320.02	1667.06	1846.19	1859.87	1891.39	1774.61	1905.88
农业	451.87	723.59	872.97	1025.88	1133.91	1194.18	1053.61	1070.30
林业	3.89	2.36	13.34	17.60	20.70	15.34	15.73	13.10
牧业	299.39	586.91	768.90	782.53	687.21	643.95	662.14	775.84
渔业	10.45	7.15	11.85	9.94	18.05	37.92	43.13	46.64
第二产业经营现金费用支出	40.60	91.66	105.28	107.07	106.04	109.46	97.95	129.55
第三产业经营现金费用支出	61.84	150.80	224.41	271.72	262.18	321.89	357.29	342.08
现金财产性支出	**4.95**	**7.11**	**2.32**	**0.63**	**6.02**	**4.15**	**5.77**	**5.71**
现金转移性支出	**132.64**	**323.36**	**602.35**	**499.31**	**174.42**	**189.22**	**184.06**	**243.37**
部分商业保险支出					**30.08**	**33.12**	**40.70**	**41.35**
购置资产及非经常性转移支出					**1649.66**	**1484.28**	**1710.55**	**1775.60**
借贷性支出					**365.06**	**238.22**	**231.24**	**306.21**

8-38 农民家庭平均每人现金支出构成

单位：%

项 目	2005年	2010年	2012年	2013年	2014年	2015年	2016年	2017年
现金支出	**100.0**	**100.0**	**100.0**	**100.0**	**100.0**	**100.0**	**100.0**	**100.0**
现金消费支出	**57.2**	**63.8**	**63.0**	**63.8**	**57.9**	**60.8**	**61.9**	**62.0**
生产经营现金费用支出	**32.7**	**27.1**	**26.3**	**26.5**	**21.1**	**21.3**	**19.3**	**19.0**
第一产业经营现金费用支出	28.8	22.9	22.0	22.0	17.6	17.3	15.3	15.2
农业	17.0	12.5	11.5	12.2	10.7	10.9	9.1	8.6
林业	0.1	0.0	0.2	0.2	0.2	0.1	0.1	0.1
牧业	11.3	10.2	10.1	9.3	6.5	5.9	5.7	6.2
渔业	0.4	0.1	0.2	0.1	0.2	0.3	0.4	0.4
第二产业经营现金费用支出	1.5	1.6	1.4	1.3	1.0	1.0	0.8	1.0
第三产业经营现金费用支出	2.3	2.6	3.0	3.2	2.5	3.0	3.1	2.7
现金财产性支出	**0.2**	**0.1**	**0.0**	**0.0**	**0.1**	**0.0**	**0.0**	**0.0**
现金转移性支出	**5.0**	**5.6**	**7.9**	**5.9**	**1.7**	**1.7**	**1.6**	**1.9**
部分商业保险支出					**0.3**	**0.3**	**0.4**	**0.3**
购置资产及非经常性转移支出					**15.6**	**13.6**	**14.8**	**14.2**
借贷性支出					**3.5**	**2.2**	**2.0**	**2.4**

8-39 农民家庭平均每人生活消费现金支出

单位：元

项　目	2005年	2010年	2012年	2013年	2014年	2015年	2016年	2017年
全年生活消费现金支出	**1520.20**	**3292.00**	**4779.64**	**5353.04**	**6113.69**	**6635.06**	**7167.24**	**7762.56**
食品	533.67	1024.32	1474.20	1707.13	1986.01	2135.59	2296.02	2349.08
衣着	131.94	261.44	424.10	481.66	600.52	655.16	677.25	712.23
居住	272.55	722.56	1035.81	1001.11	675.03	701.49	645.18	863.27
家庭设备、用品及服务	82.62	253.81	361.58	415.77	505.75	560.43	587.06	646.91
交通和通讯	159.73	401.44	525.11	632.87	859.54	970.31	1210.39	1245.29
文化、教育、娱乐用品及服务	177.66	250.47	343.83	391.22	757.78	851.38	948.73	1030.24
医疗保健	123.41	287.83	468.81	603.73	603.66	624.34	654.25	749.71
其他商品和服务	38.59	90.14	146.21	119.55	125.39	136.37	148.36	165.83

8-40 农民家庭平均每人生活消费现金支出构成

单位：%

项　目	2005年	2010年	2012年	2013年	2014年	2015年	2016年	2017年
全年生活消费现金支出	**100.0**	**100.0**	**100.0**	**100.0**	**100.0**	**100.0**	**100.0**	**100.0**
食品	35.1	31.1	30.8	31.9	32.5	32.2	32.0	30.3
衣着	8.7	7.9	8.9	9.0	9.8	9.9	9.4	9.2
居住	17.9	21.9	21.7	18.7	11.0	10.6	9.0	11.1
家庭设备、用品及服务	5.4	7.7	7.6	7.8	8.3	8.4	8.2	8.3
交通和通讯	10.5	12.2	11.0	11.8	14.1	14.6	16.9	16.0
文化、教育、娱乐用品及服务	11.7	7.6	7.2	7.3	12.4	12.8	13.2	13.3
医疗保健	8.1	8.7	9.8	11.3	9.9	9.4	9.1	9.7
其他商品和服务	2.5	2.7	3.1	2.2	2.1	2.1	2.1	2.1

8-41 按收入分组的农民家庭人口与劳动力状况(2017年)

项　目	单 位	低收入户	中低收入户	中等收入户	中高收入户	高收入户
调查户数	**户**	**766**	**765**	**766**	**768**	**765**
调查户常住人口	**人**	**2831**	**2854**	**2700**	**2520**	**2129**
平均每户常住人口	人	3.70	3.73	3.53	3.28	2.78
整半劳动力	人	2.22	2.25	2.20	2.23	2.17
劳动力占常住人口比重	%	60.0	60.3	62.3	68.0	78.1
平均每个劳动力负担人口	人	1.67	1.66	1.60	1.47	1.28
平均每百个常住人口中						
5岁及以下	人	6.01	7.05	5.63	5.52	3.01
6-15岁	人	19.27	19.93	18.33	16.15	9.90
16-19岁	人	5.74	5.99	6.11	5.16	4.51
20-24岁	人	4.24	4.81	5.56	5.16	5.49
25-29岁	人	6.46	6.50	6.37	6.90	9.21
30-34岁	人	5.30	5.05	4.43	4.72	3.96
35-40岁	人	6.62	6.28	6.22	6.07	3.79
41-50岁	人	13.92	14.66	16.22	18.49	20.77
51-60岁	人	11.87	13.72	16.73	17.97	26.39
61-65岁	人	7.68	6.27	6.85	6.82	6.10
66岁及以上	人	12.56	9.23	6.80	6.35	6.82

8-42 按收入分组的农民家庭劳动力就业情况(2017年)

项　目	单 位	低收入户	中低收入户	中等收入户	中高收入户	高收入户
每百个就业劳动力文化程度						
未上过学	人	4.83	4.19	3.91	3.10	3.19
小学	人	24.03	22.30	17.97	18.44	14.56
初中	人	59.36	59.44	62.41	59.07	57.21
高中	人	9.69	11.11	11.98	14.05	16.41
大学专科	人	1.50	2.44	3.20	4.04	5.56
大学本科	人	0.53	0.52	0.53	1.29	2.65
研究生		0.06				0.42
每百个就业劳动力从事的主要行业						
一产业就业劳动力	人	69.56	57.94	52.95	49.01	42.78
二产业就业劳动力	人	16.55	24.07	24.89	25.53	23.32
三产业就业劳动力	人	13.89	17.99	22.16	25.46	33.90

8—43　按收入分组的农民家庭居住情况(2017年)

项　　目	单 位	低收入户	中低收入户	中等收入户	中高收入户	高收入户
期末人均住房情况						
住房面积	平方米	40.74	41.89	48.38	54.20	65.43
租用住房面积	平方米		0.02	0.07	0.36	0.56
住房价值	万元	3.01	3.31	3.90	4.67	5.85
主要建筑材料						
钢筋混凝土	%	15.15	16.87	20.27	19.22	19.98
砖混材料	%	57.39	60.34	62.50	65.80	63.16
砖瓦砖木	%	25.63	21.09	16.45	14.33	15.81
竹草土坯	%	1.70	0.65	0.65	0.26	0.91
其他	%	0.13	1.05	0.13	0.39	0.13
住宅外道路路面情况						
水泥或柏油路面	%	59.84	59.84	61.52	65.28	68.60
沙石或石板等硬质路面	%	18.15	14.39	14.72	14.79	13.85
其他	%	22.00	25.77	23.76	19.93	17.55
住户主要饮用水来源情况						
经过净化处理的自来水	%	45.02	41.40	44.39	42.28	46.66
受保护的井水和泉水	%	31.47	36.37	31.72	35.83	33.61
不受保护的井水和泉水	%	19.07	18.70	18.93	19.15	15.29
江河湖泊水	%	0.39	0.39	1.31	0.39	1.70
收集雨水	%					
桶装水	%			0.13		
其他水源	%	4.05	3.14	3.52	2.35	2.74
住户厕所类型						
水冲式卫生厕所	%	6.79	7.29	8.36	12.31	13.16
水冲式非卫生厕所	%	1.04	2.62	2.48	3.26	3.01
卫生旱厕	%	25.60	21.58	22.29	22.28	21.86
普通旱厕	%	65.39	67.47	66.74	61.37	61.57
无厕所	%	1.18	1.05	0.13	0.78	0.39
住户主要取暖用能源状况						
柴草	%	15.67	15.82	10.70	9.12	9.02
煤炭	%	10.45	13.21	13.05	14.33	17.51
罐装液化石油气	%	2.87	5.56	4.83	4.82	5.02
管道液化石油气	%		0.13	0.13	0.13	0.13
管道煤气	%					
管道天然气	%		0.13	0.39	0.52	1.27
电	%	28.57	28.47	33.52	35.57	35.66
燃料用油	%			0.13		
沼气	%	0.52		0.13	0.78	0.13
其他	%	2.35	2.75	1.31	2.08	2.48
无取暖行为	%	39.57	33.94	35.80	32.64	28.78
主要炊用能源状况						
柴草	%	34.35	28.01	24.02	20.20	16.59
煤炭	%	8.36	10.20	11.26	10.42	11.76
罐装液化石油气	%	32.06	31.20	32.77	34.59	38.49
管道液化石油气	%	0.52	0.26	0.52	0.39	0.26
管道煤气	%		0.26		0.39	
管道天然气	%	0.26	0.78	1.57	2.48	3.36
电	%	22.89	27.58	27.64	27.88	27.57
燃料用油	%					
沼气	%	1.31	0.92	0.65	1.56	1.31
其他	%	0.26	0.26	0.78	1.04	0.39
无炊用行为	%		0.52	0.78	1.04	0.26

8-44 按收入分组的农民家庭土地经营情况(2017年)

项　　目	单 位	低收入户	中低收入户	中等收入户	中高收入户	高收入户
平均每百人土地经营情况						
期初实际经营土地面积	亩	179.26	171.05	185.46	206.03	282.93
耕地面积	亩	150.21	155.52	168.30	189.75	265.68
其中：有效灌溉面积	亩	120.03	133.76	146.58	158.54	233.67
林地面积	亩	24.20	11.90	11.34	10.84	7.63
园地面积	亩	3.16	3.24	4.39	3.60	7.01
牧草地面积	亩					0.43
养殖水面面积	亩	1.70	0.39	1.43	1.84	2.18
期末实际经营土地面积	亩	174.33	168.40	182.23	204.74	284.86
耕地面积	亩	149.09	152.62	168.63	189.73	267.53
其中：有效灌溉面积	亩	119.71	131.35	147.64	158.88	233.88
林地面积	亩	20.56	11.85	7.93	10.44	8.28
园地面积	亩	2.98	3.54	4.25	3.55	6.86
牧草地面积	亩					
养殖水面面积	亩	1.70	0.39	1.43	1.01	2.18
期内主要粮食播种面积	亩	222.79	241.36	266.37	276.31	382.28
小麦播种面积	亩	114.42	121.14	135.27	137.94	190.41
水稻播种面积	亩	15.40	18.12	16.61	26.38	46.34
玉米播种面积	亩	81.48	92.82	99.19	98.90	120.28
大豆播种面积	亩	7.82	7.20	13.35	10.91	21.08
薯类播种面积	亩	3.67	2.08	1.94	2.18	4.16
期内主要经济作物播种面积	亩	31.12	29.98	40.13	50.37	66.75
棉花播种面积	亩	0.10	0.16	0.00	0.05	0.22
油料作物播种面积	亩	22.65	25.08	27.89	39.73	46.72
蔬菜播种面积	亩	5.44	3.64	7.73	6.99	13.29
水果播种面积	亩	2.70	1.10	4.51	3.59	6.23

8-45 按收入分组的农民家庭生产经营情况(2017年)

项　　目	单 位	低收入户	中低收入户	中等收入户	中高收入户	高收入户
谷物产量	公斤/人	964.97	1131.79	1226.83	1361.81	1998.37
#小麦产量	公斤/人	521.38	573.94	640.02	673.80	1011.16
稻谷产量	公斤/人	71.49	96.28	80.24	148.38	320.08
玉米产量	公斤/人	372.07	461.54	506.55	539.61	666.98
薯类产量	公斤/人	3.54	11.17	10.24	15.40	22.62
豆类产量	公斤/人	11.08	13.84	23.30	20.25	42.58
棉花产量	公斤/人	0.10	0.11	0.15	0.44	0.55
油料产量	公斤/人	64.49	78.08	87.17	118.75	151.40

8-46 按收入分组的农民家庭出售产品情况(2017年)

项　　目	单　　位	低收入户	中低收入户	中等收入户	中高收入户	高收入户
出售粮食数量	公斤/人	635.63	746.63	753.91	874.44	1267.48
#小麦	公斤/人	351.58	378.97	379.51	430.96	598.76
稻谷	公斤/人	39.74	51.05	53.50	105.46	201.07
玉米	公斤/人	221.94	300.79	300.62	317.08	431.47
薯类	公斤/人	8.35	5.76	3.01	6.19	5.86
豆类	公斤/人	11.00	9.87	16.48	11.86	26.85
出售棉花数量	公斤/人		0.02	0.14	0.57	0.82
出售油料数量	公斤/人	42.16	45.70	46.77	66.89	93.97
出售麻类数量	公斤/人				0.18	
出售烟叶数量	公斤/人	0.86	0.86	1.96	2.82	5.16
出售蔬菜数量	公斤/人	54.62	79.06	173.07	223.21	332.60
出售水果数量	公斤/人	25.74	20.03	40.78	33.41	71.32
出售猪肉数量	公斤/人	66.63	11.37	7.35	22.09	172.55
出售牛肉数量	公斤/人	0.84	1.24	2.35	0.53	6.89
出售羊肉数量	公斤/人	0.71	1.24	1.64	2.23	2.98
出售家禽总重量	公斤/人	1.77	22.05	0.31	6.31	43.77
出售蛋类数量	公斤/人	0.82	0.21	0.80	19.04	20.33
出售水产品数量	公斤/人	2.64	0.82	12.95	10.23	21.50

8-47 按收入分组的农民家庭主要食品消费量(2017年)

项 目	单 位	低收入户	中低收入户	中等收入户	中高收入户	高收入户
粮食消费量	**公斤/人**	**109.03**	**117.64**	**122.18**	**127.49**	**155.56**
小麦	公斤/人	76.52	83.41	88.03	88.25	106.33
稻谷	公斤/人	18.31	19.22	19.43	22.60	28.12
玉米	公斤/人	4.54	5.19	4.31	4.06	5.12
薯类消费量	公斤/人	2.20	1.81	1.82	1.97	2.38
豆类消费量	公斤/人	4.79	5.03	5.42	6.51	7.29
油脂类消费量	**公斤/人**	**6.04**	**6.66**	**7.61**	**7.73**	**9.96**
植物油	公斤/人	5.99	6.61	7.55	7.63	9.89
动物油	公斤/人	0.05	0.05	0.06	0.10	0.07
蔬菜及菜制品消费量	**公斤/人**	**60.25**	**63.07**	**70.30**	**78.79**	**90.97**
肉类	**公斤/人**	**10.15**	**10.66**	**12.07**	**14.00**	**17.59**
猪肉	公斤/人	7.54	7.91	8.64	10.17	12.20
牛肉	公斤/人	0.54	0.48	0.61	0.72	0.89
羊肉	公斤/人	0.53	0.39	0.47	0.48	0.83
其他肉类及制品	公斤/人	1.54	1.88	2.35	2.63	3.66
禽类	**公斤/人**	**3.41**	**3.35**	**3.98**	**4.52**	**5.13**
水产品	**公斤/人**	**2.04**	**2.01**	**2.43**	**2.68**	**3.29**
蛋类及蛋制品	**公斤/人**	**10.69**	**11.75**	**13.11**	**13.71**	**16.83**
奶和奶制品	**公斤/人**	**4.52**	**5.27**	**7.19**	**7.87**	**9.36**
干鲜瓜果类	**公斤/人**	**39.70**	**43.34**	**49.21**	**52.99**	**66.30**
糖果糕点类	**公斤/人**	**3.61**	**4.10**	**4.60**	**4.92**	**6.29**
酒	**公斤/人**	**5.34**	**5.66**	**7.45**	**7.56**	**9.74**

8-48 按收入分组的农民家庭平均每百户主要耐用消费品年末拥有量(2017年)

项 目	单 位	低收入户	中低收入户	中等收入户	中高收入户	高收入户
家用汽车	台	11.92	17.07	18.28	23.58	31.09
摩托车	台	48.38	52.74	56.36	55.11	57.22
助力车	台	95.43	106.32	112.89	113.94	107.52
洗衣机	台	92.95	96.07	98.66	96.48	98.74
电冰箱(柜)	台	81.59	86.09	90.34	91.66	94.56
微波炉	台	4.83	7.59	9.27	11.99	15.42
彩色电视机	台	109.79	116.09	116.19	118.24	123.60
其中：接入有线电视	辆	31.47	43.68	48.99	50.16	58.72
空调	辆	51.35	72.35	79.90	88.14	104.45
热水器	辆	48.19	56.19	60.31	63.78	70.38
其中：太阳能热水器	部	39.57	46.77	50.26	51.66	54.87
洗碗机	部	0.13	0.39	0.65	0.52	1.57
排油烟机	台	8.36	10.35	12.01	19.15	21.79
固定电话	台	11.49	15.24	14.46	11.99	13.98
移动电话	台	233.50	241.58	244.29	253.29	257.24
其中：接入互联网	台	93.83	104.75	114.65	118.70	129.87
计算机	架	22.46	31.81	29.50	37.39	41.90
其中：接入互联网	台	14.23	21.58	20.37	26.06	30.79
照相机	台	1.04	1.44	1.96	4.43	5.32
中高档乐器	台	0.13	0.65	0.39	1.04	0.78
健身器材	台	0.65	1.44	1.70	1.43	1.31

8–49 农民家庭平均每户年末生产性固定资产原值

单位：元

指标名称	2005年	2010年	2012年	2013年	2014年	2015年	2016年	2017年
农业固定资产原价	4353.48	5990.78	7144.15	8626.47	7990.48	6848.49	6264.57	6526.41
生产性用房及建筑物	675.79	1192.92	1756.55	2053.01	2143.54	1525.05	1364.15	1343.56
役畜	248.36	199.46	144.19	252.79	174.08	138.28	103.31	115.55
农业设施					606.22	508.59	330.71	395.71
农业机械	3039.92	3999.67	4422.53	4903.67	4540.13	4392.50	4273.89	4966.60
林业固定资产原价	7.80	5.35	2.17	35.37	92.84	26.10	62.43	37.79
生产性用房及建筑物	0.24	0.42	0.55	1.14	13.18	11.21	3.75	3.72
机械设备	7.56	0.98		14.64	20.42	11.44	48.33	23.42
牧业固定资产原价	534.36	1221.65	1786.03	2193.21	1761.52	749.67	1104.88	1125.81
生产性用房及建筑物	261.52	618.31	1005.00	1185.15	995.62	342.67	631.63	644.59
产品畜	259.07	547.07	634.28	959.20	699.58	369.29	456.32	471.85
渔业固定资产原价	15.07	14.82	25.01	27.88	39.53	31.31	34.80	33.78
农林牧渔服务业固定资产原价					108.94	36.05	158.63	168.80
期末非农产业固定资产原价								
采矿业	138.10	107.14	96.54	165.91	5.40	4.96	7.57	4.88
制造业	301.21	416.91	329.44	948.12	1269.54	353.13	201.46	239.90
电力、热力、燃气及水生产和供应业		54.76		631.76	263.52	475.98	0.70	0.69
建筑业	60.12	136.05	145.76	507.07	399.64	202.61	413.28	296.11
批发和零售业	169.58	370.48	863.24	1735.81	2220.21	2966.26	1489.95	1610.18
交通运输、仓储和邮政业	692.95	1193.25	1850.72	1689.23	1611.82	1857.63	2180.93	2274.54
住宿和餐饮业	84.48	121.47	246.00	179.82	472.97	305.05	190.15	193.37
房地产业					19.82	3.54	16.19	12.27
租赁和商务服务业					55.68	49.85	107.68	69.33
居民服务、修理和其他服务业					519.82	705.27	551.07	507.99
其他行业	34.19	64.55	112.13	351.98	511.06	95.29	169.57	372.88

8–50 农民家庭平均每百户拥有主要生产性固定资产数量

指　　标	单 位	2005年	2010年	2012年	2013年	2014年	2015年	2016年	2017年
生产性用房及建筑物	平方米	1208.12	1490.96	2060.18	1264.98	1349.85	805.81	872.52	675.52
大中型农用拖拉机	台	5.58	10.11	4.75	4.47	4.20	2.31	2.64	3.51
小型农用拖拉机	台	44.18	31.17	34.07	47.99	43.56	41.92	36.49	33.69
农用排灌动力机械	台	14.73	14.51	14.19	25.95	26.04	26.33	22.75	21.00
插秧机	台					0.08	0.73	0.34	0.16
收割机	台	1.82	2.20	1.27	1.20	1.66	1.44	1.46	1.22
脱粒机	台	6.51	7.15	10.35	10.02	10.30	12.44	12.40	9.91
役畜	头	12.92	5.57	9.08	4.19	3.21	30.05	7.68	35.58
产品畜	头	31.69	26.83	35.43	29.69	40.03	43.62	51.08	49.39

8-51 按收入分组的农民家庭平均每户年末生产性固定资产原值(2017年)

项　　目	单位	低收入户	中低收入户	中等收入户	中高收入户	高收入户
期末农业生产性固定资产原价	— —					
农业固定资产原价	元	5829.32	6676.43	5063.41	5816.68	6752.29
生产性用房及建筑物	元	1258.47	1134.32	798.83	1321.86	1449.84
役畜	元	117.53	153.40	75.72	56.68	160.71
农业设施	元	399.28	261.60	274.81	617.10	321.83
农业机械	元	3729.94	4880.25	3836.96	5626.70	4824.26
林业固定资产原价	元	32.66	11.77	26.11	68.01	0.65
生产性用房及建筑物	元	0.01			13.03	
机械设备	元	13.06	11.77	7.83	54.72	
牧业固定资产原价	元	914.40	1163.10	88.51	211.50	2205.18
生产性用房及建筑物	元	246.29	751.96	19.58	164.99	1433.75
产品畜	元	650.81	405.90	67.62	37.39	765.29
渔业固定资产原价	元	213.39	7.85	18.30	144.63	37.89
农林牧渔服务业固定资产原价	元	397.00	7.59	83.94	100.33	10.84
期末非农产业固定资产原价	— —					
采矿业	元	23.51				
制造业	元	306.89	886.27	676.11	174.20	665.07
电力、热力、燃气及水生产和供应业	元					19.60
建筑业	元	13.06	34.66	479.50	307.82	342.99
批发和零售业	元	1681.75	939.63	712.14	1175.26	2952.02
交通运输、仓储和邮政业	元	2611.06	1006.58	1369.45	1586.97	2691.66
住宿和餐饮业	元	39.18	358.33	261.10	261.89	473.26
房地产业	元	52.24			6.51	0.02
租赁和商务服务业	元	7.84	71.93	12.40	19.54	222.14
居民服务、修理和其他服务业	元	346.07	933.74	228.85	336.68	345.62
其他行业	元	304.28	1.96	11.75	858.50	702.18

8—52　按收入分组的农民家庭平均每百户拥有主要生产性固定资产数量(2017年)

项　　目	单位	低收入户	中低收入户	中等收入户	中高收入户	高收入户
生产性用房及建筑物	平方米	680.77	509.37	465.14	660.72	758.49
大中型农用拖拉机	台	2.22	3.79	3.13	3.26	3.92
小型农用拖拉机	台	32.91	33.74	32.25	31.66	30.44
农用排灌动力机械	台	21.42	17.52	18.28	19.22	19.47
插秧机	台	0.13			0.26	0.26
收割机	台	0.91	1.05	0.91	2.08	1.31
脱粒机	台	10.84	7.06	10.57	11.21	7.84
役畜	头	4.96	7.72	0.13	1199.22	10.45
产品畜	头	84.42	63.09	8.62	40.00	43.38

8—53　按收入分组的农民家庭平均每人总收入(2017年)

单位：元

项　　目	低收入户	中低收入户	中等收入户	中高收入户	高收入户
总收入	**7411.13**	**10197.54**	**13700.21**	**18519.80**	**34868.84**
工资性收入	**1542.79**	**3507.48**	**5292.70**	**7476.89**	**11110.91**
工资	1090.50	2786.96	4202.73	6042.64	9512.53
实物福利	0.77	3.11	8.15	18.39	18.19
其他	451.52	717.42	1081.82	1415.86	1580.19
经营性收入	**4408.76**	**4184.94**	**5103.51**	**7040.12**	**17333.26**
第一产业经营收入	3797.70	3459.89	4064.11	5031.48	10413.19
农业	2519.77	3014.69	3551.85	4140.99	6374.19
林业	54.37	62.10	69.29	83.74	164.91
牧业	1195.71	370.75	336.31	687.27	3691.00
渔业	27.86	12.34	106.66	119.49	183.08
第二产业经营收入	96.22	118.55	176.42	353.02	1287.92
第三产业经营收入	514.84	606.50	862.98	1655.62	5632.16
财产性收入	**93.72**	**135.04**	**187.00**	**264.33**	**710.33**
转移性收入	**1365.85**	**2370.08**	**3117.01**	**3738.46**	**5714.33**
家庭外出从业人员寄回带回收入	914.13	1798.98	2365.23	2680.30	3068.37

8-54 按收入分组的农民家庭平均每人总支出(2017年)

单位：元

项　　目	低收入户	中低收入户	中等收入户	中高收入户	高收入户
总支出	**11068.55**	**9885.84**	**12413.02**	**14995.56**	**24439.50**
消费支出	**6602.60**	**7280.92**	**8707.79**	**10619.67**	**15346.07**
生产经营费用支出	**2797.50**	**1218.49**	**1437.92**	**1857.25**	**4745.60**
第一产业经营费用支出	2390.86	1108.26	1207.13	1435.80	3288.55
农业	1009.88	836.45	933.47	951.45	1473.41
林业	7.18	4.83	18.60	17.12	16.93
牧业	1325.09	266.82	191.93	390.12	1741.99
渔业	48.72	0.16	63.13	77.11	56.22
第二产业经营费用支出	83.08	15.48	36.03	95.67	367.90
第三产业经营费用支出	323.56	94.74	194.76	325.77	1089.14
财产性支出	**5.26**	**4.36**	**8.23**	**6.66**	**2.98**
转移性支出	**197.16**	**214.75**	**260.04**	**286.17**	**298.85**
部分商业保险支出	**15.19**	**19.54**	**56.45**	**51.80**	**108.96**
购置资产及非经常性转移支出	**1252.17**	**1008.47**	**1786.43**	**1944.97**	**3087.38**
借贷性支出	**198.67**	**139.32**	**156.15**	**229.03**	**849.66**

8-55 按收入分组的农民家庭平均每人可支配收入(2017年)

单位：元

项　　目	低收入户	中低收入户	中等收入户	中高收入户	高收入户
可支配收入	**4181.82**	**8543.84**	**11823.22**	**16145.14**	**29403.81**
工资性收入	**1542.79**	**3507.48**	**5292.70**	**7476.89**	**11110.91**
工资	1090.50	2786.96	4202.73	6042.64	9512.53
实物福利	0.77	3.11	8.15	18.39	18.19
其他	451.52	717.42	1081.82	1415.86	1580.19
经营净收入	**1381.86**	**2750.35**	**3494.78**	**4958.29**	**12170.06**
第一产业经营净收入	1280.79	2211.25	2758.70	3468.98	6908.99
农业	1404.77	2059.00	2522.63	3071.45	4738.93
林业	46.61	57.06	50.20	65.24	147.97
牧业	-145.87	83.16	142.70	292.85	1896.15
渔业	-24.71	12.04	43.18	39.44	125.95
第二产业经营净收入	6.95	86.62	118.54	247.56	895.38
第三产业经营净收入	94.13	452.47	617.54	1241.75	4365.69
财产净收入	**88.46**	**130.67**	**178.76**	**257.67**	**707.36**
转移净收入	**1168.70**	**2155.34**	**2856.97**	**3452.29**	**5415.48**

8-56 按收入分组的农民家庭平均每人现金可支配收入(2017年)

单位：元

项　　目	低收入户	中低收入户	中等收入户	中高收入户	高收入户
现金收入(未扣除生产费用)	**6666.45**	**9174.64**	**12402.23**	**17030.36**	**32518.82**
现金工资性收入	**1542.03**	**3504.38**	**5284.55**	**7458.50**	**11092.72**
工资	1090.50	2786.96	4202.73	6042.64	9512.53
其他工资性收入	451.52	717.42	1081.82	1415.86	1580.19
现金经营性收入	**3692.64**	**3236.24**	**3942.51**	**5748.15**	**15462.64**
第一产业现金经营收入	3081.59	2511.19	2903.11	3739.51	8542.56
农业	1821.87	2083.98	2406.58	2880.68	4541.29
林业	42.37	48.78	59.55	63.24	138.33
牧业	1189.50	366.24	330.59	677.20	3680.52
渔业	27.85	12.19	106.40	118.40	182.43
第二产业现金经营收入	96.22	118.55	176.42	353.02	1287.92
第三产业现金经营收入	514.84	606.50	862.98	1655.62	5632.16
现金财产性收入	**93.72**	**135.04**	**187.00**	**264.33**	**710.33**
现金转移性收入	**1338.06**	**2298.99**	**2988.16**	**3559.39**	**5253.13**
家庭外出从业人员寄回带回收入	914.13	1798.98	2365.23	2680.30	3068.37

8-57 按收入分组的农民家庭平均每人现金支出(2017年)

单位：元

项　　目	低收入户	中低收入户	中等收入户	中高收入户	高收入户
现金支出	**9994.66**	**8683.82**	**10979.19**	**13231.72**	**22048.51**
现金消费支出	**5550.25**	**6088.31**	**7284.11**	**8867.76**	**12974.97**
生产经营现金费用支出	**2775.96**	**1209.07**	**1427.77**	**1845.32**	**4725.70**
第一产业经营现金费用支出	2369.32	1098.85	1196.98	1423.87	3268.66
农业	998.78	828.75	928.04	944.04	1464.10
林业	7.18	4.82	18.60	17.12	16.93
牧业	1314.64	265.12	187.21	385.61	1731.42
渔业	48.72	0.16	63.13	77.11	56.22
第二产业经营现金费用支出	83.08	15.48	36.03	95.67	367.90
第三产业经营现金费用支出	323.56	94.74	194.76	325.77	1089.14
现金财产性支出	**5.26**	**4.36**	**8.23**	**6.66**	**2.98**
现金转移性支出	**197.16**	**214.75**	**260.04**	**286.17**	**298.85**
部分商业保险支出	**15.19**	**19.54**	**56.45**	**51.80**	**108.96**
购置资产及非经常性转移支出	**1252.17**	**1008.47**	**1786.43**	**1944.97**	**3087.38**
借贷性支出	**198.67**	**139.32**	**156.15**	**229.03**	**849.66**

8-58 按收入分组的农民家庭平均每人生活消费支出(2017年)

单位：元

项目	低收入户	中低收入户	中等收入户	中高收入户	高收入户
全年生活消费支出	**6602.60**	**7280.92**	**8707.79**	**10619.67**	**15346.07**
食品	1860.57	2095.47	2430.90	2809.09	3803.45
衣着	456.29	587.59	743.76	847.24	1075.01
居住	1516.96	1564.59	1905.15	2413.50	3080.68
家庭设备、用品及服务	435.37	453.85	612.09	766.45	1141.14
交通和通讯	758.33	891.27	1041.72	1479.59	2998.34
文化、教育、娱乐用品及服务	780.37	970.64	1095.28	1116.49	1222.19
医疗保健	674.22	609.65	744.80	1003.94	1716.96
其他商品和服务	120.50	107.85	134.09	183.37	308.31

8-59 按收入分组的农民家庭平均每人生活消费现金支出(2017年)

单位：元

项目	低收入户	中低收入户	中等收入户	中高收入户	高收入户
全年生活消费支出	**5550.25**	**6088.31**	**7284.11**	**8867.76**	**12974.97**
食品	1748.04	1969.66	2302.59	2655.49	3640.79
衣着	456.11	587.59	743.53	847.08	1074.89
居住	605.51	565.77	736.80	992.90	1330.44
家庭设备、用品及服务	435.23	453.73	611.76	765.62	1140.12
交通和通讯	758.33	891.25	1041.64	1478.84	2998.34
文化、教育、娱乐用品及服务	780.37	970.53	1095.27	1116.32	1222.01
医疗保健	646.38	541.95	618.65	828.24	1260.37
其他商品和服务	120.28	107.83	133.85	183.27	308.03

8−60 贫困地区农民家庭平均每人总收入

单位：元

项　目	2000年	2005年	2010年	2011年	2013年	2014年	2015年	2016年	2017年
全年总收入(未扣除生产费用)	**2348.31**	**3151.89**	**5577.39**	**6359.92**	**9503.68**	**10924.61**	**11696.51**	**12344.28**	**13516.33**
工资性收入	**454.22**	**763.18**	**1709.82**	**2168.13**	**3412.98**	**2042.32**	**2424.47**	**2829.11**	**3257.37**
工资	88.77	76.43	135.15	148.12		1307.34	1477.61	1806.91	2082.38
实物福利	135.81	195.48	452.61	606.94		1.94	1.23	0.91	1.11
其他	229.64	491.27	1122.07	1413.06		733.04	945.64	1021.28	1173.88
经营性收入	**1788.70**	**2260.04**	**3582.47**	**3834.99**	**5236.71**	**6366.63**	**6374.38**	**6442.34**	**6714.12**
第一产业经营收入	**1553.94**	**1986.31**	**3050.84**	**3267.28**	**4307.72**	**5204.93**	**5097.82**	**4868.79**	**5004.18**
农业	1162.36	1457.49	2310.89	2477.05	3282.85	3905.19	3937.37	3770.77	3876.47
林业	43.22	52.85	107.30	119.43	120.55	158.77	155.42	126.80	154.54
牧业	343.27	467.94	613.46	654.92	882.62	1123.71	988.84	954.92	951.89
渔业	5.09	8.03	19.18	15.89	21.70	17.27	16.19	16.30	21.28
第二产业经营收入	**63.84**	**70.83**	**141.75**	**153.42**	**228.30**	**267.64**	**297.63**	**364.69**	**491.91**
第三产业经营收入	**170.92**	**202.90**	**389.88**	**414.29**	**700.69**	**894.05**	**978.93**	**1208.86**	**1218.03**
财产性收入	**12.21**	**28.58**	**28.86**	**64.04**	**87.65**	**77.49**	**96.63**	**122.98**	**133.55**
转移性收入	**93.18**	**100.09**	**256.24**	**292.76**	**766.34**	**2438.18**	**2801.02**	**2949.85**	**3411.29**
其中：家庭外出从业人员寄回带回收入						1821.81	2128.88	2277.60	2656.84

注：2007年以前为44个扶贫开发重点县数据，2008—2012年为31个国家级扶贫开发重点县数据，2013年以后为53个贫困县数据。2014年开始为新口径数据。

8−61 贫困地区农民家庭平均每人总支出

单位：元

项目	2000年	2005年	2010年	2011年	2013年	2014年	2015年	2016年	2017年
全年总支出	**1771.76**	**2573.91**	**4567.50**	**5420.41**	**7506.79**	**10480.75**	**10646.53**	**10976.24**	**11903.28**
生产经营费用支出	**433.97**	**700.13**	**1225.27**	**1326.27**	**1727.40**	**2144.58**	**2106.26**	**1930.84**	**2103.82**
第一产业经营费用支出	**381.61**	**630.77**	**1058.27**	**1137.45**	**1500.70**	**1841.02**	**1784.36**	**1524.61**	**1623.22**
农业	247.80	406.12	754.92	805.67	960.60	1164.09	1223.34	1057.88	1128.54
林业	2.21	7.52	13.39	19.87	19.59	20.32	18.91	10.45	10.09
牧业	130.42	215.07	282.58	307.55	503.50	652.95	538.66	451.75	482.97
渔业	1.18	2.06	7.38	4.36	4.05	3.66	3.46	4.53	1.63
第二产业经营费用支出	**15.98**	**24.74**	**63.71**	**66.81**	**55.73**	**65.73**	**81.19**	**118.21**	**187.19**
第三产业经营费用支出	**36.38**	**44.62**	**103.28**	**122.00**	**170.97**	**237.83**	**240.71**	**288.02**	**293.41**
部分商业保险支出						16.93	13.41	16.16	15.41
购置资产及非经常性转移支出						1558.54	1368.04	1369.82	1353.85
借贷性支出						**242.34**	**134.99**	**130.47**	**169.12**
消费支出	**1128.84**	**1694.82**	**3088.58**	**3610.86**	**5164.21**	**6357.58**	**6865.51**	**7360.17**	**8044.71**
食品烟酒	567.39	823.10	1306.01	1543.56	1884.19	1976.11	2157.17	2261.08	2339.16
衣着	76.86	109.15	224.72	289.99	429.52	499.70	539.16	558.01	602.10
居住	155.79	289.02	654.85	682.39	1025.41	1407.45	1482.22	1559.60	1749.62
生活用品及服务	49.08	73.14	178.58	214.80	397.40	493.66	502.32	550.83	574.41
交通通信	50.89	127.63	297.07	342.72	537.35	670.79	784.73	916.71	1008.21
教育文化娱乐	128.04	160.65	175.69	182.99	323.94	615.69	658.09	755.31	879.22
医疗保健	54.67	84.82	196.00	273.86	435.14	551.95	598.70	607.22	720.06
其他用品和服务	46.12	27.31	55.67	80.55	131.27	142.24	143.11	151.42	171.92
财产性支出	**16.56**	**2.38**	**2.92**	**1.12**	**2.39**	**3.37**	**2.02**	**3.15**	**3.28**
转移性支出	**67.69**	**93.12**	**214.77**	**332.80**	**382.68**	**157.41**	**156.31**	**165.62**	**213.08**

注：2007年以前为44个扶贫开发重点县数据，2008—2012年为31个国家级扶贫开发重点县数据，2013年以后为53个贫困县数据。2014年开始为新口径数据。

8-62 贫困地区农民家庭平均每人可支配收入

单位：元

项 目	2000年	2005年	2010年	2011年	2013年	2014年	2015年	2016年	2017年
全年可支配收入	**1749.31**	**2330.90**	**4208.78**	**4867.38**	**7165.17**	**8336.19**	**9176.02**	**10020.66**	**10945.31**
工资性收入	**454.22**	**763.18**	**1709.82**	**2168.13**	**3412.98**	**2042.32**	**2424.47**	**2829.11**	**3257.37**
工资						1307.34	1477.61	1806.91	2082.38
实物福利						1.94	1.23	0.91	1.11
其他						733.04	945.64	1021.28	1173.88
经营净收入	**1215.22**	**1472.65**	**2254.07**	**2393.41**	**3291.11**	**3939.62**	**4013.96**	**4287.49**	**4359.46**
第一产业经营净收入	**1050.51**	**1276.41**	**1904.26**	**2031.55**	**2660.26**	**3169.48**	**3163.01**	**3201.51**	**3219.91**
农业	835.46	994.33	1485.23	1589.92	2182.92	2575.73	2575.58	2586.79	2603.64
林业	40.30	44.58	93.01	98.37	100.52	135.18	135.90	114.72	143.69
牧业	171.22	231.70	314.56	331.87	359.64	445.28	439.04	488.40	453.09
渔业	3.53	5.80	11.46	11.38	17.17	13.29	12.49	11.60	19.48
第二产业经营净收入	**42.10**	**44.04**	**74.82**	**83.19**	**160.04**	**188.88**	**203.63**	**234.15**	**292.08**
第三产业经营净收入	**122.61**	**152.20**	**274.99**	**278.67**	**470.81**	**581.25**	**647.32**	**851.83**	**847.47**
财产净收入	**12.21**	**29.04**	**28.86**	**64.04**	**87.65**	**73.49**	**91.78**	**119.83**	**130.27**
转移净收入	**67.66**	**66.03**	**216.03**	**241.79**	**373.43**	**2280.77**	**2645.80**	**2784.23**	**3198.21**
其中：家庭外出从业人员寄回带回收入						1821.81	2128.88	2277.60	2656.84

注：2007年以前为44个扶贫开发重点县数据，2008—2012年为31个国家级扶贫开发重点县数据，2013年以后为53个贫困县数据。2014年以前为老口径(纯收入)，2014年开始为新口径(可支配收入)。

8-63 贫困地区农民家庭平均每人现金收入

单位：元

项 目	2000年	2005年	2010年	2011年	2013年	2014年	2015年	2016年	2017年
全年现金收入(未扣除生产费用)	**1500.48**	**2237.64**	**4234.55**	**5120.68**	**8166.82**	**9482.11**	**10160.85**	**11109.43**	**12137.11**
现金工资性收入	**450.17**	**763.18**	**1708.34**	**2164.99**	**3410.97**	**2040.38**	**2423.25**	**2828.20**	**3256.26**
工资						1307.34	1477.61	1806.91	2082.38
其他工资性收入						733.04	945.64	1021.28	1173.88
现金经营性收入	**960.63**	**1358.43**	**2250.75**	**2629.85**	**3906.42**	**5021.91**	**4961.61**	**5333.35**	**5471.12**
第一产业现金经营收入	**739.87**	**1084.70**	**1719.69**	**2064.93**	**2977.37**	**3860.21**	**3685.05**	**3759.79**	**3761.18**
农业	452.32	598.97	1030.96	1262.61	1983.22	2615.42	2564.01	2710.76	2686.89
林业	23.96	42.77	96.61	119.44	120.68	124.28	132.76	94.52	118.25
牧业	260.74	435.95	576.07	664.57	852.03	1103.53	972.46	938.70	935.19
渔业	2.85	7.01	16.04	18.31	21.44	16.99	15.83	15.81	20.86
第二产业现金经营收入	**58.11**	**70.83**	**141.18**	**152.14**	**228.30**	**267.64**	**297.63**	**364.69**	**491.91**
第三产业现金经营收入	**162.65**	**202.90**	**389.87**	**412.78**	**700.75**	**894.05**	**978.93**	**1208.86**	**1218.03**
现金财产性收入	**10.60**	**28.58**	**27.11**	**37.82**	**87.65**	**77.49**	**95.37**	**122.98**	**133.55**
现金转移性收入	**79.08**	**87.45**	**248.35**	**288.02**	**761.78**	**2342.34**	**2680.63**	**2824.91**	**3276.18**
家庭外出从业人员寄回带回收入						1821.81	2128.88	2277.60	2656.84

注：2007年以前为44个扶贫开发重点县数据，2008—2012年为31个国家级扶贫开发重点县数据，2013年以后为53个贫困县数据。2014年开始为新口径数据。

8-64 贫困地区农民家庭平均每人现金支出

单位：元

项　目	2000年	2005年	2010年	2011年	2013年	2014年	2015年	2016年	2017年
全年现金支出	**1317.56**	**2033.84**	**4056.58**	**4929.06**	**7093.35**	**9425.51**	**9454.47**	**9734.81**	**10578.99**
生产经营现金费用支出	**339.65**	**562.10**	**1071.24**	**1212.54**	**1666.02**	**2097.50**	**2078.91**	**1903.04**	**2061.43**
第一产业经营现金费用支出	**290.79**	**501.90**	**909.73**	**1033.78**	**1439.51**	**1793.94**	**1757.01**	**1496.80**	**1580.83**
农业	210.30	345.09	655.81	723.03	925.97	1129.35	1208.24	1037.08	1093.92
林业	2.16	6.27	12.68	19.75	18.96	20.30	18.88	10.45	10.04
牧业	77.48	149.22	236.36	288.06	480.85	640.65	526.44	444.75	475.24
渔业	0.85	1.32	4.87	2.94	3.86	3.63	3.45	4.53	1.62
第二产业经营现金费用支出	**15.74**	**23.83**	**60.50**	**62.25**	**55.54**	**65.73**	**81.19**	**118.21**	**187.19**
第三产业经营现金费用支出	**33.12**	**36.37**	**101.01**	**116.51**	**95.04**	**237.83**	**240.71**	**288.02**	**293.41**
部分商业保险支出						**16.93**	**13.41**	**16.16**	**15.41**
购置资产及非经常性转移支出						**1558.54**	**1368.04**	**1369.82**	**1353.85**
借贷性支出						**242.34**	**134.99**	**130.47**	**169.12**
现金消费支出	**786.88**	**1294.62**	**2643.34**	**3236.66**	**4812.17**	**5349.43**	**5700.80**	**6146.55**	**6762.81**
食品烟酒	263.59	473.12	901.51	1210.76	1606.25	1770.82	1929.50	2087.55	2161.32
衣着	73.87	109.15	224.72	289.54	429.17	499.61	539.04	557.88	601.94
居住	120.64	238.81	614.11	641.02	960.12	704.19	665.12	644.38	777.56
生活用品及服务	49.07	73.14	178.57	214.80	397.17	491.76	501.49	548.87	572.71
交通通信	50.89	127.63	297.07	342.72	537.15	670.67	784.73	916.70	1008.17
教育文化娱乐	128.04	160.65	175.69	182.99	323.04	615.34	657.78	754.74	879.20
医疗保健	54.67	84.82	196.00	273.86	435.13	457.08	480.05	485.15	590.02
其他用品和服务	46.11	27.30	55.67	80.55	124.14	139.96	143.08	151.28	171.88
现金财产性支出	**6.67**	**2.38**	**2.92**	**1.12**	**2.39**	**3.37**	**2.02**	**3.15**	**3.28**
现金转移性支出	**66.42**	**91.38**	**213.13**	**329.38**	**382.67**	**157.41**	**156.31**	**165.62**	**213.08**

注：2007年以前为44个扶贫开发重点县数据，2008—2012年为31个国家级扶贫开发重点县数据，2013年以后为53个贫困县数据。2014年开始为新口径数据。

8-65 主要年份农村农户固定资产投资情况

单位：万元

指　　标	2000年	2010年	2012年	2013年	2014年	2015年	2016年	2017年
农村投资总额	**2549526**	**7866446**	**8913847**	**8993980**	**7698843**	**7090634**	**6611615**	**6065769**
按投资来源分								
国内贷款	209704	35450	474023	54509	52759	97688	247007	258350
自筹资金	3758	7732178	8790566	8876829	7576030	6922895	6321870	5756872
其他资金	2294758	98818	75878	62642	70054	70051	42737	50547
按投资构成分								
建筑工程	1834257	6923459	7933324	7939924	6910537	6413649	5842618	5241444
安装工程	10741	7873	8914	8498	8507			
设备工器具购置	604245	800540	900298	975146	707069	595780	617002	440058
其他	100283	134574	71311	70412	72730	81205	151995	384267
按投资方向分								
农林牧渔业	495605	850420	791550	888041	783825	724561	906768	1018041
采矿业						126		
制造业	111632	40859	49936	55055	60450	66211	41796	32486
电力煤气及水的生产和供应业		4006	6525	6981	6617	7544		7560
建筑业	19399	26340	53287	52020	48081	45680		5807
交通运输仓储和邮电业	170367	280767	304515	328448	332508	312028	143329	109709
信息传输、计算机服务和软件							99292	
批发和零售	28518	34536	32054	39698	39798	40094		153575
住宿和餐饮		2544	2404	2671	2761	36945		9577
金融业								
房地产业	1678599	6412652	7450197	7341969	6122039	5592884	5350269	4641694
租赁和商务服务业				27801	26775	28344	51334	61392
科学研究、技术服务和地质勘探业								
水利、环境和公共设施管理业				5160	5817	2935	3344	8277
居民服务和其他服务业		214322	224379	246139	270173	233283	15482	17651
教育								
卫生、社会保障和社会福利业	36240							
文化、体育和娱乐业	137							
公共管理和社会组织	9029							

8-66 农村劳动力外出从业情况构成

单位：%

项 目	2010年	2011年	2012年	2013年	2014年	2015年	2016年	2017年
年末就业状况	**100**	**100**	**100**	**100**	**100**	**100**	**100**	**100**
本地务农	51.2	51.4	48.1	40.8	40.1	40.1	38.8	38.9
本地非农自营	5.6	5.6	5.6	6.6	6.9	6.8	7.0	7.2
本地非农务工	8.9	10.0	11.5	18.2	18.5	19.7	19.7	20.3
外出从业	28.2	26.9	28.2	26.5	26.3	26.8	28.0	28.9
未从业及其他	6.1	6.1	6.6	7.9	8.2	6.6	6.5	4.7
外出从业地区(人)	**100**	**100**	**100**	**100**	**100**	**100**	**100**	**100.0**
本省	38.9	42.0	43.0	51.4	51.3	54.3	54.8	53.2
乡外县内	49.5	39.3	39.9	43.7	42.2	46.4	41.3	42.9
县外省内	50.5	60.7	60.1	56.3	57.8	53.6	58.7	57.1
省外	61.1	58.0	57.0	48.6	48.7	45.7	45.2	46.8
东部地区	81.1	81.9	79.9	81.6	80.9	80.1	78.5	78.1
北京	12.2	9.8	10.0	12.5	13.1	11.1	14.0	10.3
上海	6.5	10.1	9.2	6.8	7.4	8.6	8.6	7.1
江苏	11.6	13.5	12.9	17.8	16.4	15.9	16.1	13.8
浙江	13.8	15.7	17.1	16.8	18.0	18.1	17.4	13.8
广东	40.4	33.4	34.3	30.2	30.3	32.2	28.9	20.8
中部地区	10.2	9.8	9.1	7.8	9.4	9.6	10.7	10.6
西部地区	8.4	7.8	10.5	10.2	9.0	9.8	8.8	9.3
其他地区	0.3	0.5	0.5	0.4	0.7	0.5	2.0	2.0
外出从事行业	**100**	**100**	**100**	**100**	**100**	**100**	**100**	**100**
一产业	1.2	2.0	2.0	1.6	1.3	1.1	1.7	1.5
二产业	64.9	68.9	67.8	65.2	63.8	62.1	58.5	57.2
制造业	54.7	53.4	52.5	44.2	46.9	45.6	44.3	45.9
建筑业	40.7	42.5	43.8	51.3	49.6	50.3	50.6	49.0
三产业	33.9	29.0	30.2	33.2	34.9	36.8	39.8	41.3
批发和零售业	7.5	5.3	4.9	23.5	24.2	26.6	21.5	19.7
住宿和餐饮业	5.6	5.5	6.0	18.1	20.0	16.1	17.7	18.0
外出务工月均收入(元)	**1640**	**2108**	**2315**	**2858**	**2930**	**3123**	**3295**	**3500**
社会保障与福利情况								
外出从业的劳动关系	100	100	100	100	100	100	100	100.0
无固定期限劳动合同工	14.3	15.0	14.5	14.3	17.0	17.0	9.3	9.0
一年及以上劳动合同工	9.6	9.5	9.7	13.2	13.9	10.5	11.9	10.8
一年以下劳动合同工	2.5	2.5	2.7	2.6	2.7	2.7	2.6	2.5
没有劳动合同	61.4	68.1	68.3	64.8	59.1	62.6	68.6	70.2
自营及其他	12.2	4.9	4.8	5.1	7.3	7.2	7.5	7.5

注：外出从业地区类型里“中部地区”不包含河南。

8-66 续表

单位：%

项　　目	2010年	2011年	2012年	2013年	2014年	2015年	2016年	2017年
单位或雇主提供伙食情况	100	100	100	100	100	100	100	100
每天提供三顿	42.3	39.8	41.1	37.7	35.7	28.7	30.9	30.2
每天提供两顿	6.6	9.5	10.3	8.3	8.9	12.7	10.1	10.0
每天提供一顿	9.3	10.9	12.7	13.1	12.2	15.4	14.9	16.3
不提供，但补贴部分伙食费	3.8	5.5	5.9	5.0	5.6	5.1	5.0	5.4
不提供，也没有补贴	38.0	34.3	30.0	35.9	37.6	38.1	39.1	38.1
单位或雇主提供住宿情况	100	100	100	100	100	100	100	100
提供住宿	57.8	66.3	64.3	55.0	52.6	56.5	53.3	54.0
不提供住宿，但住房有补贴	6.8	5.0	7.5	7.8	8.3	5.7	5.3	5.1
不提供住宿，也没有住房补贴	35.4	28.7	28.2	37.2	39.1	37.8	41.4	40.9
单位或雇主拖欠工资情况								
被拖欠工资人数	2.2	0.8	0.6	0.7	0.5	1.8	2.0	1.5
被拖欠工资的金额(元)		105800	77100	173150	172800	541800	847700	445500
五险一金缴纳情况								
缴纳养老保险	5.9	4.6	5.1	9.0	10.7	9.1	8.5	8.6
缴纳工伤保险	15.9	11.6	14.1	15.7	17.4	15.2	18.3	17.7
缴纳医疗保险	8.0	7.5	7.4	9.4	12.2	10.2	18.3	9.7
缴纳失业保险	3.3	2.5	2.4	3.9	4.5	5.1	5.6	6.1
缴纳生育保险	1.9	1.3	1.3	2.8	3.0	3.4	3.8	5.2
缴纳住房公积金	1.8	2.4	2.5	3.6	4.2	4.2	4.9	4.9

主要统计指标解释

一、住户收支与生活状况调查指标解释

从 2013 年度起，国家统计局对分别进行的城乡住户调查实施了一体化改革，规范了城乡划分范围，统一了城乡居民收入指标名称、分类和统计标准，建立了城乡统一的一体化住户调查，并据此采集全国居民有关数据。

（一）居民可支配收入

居民可支配收入指居民可用于最终消费支出和储蓄的总和，即居民可用于自由支配的收入。既包括现金收入，也包括实物收入。按照收入的来源，可支配收入包含四项，分别为：工资性收入、经营性净收入、转移性净收入和财产性净收入。

工资性收入 指就业人员通过各种途径得到的全部劳动报酬和各种福利，包括受雇于单位或个人、从事各种自由职业、兼职和零星劳动得到的全部劳动报酬和福利。

经营净收入 指住户或住户成员从事生产经营活动所获得的净收入，是全部经营收入中扣除经营费用、生产性固定资产折旧和生产税之后得到的净收入。计算公式具体为：

经营净收入=经营收入-经营费用-生产性固定资产折旧-生产税

财产净收入 指住户或住户成员将其所拥有的金融资产、住房等非金融资产和自然资源交由其他机构单位、住户或个人支配而获得的回报并扣除相关的费用之后得到的净收入。财产净收入包括利息净收入、红利收入、储蓄性保险净收益、转让承包土地经营权租金净收入、出租房屋净收入、出租其他资产净收入和自有住房折算净租金等。财产净收入不包括转让资产所有权的溢价所得。

转移净收入 计算公式为：转移净收入=转移性收入-转移性支出

转移性收入 指国家、单位、社会团体对住户的各种经常性转移支付和住户之间的经常性收入转移。包括养老金或退休金、社会救济和补助、政策性生产补贴、政策性生活补贴、救灾款、经常性捐赠和赔偿、报销医疗费、住户之间的赡养收入，本住户非常住成员寄回带回的收入等。转移性收入不包括住户之间的实物馈赠。

转移性支出 指居民家庭对国家、单位、住户或个人的经常性或义务性转移支付。包括缴纳的税款、各项社会保障支出、赡养支出、经常性捐赠和赔偿支出以及其他经常转移支出等。

（二）居民消费支出

居民消费支出是指居民用于满足家庭日常生活消费需要的全部支出，既包括现金消费支出，也包括实物消费支出。消费支出可划分为食品烟酒、衣着、居住、生活用品及服务、交通通信、教育文化娱乐、医疗保健以及其他用品及服务八大类。

食品烟酒 指用于各种食品和烟草、酒类的支出。

衣着 指与居民穿着有关的支出，包括服装、服装材料、鞋类、其他衣类及配件、衣着相关加工服务的支出。

居住 指与居住有关的支出，包括房租、水、电、燃料、物业管理等方面的支出，也包括自有住房折算租金。

生活用品及服务 指家庭及个人的各类生活品及家庭服务。包括家具及室内装饰品、家用器具、家用纺织品、家庭日用杂品、个人用品和家庭服务。

交通通信 指用于交通和通信工具及相关的各种服务费、维修费和车辆保险等支出。

教育文化娱乐 指用于教育、文化和娱乐方面的支出。

医疗保健 指用于医疗和保健的药品、用品和服务的总费用。包括医疗器具及药品，以及医疗服务。

其他用品及服务 指无法直接归入上述各类支出的其他用品与服务支出。

二、2012 年及以前的分城镇和农村住户调查指标解释

2012 年及以前年份，中国的住户调查一直分城乡分别开展。由于分别调查，农村与城镇居民收入、支出等指标的统计口径有所不同，数据也不完全可比，城镇调查城镇居民可支配收入，农村调查农村居民纯收入。城镇居民收入与支出数据，指现金收入或现金支出，不包括实物收支；其中，计算城镇居民人均可支配收入和消费支出时，不包括自有住房折算租金，也不包括购建房支出。农村居民收入与支出数据，分为总收支和现金收支，即农村居民的总收支部分包括了自产自用的实物收支；其中，计算农村居民人均纯收入和消费支出时，也不包括自有住房折算租金，但农村居民居住消费支出中，包括了购建房支出。

为了保持历史数据的可比，本年鉴中 2012 年及以前年份的数据和指标解释仍保持了原城镇住户调查和农村住户调查方案的原貌。

（一）城镇住户调查主要收支指标解释

1. 城镇居民家庭总收入

家庭总收入 指居民家庭中生活在一起的所有家庭成员在调查期得到的工薪收入、经营净收入、财产性收入、转移性收入的总和，不包括出售财物和借贷收入。收入的统计标准以实际发生的数额为准，无论收入是补发还是预发，只要是调查期得到的都应如实计算，不作分摊。

工薪收入 指就业人员通过各种途径得到的全部劳动报酬，包括所从事的主要职业的工资以及从事第二职业、其他兼职和零星劳动得到的其它劳动收入。

经营净收入 指家庭成员从事生产经营活动所获得的净收入。是全部生产经营收入中扣除生产成本和税金后所得的收入。如当期收入小于生产费用的开支，其差额记入“其他借贷支出 ”中。

财产性收入 指家庭拥有的动产（如银行存款、有价证券）、不动产（如房屋、车辆、土地、收藏品等）所获得的收入。包括出让财产使用权所获得的利息、租金、专利收入；财产营运所获得的红利收入、财产增值收益等。

利息收入 指资产所有者按预先约定的利率获得的高于存款本金以外的那部分收入。包括各类定期和活期存款利息、债券利息、储蓄性奖券和存款的“中奖”收入。利息与红利的差异：利息一般是预先约定的，与企业的经营状况无关，而红利的多少与企业的经营效益直接有关，一般不预先约定。利息收入是应得收入，包括银行代扣的利息所得税。

转移性收入 指国家、单位、社会团体对居民家庭的各种转移支付和居民家庭间的收入转移。包括政府对个人收入转移的离退休金、失业救济金、赔偿等；单位对个人收入转移的辞退金、保险索赔、住房公积金、家庭间的赠送和赡养等。

记账补贴 指居民家庭因承担记账工作从统计部门、工作单位和其它途径所得到的现金。不包括实物部分。

2. 城镇居民可支配收入

可支配收入 指居民家庭可用于最终消费支出和其它非义务性支出以及储蓄的总和，即居民家庭可以用来自由支配的收入。它是家庭总收入扣除交纳的所得税、个人交纳的社会保障费以及调查户的记账补贴后的收入。计算公式为：

可支配收入=家庭总收入-交纳所得税-个人交纳的社会保障支出-记账补贴

3. 城镇居民家庭总支出

家庭总支出 指家庭除借贷支出以外的全部实际支出。包括消费支出、购房建房支出、转移性支出、

财产性支出、社会保障支出。支出统计是以实际购得的商品或服务的总价值填报，不论其付款方式是一次付清、分期付款，还是赊购，只要商品或服务已被消费就要按其总价值计量。如果采用分期付款或赊购形式，则要在借贷收入类相应的项目填入实付款与总的应付款的差额。

4．城镇居民消费支出

消费支出 指居民家庭用于满足家庭日常生活消费需要的全部支出，包括食品、衣着、居住、家庭设备及用品、交通通信、文教娱乐、医疗保健、其他等八大类。消费支出构成是按照商品或服务的用途进行分类，如果消费支出的目的与用途不一致时，必须按照用途归入相应类内。

服务性消费支出 指居民家庭用于本家庭支付社会提供的各种文化和生活方面的非商品性服务费用。不包括为别人付款的服务。服务消费与商品消费不同，其特点在于其劳动过程和消费过程在时间与空间上的统一。

财产性支出 指家庭购买或维护财产所支付的利息等有关费用。

社会保障支出 指居民家庭成员参加国家法律、法规规定的社会保障项目中由个人交纳的保障支出。不包括职工所在单位交纳的那部分社会保障金。

食品支出 指居民为摄取身体所需要的营养和满足某种嗜好而进食的各种消费品，包括在商店、集市、工作单位食堂和饮食业购买的主食、副食、烟草、酒、饮料以及干鲜瓜果、糖果、糕点、奶制品等。

衣着支出 指各种穿着用品及加工穿着品的各种材料，包括棉、麻、丝、毛和各种人造纤维、合成纤维纺织的各种布匹、呢绒、绸缎及其加工的服装，各种鞋、袜、帽及其他零星穿着用品等。

居住支出 指与居住有关的支出，包括住房、水、电、燃料方面的支出。其中的住房支出：指居民家庭用于住房的直接支出，包括房租、房屋维修支出、物业管理费、房屋装潢支出。不包括购建房支出，也不包括自有住房虚拟租金。

家庭设备及用品支出 指家庭各类日用消费品及家庭服务。包括日用耐用消费品、室内装饰品、床上用品、家庭日用杂品、家具、家庭服务。不含个人用品和服务。

交通通信支出 指用于交通和通信工具和相关的各种服务费、维修等支出。

交通 指购置交通工具及零配件、支付各种交通费、修理服务费、油料费等的支出。

通信 指家庭用于通信方面的全部支出。包括通信工具、电话费、邮费及其他通信费用。

文教娱乐支出 指居民家庭用于教育和文化娱乐方面的支出。

文化娱乐用品 指居民家庭用于购置家庭文娱用耐用消费品和其它文娱用品的支出。其中，购买家庭影院的根据其设备配置情况分别记为彩色电视机、影碟机、组合音响等。

文化娱乐服务 指和文化娱乐活动有关的各种服务费用。

教育支出 是指按一定的目的要求，对受教育者的德育、智育、体育、爱好、技能等诸方面施以影响的一种有计划的活动，与这一活动直接相关的支出即为教育支出。包括学费、教材费、家教费、赞助费、寄宿学生的住宿费等。

医疗保健支出 指用于医疗和保健的药品、用品和服务费用。包括医疗器具、保健用品、医药费、滋补保健品、医疗保健服务及其他医疗保健费用。实行医疗改革的单位，医疗基金（医保卡）支付的全部费用计入工资及补贴收入中，同时记入相应的医疗保健支出中。个人先现金支付然后到单位报销的医疗费在记入相应消费的同时，如果是在职职工则记入工资性收入，如果是离退休职工则记入离退休金中。

其他支出 指无法直接归入上述各类支出以外的个人用品和其他商品与服务支出。

其他商品 指七大类以外的个人用品和各种其他商品。

服务 指用于个人消费中的服务费，包括旅馆住宿费、理发洗澡费、美容费等。

（二）农村住户调查主要收支指标解释

1．农村居民总收入与总支出

总收入 指调查期内农村住户和住户成员从各种来源渠道得到的收入总和。按收入的性质划分为工资性收入、家庭经营收入、财产性收入和转移性收入。

工资性收入 指农村住户成员受雇于单位或个人，靠出卖劳动而获得的收入。

在非企业组织中劳动得到的收入 指农村住户成员在不具备企业性质的行政事业单位和各种组织中劳动得到的收入。包括村干部和民办教师的工资(奖金、补贴)，乡及以上行政、事业单位工作人员的工资(奖金、补贴)等。

在本地劳动得到的收入 指农村住户成员在住户所属乡(镇)地域范围内受雇于单位或个人，靠出卖劳动而获得的收入。

常住人口外出从业得到的收入 指农村住户成员到住户所属乡(镇)地域范围以外从业得到的收入。

家庭经营收入 指农村住户以家庭为生产经营单位进行生产筹划和管理而获得的收入。农村住户家庭经营活动按行业划分为农业、林业、牧业、渔业、工业、建筑业、交通运输业邮电业、批发和零贸易餐饮业、社会服务业、文教卫生业和其他家庭经营。

农业收入 指包括谷物种植业，豆类和薯类作物种植业，棉、麻等植物性纺织原料种植业，油料、糖料作物种植业，烟草种植业，药材种植业，蔬菜、瓜类作物种植业，饲料作物种植业，茶、桑、果树种植业。

种植业收入 是指农村住户当年从承包地和自营地上收获的粮食、经济作物、蔬菜、茶叶、水果、水生植物（如菱、藕等）等的主产品和副产品的全部收入。但生产用的绿肥和青饲料不作为收入，用来沤肥的副产品以及野生植物的采集和家庭兼营商品性手工业不作为种植业收入。

林业收入 是指农村住户当年采伐竹木收入、出售树苗和从人工栽培的竹林上不经砍伐而取得的各种林产品收入，如生漆、棕片、五倍籽、松脂、紫胶、竹笋、油桐籽、油茶籽、乌桕籽、核桃、各种林木子实，以及修剪竹木枝叶（荆条、柳条、蒲葵叶）等等；包括野生林木的采集产品收入；但不包括桑叶、茶叶、水果、花卉，它们算在种植业收入中。

畜牧业收入 是指农村住户当年出售、屠宰的畜禽、小动物和畜禽产品收入。包括家畜（仔畜、架子猪也包括在内）、家禽（包括幼禽）及其他小动物收入；也包括出售鹌鹑、鸽子等收入，按出售和屠宰的产品计算。畜禽的繁殖和增重，不计算收入；活的家畜、家禽及其他小动物的产品（如蛋类、羊毛、蜂蜜、蜂蜡等）收入，按全部产品计算；动物屠宰和死后的畜产品（如猪鬃、羊皮、蚕茧等）收入，按全部产品计算。牧区和半牧区农民出卖大牲畜的收入，应作为畜牧业收入；农户出售肉牛的收入和专门饲养大牲畜出售的收入应作为畜牧业收入，但变卖属于固定资产的役畜的现金收入，不能作为牧业收入，而应计算在出售财物收入中；包括野生动物的狩猎及其产品的采集收入。

渔业收入 是指农村住户当年捕捞天然水生的和人工养殖的鱼、虾、蟹、贝、藻类等淡水水产品和海水水产品的全部收入。包括养殖观赏鱼类的收入。

工业收入 是指农村住户的个体企业（有固定场所和生产设备、有专业生产劳动力，年内生产三个月以上）利用手工和机械进行自然资源开采，农副产品, 工业品加工和修理以及从事手工业(手工业指依靠手工劳动，使用简单工具从事的工业性生产活动，包括各种制作、刺绣、编织、雕刻、加工等手工业。)所得全部产品收入，来料加工的产品，按加工费计算收入。自制自用的产品不计收入。

建筑业收入 是指农村住户成员当年从事房屋或建筑物的新建和维修以及设备安装所得到的劳动报酬，参加国家举办的基本建设工程所得到的收入。

交通运输业、邮电业收入 是指农村住户成员当年从事对本户以外的单位或个人进行货物运送、旅客运送及从事邮电行业活动的收入。

批零和零售贸易、餐饮业收入 是指从事批发贸易、零售商业和餐饮业活动的收入。

社会服务业 是指从事于日常生活及社会公共服务等服务活动的收入。包括从事社会服务业、金融保险业、房地产管理、旅馆、车店、理发、照相、洗染、缝纫、修理、导游等收入。

文教卫生业 指在文教卫生等单位从事有关活动的收入。如在教育、文化艺术事业、广播电视业从事有关活动的收入；在体育事业单位、体育设施管理单位、体育队、体育训练机构等从事体育活动的收入；在医疗、防治、检疫及其他卫生事业的收入等。

财产性收入 指金融资产或有形非生产性资产的所有者向其他机构单位提供资金或将有形非生产性资产供其支配，作为回报而从中获得的收入。

转移性收入 指农村住户和住户成员无需付出任何对应物而获得的货物、服务、资金或资产所有权等，不包括无偿提供的用于固定资本形成的资金。一般情况下，是指农村住户在二次分配中的所有收入。包括在外人口寄回和带回、农村外部亲友赠送、救济金、保险赔偿收入、退休金、土地征用补偿收入等。

总支出 是指农村住户全年用于生产、生活和再分配等方面的全部实际支出。包括家庭经营费用支出、购置生产性固定资产支出、税费支出、生活消费支出、转移性支出和财产性支出。

家庭经营费用支出 指农村住户以家庭为基本生产经营单位从事生产经营活动而消费的商品和服务、自产自用产品。所消费的未计算为住户收入的自产自用产品，不计算为费用支出；库存的化肥、农药也不计算为本期费用支出。

农业生产支出 指用于农业生产活动费用。如种籽、肥料、农药、小农具购置和修理、油料费、耕畜的饲料、饲草费、机耕费、排灌费、电费等，此外还包括家庭兼营商品性手工业等所支付的有关费用。

种植业生产支出 是指种植各种农作物所支付的生产费用。如种籽、肥料、农药、小农具购置和修理、油料费、耕畜的饲料、饲草费、机耕费、排灌费、电费等。

林业生产支出 是指经营林业生产而支付的费用。如树种、树苗、肥料、农药、电费及小型工具的购置维修等开支，但不包括林业的基本建设投资。

牧业生产支出 是指经营牧业生产所支付的费用。如购买仔畜（包括架子猪）、幼禽支出；肉用牛、羊的饲料、饲草支出；生猪、家禽等的饲料、燃料、防疫医疗费；电费和小型用具购置、维修等支出。但耕畜的饲料费应列为“种植业生产费用支出”。

渔业生产支出 是指养殖水生动物、培养海藻和捕捞生产过程中的开支。包括鱼苗、饵料、电费以及小型渔具和用具的购置、维修及油料费等支出。但不包括添置的固定资产支出。

工业生产支出 是指进行工业生产所支付的生产费用。包括工业生产耗用的原料、燃料、电费及小型工具的购置、维修等开支，还包括来料加工产品所耗用的燃料、电费，但不包括自产自用和来料加工产品所耗用的原材料。

建筑业生产支出 是指为了从事本户以外的房屋或建筑物的新建与维修以及设备安装而耗用的建筑材料、电器设备、燃料、电费以及小型工具的购置、维修等开支。

交通运输业生产支出 是指为从事对本户以外单位或个人进行货物运送和旅客运送所耗用燃料和小型工具的购置、维修等开支。

批零和零售贸易、餐饮业生产支出 是指从事批发贸易、零售商业、和餐饮业活动时所购买的生产用具支出、租用铺面支出、帮工工资支出、燃料支出、电费支出及其他费用开支。

社会服务业生产支出 指用于包括金融保险业、房地产管理、旅馆、车店、理发、照相、洗染、缝纫、修理、导游等日常生活及社会公共服务等服务活动的费用支出。

文教卫生业生产支出 指在文教卫生等单位从事有关活动的支出。如在教育、文化艺术事业、广播电视业从事有关活动的支出；在体育事业单位、体育设施管理单位、体育队、体育训练机构等从事体育活动的支出；在医疗、防治、检疫及其他卫生事业的支出等。

其他家庭生产经营支出 是指上述各项家庭经营费用支出以外的其他支出，包括各项劳务所支出的费用。

购置生产性固定资产支出 指农村住户用于建造和购置生产性固定资产所支出的费用。

税费支出：是指农村住户从事生产经营活动以现金和实物形式缴纳的各种税费。

消费支出 指农村住户用于物质生活和精神生活方面的消费支出。消费支出分为食品支出、衣着支出、居住支出、家庭设备及用品支出、交通通信支出、文教娱乐支出、医疗保健支出、其他支出。

食品支出 指农村居民年内消费各类食品支出。包括主食、副食、其他食品、在外饮食和食品加工费支出。

衣着支出 指农村住户用于各种穿着用品及加工穿着用品的材料支出。包括棉花、丝棉、化纤棉、驼毛、棉布、各种化纤布、绸、缎、呢绒、各类成衣、棉、毛、丝、麻纺织品，背心、汗衫、棉毛衫裤、卫生衫裤、袜子等针织品，毛线、毛线织品、各种鞋、帽等消费品及衣着的加工修理费(指农村住户为加工或修补服装、鞋帽等衣着所支付的服务费)。但不包括用各种布料做的床上用品，室内装饰品。

居住支出 指与农村住户居住有关的所有支出。包括新建(购)房屋、房屋维修、居住服务、租赁住房所付的租金、生活用水、生活用电、用于生活的燃料等支出。

家庭设备及用品支出 指农村住户消费的各种耐用消费品、其他家庭用品及用品的加工修理费用。

交通通信支出 指农村住户用于交通和通讯的工具、各种服务费、维修费用支出。

文教娱乐支出 指农村住户用于文化、教育、娱乐方面的支出。包括文化教育娱乐用品支出和文化教育娱乐服务支出。

医疗保健支出 指农村住户用于医疗和保健的药品、医疗器械和服务费用。包括医药卫生保健用品、医疗保健服务费和医疗卫生设备、用品加工修理费等。

其他支出 指上述各类支出以外的商品和服务支出。

财产性支出 为获得其他住户财产(包括无形资产)的使用权而支付的各种费用。

转移性支出 指农村住户和住户成员没有获得任何对应物而支出的货物、服务、资金或资产所有权等，不包括无偿提供的用于固定资本形成的资金。一般情况下，指农村住户在二次分配中的所有支出。

2．农村居民现金收入与支出

现金收入 指农村住户和住户成员在调查期内得到以现金形态表现的收入。按来源分成工资性收入、家庭经营现金收入、财产性收入、转移性收入。

现金支出 指农村住户在调查期内用于生产、生活和再分配所支付的现金。包括家庭经营费用支出、缴纳的税费、购买生产性固定资产、生活消费、财产性和转移性支出。

3．农村居民纯收入

纯收入 指农村住户当年从各个来源得到的总收入相应地扣除所发生的费用后的收入总和。纯收入主要用于再生产投入和当年生活消费支出，也可用于储蓄和各种非义务性支出。“农民人均纯收入”按人口平均的纯收入水平，反映的是一个地区或一个农户农村居民的平均收入水平。计算方法：

纯收入＝总收入-家庭经营费用支出-税费支出-生产性固定资产折旧-农村内部亲友赠送

九

县域经济

资料整理：彭　敏

9-1 各县(市、区)人口及从业人员(2017年)

县市区	年末总户数(万户)	年末总人口(万人)	常住人口(万人)	#城镇	城镇化率(%)	从业人员(万人)	第一产业	第二、三产业
郑州市								
中原区	23.82	104.80	104.80	95.33	90.96	28.60		28.50
二七区	19.52	80.15	80.15	72.45	90.39	24.60	0.30	24.30
管城区	17.04	82.03	82.03	71.00	86.55	21.40	0.80	20.60
金水区	39.49	171.33	171.33	156.89	91.57	58.90	0.40	58.50
上街区	3.88	14.05	14.05	12.86	91.55	64.30	0.30	64.00
惠济区	6.79	29.83	29.83	22.25	74.59	21.90	4.20	17.70
中牟县	17.82	113.44	113.44	58.19	51.30	41.60	16.30	25.30
巩义市	21.17	84.66	83.27	46.71	56.10	46.62	11.79	34.83
荥阳市	17.50	62.67	62.67	34.74	55.43	47.40	8.20	39.20
新密市	20.80	80.97	80.97	46.76	57.75	50.40	8.70	41.70
新郑市	18.91	94.81	94.81	55.10	58.12	49.60	9.00	40.50
登封市	17.34	70.71	70.71	39.18	55.41	47.70	14.40	33.30
开封市								
龙亭区	15.00	31.82	42.60	34.49	80.97	25.37	4.25	21.12
顺河区	10.20	22.93	24.60	21.43	87.12	11.68	1.63	10.05
鼓楼区	6.25	15.61	15.31	14.61	95.41	9.94	0.79	9.15
禹王台区	5.11	13.65	13.83	10.87	78.60	6.15	1.63	4.52
祥符区	22.87	77.18	66.55	24.65	37.04	55.98	21.56	34.42
杞县	39.10	113.61	90.05	33.25	36.92	70.63	36.08	34.55
通许县	18.15	64.95	52.14	19.24	36.90	43.37	21.14	22.23
尉氏县	27.37	97.39	85.61	31.59	36.90	57.43	33.24	24.19
兰考县	28.93	85.91	64.23	25.39	39.53	62.31	24.90	37.41
洛阳市								
老城区	6.35	17.35	19.39	18.20	93.86	5.50	0.68	4.82
西工区	10.71	33.41	36.21	34.19	94.42	21.65	0.68	20.97
瀍河区	6.28	17.94	19.05	17.91	94.00	5.85	1.30	4.55
涧西区	19.23	60.26	68.63	61.15	89.10	28.86	1.31	27.55
吉利区	2.13	6.89	6.95	4.88	70.20	5.16	1.03	4.13
洛龙区	20.90	65.19	68.93	45.62	66.18	32.30	7.54	24.76
孟津县	16.04	46.71	42.98	20.60	47.94	35.32	12.89	22.43
新安县	15.77	53.55	48.92	22.54	46.08	39.91	13.95	25.96
栾川县	10.68	34.54	35.10	16.86	48.04	24.44	7.21	17.23
嵩县	17.16	60.53	52.09	18.01	34.58	35.89	18.54	17.35
汝阳县	12.86	48.76	42.85	15.09	35.22	30.26	16.03	14.23
宜阳县	20.07	70.28	61.57	22.26	36.15	43.53	19.11	24.42
洛宁县	14.08	49.49	43.44	14.61	33.62	33.46	20.29	13.17
伊川县	25.83	84.24	78.96	34.41	43.58	57.39	21.59	35.80
偃师市	18.25	61.01	57.18	33.49	58.57	43.68	12.11	31.57
平顶山市								
新华区	11.71	39.49	40.90	38.52	94.18	21.56	1.12	20.44
卫东区	10.44	29.71	32.14	31.34	97.52	10.75	1.02	9.74
石龙区	2.02	6.34	5.14	4.48	87.13	3.13	0.96	2.16
湛河区	9.08	25.52	30.25	24.03	79.45	13.70	3.27	10.44
宝丰县	16.57	53.45	49.97	21.00	42.02	36.54	19.51	17.02
叶县	23.08	91.34	78.35	28.81	36.77	54.51	32.02	22.48
鲁山县	24.63	95.42	78.68	28.85	36.67	56.30	28.08	28.21
郏县	20.52	64.15	57.79	23.47	40.61	41.43	22.71	18.71
舞钢市	10.81	34.81	32.15	18.30	56.93	22.08	10.82	11.26
汝州市	31.00	109.05	94.53	42.77	45.25	72.39	32.73	39.66

9-1 续表 1

县市区	年末总户数(万户)	年末总人口(万人)	常住人口(万人)	#城镇	城镇化率(%)	从业人员(万人)	第一产业	第二、三产业
安阳市								
文峰区	14.82	39.84	49.42	38.07	77.03	16.17	1.94	14.23
北关区	8.08	25.48	28.01	24.77	88.45	19.95	2.11	17.85
殷都区	7.55	24.98	27.03	23.72	87.75	35.40	7.39	28.01
龙安区	7.01	20.68	23.01	13.49	58.61	18.74	7.90	10.84
安阳县	32.16	101.86	86.96	40.13	46.15	35.92	19.50	16.42
汤阴县	14.78	50.89	43.74	20.57	47.03	33.62	12.94	20.68
滑县	45.67	138.40	107.30	33.37	31.10	80.98	32.78	48.20
内黄县	19.85	78.84	66.57	20.13	30.24	55.78	21.35	34.42
林州市	31.28	108.38	80.81	43.23	53.49	76.97	23.44	53.53
鹤壁市								
鹤山区	3.46	12.97	12.93	11.02	85.23	4.48	1.10	3.38
山城区	6.24	24.35	24.19	21.03	86.94	6.60	1.62	4.98
淇滨区	11.15	26.48	29.39	22.72	77.28	27.10	3.15	23.95
浚县	19.46	71.58	67.82	25.03	36.91	47.19	15.06	32.13
淇县	8.84	29.57	27.80	15.47	55.65	25.67	6.78	18.89
新乡市								
红旗区	11.68	32.73	44.89	42.84	95.44	27.08	1.62	25.46
卫滨区	7.46	22.21	22.09	22.09	100.00	8.37	1.14	7.22
凤泉区	3.95	14.44	15.64	9.15	58.50	7.46	2.95	4.51
牧野区	10.64	31.00	33.67	32.50	96.52	14.56	1.79	12.77
新乡县	9.21	34.89	34.59	18.66	53.94	28.76	2.62	26.14
获嘉县	12.18	44.35	41.32	18.39	44.51	29.63	13.56	16.07
原阳县	19.12	75.09	65.20	21.95	33.66	43.44	22.93	20.51
延津县	14.04	50.67	45.97	16.67	36.26	31.56	15.28	16.28
封丘县	21.98	82.96	71.93	25.60	35.59	43.14	19.32	23.82
长垣县	28.29	87.41	76.80	35.22	45.86	60.65	10.51	50.14
卫辉市	15.65	52.63	49.17	21.58	43.88	26.92	13.23	13.69
辉县市	26.81	86.02	75.63	35.12	46.43	50.86	19.85	31.01
焦作市								
解放区	8.88	28.68	30.40	29.60	97.35	9.67	0.18	9.50
中站区	3.13	12.15	10.65	6.96	65.32	6.14	1.47	4.68
马村区	3.53	14.51	14.11	9.10	64.49	6.47	1.44	5.03
山阳区	11.57	45.20	48.15	34.64	71.94	12.06	0.80	11.25
修武县	7.00	27.34	25.32	12.63	49.89	18.13	4.05	14.08
博爱县	10.35	40.53	37.70	20.08	53.26	26.03	9.22	16.81
武陟县	18.95	72.31	66.39	28.10	42.33	50.41	21.11	29.30
温县	14.12	45.78	42.06	20.31	48.29	36.56	13.81	22.74
沁阳市	12.10	49.80	44.02	26.71	60.68	33.71	10.28	23.43
孟州市	11.30	39.20	37.22	18.33	49.24	34.98	5.97	29.01

9-1 续表 2

县市区	年末总户数(万户)	年末总人口(万人)	常住人口(万人)	#城镇	城镇化率(%)	从业人员(万人)	第一产业	第二、三产业
濮阳市								
华龙区	22.49	62.33	73.85	58.38	79.05	49.31	23.34	25.97
清丰县	22.06	72.11	63.52	18.88	29.72	51.08	21.36	29.72
南乐县	14.59	54.28	47.48	15.42	32.47	32.43	13.03	19.40
范县	16.85	56.03	46.64	15.53	33.30	37.68	16.74	20.94
台前县	10.81	38.43	33.51	10.89	32.50	24.16	8.49	15.67
濮阳县	31.69	113.68	98.93	40.06	40.49	71.60	24.02	47.58
许昌市								
魏都区	16.09	41.50	51.64	49.61	96.07	16.33	0.05	16.28
建安区	28.69	90.89	78.80	32.44	41.17	52.77	22.15	30.61
鄢陵县	20.75	67.17	56.75	23.34	41.13	36.85	12.37	24.47
襄城县	30.23	87.68	68.81	27.83	40.44	50.12	39.03	11.09
禹州市	41.85	129.87	115.53	54.46	47.14	78.64	34.33	44.31
长葛市	20.93	78.52	69.36	37.44	53.98	56.43	12.08	44.35
漯河市								
源汇区	9.59	34.24	34.23	22.82	66.68	26.81	8.95	17.84
郾城区	14.33	52.99	51.38	28.21	54.91	32.12	12.82	19.31
召陵区	13.42	55.43	50.10	25.40	50.70	36.59	9.69	26.90
舞阳县	17.06	62.09	56.06	24.62	43.92	39.63	19.04	20.59
临颍县	20.53	77.80	73.26	33.88	46.25	54.51	28.51	26.00
三门峡市								
湖滨区	9.83	30.37	32.44	29.79	91.81	18.51	3.61	14.90
陕州区	11.70	35.01	35.01	16.42	46.91	19.53	11.06	8.47
渑池县	12.54	35.89	35.26	17.07	48.42	22.57	8.31	14.26
卢氏县	13.10	37.03	35.90	13.72	38.21	21.37	13.38	7.99
义马市	5.15	16.79	14.75	14.21	96.36	9.91	0.81	9.10
灵宝市	21.41	75.46	73.51	32.97	44.85	49.22	25.71	23.51
南阳市								
宛城区	29.71	89.75	93.26	57.99	62.18	66.66	22.62	44.05
卧龙区	32.62	100.64	95.92	59.90	62.45	65.49	21.67	43.81
南召县	22.19	65.83	53.78	21.03	39.10	39.54	24.58	14.96
方城县	34.90	110.17	87.81	32.93	37.50	73.60	41.19	32.41
西峡县	15.77	47.44	42.97	20.78	48.35	43.37	5.08	38.29
镇平县	28.72	104.30	85.27	34.11	40.00	61.19	24.50	36.69
内乡县	22.95	72.41	56.81	22.70	39.96	38.73	17.63	21.10
淅川县	21.11	72.31	65.42	27.25	41.65	41.59	20.37	21.22
社旗县	21.83	74.48	61.49	24.28	39.48	47.69	28.11	19.57
唐河县	42.45	145.95	120.45	49.05	40.72	72.22	39.18	33.04
新野县	23.20	84.11	62.17	24.87	40.00	52.41	26.25	26.16
桐柏县	15.76	48.24	38.22	17.10	44.75	28.62	10.68	17.94
邓州市	60.98	178.60	141.45	56.98	40.28	94.22	53.84	40.38

9-1 续表 3

县市区	年末总户数(万户)	年末总人口(万人)	常住人口(万人)	#城镇	城镇化率(%)	从业人员(万人)	第一产业	第二、三产业
商丘市								
梁园区	25.57	92.59	95.00	50.17	52.81	54.67	20.13	34.54
睢阳区	28.11	85.62	86.67	40.26	46.45	55.16	17.15	38.01
民权县	29.25	92.66	70.26	25.36	36.10	61.30	26.81	34.49
睢县	25.70	88.60	66.38	24.43	36.81	68.13	26.13	42.00
宁陵县	21.41	66.28	50.35	17.32	34.40	42.98	24.97	18.01
柘城县	33.07	103.83	68.32	24.68	36.13	60.43	23.40	37.03
虞城县	41.91	112.68	83.02	30.99	37.33	75.32	29.98	45.34
夏邑县	43.12	121.82	86.55	33.75	38.99	74.33	27.31	47.02
永城市	41.54	156.94	123.31	57.56	46.68	95.99	26.75	69.24
信阳市								
浉河区	21.81	66.64	66.76	45.21	67.72	40.00	15.27	24.73
平桥区	28.10	86.75	74.72	41.95	56.14	53.57	21.68	31.89
罗山县	22.21	76.99	52.08	21.62	41.52	43.98	19.95	24.03
光山县	29.18	85.62	60.43	23.60	39.06	49.76	23.51	26.25
新县	13.25	37.07	28.36	13.47	47.51	23.86	8.56	15.30
商城县	24.38	79.61	52.48	20.41	38.90	42.09	16.85	25.24
固始县	58.50	177.10	109.00	44.88	41.17	102.41	32.40	70.01
潢川县	27.81	87.85	66.16	33.17	50.13	49.30	31.54	17.76
淮滨县	24.09	77.96	57.14	22.52	39.41	48.08	22.82	25.26
息县	32.50	104.94	78.23	30.36	38.81	66.24	35.23	31.01
周口市								
川汇区	19.56	54.41	71.31	44.64	62.60	23.61	5.62	17.99
扶沟县	21.72	77.02	59.71	22.96	38.46	46.23	21.74	24.50
西华县	27.65	97.77	75.00	28.73	38.31	57.80	25.33	32.47
商水县	32.35	125.36	89.21	31.81	35.66	76.97	37.47	39.49
沈丘县	35.15	132.18	95.50	36.97	38.71	76.80	38.99	37.81
郸城县	43.35	135.87	94.19	36.11	38.34	84.29	40.82	43.47
淮阳县	38.65	132.56	99.00	37.94	38.32	85.77	46.11	39.66
太康县	44.14	151.88	105.36	38.80	36.83	87.98	49.87	38.11
鹿邑县	36.90	123.00	87.22	36.38	41.71	75.75	18.48	57.27
项城市	37.93	125.90	99.72	46.94	47.07	73.64	28.13	45.51
驻马店市								
驿城区	23.73	82.43	99.28	66.84	67.32	65.81	19.45	46.36
西平县	25.99	90.37	68.03	25.62	37.67	65.42	12.70	52.72
上蔡县	40.85	153.40	97.20	36.41	37.46	85.29	41.13	44.16
平舆县	34.98	101.86	72.17	29.01	40.20	64.70	29.72	34.98
正阳县	25.95	83.84	62.90	20.81	33.08	50.63	24.90	25.73
确山县	16.97	53.42	40.14	16.69	41.57	37.91	17.83	20.08
泌阳县	28.13	93.04	67.32	26.97	40.06	62.96	19.11	43.85
汝南县	23.12	86.44	65.80	24.71	37.55	55.63	31.75	23.88
遂平县	16.51	56.94	42.66	17.88	41.92	39.44	17.78	21.66
新蔡县	34.08	114.12	84.61	28.60	33.80	78.13	21.39	56.74

9-2 各县(市、区)生产

县市区	生产总值（亿元）	第一产业	第二产业	第三产业
郑州市				
中原区	720.12	0.28	270.17	449.66
二七区	585.95	0.05	101.35	484.54
管城区	851.67	1.68	397.60	452.39
金水区	1596.29	2.19	137.19	1456.91
上街区	116.28	0.38	60.00	55.91
惠济区	150.23	4.64	54.70	90.89
中牟县	870.22	40.35	504.37	325.51
巩义市	755.79	11.94	443.70	300.15
荥阳市	679.40	29.00	392.00	258.40
新密市	721.77	20.72	341.01	360.04
新郑市	1099.44	22.47	615.62	461.36
登封市	640.40	18.13	346.02	276.24
开封市				
龙亭区	179.64	8.12	68.27	103.25
顺河区	98.82	3.38	40.03	55.40
鼓楼区	80.25	1.71	14.88	63.66
禹王台区	81.44	3.60	29.69	48.15
祥符区	248.59	50.86	88.13	109.60
杞县	310.64	76.29	109.99	124.36
通许县	245.04	46.24	98.08	100.72
尉氏县	360.51	49.78	190.99	119.74
兰考县	282.62	39.14	119.89	123.59
洛阳市				
老城区	85.55	1.45	19.77	64.32
西工区	346.79	0.28	120.61	225.90
瀍河区	103.16	0.57	34.55	68.04
涧西区	500.06	1.99	250.69	247.38
吉利区	110.54	1.46	71.11	37.98
洛龙区	286.35	4.00	96.94	185.41
孟津县	294.89	22.27	162.27	110.35
新安县	475.52	21.06	288.84	165.62
栾川县	186.03	13.29	108.45	64.29
嵩县	172.76	27.41	62.01	83.33
汝阳县	155.98	13.31	83.26	59.41
宜阳县	276.98	33.49	122.49	121.00
洛宁县	189.53	25.97	77.29	86.28
伊川县	374.32	25.83	196.19	152.31
偃师市	508.60	19.72	272.30	216.57
平顶山市				
新华区	209.48	2.12	100.21	107.15
卫东区	171.45	1.28	93.78	76.39
石龙区	48.55	0.48	36.51	11.55
湛河区	134.76	2.26	62.15	70.35
宝丰县	314.21	19.86	183.85	110.49
叶县	208.32	40.60	97.83	69.88
鲁山县	170.08	28.10	62.52	79.46
郏县	177.51	23.86	99.47	54.18
舞钢市	128.98	12.11	58.14	58.74
汝州市	430.63	35.97	177.43	217.23

总值和指数(2017年)

人均生产总值(元)(按常住人口计算)	生产总值指数(%)(上年=100)	第一产业	第二产业	第三产业	人均生产总值指数(%)
69187	107.4	59.0	106.6	108.0	104.9
73520	108.8	89.1	103.4	110.0	107.4
106912	110.9	139.5	112.2	109.6	106.5
94043	109.6	123.5	116.1	108.9	110.5
83397	89.5	99.6	78.0	108.1	88.3
50941	107.0	81.0	108.0	108.6	104.7
76832	102.4	98.0	98.9	111.0	98.3
91027	108.5	104.0	107.5	110.5	108.0
108905	105.0	104.7	103.6	107.8	104.1
89294	107.6	104.6	105.3	110.6	107.2
117374	112.9	103.6	114.7	110.6	109.1
90931	107.0	104.7	105.6	109.3	106.0
42357	106.4	104.4	102.3	109.6	104.7
40342	105.7	104.3	106.2	105.4	104.7
52658	108.0	104.5	98.8	110.5	106.8
59209	107.5	104.2	104.9	109.5	106.1
37388	107.5	104.6	107.5	109.2	107.8
34400	107.9	104.6	108.6	109.8	108.6
46853	107.3	104.4	108.4	107.6	107.8
41990	108.0	104.5	108.2	109.5	108.6
44194	109.5	104.5	109.2	111.8	108.7
44237	108.8	93.9	105.1	110.4	108.9
95842	106.2	103.4	104.3	107.2	105.8
54154	104.7	102.6	97.7	108.6	104.8
72159	108.3	102.3	107.8	108.9	104.9
158459	108.9	103.0	108.2	110.6	108.7
40928	108.1	102.8	104.0	110.5	108.9
68771	108.4	104.4	106.8	111.8	107.5
97713	108.9	104.7	107.4	112.2	107.8
52964	108.5	104.4	108.5	109.5	108.5
33163	107.9	104.5	106.0	110.6	107.6
36484	108.2	104.6	107.0	111.0	107.5
45114	107.5	97.9	105.5	112.8	107.2
43736	108.8	104.0	108.8	110.7	108.0
47394	108.9	104.5	108.1	110.9	108.4
88954	108.2	104.5	107.0	110.1	107.8
51332	109.7	102.3	114.1	104.8	109.3
53369	115.2	119.0	123.7	108.1	114.2
90353	107.8	103.3	107.9	107.5	113.0
44719	107.6	102.2	102.0	113.7	107.1
63003	108.1	104.6	108.2	108.6	107.8
26625	103.0	104.8	96.7	113.9	102.8
21620	106.3	104.0	107.1	106.6	106.2
30753	109.5	104.0	109.6	111.9	109.1
40129	103.7	104.2	102.3	105.3	103.4
45780	109.2	104.3	107.9	111.4	108.0

9–2 续表 1

县 市	生产总值(亿元)	第一产业	第二产业	第三产业
安阳市				
文峰区	177.03	1.48	53.16	122.38
北关区	130.02	1.74	29.88	98.41
殷都区	156.00	1.21	79.63	75.17
龙安区	152.72	3.08	115.47	34.17
安阳县	402.03	25.90	212.90	163.23
汤阴县	208.65	24.48	115.20	68.97
滑县	247.30	58.08	95.47	93.75
内黄县	223.61	58.18	94.96	70.47
林州市	551.57	19.69	287.26	244.62
鹤壁市				
鹤山区	87.39	3.29	60.42	23.68
山城区	112.94	2.46	80.39	30.09
淇滨区	187.22	5.98	97.07	84.17
浚县	199.43	27.61	115.55	56.27
淇县	240.18	19.12	183.71	37.35
新乡市				
红旗区	415.59	1.90	214.77	198.92
卫滨区	125.75	0.88	26.83	98.05
凤泉区	92.35	2.71	32.78	56.85
牧野区	165.35	1.98	73.53	89.85
新乡县	184.73	8.96	120.60	55.17
获嘉县	109.92	14.11	66.27	29.55
原阳县	151.53	27.70	72.61	51.22
延津县	140.10	22.60	74.10	43.40
封丘县	145.87	41.50	64.03	40.34
长垣县	337.98	34.05	169.96	133.97
卫辉市	120.04	20.63	29.40	70.01
辉县市	367.07	40.15	206.41	120.51
焦作市				
解放区	126.90	0.21	12.33	114.36
中站区	69.61	0.44	45.38	23.79
马村区	54.98	1.08	31.79	22.12
山阳区	264.80	4.65	129.90	130.25
修武县	135.86	7.77	73.86	54.23
博爱县	260.53	14.51	165.75	80.28
武陟县	347.78	35.06	210.41	102.30
温县	286.73	27.87	178.96	79.90
沁阳市	413.71	19.21	264.14	130.35
孟州市	319.20	20.54	219.99	78.66

人均生产总值 (元) (按常住人口计算)	生产总值指数 (%) (上年=100)	第一产业	第二产业	第三产业	人均生产总值指数 (%)
36155	109.4	92.3	107.0	110.8	107.4
46632	107.2	103.2	101.1	109.2	105.8
58081	102.9	103.6	100.0	106.3	102.2
66133	103.7	102.9	102.8	107.3	103.0
46351	107.0	103.8	106.9	107.8	106.5
47562	108.5	104.7	108.2	110.8	108.6
22814	109.2	104.5	109.7	112.8	110.9
33590	108.1	104.5	108.6	110.6	108.8
68501	107.6	103.8	105.8	110.5	106.8
67694	105.7	104.7	105.6	106.3	105.4
46885	105.8	104.6	104.3	110.7	105.0
63830	106.9	104.4	109.5	104.3	106.2
29462	109.8	104.6	110.7	111.2	109.4
86603	109.3	104.7	109.9	108.9	108.8
93518	108.1	103.6	109.9	106.1	105.6
57579	107.5	104.2	109.1	107.1	104.8
59235	107.9	104.4	110.2	105.8	107.2
49330	108.4	104.2	109.0	108.1	107.8
53600	104.2	103.9	102.2	110.7	103.6
26651	109.8	104.7	109.2	108.1	109.2
23817	111.5	104.7	113.4	113.3	112.0
30360	109.7	104.5	109.8	113.5	110.6
20231	108.7	104.6	111.8	108.5	109.3
44325	109.7	104.4	109.1	112.0	108.4
24363	110.7	104.3	110.5	113.5	111.2
48696	106.4	104.5	105.4	108.7	105.6
41813	104.9	99.1	84.9	107.7	104.5
65455	106.2	106.7	104.9	108.9	105.8
39042	109.8	104.7	111.5	107.7	109.4
55135	105.8	104.0	103.5	108.3	105.3
53733	106.7	104.7	104.8	106.9	106.2
69207	108.1	104.6	107.9	109.1	107.6
52501	108.2	104.6	107.1	108.8	107.9
68287	107.5	104.7	107.0	107.9	107.1
94239	107.9	104.6	107.9	109.2	107.8
85901	107.3	104.6	107.0	108.6	106.9

9-2 续表 2

县 市	生产总值（亿元）	第一产业	第二产业	第三产业
濮阳市				
华龙区	438.74	17.90	199.51	221.33
清丰县	238.21	38.82	128.72	70.67
南乐县	181.84	29.89	95.60	56.35
范县	203.24	16.25	128.75	58.24
台前县	111.13	9.26	65.17	36.70
濮阳县	412.30	39.70	227.29	145.31
许昌市				
魏都区	339.39	0.64	166.55	172.19
建安区	410.83	23.37	253.72	133.75
鄢陵县	302.87	43.50	152.37	107.00
襄城县	343.15	31.79	166.86	144.50
禹州市	645.39	26.40	380.08	238.91
长葛市	591.96	23.36	436.16	132.44
漯河市				
源汇区	158.44	8.39	66.83	83.21
郾城区	211.01	20.42	116.93	73.65
召陵区	333.33	20.73	248.10	64.51
舞阳县	183.84	26.38	98.96	58.50
临颍县	278.41	33.77	182.93	61.70
三门峡市				
湖滨区	215.61	5.49	80.77	129.35
陕州区	216.02	19.78	113.55	82.69
渑池县	269.04	18.32	176.77	73.95
卢氏县	89.64	20.68	28.96	40.01
义马市	136.97	1.13	94.43	41.41
灵宝市	520.14	53.56	323.96	142.62
南阳市				
宛城区	330.26	28.61	127.13	174.53
卧龙区	423.33	22.04	129.08	272.20
南召县	139.86	18.50	67.94	53.43
方城县	216.77	38.39	98.48	79.90
西峡县	252.03	28.33	143.80	79.91
镇平县	259.11	30.92	127.92	100.27
内乡县	194.13	36.24	92.64	65.25
淅川县	214.24	36.23	104.06	73.96
社旗县	169.47	35.71	74.55	59.21
唐河县	309.41	72.58	127.65	109.18
新野县	261.66	44.97	119.29	97.41
桐柏县	162.32	21.02	82.24	59.05
邓州市	410.54	99.42	147.48	163.64

人均生产总值(元)(按常住人口计算)	生产总值指数(%)(上年=100)				人均生产总值指数(%)
		第一产业	第二产业	第三产业	
60258	105.8	104.6	103.4	108.0	103.6
37279	108.6	104.2	108.7	111.8	108.3
38526	109.0	104.7	108.8	112.7	110.3
43577	110.2	105.4	108.6	116.4	110.5
33274	107.3	104.3	108.0	107.1	105.6
41726	108.6	104.7	108.4	110.7	109.7
65926	107.5	67.3	107.1	108.2	106.9
52295	109.4	103.7	108.4	113.1	108.6
53605	106.6	104.0	105.4	109.9	105.6
50026	107.1	104.4	105.2	110.2	106.2
56023	109.5	103.9	108.8	111.4	108.8
85624	109.6	104.3	109.9	109.9	108.6
46449	108.8	104.5	103.8	114.0	108.1
41172	107.8	104.5	105.0	113.7	107.3
66874	108.1	104.4	107.2	113.4	107.2
32876	108.2	104.4	106.1	114.4	107.8
38065	108.2	104.4	106.8	115.0	107.9
66621	112.3	105.1	116.2	110.3	111.8
61875	108.0	104.8	107.2	110.1	107.5
76493	108.0	105.2	107.7	110.0	107.5
25045	108.9	104.8	108.0	112.2	108.3
93070	108.6	105.0	108.2	110.1	108.1
70973	106.3	104.4	106.3	107.3	105.7
35620	104.0	104.5	99.9	107.5	102.5
44393	107.6	104.6	105.0	109.4	106.5
25900	102.1	104.7	97.4	107.5	102.4
24463	108.5	104.9	109.8	108.8	109.2
58005	108.8	104.7	109.8	108.6	109.7
30480	108.4	104.6	109.9	107.8	107.9
34512	108.3	104.9	109.4	109.1	107.0
32535	104.3	104.5	102.8	106.8	104.9
27533	107.5	104.8	108.1	108.7	107.7
25611	107.6	104.7	107.2	110.4	107.9
42388	104.2	104.8	100.6	109.6	103.2
42491	107.5	104.9	105.2	112.1	107.1
28818	109.0	104.5	109.1	112.2	109.4

9-2 续表 3

县 市	生产总值（亿元）	第一产业	第二产业	第三产业
商丘市				
梁园区	243.79	29.38	116.19	98.22
睢阳区	233.96	37.01	93.30	103.66
民权县	223.78	44.62	84.27	94.89
睢县	168.44	41.36	65.83	61.25
宁陵县	116.89	25.12	50.23	41.54
柘城县	205.42	42.52	76.23	86.67
虞城县	262.23	45.32	106.90	110.01
夏邑县	230.39	46.95	90.00	93.44
永城市	509.11	59.45	247.16	202.51
信阳市				
浉河区	285.42	32.82	104.11	148.49
平桥区	304.00	39.17	158.78	106.06
罗山县	186.63	45.20	67.04	74.39
光山县	182.46	49.78	63.33	69.35
新县	127.65	25.24	54.01	48.40
商城县	180.53	40.75	73.68	66.10
固始县	320.82	74.11	100.23	146.48
潢川县	238.74	48.71	84.82	105.21
淮滨县	167.91	36.24	70.48	61.18
息县	203.04	45.98	80.81	76.25
周口市				
川汇区	234.28	8.58	117.48	108.23
扶沟县	181.66	39.07	87.26	55.32
西华县	228.64	53.22	105.99	69.43
商水县	240.15	57.34	101.00	81.81
沈丘县	255.36	44.35	113.82	97.18
郸城县	239.69	49.94	115.35	74.40
淮阳县	215.76	45.93	99.13	70.69
太康县	251.72	54.80	105.34	91.58
鹿邑县	305.34	49.17	138.97	117.19
项城市	305.39	44.23	140.81	120.35
驻马店市				
驿城区	366.72	26.82	172.28	167.61
西平县	222.74	46.94	76.35	99.45
上蔡县	222.82	40.91	89.59	92.31
平舆县	213.27	37.77	92.35	83.16
正阳县	174.14	49.48	50.03	74.63
确山县	167.96	31.65	68.80	67.51
泌阳县	221.55	48.50	90.51	82.54
汝南县	193.83	46.15	74.61	73.07
遂平县	202.04	29.26	91.76	81.03
新蔡县	189.83	45.52	65.21	79.10

人均生产总值(元)(按常住人口计算)	生产总值指数(%)(上年=100)	第一产业	第二产业	第三产业	人均生产总值指数(%)
25975	108.9	104.5	109.2	110.0	104.9
26996	109.2	104.5	108.6	111.9	108.8
31852	108.7	104.4	109.7	110.1	109.5
25418	107.3	104.6	108.3	108.5	107.7
23268	108.0	104.6	110.8	107.0	108.2
30089	109.0	104.5	108.6	111.9	108.9
31382	108.6	104.5	108.4	110.7	111.0
26581	108.7	104.7	108.5	111.4	109.0
41314	109.3	104.3	108.4	112.3	108.9
42824	107.3	104.2	105.4	109.5	107.2
40686	107.6	104.6	106.1	111.7	106.5
35835	107.4	104.5	106.5	110.6	106.6
30194	100.1	104.4	88.4	110.2	99.8
45010	108.7	109.3	106.0	111.7	108.3
34433	107.4	104.3	106.7	110.8	105.1
29446	108.3	104.5	106.6	112.0	107.7
36167	105.8	104.6	103.9	108.6	105.6
29395	108.1	104.0	107.1	112.3	107.5
25954	107.5	104.3	105.7	112.3	109.2
32778	107.6	104.3	107.6	108.0	107.7
30347	107.3	104.4	106.6	111.3	107.5
30402	107.8	104.2	106.9	112.9	108.0
26860	107.1	104.6	106.7	109.8	107.3
26672	107.8	104.4	106.8	111.0	108.0
25383	107.6	104.4	107.3	110.8	107.8
21735	107.6	104.5	107.4	111.6	107.8
23830	107.6	104.6	107.0	110.5	107.8
34640	109.0	104.1	109.3	111.2	110.1
30544	108.1	104.5	107.1	110.9	108.3
37217	108.0	107.3	107.3	108.9	105.7
32756	108.7	104.3	108.9	111.2	108.9
22841	108.2	104.6	108.8	109.7	108.9
29609	108.3	104.3	108.7	109.9	107.9
27715	108.1	105.0	109.0	110.2	107.9
41861	108.1	104.6	107.9	110.6	108.3
32777	107.9	104.3	107.6	110.9	108.6
29481	107.9	104.0	107.8	110.9	107.5
47473	108.8	106.4	109.7	108.6	107.6
22505	109.9	104.3	109.9	114.0	109.4

9–3 各县(市、区)固定资产投资、建筑业及规模以上工业主要指标(2017年)

县市区	工业增加值增速(%)	主营业务收入(亿元)	利润总额(亿元)	全社会固定资产投资(亿元)	#固定资产投资	#房地产开发	建筑业总产值(亿元)
郑州市							
中原区	6.6	696.62	56.51	702.49	702.49	476.69	374.64
二七区	4.6	243.91	10.96	446.08	446.08	325.37	262.95
管城区	12.0	1345.99	143.29	592.75	592.75	387.84	172.52
金水区	75.1	72.89	5.12	1011.43	1011.43	721.30	1375.68
上街区	2.5	293.13	4.57	123.86	123.86	25.55	28.93
惠济区	-7.5	88.47	0.30	249.85	247.21	153.16	88.83
中牟县	-0.4	2812.93	46.99	1393.00	1389.43	482.46	35.52
巩义市	9.1	2119.55	118.86	625.44	618.21	54.11	19.30
荥阳市	6.4	1858.53	164.24	609.89	599.60	242.98	101.61
新密市	7.5	1663.79	170.80	526.37	514.16	115.57	58.00
新郑市	15.3	2032.56	166.03	881.46	863.87	346.29	28.94
登封市	6.4	1510.56	183.62	472.88	464.35	27.52	15.77
开封市							
龙亭区	2.4	218.47	2.99	290.58	290.36	158.22	17.88
顺河区	6.0	81.24	3.95	38.69	38.66	8.35	95.67
鼓楼区	2.3	46.71	0.93	27.86	27.83	18.27	15.85
禹王台区	2.9	98.80	-2.63	50.15	50.12	8.73	31.39
祥符区	8.8	483.92	42.07	258.65	254.89	8.30	7.00
杞县	9.1	354.39	28.94	270.16	265.11	4.47	9.77
通许县	8.8	311.93	11.96	205.90	200.82	12.99	28.87
尉氏县	9.2	868.61	103.94	345.72	341.40	31.95	17.57
兰考县	9.8	444.89	40.94	205.29	198.99	22.67	88.69
洛阳市							
老城区	9.4	37.71	0.70	92.53	92.23	49.87	25.25
西工区	9.4	354.22	5.84	217.83	217.61	66.26	87.48
瀍河区	8.2	181.48	-1.38	104.64	104.63	25.57	124.47
涧西区	9.5	977.80	25.24	387.72	387.20	99.16	46.75
吉利区	9.2	419.80	10.80	48.95	48.84	2.20	25.30
洛龙区	9.3	755.07	65.93	509.62	507.00	76.60	58.64
孟津县	9.6	781.39	40.00	354.99	352.68	0.20	15.15
新安县	9.6	1302.08	42.21	589.34	586.02	2.17	17.95
栾川县	9.3	328.57	55.45	280.78	277.72	9.10	35.22
嵩县	9.2	134.55	5.49	266.39	263.16	1.53	4.53
汝阳县	10.0	76.29	3.35	210.94	209.31	3.20	7.52
宜阳县	9.2	410.27	21.10	357.98	353.92	6.99	16.91
洛宁县	9.6	308.28	23.19	265.21	261.99	17.92	19.46
伊川县	9.1	414.83	1.70	533.00	529.42	7.56	5.00
偃师市	9.0	1218.84	77.49	380.46	374.67	6.94	11.40
平顶山市							
新华区	15.2	158.80	17.50	168.51	168.45	54.71	19.57
卫东区	35.3	297.81	1.28	108.93	108.62	27.91	44.44
石龙区	1.9	75.19	3.20	12.63	12.62	1.29	1.86
湛河区	1.7	204.46	0.94	55.18	54.37	25.19	46.28
宝丰县	10.4	424.41	36.59	284.24	281.14	10.00	2.53
叶县	-6.2	312.54	22.51	263.22	259.40	6.47	8.63
鲁山县	8.5	132.88	3.99	209.99	205.66	19.82	10.79
郏县	9.1	401.20	37.80	249.22	247.18	4.46	6.44
舞钢市	3.4	217.85	4.44	235.71	233.40	5.70	3.30
汝州市	9.5	457.86	32.59	377.50	374.31	14.61	10.59

9-3 续表 1

县市区	工业增加值增速(%)	主营业务收入(亿元)	利润总额(亿元)	全社会固定资产投资(亿元)	#固定资产投资	#房地产开发	建筑业总产值(亿元)
安阳市							
文峰区	10.0	93.71	7.28	277.96	277.74	70.43	40.96
北关区	6.5	17.97	0.20	151.78	151.26	42.81	56.47
殷都区	-1.0	370.66	18.19	63.93	63.30	1.72	87.76
龙安区	2.8	461.57	6.22	133.93	133.06	27.98	28.50
安阳县	8.8	571.16	13.73	483.62	478.56	3.21	102.60
汤阴县	8.8	128.46	6.25	153.77	152.11	45.19	17.84
滑县	9.4	369.52	25.37	202.59	197.71	17.04	55.56
内黄县	9.5	368.35	35.21	148.18	144.95	19.97	14.44
林州市	6.3	676.05	19.43	689.45	682.59	49.94	481.61
鹤壁市							
鹤山区	3.3	257.19	3.33	84.87	84.48	0.25	2.01
山城区	4.9	274.32	3.22	153.49	153.30	2.99	5.27
淇滨区	8.3	255.07	6.45	309.32	308.74	57.02	61.51
浚县	10.2	501.90	25.03	167.41	163.05	8.99	7.10
淇县	10.0	756.22	75.27	193.89	192.14	15.16	1.30
新乡市							
红旗区	10.9	1081.78	53.66	404.05	403.53	92.31	49.64
卫滨区	12.9	108.70	-1.62	89.77	89.49	21.05	14.41
凤泉区	11.3	75.74	2.34	36.58	36.03	0.76	5.67
牧野区	9.0	104.45	1.33	167.51	166.86	89.09	90.54
新乡县	2.0	401.53	17.62	135.98	133.86	10.48	34.33
获嘉县	10.6	241.40	9.46	114.18	111.32	5.67	16.11
原阳县	18.9	203.94	4.97	282.97	279.17	68.29	10.36
延津县	12.0	146.73	7.08	113.11	109.91	10.57	10.22
封丘县	12.9	178.21	26.07	185.52	181.35	17.05	92.40
长垣县	9.4	600.33	51.56	335.67	330.85	33.93	219.42
卫辉市	13.9	89.38	4.02	112.10	109.31	6.53	12.95
辉县市	5.5	768.09	36.07	263.51	258.86	25.01	12.45
焦作市							
解放区	-22.0	11.03	-0.04	137.22	137.22	25.39	23.81
中站区	6.8	249.35	36.30	77.32	76.93	2.26	1.72
马村区	19.0	102.54	5.57	69.26	68.82	12.50	8.44
山阳区	8.5	833.48	20.71	321.37	320.13	39.75	8.48
修武县	8.0	444.78	20.30	201.16	198.73	10.51	4.77
博爱县	9.2	715.72	50.43	241.40	238.43	2.48	1.55
武陟县	9.4	1037.40	55.16	384.15	380.63	10.04	3.32
温县	9.3	839.14	64.03	272.75	269.34	5.80	3.62
沁阳市	9.5	947.79	57.54	379.40	375.92	7.21	7.21
孟州市	9.3	1046.15	71.89	391.03	387.62	1.73	4.29

9-3 续表 2

县市区	工业增加值增速(%)	主营业务收入(亿元)	利润总额(亿元)	全社会固定资产投资(亿元)	#固定资产投资	#房地产开发	建筑业总产值(亿元)
濮阳市							
华龙区	3.9	718.12	-73.37	438.27	437.30	86.58	76.68
清丰县	9.1	624.52	42.14	315.99	312.03	17.79	3.28
南乐县	9.1	438.67	47.59	231.15	226.83	12.86	2.70
范县	9.2	510.39	46.02	201.83	198.37	9.79	2.22
台前县	8.8	247.36	5.02	99.93	98.66	11.31	6.19
濮阳县	8.8	1185.07	141.11	435.38	430.40	12.27	17.83
许昌市							
魏都区	7.7	622.38	18.83	320.90	320.90	71.42	82.45
建安区	8.9	749.10	70.37	420.32	416.12	37.02	12.54
鄢陵县	5.4	503.56	54.41	322.76	315.76	20.31	42.59
襄城县	5.3	479.32	35.79	325.42	321.68	13.50	3.43
禹州市	9.7	1731.36	176.22	692.89	687.15	32.34	5.49
长葛市	10.7	2476.16	201.47	476.53	470.18	20.08	7.71
漯河市							
源汇区	7.6	253.14	18.71	180.81	179.21	41.22	20.07
郾城区	8.0	373.63	32.33	218.38	214.88	6.99	17.13
召陵区	8.8	1375.67	86.53	323.49	320.76	25.52	9.07
舞阳县	8.1	437.17	45.69	227.87	223.46	6.10	2.71
临颍县	8.2	918.81	120.42	251.44	246.98	7.60	11.62
三门峡市							
湖滨区	8.0	92.47	6.57	175.79	174.96	79.20	120.11
陕州区	9.7	452.45	13.63	553.43	552.35	17.71	4.51
渑池县	9.4	565.10	58.21	396.39	394.78	1.70	9.09
卢氏县	9.2	64.45	2.46	146.77	145.61	4.77	8.03
义马市	9.3	361.74	-8.30	280.30	280.13	6.65	6.98
灵宝市	9.1	1102.99	75.88	433.13	429.05	15.50	10.29
南阳市							
宛城区	2.2	134.38	-20.25	363.07	358.61	81.14	37.17
卧龙区	5.1	228.04	6.62	294.47	292.20	48.84	74.44
南召县	-5.6	221.23	9.25	213.89	211.96	4.76	16.32
方城县	11.7	302.56	25.46	266.32	258.98	10.86	16.92
西峡县	11.0	307.33	12.57	323.84	321.57	1.31	13.57
镇平县	11.5	308.76	19.85	312.93	304.92	9.05	7.29
内乡县	12.0	224.57	27.74	289.14	283.29	2.28	27.65
淅川县	1.0	206.66	13.00	300.63	296.11	5.19	37.79
社旗县	10.5	242.32	11.71	208.73	204.35	4.50	20.10
唐河县	9.9	352.33	11.77	314.73	304.97	6.31	29.92
新野县	-3.1	362.40	23.30	307.27	302.16	4.33	11.32
桐柏县	5.6	127.31	-4.13	235.30	233.16	3.42	20.81
邓州市	9.4	459.03	23.99	369.75	360.93	26.93	70.58

9-3 续表 3

县市区	工业增加值增速(%)	主营业务收入(亿元)	利润总额(亿元)	全社会固定资产投资(亿元)	#固定资产投资	#房地产开发	建筑业总产值(亿元)
商丘市							
梁园区	8.1	406.93	15.87	254.37	250.76	49.39	179.86
睢阳区	8.2	366.22	10.11	347.75	343.94	59.57	60.49
民权县	8.1	407.75	19.79	242.00	237.07	27.90	54.12
睢县	7.9	301.37	23.67	217.30	211.25	31.68	21.00
宁陵县	8.0	262.05	13.92	119.42	115.90	8.56	13.50
柘城县	8.2	303.53	25.25	196.92	189.76	37.25	22.20
虞城县	8.2	584.74	38.40	243.10	236.00	24.33	15.60
夏邑县	8.4	405.28	31.14	252.52	245.11	30.05	37.04
永城市	9.1	826.88	31.30	405.96	403.35	49.19	64.19
信阳市							
浉河区	5.8	181.03	10.02	321.89	318.44	93.71	95.01
平桥区	6.4	702.06	27.24	294.98	288.09	55.88	29.50
罗山县	7.0	203.12	16.37	193.19	186.55	52.48	87.86
光山县	-16.9	139.27	9.10	189.99	183.27	49.34	41.71
新县	6.6	193.38	20.56	196.08	193.22	23.70	40.27
商城县	7.2	207.57	12.54	221.13	215.24	13.23	43.19
固始县	8.8	289.11	17.95	334.94	325.89	32.85	43.56
潢川县	3.9	224.30	9.16	225.48	218.77	30.72	57.34
淮滨县	7.9	161.18	15.05	200.41	196.56	29.19	38.11
息县	6.2	254.06	18.46	295.01	289.01	50.51	69.45
周口市							
川汇区	8.0	533.74	54.06	248.05	246.08	79.05	148.32
扶沟县	7.8	363.22	58.87	228.62	225.24	11.45	16.90
西华县	8.1	396.97	45.94	166.55	159.84	4.96	38.40
商水县	8.1	312.44	32.44	179.97	172.15	4.50	40.33
沈丘县	8.2	544.81	60.33	254.69	246.11	23.65	14.49
郸城县	8.1	539.76	39.75	217.35	207.53	12.99	27.40
淮阳县	8.4	393.12	48.54	193.47	185.75	27.41	21.65
太康县	8.3	554.47	61.37	213.92	203.04	12.57	75.32
鹿邑县	9.2	594.45	117.29	225.61	214.55	17.17	52.54
项城市	8.2	631.37	67.40	196.46	187.00	23.46	37.31
驻马店市							
驿城区	8.5	581.92	28.88	407.91	406.01	98.33	185.01
西平县	9.0	224.01	19.81	168.56	156.74	21.86	45.32
上蔡县	8.5	350.40	29.83	170.04	161.27	20.07	25.47
平舆县	9.2	424.42	40.58	186.46	180.48	18.85	59.31
正阳县	9.0	179.83	10.75	150.87	146.08	18.39	32.38
确山县	8.0	247.99	23.12	163.65	160.85	26.97	109.63
泌阳县	9.0	392.29	36.41	183.35	176.40	23.32	38.29
汝南县	8.7	273.09	17.68	164.84	159.12	21.11	13.28
遂平县	9.1	330.1	18.08	192.30	188.56	32.09	27.02
新蔡县	9.6	187.02	8.86	168.65	161.71	22.33	40.80

9-4 各县(市、区)城镇从业人员和工资(2017年)

县市区	城镇单位年末从业人员(人)	城镇单位年平均从业人员(人)	城镇单位从业人员平均工资(元)	#在岗职工平均工资
郑州市				
中原区	127141	127847	73721	74575
二七区	139969	137348	69608	70444
管城区	89516	88107	69359	70730
金水区	366108	349241	79738	82796
上街区	27412	26975	58644	59698
惠济区	51842	50443	64035	64291
中牟县	56473	54728	61976	63010
巩义市	82214	80328	49941	50412
荥阳市	90698	87175	56683	56823
新密市	95194	93046	45854	45993
新郑市	107552	105452	58689	59207
登封市	104262	102513	46807	47237
开封市				
龙亭区	94389	90630	54371	55008
顺河区	34934	48122	52820	53445
鼓楼区	40725	40332	56700	58095
禹王台区	21014	20334	52728	53300
祥符区	103850	102697	44794	45015
杞县	68125	67352	51173	51056
通许县	41598	40847	51068	51443
尉氏县	45560	45224	52200	52294
兰考县	57382	55697	55290	55293
洛阳市				
老城区	15872	16008	54272	55986
西工区	71687	70537	69208	71188
瀍河区	14149	14124	70454	71401
涧西区	105082	101775	63469	62852
吉利区	18678	17521	54751	54092
洛龙区	84480	83429	71525	72018
孟津县	39959	39440	45472	45725
新安县	89451	89394	44551	48064
栾川县	28035	27629	56494	59145
嵩县	19563	19221	56659	57605
汝阳县	29852	28757	43193	43328
宜阳县	41391	40814	44323	45416
洛宁县	20176	20222	48016	48870
伊川县	40284	40044	44343	45469
偃师市	32624	32807	48333	48753
平顶山市				
新华区	152198	149917	57007	57275
卫东区	49125	48881	49374	50544
石龙区	7864	7857	44804	45389
湛河区	47689	47871	61052	63237
宝丰县	31102	29992	42525	44469
叶县	39387	35384	41920	43052
鲁山县	37279	35203	46525	46648
郏县	38167	36744	43629	44188
舞钢市	36002	35981	46430	47296
汝州市	67123	66004	53830	54478

9-4 续表 1

县市区	城镇单位年末从业人员（人）	城镇单位年平均从业人员（人）	城镇单位从业人员平均工资（元）	#在岗职工平均工资
安阳市				
文峰区	60035	61436	59685	61551
北关区	49143	46678	49437	49475
殷都区	47062	46304	50900	53483
龙安区	13657	13515	47844	49233
安阳县	23559	23021	48641	54024
汤阴县	43063	41696	43082	43455
滑县	66553	65826	46040	46341
内黄县	28690	28307	41503	41677
林州市	156842	151422	49707	49596
鹤壁市				
鹤山区	13234	13091	45861	46062
山城区	24747	25167	49549	49666
淇滨区	102981	103251	48432	49167
浚县	35170	34577	42625	43328
淇县	48970	48681	41048	41415
新乡市				
红旗区	105125	105573	56327	56881
卫滨区	22012	22021	54371	54657
凤泉区	7377	7332	54511	54775
牧野区	53491	50568	58300	62009
新乡县	47366	46254	42757	43399
获嘉县	31775	31136	39579	39961
原阳县	28246	27090	42239	42480
延津县	39435	39152	46161	46415
封丘县	39061	38608	48137	48185
长垣县	144688	138686	44565	44818
卫辉市	23835	23675	48034	49055
辉县市	67470	65340	44655	46684
焦作市				
解放区	40910	40747	51496	51993
中站区	24269	20890	49159	49223
马村区	11665	11513	51133	53325
山阳区	45833	42532	55750	59231
修武县	48128	47754	51068	51131
博爱县	28257	27836	45611	46599
武陟县	71605	67698	45984	46199
温县	55720	54875	46598	46935
沁阳市	32088	31157	53125	53318
孟州市	94309	93052	50361	50524

9–4 续表 2

县市区	城镇单位年末从业人员(人)	城镇单位年平均从业人员(人)	城镇单位从业人员平均工资(元)	#在岗职工平均工资
濮阳市				
华龙区	216717	215284	56800	57227
清丰县	39103	37811	47818	48129
南乐县	30061	28424	41764	42707
范县	29593	29082	49899	50043
台前县	19847	19551	41179	40975
濮阳县	76916	72640	42774	42961
许昌市				
魏都区	83550	84608	61694	62653
建安区	65994	65261	52620	52711
鄢陵县	50502	50207	46294	46304
襄城县	45144	44122	47958	48277
禹州市	48320	47727	53404	53523
长葛市	133992	129083	51056	51084
漯河市				
源汇区	77398	71377	54126	54615
郾城区	51205	50543	54784	55581
召陵区	98358	96200	50935	50991
舞阳县	51423	51288	45906	45992
临颍县	82970	78778	46566	46714
三门峡市				
湖滨区	32932	31544	60923	61731
陕州区	16432	16254	59212	59780
渑池县	22657	22355	59513	60323
卢氏县	14061	13208	57903	57977
义马市	55568	58628	50829	50912
灵宝市	51741	51835	45737	46362
南阳市				
宛城区	95478	92555	52581	52841
卧龙区	123304	121536	60506	60882
南召县	33518	32577	48822	49466
方城县	45887	45113	53720	54487
西峡县	49951	48827	47237	47339
镇平县	66235	63995	49873	50043
内乡县	50659	49368	48878	48858
淅川县	65433	60612	50751	50338
社旗县	37590	37129	38771	38942
唐河县	71559	69570	51743	51857
新野县	49771	48977	41000	41297
桐柏县	38244	36670	37606	37343
邓州市	76510	73397	48735	49310

9-4 续表 3

县市区	城镇单位年末从业人员（人）	城镇单位年平均从业人员（人）	城镇单位从业人员平均工资（元）	#在岗职工平均工资
商丘市				
梁园区	138308	132204	48481	48570
睢阳区	107589	103310	60071	60297
民权县	79946	78525	56231	56421
睢县	96499	92364	50823	50600
宁陵县	48292	46211	50070	50229
柘城县	64877	62519	50667	51835
虞城县	90785	84467	51503	51624
夏邑县	98982	94354	49487	49408
永城市	97783	95142	51586	51934
信阳市				
浉河区	89636	88329	50507	51177
平桥区	118494	115981	49603	49833
罗山县	34046	33253	48719	49461
光山县	47304	46506	44302	46966
新县	31945	31332	48765	48859
商城县	32968	32740	49270	49731
固始县	87675	85101	54151	53811
潢川县	57610	56749	45668	45660
淮滨县	57890	58140	49193	49399
息县	61915	55165	51376	51385
周口市				
川汇区	122509	123073	64578	65126
扶沟县	39379	35229	43820	43997
西华县	46479	45942	42481	42508
商水县	37983	36542	52461	52659
沈丘县	84100	82319	43838	43901
郸城县	80843	79016	43299	43351
淮阳县	49664	45548	50200	50366
太康县	79175	79251	53815	54051
鹿邑县	74261	72602	47983	48009
项城市	76264	74294	45127	45018
驻马店市				
驿城区	211368	209226	49724	50349
西平县	50979	49656	50004	50492
上蔡县	65018	62458	46986	47263
平舆县	61459	60179	48651	48781
正阳县	38467	38014	51890	51855
确山县	45785	44667	51823	52893
泌阳县	86242	84651	51439	51511
汝南县	38076	37006	46863	47439
遂平县	54220	53151	47950	48060
新蔡县	40407	39955	47361	47336

9–5 各县(市、区)城乡居民收入和社会消费品零售总额(2017年)

县市区	居民人均可支配收入(元)	农村居民人均可支配收入(元)	城镇居民人均可支配收入(元)	社会消费品零售总额(亿元)
郑州市				
中原区	34982	21205	37368	275.71
二七区	36093	22558	38623	471.00
管城区	34091	24014	36555	574.89
金水区	39917	23964	42525	866.71
上街区	38788	20789	41751	60.16
惠济区	28612	23486	31130	124.37
中牟县	22355	17969	28199	207.44
巩义市	25684	21164	30305	309.22
荥阳市	24732	18924	30856	288.90
新密市	24785	18865	30704	314.65
新郑市	25418	19873	30886	316.73
登封市	23219	17063	29711	247.74
开封市				
龙亭区	24520	13949	29268	158.02
顺河区	25013	13352	27559	69.35
鼓楼区	28156	14215	29713	142.81
禹王台区	23893	13604	27486	58.03
祥符区	15457	11927	23158	87.40
杞县	15572	12539	22115	110.62
通许县	16129	12991	22906	86.67
尉氏县	16615	12774	24886	125.46
兰考县	14992	10907	23068	106.45
洛阳市				
老城区	30953	14174	33412	91.92
西工区	35938	15701	38783	349.39
瀍河区	32291	15919	34568	106.38
涧西区	32822	18645	34745	259.64
吉利区	30747	15246	39441	27.92
洛龙区	25538	14086	33971	222.97
孟津县	18888	12599	27677	79.32
新安县	21479	14615	31820	116.39
栾川县	18414	10855	28917	73.30
嵩县	15645	10854	27270	87.92
汝阳县	14601	10096	25236	72.14
宜阳县	15375	10308	26844	97.83
洛宁县	14662	10026	26468	70.73
伊川县	19010	13212	28635	197.64
偃师市	24324	18086	30153	184.55
平顶山市				
新华区	29728	15925	31852	156.40
卫东区	30563	17087	31887	176.66
石龙区	17864	14983	18550	7.42
湛河区	27908	16623	31965	62.75
宝丰县	18471	14474	25452	58.82
叶县	15124	11236	23581	79.95
鲁山县	12819	8670	21869	63.29
郏县	15127	10969	22711	59.83
舞钢市	20272	13324	27025	50.45
汝州市	19618	15460	26130	149.95

9–5 续表 1

县市区	居民人均可支配收入(元)	农村居民人均可支配收入(元)	城镇居民人均可支配收入(元)	社会消费品零售总额(亿元)
安阳市				
文峰区	29503	18419	33856	146.18
北关区	28268	18649	30282	118.37
殷都区	31035	18570	33761	105.61
龙安区	22979	15697	28979	55.64
安阳县	19994	15384	26723	63.66
汤阴县	18523	13599	25590	41.88
滑县	14301	10906	24136	104.28
内黄县	13763	11189	21528	72.68
林州市	23359	18312	29108	131.19
鹤壁市				
鹤山区	24831	14535	27399	21.76
山城区	26530	15468	29001	41.37
淇滨区	26316	14148	31596	60.06
浚县	17964	15709	22979	57.08
淇县	20884	15761	26178	50.24
新乡市				
红旗区	29605	15887	31243	174.15
卫滨区	31211	—	31211	177.69
凤泉区	21437	14279	27693	18.45
牧野区	30706	17088	32191	93.17
新乡县	22347	17035	28102	43.15
获嘉县	16770	13787	21358	46.01
原阳县	14740	11762	22102	54.89
延津县	17268	14532	23295	48.81
封丘县	14065	10336	22599	48.28
长垣县	20739	17779	25258	87.07
卫辉市	17501	13933	23174	52.26
辉县市	20401	14927	28391	122.32
焦作市				
解放区	30548	—	30548	102.00
中站区	21097	15094	25021	19.00
马村区	20891	15001	24870	19.02
山阳区	29062	15791	30471	120.43
修武县	21121	15519	28293	52.06
博爱县	21706	15555	28431	69.15
武陟县	20744	16306	28622	110.96
温县	21312	16296	28066	88.11
沁阳市	24134	17513	29654	112.51
孟州市	22435	17065	29405	91.10

9–5 续表 2

县市区	居民人均可支配收入(元)	农村居民人均可支配收入(元)	城镇居民人均可支配收入(元)	社会消费品零售总额(亿元)
濮阳市				
华龙区	29130	14437	31664	159.30
清丰县	15775	13197	23491	85.40
南乐县	15478	12379	23570	65.37
范县	12658	9299	21113	73.20
台前县	12016	8842	20310	41.09
濮阳县	17112	12148	26239	174.26
许昌市				
魏都区	29416	—	31100	190.52
建安区	19948	15700	27730	98.62
鄢陵县	19871	15770	27410	84.15
襄城县	18538	14640	25900	85.21
禹州市	21684	16140	29730	234.49
长葛市	21572	15870	27900	172.28
漯河市				
源汇区	26253	17288	32286	132.41
郾城区	23571	16721	30785	110.50
召陵区	22112	16244	29377	98.54
舞阳县	14282	9500	21982	97.48
临颍县	18916	14832	24915	111.37
三门峡市				
湖滨区	26646	14187	28591	118.83
陕州区	17629	11833	26255	53.38
渑池县	20998	14722	29845	60.13
卢氏县	13760	8818	24614	45.46
义马市	26365	16586	27067	42.73
灵宝市	19975	15053	27837	173.35
南阳市				
宛城区	24279	14680	31900	163.74
卧龙区	24427	14555	32149	385.65
南召县	15783	10693	25687	104.53
方城县	16589	11971	26371	133.55
西峡县	21219	15143	29363	93.27
镇平县	17728	13195	26269	177.03
内乡县	17633	12609	27123	106.05
淅川县	17258	11094	28046	116.97
社旗县	15624	10877	24741	79.73
唐河县	17768	12981	26486	175.71
新野县	19689	15186	28165	139.50
桐柏县	16815	10685	26342	100.12
邓州市	18365	13918	26774	176.10

9-5 续表 3

县市区	居民人均可支配收入（元）	农村居民人均可支配收入（元）	城镇居民人均可支配收入（元）	社会消费品零售总额（亿元）
商丘市				
梁园区	19715	10865	28963	259.34
睢阳区	17850	10894	27992	170.92
民权县	14502	10041	24611	73.23
睢县	14749	10016	25143	72.22
宁陵县	13495	9986	22060	49.25
柘城县	14301	10191	23619	78.44
虞城县	15304	10401	25811	82.86
夏邑县	15790	10329	26718	89.38
永城市	19700	13196	29248	184.77
信阳市				
浉河区	22750	14309	27842	176.51
平桥区	20270	12592	27725	145.72
罗山县	16501	11524	25353	77.91
光山县	16265	11761	25207	93.14
新县	17376	11756	25174	49.71
商城县	15952	11308	25233	73.82
固始县	16941	12448	25156	190.14
潢川县	18386	12656	25509	106.40
淮滨县	15390	10673	24664	72.95
息县	15502	10733	25079	101.17
周口市				
川汇区	20535	13898	25749	177.53
扶沟县	14529	10423	22796	73.83
西华县	14275	9811	23325	116.79
商水县	14013	9831	23533	88.51
沈丘县	14607	10001	23789	110.82
郸城县	14903	10368	24079	102.07
淮阳县	14185	9546	23580	128.07
太康县	14451	10445	23109	137.18
鹿邑县	16558	11989	24768	140.05
项城市	16851	11465	24503	152.31
驻马店市				
驿城区	21678	11176	28697	196.97
西平县	15613	11695	23917	114.94
上蔡县	15075	10583	24649	97.02
平舆县	15936	11029	25281	92.22
正阳县	13853	10623	22213	74.74
确山县	15706	10663	24746	63.77
泌阳县	15837	10878	25336	85.76
汝南县	14676	10984	22528	83.26
遂平县	16479	11494	25297	77.76
新蔡县	14590	11159	23185	70.73

9-6 各县(市)农业生产条件(2017年)

县 市	农用机械总动力(万千瓦)	农村用电量(万千瓦时)	化肥施用折纯量(吨)	农药使用量(吨)	农用塑料薄膜使用量(吨)
郑州市					
中牟县	65.00	18675.39	36981	950	2772
巩义市	49.98	139879.69	27204	263	110
荥阳市	45.00	33219.61	29816	566	701
新密市	90.70	48103.51	26282	276	755
新郑市	59.77	42312.14	32154	555	476
登封市	69.08	45755.27	24352	269	194
开封市					
杞县	158.90	20067.53	73884	1357	3060
通许县	75.86	4741.81	31707	1814	2047
尉氏县	118.36	29402.60	49667	894	2381
兰考县	72.37	23558.75	72765	666	1311
洛阳市					
孟津县	43.46	22420.01	19543	452	367
新安县	48.26	5596.03	21115	500	565
栾川县	28.34	31115.31	6097	68	86
嵩县	60.18	11564.39	23398	424	283
汝阳县	43.23	19677.71	16100	476	576
宜阳县	64.14	20708.87	45318	948	998
洛宁县	48.39	8164.78	22418	503	913
伊川县	75.46	35385.00	24646	313	507
偃师市	90.27	29496.74	31900	442	158
平顶山市					
宝丰县	44.69	17319.87	51607	446	313
叶县	66.83	20412.30	102585	774	953
鲁山县	37.27	29237.54	44732	585	336
郏县	38.51	12354.57	45675	717	819
舞钢市	28.88	5415.14	18348	648	252
汝州市	163.35	34289.48	96709	693	764
安阳市					
安阳县	52.92	14151.56	27216	642	26
汤阴县	53.54	23172.62	43926	561	528
滑县	282.92	49394.94	211861	1749	3875
内黄县	73.02	37058.01	74702	1519	13179
林州市	42.97	64478.07	36187	338	56
鹤壁市					
浚县	143.11	5053.24	52112	747	1031
淇县	31.74	5357.51	7250	309	49

9-6 续表 1

县 市	农用机械总动力(万千瓦)	农村用电量(万千瓦时)	化肥施用折纯量(吨)	农药使用量(吨)	农用塑料薄膜使用量(吨)
新乡市					
新乡县	51.33	178852.69	28321	560	44
获嘉县	56.80	18692.12	34593	556	85
原阳县	133.53	54381.29	50927	1106	755
延津县	97.80	18290.85	121320	1039	143
封丘县	123.82	12540.85	79760	2388	218
长垣县	100.39	55457.30	74020	1104	732
卫辉市	68.31	22496.97	49184	660	313
辉县市	85.56	254842.55	83982	965	511
焦作市					
修武县	21.00	8775.53	12950	326	75
博爱县	19.44	11715.87	29194	492	612
武陟县	64.97	19114.58	48700	1435	396
温县	36.08	30025.59	23081	429	207
沁阳市	40.08	39021.75	30196	696	264
孟州市	33.65	21457.89	28517	539	696
濮阳市					
清丰县	72.36	13502.87	76355	765	498
南乐县	63.69	29853.00	58500	545	3441
范县	48.57	16037.17	33988	516	208
台前县	27.12	7734.85	11354	197	247
濮阳县	123.53	9539.42	79481	1267	564
许昌市					
鄢陵县	80.57	7746.69	36059	846	873
襄城县	63.07	14040.79	41536	542	653
禹州市	86.76	29816.73	81813	515	848
长葛市	52.61	29686.09	41727	710	495
漯河市					
舞阳县	58.43	11841.91	36101	690	427
临颍县	89.69	20433.45	54190	773	1240
三门峡市					
渑池县	31.87	5651.21	20646	315	910
卢氏县	17.88	2926.26	13835	236	795
义马市	1.33	2211.91	1044	25	78
灵宝市	38.76	15593.84	37944	1476	1018
南阳市					
南召县	41.51	7039.85	17156	448	925
方城县	139.95	12596.58	75914	1460	4156
西峡县	14.84	26633.44	26285	339	2512

9-6 续表 2

县 市	农用机械总动力(万千瓦)	农村用电量(万千瓦时)	化肥施用折纯量(吨)	农药使用量(吨)	农用塑料薄膜使用量(吨)
镇平县	104.62	16226.13	43218	866	958
内乡县	77.87	21707.52	29428	524	903
淅川县	48.98	27492.54	43273	677	1153
社旗县	92.30	7179.97	65577	1385	1302
唐河县	242.62	31985.31	106958	3304	2185
新野县	168.14	21894.44	92003	2643	7316
桐柏县	84.63	7338.66	37747	386	744
邓州市	193.30	25745.77	179413	3108	3165
商丘市					
民权县	94.90	17639.56	50245	2018	2265
睢县	93.33	9420.44	55854	813	949
宁陵县	63.85	17450.68	49687	1149	938
柘城县	84.28	14788.03	60215	831	291
虞城县	111.54	47755.04	166964	5397	2386
夏邑县	99.40	52063.69	117806	1518	1969
永城市	132.04	35905.06	196787	2055	1578
信阳市					
罗山县	79.54	9999.91	36561	675	792
光山县	44.85	26420.34	37788	765	478
新县	25.35	6718.00	10490	396	170
商城县	36.49	19645.00	24100	580	670
固始县	128.00	29318.00	101320	2900	3215
潢川县	52.81	27945.86	62368	530	2388
淮滨县	76.45	17882.23	89580	1165	2785
息县	113.52	18255.30	63325	1727	1172
周口市					
扶沟县	105.54	16567.66	64896	1999	3446
西华县	103.92	21232.66	122203	3031	2113
商水县	91.76	17725.41	69754	946	1315
沈丘县	80.14	23337.72	110544	1409	2311
郸城县	113.39	17414.31	74597	2138	1986
淮阳县	97.60	27993.08	106603	2668	3995
太康县	163.24	16827.27	118521	2667	2833
鹿邑县	93.90	15282.86	92931	1104	721
项城市	67.29	3.01	46949	1461	1189
驻马店市					
西平县	115.63	36748.29	70140	327	1306
上蔡县	138.44	25901.95	97546	1023	1008
平舆县	160.65	8869.78	58448	523	933
正阳县	221.03	7057.45	124839	310	1001
确山县	96.50	15988.44	68669	996	2393
泌阳县	143.97	9441.54	62276	360	2206
汝南县	132.40	9796.64	88553	829	1176
遂平县	105.42	7726.85	62479	550	470
新蔡县	135.50	9142.00	69311	1182	1711

9-7 各县(市)主要农作物播种面积(2017年)

单位：千公顷

县 市	粮食	#谷物			#豆类	棉花	油料
			#小麦	#玉米			
郑州市							
中牟县	29.43	27.03	12.31	14.72	1.15	0.51	7.83
巩义市	42.65	41.44	22.29	18.87	0.49	0.29	2.44
荥阳市	56.31	54.67	29.85	24.46	0.55	0.03	1.95
新密市	54.98	52.15	27.43	24.63	1.45	0.03	2.09
新郑市	47.60	45.98	24.35	21.46	0.79	0.00	5.20
登封市	49.87	44.95	24.55	20.31	3.02	0.18	2.42
开封市							
杞县	118.85	109.31	64.25	45.06	4.67	2.60	21.29
通许县	65.60	62.45	39.21	23.24	1.59	0.61	8.31
尉氏县	106.78	99.65	63.89	35.75	3.33	1.99	19.87
兰考县	100.08	96.64	58.76	37.66	1.69	1.16	13.20
洛阳市							
孟津县	52.09	49.92	27.07	20.59		0.29	1.41
新安县	47.70	42.63	22.70	19.02	2.52	0.06	1.44
栾川县	10.99	9.83	3.64	6.19	0.87	0.01	0.35
嵩县	50.93	42.26	23.25	18.85	4.01	0.15	3.87
汝阳县	43.21	37.49	19.79	17.19	1.87	0.11	3.21
宜阳县	86.08	73.48	41.85	27.28	6.92	0.73	15.56
洛宁县	62.13	48.62	30.33	15.37	9.93	0.06	2.27
伊川县	78.44	68.79	38.47	23.29	2.53	0.41	3.35
偃师市	42.14	41.25	22.30	18.52	0.48	0.05	0.75
平顶山市							
宝丰县	51.96	51.80	26.02	25.78	0.07	0.11	4.48
叶县	122.75	117.92	59.22	58.70	3.99	0.18	9.90
鲁山县	62.86	59.64	30.20	28.83	0.80		7.10
郏县	62.05	52.24	30.28	21.96	4.01	0.19	5.66
舞钢市	33.74	31.79	15.83	15.95	1.50	0.00	1.54
汝州市	95.90	91.17	47.29	43.77	1.05	0.33	5.34
安阳市							
安阳县	50.02	49.82	24.33	25.49	0.11	0.09	0.10
汤阴县	70.97	69.51	37.24	32.15	0.79	0.13	2.22
滑县	204.41	203.49	118.61	84.57	0.21	0.61	23.26
内黄县	90.29	89.21	61.46	27.74	0.23	0.13	22.42
林州市	77.75	67.92	34.95	28.76	3.73	0.41	2.64
鹤壁市							
浚县	97.80	96.41	54.64	41.66	1.19	0.18	11.21
淇县	42.26	41.79	20.54	21.23		0.04	0.32

9–7 续表 1

单位：千公顷

县 市	粮食	#谷物	#小麦	#玉米	#豆类	棉花	油料
新乡市							
新乡县	37.65	33.91	18.60	15.20	3.60	0.05	1.82
获嘉县	53.93	50.67	25.67	19.53	3.20	0.06	0.05
原阳县	136.96	133.49	68.53	54.07	2.60	0.29	8.24
延津县	80.20	78.47	54.47	24.00	0.20	0.00	27.97
封丘县	111.93	108.47	63.47	44.93	1.20	0.46	13.90
长垣县	103.95	100.94	54.21	44.48	2.59	0.25	8.41
卫辉市	65.60	65.33	32.00	33.20	0.07	0.02	2.18
辉县市	95.84	94.57	48.53	45.60	0.13	0.00	6.63
焦作市							
修武县	30.09	29.57	15.03	14.53	0.41	0.00	0.27
博爱县	27.25	26.62	13.38	13.19	0.40	0.00	0.48
武陟县	67.93	66.09	36.56	24.86	1.31	0.08	8.30
温县	39.41	38.77	21.91	16.85	0.11	0.06	3.29
沁阳市	45.83	44.11	22.95	21.04	1.25	0.03	1.13
孟州市	37.75	37.45	22.13	15.28	0.17	0.05	7.75
濮阳市							
清丰县	82.82	81.77	50.23	31.55	0.65	0.01	12.15
南乐县	67.47	66.37	35.43	30.93	0.40	0.03	3.30
范县	61.78	58.84	28.91	16.25	2.46	0.11	1.12
台前县	37.94	35.69	18.51	17.17	2.11	0.22	0.78
濮阳县	152.13	140.93	82.43	44.40	8.30	0.99	5.56
许昌市							
鄢陵县	77.59	75.59	43.42	32.17	1.70	0.05	1.23
襄城县	88.55	62.07	44.15	17.93	10.85	0.17	2.99
禹州市	97.06	89.38	47.02	42.36	1.81	0.05	3.64
长葛市	79.21	77.07	39.85	37.21	1.76	0.00	2.12
漯河市							
舞阳县	82.79	76.98	41.13	35.85	3.30	0.29	3.90
临颍县	74.30	61.09	40.91	20.19	7.51	1.66	0.84
三门峡市							
渑池县	43.60	33.19	21.96	10.18	7.87	0.07	6.25
卢氏县	31.73	25.97	13.94	11.93	4.89		0.36
义马市	2.15	1.93	0.89	1.03	0.09	0.00	0.14
灵宝市	55.37	47.39	25.76	21.63	6.30	0.55	3.84
南阳市							
南召县	28.55	24.03	8.36	8.58	1.55		12.70
方城县	158.39	140.47	79.79	60.37	12.09	0.79	48.77
西峡县	24.73	20.72	10.80	9.11	1.27		2.35

9-7 续表 2

单位：千公顷

县　市	粮食	#谷物			#豆类	棉花	油料
			#小麦	#玉米			
镇平县	97.12	94.47	51.37	42.46	1.41	0.45	21.83
内乡县	71.47	65.81	33.01	32.01	0.34	0.40	18.31
淅川县	63.21	54.72	34.10	17.79	4.44	0.31	30.83
社旗县	123.29	108.02	61.89	46.13	9.44	1.02	20.90
唐河县	225.56	204.99	134.92	64.45	8.71	1.79	52.84
新野县	83.67	78.71	56.34	22.38	2.91	0.32	30.51
桐柏县	46.05	43.04	16.33	10.07	1.62	0.07	19.51
邓州市	212.58	194.53	135.83	54.49	14.85	1.07	65.78
商丘市							
民权县	107.30	103.34	68.33	34.63	2.19	0.37	22.94
睢县	103.67	97.63	58.40	39.23	3.05	0.49	9.73
宁陵县	75.21	71.31	46.73	24.57	1.72	0.02	18.11
柘城县	113.97	112.02	64.43	47.59	1.39	0.46	1.36
虞城县	142.82	139.31	72.93	66.25	2.15	1.99	9.20
夏邑县	157.15	146.11	80.27	65.84	6.83	0.21	4.03
永城市	206.67	164.45	109.39	55.06	40.07	0.14	0.72
信阳市							
罗山县	95.61	93.47	27.21	0.06	1.04	0.07	15.47
光山县	70.93	69.24	16.39		1.10	0.09	17.27
新县	14.49	13.82	1.19	0.01	0.10	0.02	5.67
商城县	43.01	41.66	9.67	0.03	0.90	0.05	12.26
固始县	150.47	149.80	37.00	2.73	0.13	0.07	23.02
潢川县	98.04	97.68	36.31	0.05	0.15	0.03	11.64
淮滨县	99.51	96.16	53.55	3.11	1.24	0.15	15.11
息县	160.43	157.77	90.21	13.59	1.36	0.31	12.38
周口市							
扶沟县	103.03	93.09	64.88	27.71	9.60	0.44	7.19
西华县	133.24	122.39	72.99	49.37	9.71	0.31	8.23
商水县	168.83	149.94	79.23	70.57	15.87	0.44	10.11
沈丘县	149.61	138.10	72.65	65.45	7.34	0.02	8.68
郸城县	150.69	126.61	82.26	44.35	12.45	0.33	6.33
淮阳县	165.22	153.00	84.25	68.75	7.86	0.17	23.63
太康县	192.94	181.43	107.80	73.63	9.00	0.94	6.14
鹿邑县	141.61	125.20	71.20	53.93	15.22	1.28	3.68
项城市	139.70	120.07	74.85	45.21	17.50	0.42	9.66
驻马店市							
西平县	139.07	138.67	70.67	68.00	0.26		7.53
上蔡县	165.81	157.33	95.87	61.47	7.66	0.23	25.69
平舆县	130.00	120.27	78.73	41.53	7.03	0.01	21.70
正阳县	156.35	152.80	117.33	17.87	2.04		102.37
确山县	95.90	93.13	54.87	34.13	0.11	0.01	36.94
泌阳县	121.87	116.27	72.13	40.60	0.79	0.14	47.65
汝南县	126.54	121.93	81.60	38.40	3.49		47.47
遂平县	100.50	96.93	50.73	45.93	1.59	0.02	11.42
新蔡县	148.87	143.87	83.59	57.85	2.13	0.33	22.77

9-8 各县(市)主要农作物产量(2017年)

县 市	粮食产量(万吨)	#谷物	#小麦	#玉米	#豆类	棉花产量(吨)	油料产量(吨)	园林水果产量(吨)
郑州市								
中牟县	17.59	16.23	7.23	9.00	0.29	560	39249	16468
巩义市	15.92	15.43	8.63	6.74	0.06	319	3704	25859
荥阳市	31.99	31.08	17.58	13.38	0.07	43	5687	52417
新密市	20.80	20.11	11.54	8.52	0.16	18	7121	20478
新郑市	25.33	24.66	13.41	11.20	0.20	6	18423	86875
登封市	20.36	17.84	9.54	8.29	0.52	170	3730	25344
开封市								
杞县	70.17	66.02	41.57	24.45	1.44	2965	112915	19242
通许县	39.63	38.08	25.63	12.45	0.53	716	40393	122331
尉氏县	62.50	59.39	40.45	18.95	1.00	2050	92160	76877
兰考县	56.56	54.73	35.26	19.29	0.52	1275	62601	140320
洛阳市								
孟津县	22.98	21.75	13.93	6.81	0.06	259	3677	68443
新安县	20.54	18.35	10.73	7.47	0.35	176	3551	61480
栾川县	4.40	4.09	1.53	2.57	0.16	7	645	6948
嵩县	20.02	17.35	9.82	7.50	0.54	142	8164	78653
汝阳县	17.47	14.42	8.37	5.94	0.35	143	9805	10302
宜阳县	35.96	31.18	19.56	10.21	0.99	890	65146	133933
洛宁县	25.69	22.79	14.24	7.19	1.23	37	4262	429047
伊川县	36.55	32.26	19.57	10.38	0.26	360	8420	10777
偃师市	24.53	24.12	12.90	11.12	0.09	52	1947	81550
平顶山市								
宝丰县	25.57	25.51	14.69	10.82	0.01	150	13104	13690
叶县	67.82	64.51	33.98	30.53	1.57	180	34016	31359
鲁山县	22.67	21.61	11.43	9.80	0.15		20538	43335
郏县	34.09	30.42	17.56	12.86	1.02	200	19394	12132
舞钢市	16.79	16.35	8.96	7.40	0.22	1	4574	10772
汝州市	45.97	44.08	25.33	18.73	0.18	365	18661	42077
安阳市								
安阳县	32.74	32.61	17.31	15.30	0.05	140	414	5275
汤阴县	44.37	43.62	24.43	19.15	0.26	194	9171	50214
滑县	156.47	155.61	90.74	64.63	0.08	673	114647	164353
内黄县	52.78	52.16	37.43	14.73	0.05	211	112105	344377
林州市	34.55	29.95	13.71	14.82	0.85	591	4175	83895
鹤壁市								
浚县	72.53	72.00	41.83	30.12	0.36	224	35707	24318
淇县	29.80	29.34	15.19	14.14		43	888	4689

9–8 续表 1

县 市	粮食产量 (万吨)	#谷物	#小麦	#玉米	#豆类	棉花产量 (吨)	油料产量 (吨)	园林水果产量 (吨)
新乡市								
新乡县	27.05	25.95	14.60	11.30	1.00	52	7619	4607
获嘉县	36.60	35.50	18.40	12.90	1.00	71	244	12757
原阳县	84.61	82.91	45.40	28.70	0.80	316	35639	66028
延津县	51.50	50.70	38.00	12.70	0.10	4	131919	25984
封丘县	74.60	71.20	48.70	22.50	0.30	506	62486	16821
长垣县	70.69	69.58	41.31	26.57	0.76	271	32558	14785
卫辉市	41.16	40.96	22.20	18.70	0.02	25	10726	63866
辉县市	59.11	58.71	31.70	27.00	0.05	2	22718	32930
焦作市								
修武县	21.17	20.95	10.89	10.06	0.12	5	1175	8770
博爱县	20.01	19.60	10.70	8.88	0.14	20	1216	14969
武陟县	51.90	51.22	29.45	18.05	0.35	80	45994	26010
温县	30.61	30.25	17.96	12.29	0.02	37	17871	22924
沁阳市	34.10	33.26	18.06	15.14	0.41	35	4477	30833
孟州市	28.00	27.85	17.06	10.77	0.05	81	42194	32593
濮阳市								
清丰县	59.03	58.29	36.79	21.50	0.18	9	55381	35177
南乐县	52.45	51.55	30.32	21.23	0.14	28	18469	169224
范县	38.78	36.45	18.63	8.96	0.71	120	4918	6480
台前县	23.32	22.53	14.02	8.51	0.78	240	2176	1564
濮阳县	97.99	93.07	55.64	28.66	2.93	1084	24062	42927
许昌市								
鄢陵县	54.98	54.07	33.11	20.96	0.71	53	5155	8225
襄城县	56.52	45.17	33.16	12.00	2.52	178	9400	21165
禹州市	54.32	51.16	29.16	22.01	0.32	47	9026	18220
长葛市	54.99	54.13	30.14	23.99	0.58	2	7476	4358
漯河市								
舞阳县	53.98	52.08	29.86	22.22	0.71	317	13370	14987
临颍县	51.19	46.29	31.53	14.76	1.73	1796	2364	1678
三门峡市								
渑池县	17.33	14.54	9.79	4.40	1.16	76	14173	200558
卢氏县	11.96	10.12	5.96	4.14	1.31		781	77348
义马市	0.88	0.79	0.43	0.36	0.01	2	353	985
灵宝市	22.67	20.44	11.55	8.89	1.31	609	7959	1578914
南阳市								
南召县	15.03	13.00	3.75	4.13	0.31		64929	14081
方城县	70.86	66.04	39.00	26.92	2.15	750	265537	44401
西峡县	10.16	8.56	3.77	4.01	0.27		7518	538669

9–8 续表 2

县 市	粮食产量 (万吨)	#谷物	#小麦	#玉米	#豆类	棉花产量 (吨)	油料产量 (吨)	园林水果产量 (吨)
镇平县	51.47	50.45	28.92	21.22	0.32	331	78779	8898
内乡县	38.42	34.90	19.22	15.09	0.06	593	85295	54618
淅川县	28.90	25.66	15.88	7.39	1.24	276	94817	63209
社旗县	63.87	57.07	30.40	26.67	2.38	1258	107799	5385
唐河县	129.88	119.62	91.39	24.82	1.20	1438	201153	87953
新野县	52.43	50.39	38.84	11.55	0.93	461	157146	14401
桐柏县	24.49	23.71	7.24	4.19	0.18	72	71535	17716
邓州市	118.90	113.10	81.73	28.60	3.68	1178	301884	30945
商丘市								
民权县	73.46	71.24	50.12	20.77	1.15	276	108297	295858
睢县	68.86	66.63	42.92	23.71	0.84	509	50749	34951
宁陵县	50.73	49.28	34.49	14.79	0.57	16	88968	289670
柘城县	78.76	77.83	48.42	29.41	0.54	644	4590	15857
虞城县	96.46	94.63	54.54	40.05	0.66	2471	43460	435533
夏邑县	104.70	100.99	60.20	40.79	2.34	198	16118	314232
永城市	133.88	122.05	82.04	40.01	9.80	153	2820	263303
信阳市								
罗山县	70.23	69.49	11.59	0.04	0.10	67	41655	7778
光山县	55.32	54.87	6.98		0.10	79	46316	26594
新县	11.67	11.33	0.39	0.01	0.01	22	27119	3639
商城县	29.77	29.44	4.02	0.02	0.08	49	40737	11020
固始县	108.00	107.60	17.00	1.50	0.03	77	69004	27056
潢川县	67.94	67.80	15.79	0.03	0.02	30	33957	2671
淮滨县	57.04	55.70	27.60	1.92	0.12	186	59165	31382
息县	94.97	94.08	48.55	8.88	0.13	371	38833	20568
周口市								
扶沟县	66.93	64.04	48.61	14.98	2.68	479	37172	25885
西华县	83.08	80.46	54.93	25.53	1.89	338	39576	178377
商水县	112.18	105.16	59.48	45.68	5.06	480	41497	52178
沈丘县	98.08	93.30	54.52	38.79	2.29	17	38048	108762
郸城县	100.05	91.49	64.93	26.55	2.42	362	26167	18809
淮阳县	111.00	106.06	65.99	40.07	1.69	189	122977	18761
太康县	125.00	121.50	81.15	40.35	2.38	1032	31417	42703
鹿邑县	89.23	83.91	53.85	30.03	3.82	1409	11567	10634
项城市	90.32	85.28	56.16	29.13	3.38	460	27961	47600
驻马店市								
西平县	94.28	94.10	52.80	41.30	0.07		35304	16035
上蔡县	105.76	102.20	70.10	32.10	3.02	257	92416	9390
平舆县	83.22	80.20	57.00	23.20	1.68	11	61515	5528
正阳县	91.55	90.20	71.90	7.60	0.43		435889	10615
确山县	55.16	53.10	34.60	15.80	0.03	13	177208	7208
泌阳县	67.33	64.40	42.60	20.00	0.16	157	201706	34236
汝南县	81.00	79.00	57.90	19.80	1.17		235912	8725
遂平县	61.96	60.30	36.40	23.70	0.42	20	42616	21674
新蔡县	89.38	87.98	55.79	30.87	0.31	368	70841	18460

9−9 各县(市)畜牧业生产情况(2017年)

县 市	猪出栏头数(万头)	牛出栏头数(万头)	羊出栏只数(万只)	猪肉产量(吨)	禽蛋产量(吨)	猪年末头数(万头)	牛年末头数(万头)	羊年末只数(万只)
郑州市								
中牟县	26.43	1.88	27.29	2.19	1.27	12.91	2.83	8.29
巩义市	27.55	0.35	3.71	2.18	0.82	19.18	0.48	4.13
荥阳市	33.02	1.07	3.54	2.66	2.06	17.93	1.45	4.73
新密市	10.64	0.23	3.05	0.74	2.42	10.35	0.46	5.61
新郑市	45.06	0.28	4.08	3.13	0.81	34.56	1.04	6.24
登封市	17.06	0.58	7.32	1.36	2.06	17.08	0.93	9.02
开封市								
杞县	103.64	5.29	57.91	7.72	6.65	79.83	7.61	39.18
通许县	70.45	0.35	17.15	5.19	2.61	50.19	0.88	6.40
尉氏县	108.12	4.25	42.47	8.18	5.33	71.98	6.14	24.22
兰考县	30.24	1.56	34.60	2.26	10.38	23.23	2.47	20.03
洛阳市								
孟津县	20.93	0.63	3.90	1.60	0.97	0.11	2.15	6.74
新安县	16.64	0.62	10.08	1.28	1.18	2.05	1.32	8.74
栾川县	5.35	0.32	2.43	0.41	0.76	2.61	0.44	2.03
嵩县	15.67	3.81	11.43	1.21	1.56	17.90	6.93	11.55
汝阳县	12.13	0.36	2.77	0.93	1.26	13.53	0.88	8.25
宜阳县	32.22	1.10	13.13	2.47	0.77	4.83	2.27	12.09
洛宁县	13.47	6.72	11.10	1.03	2.43	12.91	10.21	10.45
伊川县	23.48	0.95	4.18	1.80	3.97	9.34	1.27	6.38
偃师市	25.82	0.81	1.31	1.98	1.15	21.34	1.22	2.99
平顶山市								
宝丰县	32.52	0.63	7.45	2.40	1.43	28.26	1.64	8.69
叶县	123.13	2.62	48.80	9.28	3.71	85.04	3.77	37.44
鲁山县	20.68	1.25	12.55	1.53	2.26	15.65	1.83	15.35
郏县	24.37	3.12	15.61	1.80	1.57	12.03	5.13	11.73
舞钢市	25.53	0.37	6.76	1.89	0.99	19.79	0.58	7.55
汝州市	92.24	3.55	17.79	6.94	4.67	73.55	5.84	32.25
安阳市								
安阳县	10.70	0.09	1.98	0.80	0.76	8.19	0.06	2.77
汤阴县	22.26	0.19	8.55	1.65	3.59	17.10	0.58	7.69
滑县	39.46	0.98	27.75	2.95	10.73	31.78	1.73	16.03
内黄县	48.85	0.62	36.46	3.61	5.88	37.52	1.07	28.51
林州市	84.65	0.25	2.86	6.46	2.12	61.03	0.54	8.14
鹤壁市								
浚县	70.98	0.87	16.76	5.44	4.15	40.66	1.14	17.35
淇县	54.06	0.17	2.13	4.10	6.13	38.54	0.61	3.69

9–9 续表 1

县　市	猪出栏头数（万头）	牛出栏头数（万头）	羊出栏只数（万只）	猪肉产量（吨）	禽蛋产量（吨）	猪年末头数（万头）	牛年末头数（万头）	羊年末只数（万只）
新乡市								
新乡县	18.21	0.52	2.03	1.36	1.11	13.77	0.51	2.37
获嘉县	24.54	0.14	2.32	1.84	1.56	22.00	0.22	2.30
原阳县	37.77	0.67	16.52	2.79	3.60	32.53	2.03	11.78
延津县	24.62	0.74	6.66	1.79	2.75	19.47	1.03	4.19
封丘县	84.82	2.49	23.64	6.30	5.02	49.09	2.80	12.94
长垣县	25.23	0.77	9.69	1.93	2.72	15.75	1.02	6.04
卫辉市	61.73	0.35	5.36	4.63	2.81	46.87	1.27	7.50
辉县市	117.20	1.58	6.52	8.76	4.79	70.79	2.27	12.10
焦作市								
修武县	14.85	0.97	2.28	1.09	1.34	11.73	1.39	2.03
博爱县	15.64	0.18	2.17	1.16	0.66	10.88	0.52	2.44
武陟县	38.50	2.21	12.65	2.85	4.36	28.66	3.83	8.88
温县	13.56	0.71	3.37	1.00	1.17	11.40	0.76	3.59
沁阳市	14.38	1.09	6.27	1.13	0.72	11.87	1.15	5.27
孟州市	29.30	0.80	2.05	2.11	1.89	26.50	1.05	4.05
濮阳市								
清丰县	31.84	0.30	19.82	2.43	6.51	17.15	0.63	7.41
南乐县	34.17	3.57	5.30	2.58	8.71	29.95	4.86	3.80
范县	13.72	0.73	25.53	1.05	3.85	8.95	1.99	12.75
台前县	5.68	0.34	8.58	0.43	1.66	4.45	0.72	5.25
濮阳县	39.33	0.83	45.60	3.04	8.03	31.82	2.42	29.51
许昌市								
鄢陵县	87.97	0.17	8.15	6.59	1.00	56.17	0.20	5.49
襄城县	68.47	4.48	19.88	5.14	3.17	51.01	7.90	18.97
禹州市	83.05	1.30	34.85	6.18	2.72	52.74	2.14	28.16
长葛市	79.68	0.96	13.41	5.99	3.72	43.38	1.31	9.80
漯河市								
舞阳县	74.52	0.32	14.29	5.57	3.52	46.55	0.69	7.18
临颍县	94.44	0.48	4.65	6.98	3.32	53.05	0.67	3.72
三门峡市								
渑池县	24.99	2.57	12.59	1.93	0.84	17.67	4.93	9.66
卢氏县	7.54	1.18	3.46	0.55	0.72	5.09	2.92	5.13
义马市	8.00	0.04	0.94	0.59	0.09	6.72	0.04	0.84
灵宝市	26.24	2.16	8.37	1.95	1.12	20.90	3.67	10.86
南阳市								
南召县	9.45	0.58	13.18	0.73	1.20	7.24	1.35	9.41
方城县	89.56	3.75	25.30	5.69	3.01	55.61	4.89	25.67
西峡县	14.92	1.43	22.07	1.13	0.85	8.88	2.41	12.91

9–9 续表 2

县 市	猪出栏头数(万头)	牛出栏头数(万头)	羊出栏只数(万只)	猪肉产量(吨)	禽蛋产量(吨)	猪年末头数(万头)	牛年末头数(万头)	羊年末只数(万只)
镇平县	18.30	0.94	15.53	1.42	2.43	15.23	2.50	14.54
内乡县	112.87	5.21	62.73	8.58	2.03	67.43	7.58	40.33
淅川县	11.00	1.52	18.70	0.85	0.91	7.80	2.12	9.84
社旗县	76.77	5.33	16.36	5.79	1.61	55.75	7.31	18.27
唐河县	109.43	10.68	38.49	8.23	4.65	82.15	17.78	36.89
新野县	24.62	6.21	21.99	1.90	2.61	20.42	10.18	17.67
桐柏县	13.82	1.63	12.10	1.19	1.08	8.80	3.14	11.15
邓州市	136.87	10.30	56.13	10.29	6.14	105.98	15.44	35.94
商丘市								
民权县	38.16	3.68	49.63	2.89	4.33	24.76	4.75	44.36
睢县	53.59	1.03	24.02	4.03	4.92	32.81	1.33	13.15
宁陵县	37.51	0.88	21.70	2.74	2.22	20.03	1.76	16.71
柘城县	50.62	4.01	38.01	3.83	3.66	33.40	4.88	32.76
虞城县	32.60	6.40	34.58	2.57	7.10	20.46	10.90	27.63
夏邑县	86.06	2.18	35.39	6.54	5.44	55.21	5.68	35.89
永城市	44.19	1.71	70.91	3.31	12.10	33.95	1.89	42.84
信阳市								
罗山县	55.26	0.29	3.55	4.12	2.37	38.62	0.87	3.95
光山县	11.82	0.29	2.06	1.08	1.91	12.21	0.94	3.40
新县	5.35	0.94	2.65	0.54	0.74	5.33	1.31	4.28
商城县	12.00	0.37	12.68	1.13	1.35	12.60	0.55	4.24
固始县	107.54	1.53	35.02	8.21	10.74	71.99	1.91	19.10
潢川县	78.76	0.82	4.74	5.98	7.72	50.18	1.25	3.02
淮滨县	16.16	1.08	12.38	1.41	4.18	16.35	1.61	9.00
息县	45.82	1.96	6.95	3.44	2.35	34.71	3.17	6.73
周口市								
扶沟县	47.95	0.67	7.88	3.57	1.56	41.49	0.98	10.78
西华县	89.77	1.75	29.60	6.80	6.17	66.86	2.70	37.31
商水县	92.17	1.77	39.70	6.98	6.05	67.98	2.89	23.66
沈丘县	85.01	2.79	60.85	6.51	5.99	55.01	4.04	47.61
郸城县	59.19	3.37	35.03	4.13	7.46	49.10	4.92	39.31
淮阳县	89.35	1.07	57.00	6.80	5.65	58.20	1.56	26.65
太康县	92.51	2.63	61.95	7.01	6.35	69.45	3.18	23.40
鹿邑县	79.67	0.67	23.02	6.05	5.77	57.05	1.37	24.58
项城市	43.75	2.86	16.93	3.23	4.65	44.53	4.25	21.70
驻马店市								
西平县	132.16	0.89	17.31	10.08	4.75	92.92	1.17	11.82
上蔡县	89.23	2.24	12.94	6.72	2.87	67.04	2.96	12.51
平舆县	72.17	1.35	22.82	5.45	2.19	47.21	2.38	17.74
正阳县	150.00	0.85	4.21	11.60	1.53	110.00	1.24	2.93
确山县	72.40	4.58	25.74	5.52	2.30	55.97	8.55	21.14
泌阳县	93.76	25.10	26.44	7.11	2.44	51.68	37.65	26.51
汝南县	91.00	3.14	32.85	6.85	2.74	66.44	3.77	21.32
遂平县	98.56	1.47	11.22	7.44	3.91	70.94	1.68	7.87
新蔡县	88.72	3.68	25.23	6.73	2.81	66.55	5.30	16.55

9-10 各县(市、区)财政、金融主要指标(2017年)

单位：亿元

县市区	一般公共预算收入	一般公共预算支出	#教育	#农林水事务	金融机构存款余额	金融机构贷款余额
郑州市						
中原区	26.63	30.03	6.42	1.20		
二七区	29.35	35.27	7.44	0.76		
管城区	26.56	25.04	4.59	0.45		
金水区	55.49	59.70	12.87	0.58		
上街区	12.37	20.65	2.79	0.29		
惠济区	20.02	19.40	4.67	1.53		
中牟县	48.02	79.77	13.07	7.12	615.71	347.54
巩义市	42.36	65.12	9.89	4.68	422.02	229.41
荥阳市	42.91	60.14	8.85	6.82	377.51	232.38
新密市	32.04	53.66	8.73	8.03	425.60	185.72
新郑市	68.39	91.23	13.18	8.23	655.70	512.88
登封市	25.03	52.56	10.85	8.92	329.59	158.81
开封市						
龙亭区	5.52	13.18	1.41	1.16		
顺河区	1.35	4.95	0.91	0.21		
鼓楼区	1.84	4.65	0.92	0.14		
禹王台区	2.04	4.73	0.86	0.44		
祥符区	8.80	35.11	6.36	7.19		
杞县	14.00	45.02	8.75	5.18	199.26	92.98
通许县	8.14	32.24	4.69	4.73	145.37	73.31
尉氏县	17.61	53.80	9.65	9.12	211.55	117.63
兰考县	17.49	58.23	11.64	9.60	220.20	149.80
洛阳市						
老城区	6.16	11.19	1.17	0.09		
西工区	17.74	20.38	2.31	0.18		
瀍河区	5.71	9.63	1.34	0.17		
涧西区	25.29	27.28	2.84	0.13		
吉利区	7.82	7.80	1.18	0.31		
洛龙区	18.06	26.95	4.89	0.92		
孟津县	15.42	30.53	6.38	4.72	152.01	76.22
新安县	22.23	33.30	7.89	3.21	205.36	112.65
栾川县	18.62	29.64	6.64	6.90	185.89	80.04
嵩县	7.47	32.02	7.07	9.71	149.29	53.32
汝阳县	9.16	24.61	6.12	4.87	125.13	67.21
宜阳县	11.58	33.14	7.63	5.29	154.16	89.80
洛宁县	9.58	30.11	5.45	7.45	116.61	48.94
伊川县	20.13	39.89	8.30	6.88	456.52	249.77
偃师市	20.58	31.04	8.71	1.76	297.69	138.24
平顶山市						
新华区	7.85	9.44	1.73	0.21		
卫东区	5.56	7.99	1.75	0.22		
石龙区	2.24	5.28	1.23	0.36		
湛河区	6.65	10.24	2.11	0.48		
宝丰县	10.03	27.46	4.62	3.88	179.05	128.76
叶县	7.01	35.00	5.81	8.84	186.60	70.65
鲁山县	6.95	35.73	8.88	8.48	214.21	69.09
郏县	8.03	24.50	4.66	3.96	150.17	81.89
舞钢市	8.21	17.28	3.76	2.62	159.63	96.41
汝州市	30.07	60.13	11.57	6.97	326.02	206.73

9-10 续表 1

单位：亿元

县市区	一般公共预算收入	一般公共预算支出	#教育	#农林水事务	金融机构存款余额	金融机构贷款余额
安阳市						
文峰区	8.19	10.23	2.32	0.23		
北关区	7.07	9.36	1.91	0.37		
殷都区	12.71	17.20	3.45	1.83		
龙安区	5.54	10.91	2.23	1.75		
安阳县	4.03	22.86	4.24	3.76	359.84	151.43
汤阴县	12.01	27.42	6.60	4.72	135.84	75.79
滑县	10.70	58.35	14.38	7.98	312.95	120.07
内黄县	7.11	31.71	6.94	6.20	147.79	57.27
林州市	20.03	44.51	10.09	5.46	483.67	167.14
鹤壁市						
鹤山区	3.02	7.91	0.97	0.67		
山城区	7.12	14.63	2.84	0.64		
淇滨区	10.92	21.14	0.82	0.46		
浚县	7.15	27.81	5.93	4.85	144.86	116.20
淇县	9.43	22.27	3.46	2.99	105.67	146.29
新乡市						
红旗区	7.09	9.65	1.72	0.49		
卫滨区	2.77	6.11	0.86	0.43		
凤泉区	3.18	5.31	1.13	0.83		
牧野区	5.45	9.47	1.42	0.57		
新乡县	8.19	14.82	3.37	1.65	161.78	97.51
获嘉县	4.28	18.97	4.36	2.42	110.17	32.11
原阳县	8.01	31.22	5.18	6.80	140.18	98.89
延津县	8.26	21.93	4.50	3.08	106.54	30.93
封丘县	4.78	50.78	6.52	25.63	166.40	32.15
长垣县	21.01	48.95	10.30	6.58	382.78	194.30
卫辉市	10.01	29.36	5.28	3.15	137.02	75.51
辉县市	24.28	37.84	8.16	6.06	291.92	145.29
焦作市						
解放区	7.36	12.79	1.49	0.07		
中站区	5.02	7.22	1.40	0.45		
马村区	3.34	6.19	1.76	0.51		
山阳区	5.61	9.12	1.59	0.26		
修武县	11.09	17.90	3.39	1.89	93.06	68.49
博爱县	8.06	16.66	3.24	2.33	131.10	77.70
武陟县	12.66	29.02	5.79	3.46	174.26	102.89
温县	7.43	19.33	3.31	2.43	126.79	74.37
沁阳市	14.21	26.77	4.49	2.63	162.78	97.16
孟州市	13.67	21.71	3.64	2.47	132.29	80.53

9-10　续表 2

单位：亿元

县市区	一般公共预算收入	一般公共预算支出	#教育	#农林水事务	金融机构存款余额	金融机构贷款余额
濮阳市						
华龙区	11.71	16.88	2.20	0.60		
清丰县	6.67	39.61	8.55	6.27	143.51	57.62
南乐县	5.38	27.26	5.20	4.41	120.34	43.10
范县	6.24	33.33	6.09	8.35	146.31	45.90
台前县	3.29	23.51	4.76	6.10	107.94	40.51
濮阳县	10.68	53.24	10.34	10.69	240.64	132.30
许昌市						
魏都区	10.57	15.45	2.53	0.46		
建安区	16.17	37.25	7.43	4.91		
鄢陵县	10.84	29.86	6.61	3.85	177.51	128.51
襄城县	17.18	36.93	9.83	5.30	283.48	174.57
禹州市	18.72	55.21	10.24	5.89	380.27	216.74
长葛市	24.33	42.88	9.98	5.11	309.90	200.76
漯河市						
源汇区	6.78	13.83	1.43	0.89		
郾城区	6.96	20.26	3.59	2.86		
召陵区	4.34	16.97	3.17	1.98		
舞阳县	10.79	30.62	4.61	7.04	145.93	32.36
临颍县	13.47	30.28	7.19	3.90	170.70	92.42
三门峡市						
湖滨区	7.82	10.81	2.54	0.89		
陕州区	15.96	25.25	7.48	4.19		
渑池县	23.81	31.67	8.03	4.63	147.78	75.19
卢氏县	6.31	30.03	5.97	9.11	135.72	57.86
义马市	13.26	16.48	3.27	0.71	117.02	81.15
灵宝市	21.81	41.41	7.17	5.08	323.78	148.92
南阳市						
宛城区	8.77	27.23	4.45	4.43		
卧龙区	10.89	32.63	6.01	3.87		
南召县	5.91	29.37	7.04	5.22	136.77	69.64
方城县	9.47	43.86	9.88	8.01	198.12	101.72
西峡县	14.09	30.55	8.18	4.94	195.98	117.19
镇平县	8.63	39.21	8.57	6.99	252.84	102.66
内乡县	10.01	33.44	7.95	6.68	194.67	136.03
淅川县	8.53	44.24	8.16	8.29	227.23	115.81
社旗县	5.46	30.95	6.35	5.71	139.33	69.05
唐河县	8.57	54.58	9.53	8.61	299.44	101.13
新野县	7.14	30.32	6.63	5.09	201.72	110.62
桐柏县	9.22	26.74	6.14	5.83	136.41	53.67
邓州市	14.64	70.20	13.63	11.77	356.12	194.80

9-10 续表 3

单位：亿元

县市区	一般公共预算收入	一般公共预算支出			金融机构存款余额	金融机构贷款余额
			#教育	#农林水事务		
商丘市						
梁园区	8.41	37.60	5.39	3.08		
睢阳区	8.01	39.85	6.64	3.75		
民权县	8.97	39.60	7.47	7.72	190.12	108.55
睢县	6.46	36.96	7.10	7.03	181.90	59.85
宁陵县	4.67	29.60	6.36	5.55	130.50	85.11
柘城县	7.15	40.74	9.49	7.39	191.17	61.93
虞城县	8.56	45.22	10.57	7.62	238.16	93.47
夏邑县	7.21	48.25	10.14	8.42	273.47	75.83
永城市	37.43	77.64	11.69	9.34	476.10	277.64
信阳市						
浉河区	10.00	24.22	4.62	2.22		
平桥区	7.08	30.21	9.02	5.25		
罗山县	5.43	32.18	6.81	7.51	241.71	74.40
光山县	5.13	40.95	11.04	6.91	245.11	102.48
新县	5.00	23.43	5.92	5.27	126.91	59.28
商城县	5.97	35.77	11.15	6.94	211.12	73.77
固始县	11.78	74.65	17.41	13.91	461.96	175.40
潢川县	6.08	37.03	9.33	8.18	243.73	240.22
淮滨县	5.52	40.94	9.86	6.80	189.15	70.09
息县	5.21	41.47	7.57	11.72	265.48	80.39
周口市						
川汇区	4.80	16.13	3.28	1.01		
扶沟县	6.90	33.76	7.04	7.44	184.06	60.02
西华县	7.04	41.78	6.84	8.06	204.91	56.06
商水县	6.65	47.68	11.85	8.77	239.11	58.46
沈丘县	12.79	52.06	12.32	8.47	272.53	139.80
郸城县	10.10	50.28	12.37	7.84	250.90	64.37
淮阳县	8.09	52.59	9.43	10.14	253.74	53.52
太康县	10.05	56.60	11.83	9.30	265.99	88.07
鹿邑县	12.52	53.70	8.40	7.43	264.61	110.97
项城市	10.97	45.62	10.68	5.54	292.97	76.17
驻马店市						
驿城区	13.43	33.61	6.47	3.44		
西平县	8.30	36.64	7.03	5.33	236.86	103.88
上蔡县	6.66	53.95	11.46	11.19	317.47	103.76
平舆县	8.01	40.55	8.97	5.35	251.09	87.57
正阳县	5.84	48.74	8.75	9.61	223.52	94.43
确山县	8.36	28.50	5.35	7.08	196.36	69.09
泌阳县	9.00	47.43	9.23	8.05	200.14	75.83
汝南县	7.08	37.51	8.13	8.84	206.32	74.29
遂平县	8.53	30.26	6.40	5.47	180.06	108.98
新蔡县	6.95	50.96	9.36	9.60	264.82	86.60

9-11 各县(市)教育主要指标(2017年)

县 市	在校学生数（人）		小学在校生巩固率(%)	初中在校生巩固率(%)	高中阶段毛入学率(%)
	小学	普通中学			
郑州市					
中牟县	108059	48276	100.9	94.0	52.9
巩义市	53246	38237	92.3	99.4	70.6
荥阳市	47230	32980	98.3	97.7	118.2
新密市	68421	47857	80.7	99.9	79.3
新郑市	100029	57315	119.3	95.4	225.2
登封市	84677	69544	121.9	142.6	153.9
开封市					
杞县	93099	62697	100.3	102.4	47.1
通许县	57056	38433	70.4	100.4	78.4
尉氏县	95354	50032	88.2	97.1	57.8
兰考县	77617	54692	102.0	99.1	67.3
洛阳市					
孟津县	30599	27317	97.8	96.4	106.4
新安县	37906	32179	82.4	92.7	122.7
栾川县	29755	19780	98.8	99.0	83.8
嵩县	57549	35587	89.9	92.4	64.5
汝阳县	51949	32748	94.3	91.1	43.4
宜阳县	51528	39833	79.0	90.2	43.8
洛宁县	39135	27527	84.7	90.3	44.0
伊川县	84967	52499	85.3	86.7	45.5
偃师市	38276	28758	76.9	92.9	57.2
平顶山市					
宝丰县	57782	30749	95.1	100.6	68.9
叶县	76081	43224	84.5	101.1	63.8
鲁山县	107682	55536	98.2	96.1	74.3
郏县	61123	33338	84.0	99.1	39.8
舞钢市	29733	16033	98.5	97.8	82.1
汝州市	122156	64463	93.4	87.2	90.1
安阳市					
安阳县	49139	29476	47.0	49.4	33.4
汤阴县	52412	31850	93.1	100.5	65.6
滑县	154417	74310	83.2	98.8	56.2
内黄县	83729	43586	94.6	104.8	48.9
林州市	108095	62727	97.9	97.4	72.2
鹤壁市					
浚县	64646	40341	81.5	100.4	33.2
淇县	25833	17197	88.6	97.4	45.8

9-11 续表 1

县 市	在校学生数（人）		小学在校生巩固率(%)	初中在校生巩固率(%)	高中阶段毛入学率(%)
	小学	普通中学			
新乡市					
新乡县	32191	21084	98.4	93.4	46.3
获嘉县	39245	25627	88.9	98.6	59.6
原阳县	72674	44141	96.1	89.9	41.4
延津县	50634	35017	86.7	99.7	67.8
封丘县	77169	44958	97.4	95.1	37.6
长垣县	95882	62985	104.8	92.8	92.4
卫辉市	61445	27628	98.2	99.4	54.6
辉县市	99870	47763	97.4	99.2	76.5
焦作市					
修武县	19652	16544	78.8	96.6	74.2
博爱县	31052	19900	87.0	98.8	53.8
武陟县	53269	37647	97.2	100.8	57.1
温县	29192	25652	87.0	100.5	69.7
沁阳市	33517	31448	93.8	99.5	93.1
孟州市	20269	14320	94.5	98.3	64.6
濮阳市					
清丰县	62880	27969	66.8	88.9	38.0
南乐县	54265	33388	65.4	102.6	54.3
范县	48795	32593	81.3	91.6	46.9
台前县	39721	22436	51.7	97.0	61.3
濮阳县	103364	44982	68.5	97.3	48.3
许昌市					
许昌县	**62169**	**36839**	**93.9**	**97.8**	**36.1**
鄢陵县	58818	29056	84.9	101.2	39.6
襄城县	71872	48510	96.7	103.0	71.0
禹州市	107775	62942	85.8	98.2	53.6
长葛市	68158	41116	94.9	94.6	60.4
漯河市					
舞阳县	41872	22373	90.2	89.6	49.0
临颍县	51931	38324	99.8	99.5	54.1
三门峡市					
渑池县	31215	20632	95.1	97.4	59.5
卢氏县	21070	21598	98.0	98.4	69.1
义马市	10003	5007	94.8	91.2	39.3
灵宝市	50304	34873	91.1	98.8	77.8
南阳市					
南召县	69283	39836	86.1	83.5	56.9
方城县	125198	61353	79.5	94.1	49.3
西峡县	46663	37517	89.2	98.9	100.8

9-11 续表 2

县 市	在校学生数（人）		小学在校生巩固率(%)	初中在校生巩固率(%)	高中阶段毛入学率(%)
	小学	普通中学			
镇平县	106708	53022	91.2	85.8	49.8
内乡县	75848	43804	98.3	97.5	71.2
淅川县	63016	52433	82.1	89.5	58.9
社旗县	71649	37069	94.5	84.0	45.5
唐河县	139157	55047	82.4	90.0	44.7
新野县	83180	40426	78.8	91.4	51.5
桐柏县	51132	28510	93.8	95.7	60.8
邓州市	179292	94731	91.7	97.1	54.4
商丘市					
民权县	74127	47459	79.1	92.3	62.0
睢县	67982	46580	75.9	89.2	70.9
宁陵县	59383	28852	77.8	98.7	44.4
柘城县	72749	51268	78.9	95.4	66.8
虞城县	106538	70311	76.8	95.5	90.4
夏邑县	86348	50540	74.1	84.0	59.2
永城市	157526	81687	97.3	92.3	61.8
信阳市					
罗山县	61704	40865	91.6	103.5	110.3
光山县	64950	65552	88.9	99.9	90.4
新县	26430	23964	87.6	99.8	95.7
商城县	50482	50893	84.9	101.4	85.4
固始县	126482	104277	84.0	98.1	91.1
潢川县	59706	44038	85.9	100.4	91.8
淮滨县	59150	47515	76.6	98.4	87.8
息县	89476	52768	97.1	96.7	47.6
周口市					
扶沟县	49971	46524	69.1	96.8	71.3
西华县	65723	47365	70.8	90.7	59.1
商水县	97158	74329	68.7	90.4	56.3
沈丘县	98420	72673	65.3	100.0	63.0
郸城县	119396	97897	64.1	104.2	82.7
淮阳县	107628	83304	73.2	90.3	66.6
太康县	124569	83781	66.0	87.6	52.8
鹿邑县	95455	67183	53.8	101.7	49.2
项城市	99376	77362	79.6	105.1	83.7
驻马店市					
西平县	50247	38251	86.7	97.6	57.2
上蔡县	119356	88219	79.0	98.3	56.4
平舆县	87788	48516	84.7	100.4	68.5
正阳县	85095	43485	85.3	100.5	78.2
确山县	50330	36582	79.6	101.8	47.6
泌阳县	86978	54471	76.9	101.1	73.5
汝南县	64914	40500	79.4	99.9	57.2
遂平县	47974	26991	88.5	100.0	86.4
新蔡县	102098	61962	63.5	91.7	116.2

9-12 各县(市)卫生主要指标(2017年)

县市	卫生机构床位数(张)	卫生技术人员(人)	执业医师(人)	助理医师(人)	注册护士(人)
郑州市					
中牟县	3150	3275	943	311	1365
巩义市	3704	5074	1503	439	2249
荥阳市	2819	3663	1009	293	1559
新密市	5349	4472	1312	305	2060
新郑市	4982	5193	1750	339	2235
登封市	4209	4087	1230	365	1757
开封市					
杞县	3719	3986	984	760	1356
通许县	2365	2683	618	363	1134
尉氏县	3469	3290	867	479	1394
兰考县	5507	5070	1048	579	1884
洛阳市					
孟津县	1893	2059	603	280	703
新安县	2357	2043	580	223	829
栾川县	2059	1788	501	167	780
嵩县	2554	2266	610	280	938
汝阳县	1843	1759	451	199	724
宜阳县	3657	2894	711	462	1142
洛宁县	2409	1853	485	319	695
伊川县	3467	3413	801	514	1355
偃师市	2863	2815	955	290	1146
平顶山市					
宝丰县	2596	2727	741	500	967
叶县	2757	2822	650	568	856
鲁山县	3236	3013	723	444	1163
郏县	2523	2911	759	386	1114
舞钢市	1407	1619	458	99	745
汝州市	6797	5229	1339	628	1831
安阳市					
安阳县	1059	1585	485	685	272
汤阴县	1755	1552	450	438	242
滑县	6290	5754	1486	1002	2340
内黄县	3022	2900	734	528	971
林州市	4279	3930	1317	689	1167
鹤壁市					
浚县	2519	1821	568	459	442
淇县	2031	1790	526	155	760

9-12 续表 1

县 市	卫生机构床位数(张)	卫生技术人员(人)	执业医师(人)	助理医师(人)	注册护士(人)
新乡市					
新乡县	1216	1273	402	254	398
获嘉县	2785	2000	536	207	703
原阳县	3202	3238	824	495	1295
延津县	2510	1917	500	244	701
封丘县	3381	2527	622	289	988
长垣县	3953	4949	1474	698	2007
卫辉市	4700	4281	1308	262	1980
辉县市	3143	3058	864	417	1081
焦作市					
修武县	1213	1345	379	280	417
博爱县	2251	1435	528	317	288
武陟县	3458	2996	829	438	1103
温县	2072	1931	594	207	669
沁阳市	1584	2236	722	282	717
孟州市	1995	1749	538	200	681
濮阳市					
清丰县	2663	1953	507	297	637
南乐县	1990	1710	401	222	657
范县	1848	1881	424	242	631
台前县	1556	1650	397	203	648
濮阳县	3714	3333	855	635	989
许昌市					
鄢陵县	3194	2818	755	512	973
襄城县	2745	2822	691	338	1079
禹州市	5752	5437	1543	755	2047
长葛市	2362	3448	993	470	1228
漯河市					
舞阳县	2504	2343	562	241	885
临颍县	2484	2627	611	229	1134
三门峡市					
渑池县	2099	1723	406	195	660
卢氏县	1786	1631	434	268	502
义马市	1604	1624	514	85	765
灵宝市	2627	2570	944	392	847
南阳市					
南召县	2200	2842	564	419	1050
方城县	3524	2809	728	421	1038
西峡县	2530	2142	487	139	980

9-12 续表 2

县 市	卫生机构床位数(张)	卫生技术人员(人)	执业医师(人)	助理医师(人)	注册护士(人)
镇平县	3086	2461	659	526	639
内乡县	2536	1848	458	282	546
淅川县	2479	2402	631	225	791
社旗县	2423	2456	519	485	878
唐河县	3159	3544	838	382	1401
新野县	2921	2549	577	363	876
桐柏县	1665	1729	333	209	566
邓州市	5937	5111	1249	525	2010
商丘市					
民权县	3375	2629	687	424	934
睢县	3746	4214	873	413	1595
宁陵县	2271	3363	662	520	830
柘城县	4478	4408	1048	772	1678
虞城县	3283	4337	962	1122	1055
夏邑县	3368	4010	837	533	1462
永城市	7529	6173	1451	687	2338
信阳市					
罗山县	2117	2057	589	189	830
光山县	2473	2072	631	171	684
新县	803	1095	301	105	399
商城县	2041	1691	488	265	522
固始县	4808	4569	1142	453	1663
潢川县	2035	1900	483	293	546
淮滨县	2029	1886	455	342	665
息县	2230	2399	516	316	842
周口市					
扶沟县	2795	2785	688	503	932
西华县	2805	3199	687	403	1049
商水县	3076	2894	770	505	1020
沈丘县	3847	3840	887	745	1001
郸城县	4030	4538	995	662	1670
淮阳县	3618	4082	858	772	1384
太康县	6774	5167	1291	841	1813
鹿邑县	4818	4424	948	920	1509
项城市	3292	3003	752	425	1181
驻马店市					
西平县	3285	3139	805	421	1238
上蔡县	4427	3760	902	438	1440
平舆县	3603	3771	871	488	1709
正阳县	2633	2676	709	382	919
确山县	2377	2241	519	258	1018
泌阳县	3081	2545	684	396	853
汝南县	2395	2512	568	341	991
遂平县	2969	2584	664	300	994
新蔡县	3015	4844	993	845	1972

城市经济

资料整理：彭　敏

10–1 城市社会经济主要指标

本表价值量指标均按当年价格计算。

指 标	2016	2017
土地面积(万平方公里)	1.96	1.99
年末城镇失业人员(登记数)(万人)	20.83	17.47
生产总值(亿元)	12802.97	15363.18
第一产业	492.72	492.38
第二产业	5424.79	6619.57
第三产业	6884.72	8251.23
一般公共预算收入(亿元)	1757.81	1852.38
一般公共预算支出(亿元)	2750.28	3075.04
规模以上工业企业主营业务收入(亿元)	22037.55	23765.99
利润总额(亿元)	839.61	914.48
限额以上批零贸易业商品销售总额(亿元)	7510.94	10873.06
当年实际使用外资金额(万美元)	853357.00	854513.00
居民人民币储蓄存款余额(亿元)	13178.21	13971.20
在校学生数(万人)		
普通中学	153.61	161.57
小学	212.09	236.24

10-2 省辖市市区社会

本表价值量指标均按当年价格计算。

指　　标	郑　州	开　封	洛　阳	平顶山	安　阳	鹤　壁	新　乡
年底(末)户籍人口(万人)	366.72	170.51	205.10	110.86	117.27	64.95	107.52
年末城镇单位就业人员数（万人）	153.92	20.49	38.91	29.39	20.70	14.10	19.15
在岗职工平均人数(万人)	139.18	17.08	36.89	28.04	19.39	12.87	17.38
行政区域土地面积(平方公里)	1010	1816	879	443	534	679	432
#建成区面积	501	130	218	73	83	64	120
生产总值(亿元)	5385.00	688.74	1655.58	564.94	616.70	388.05	800.51
#第二产业	2117.75	241.00	624.86	293.21	278.14	237.88	343.38
第三产业	3240.77	380.07	1012.95	265.91	331.28	138.44	449.66
一般公共收入（亿元）	797.93	65.50	191.16	67.23	75.67	43.15	70.24
一般公共支出（亿元）	1112.48	145.45	265.08	117.48	131.74	72.32	114.38
规模以上工业法人企业							
主营业务收入(亿元)	6183.38	968.31	2734.68	765.66	1511.99	807.16	1414.56
利润总额(亿元)	275.86	51.15	105.80	23.81	45.63	13.10	57.32
限额以上批零贸易业商品							
销售总额(亿元)	4916.37	336.86	936.65	475.95	363.49	338.78	354.41
当年实际使用外资金额（万美元）	298426	37496	149620	4231	29470	60587	43663
居民人民币储蓄存款余额（亿元）	4784.81	672.67	1437.44	687.93	561.39	234.33	578.23
在岗职工工资总额(亿元)	1069.38	94.61	243.79	159.24	109.28	64.02	99.53
在校学生数(万人)							
中等职业学校	21.79	2.78	5.92	1.60	2.09	1.85	3.21
普通中学	29.15	11.14	12.04	6.27	10.00	5.07	7.09
小学	45.81	14.98	17.46	9.87	17.68	6.14	10.29

经济主要指标(2017年)

焦 作	濮 阳	许 昌	漯 河	三门峡	南 阳	商 丘	信 阳	周 口	驻马店
98.01	71.85	133.58	134.14	63.30	190.39	185.58	155.55	63.83	84.86
21.00	21.67	20.00	22.70	8.82	21.88	24.51	20.81	12.25	21.14
19.66	19.60	18.86	21.37	7.98	28.65	20.88	19.28	12.01	19.91
578	263	1099	1020	1927	2135	1797	3604	333	1365
113	62	114	70	49	155	134	98	72	85
516.29	438.74	749.55	702.80	431.62	755.76	479.30	586.75	236.00	366.86
219.41	199.51	420.12	431.86	194.32	255.36	210.77	262.06	117.70	172.24
290.52	221.33	305.43	221.39	212.03	449.74	201.41	252.78	109.73	167.80
66.66	48.84	74.22	63.70	42.99	73.16	48.39	50.34	26.72	46.47
108.16	83.23	121.55	112.90	92.96	150.61	145.07	119.63	79.28	102.71
1206.66	718.12	1371.48	2054.49	598.49	605.04	839.68	870.64	533.74	581.91
63.02	-73.37	89.20	140.31	20.44	-43.51	26.28	36.49	54.06	28.89
260.64	194.59	248.07	299.59	181.98	494.35	421.79	418.39	233.55	397.58
15970	17969	26290	49389	47966	20096	12416	18636	10604	11684
456.04	486.86	550.95	456.03	295.10	823.33	624.97	607.66	287.48	426.00
106.38	112.15	108.80	113.69	54.02	170.61	113.03	97.14	78.20	100.26
2.02	2.25	1.26	2.69	0.95	4.05	2.07	1.75	2.25	2.12
5.39	10.16	7.25	8.23	3.50	15.08	10.70	8.97	4.40	7.13
7.11	9.80	11.27	11.13	4.59	24.72	16.17	13.59	6.10	9.53

10-3 城市建设基本情况

指　　标	2005	2010	2013	2014	2015	2016	2017
城市个数(个)	38	38	38	38	38	38	38
城区面积(平方公里)		4101	4658	4663	4810	4822	5132
建成区面积(平方公里)	1572	2014	2289	2375	2503	2544	2685.29
年底供水综合生产能力(万立方米/日)	1027	1010	1047	1084	1121	1180	1150.37
全年供水总量(万立方米)	183436	179122	188710	191001	196709	203936	208604.21
#生活用水量		76986	82258	87246	87545	96128	112218
平均每人每天生活用水量(升)	147.1	109.1	105.3	107.4	111.0	115.6	129.32
用水普及率(%)	91.9	91.0	92.2	93.0	93.1	93.4	95.9
公共交通标准运营车辆(标台)	12514	18912	22790	25257	27355	29615	34082
出租汽车数(辆)			59966	60935	61555	61899	62212
煤气家庭用量(万立方米)	12735	15420	3374	2590	1553	440	43
天然气家庭用量(万立方米)	18649	48243	94825	96766	109376	113076	137002
液化石油气家庭用量(吨)	198629	201931	190221	186581	179752	178357	179719
燃气普及率(%)		73.4	82.0	83.8	86.0	88.9	94.0
集中供热面积(万平方米)	5361	10737	15151	18993	22375	26506	38898
道路长度(千米)	7090	9413	11235	11627	12318	13042	13876
道路面积(万平方米)	15653	21767	26843	28017	29915	31395	34735
排水管道长度(千米)	10201	14733	18297	19348	20467	21376	23624
建成区绿化覆盖面积(公顷)	50822	73652	86076	90995	94345	100070	105903
建成区绿化覆盖率(%)	32.3	36.5	37.6	38.3	37.7	39.3	39.4
公园个数(个)	272	262	290	306	327	344	438
公园绿地面积(公顷)		18361	22226	23834	25201	25429	30002
人均公园绿地面积(平方米)		8.7	9.6	9.9	10.2	10.4	12.0
生活垃圾清运量(万吨)	754.0	694.0	805.0	832.8	892.0	915.0	985.6
生活垃圾无害化处理率(%)	58.1	82.5	90.0	92.8	96.0	98.7	99.7
城市污水排放量(亿吨)		14.74	16.77	16.95	19.47	18.50	19.11
城市污水处理量(亿吨)		12.91	15.24	15.68	18.22	17.78	18.52
城市污水处理厂集中处理率(%)			89.3	91.0	93.1	95.3	96.9

10–4 城市市政公用设施水平情况(2017年)

市	人口密度(人/平方公里)	人均日生活用水量(升)	用水普及率(%)	燃气普及率(%)	建成区供水管道密度(公里/平方公里)	人均城市道路面积(平方米)	建成区排水管道密度(公里/平方公里)	污水处理率(%)
全省	**4871**	**129.32**	**95.9**	**94.0**	**8.43**	**13.90**	**8.38**	**96.9**
郑州市	11140	130.53	100.0	94.5	8.83	9.13	8.66	98.0
巩义市	9339	103.71	84.2	95.2	5.72	11.42	8.10	98.5
荥阳市	1927	145.43	89.3	93.0	7.87	20.81	8.26	95.2
新密市	2820	95.09	95.2	94.0	9.59	15.21	5.40	100.0
新郑市	7624	141.92	89.9	98.3	10.67	15.80	7.25	91.3
登封市	3424	78.28	91.5	89.4	3.12	17.76	5.69	95.4
开封市	5311	137.30	96.1	96.7	12.35	18.43	8.11	95.0
洛阳市	7061	123.24	99.9	99.3	8.11	11.34	7.80	99.8
偃师市	8919	105.10	96.4	80.1	10.31	12.28	8.21	95.9
平顶山市	3690	143.76	97.8	98.0	14.09	13.83	6.53	99.2
舞钢市	1808	115.23	95.5	95.1	6.58	20.11	13.75	94.8
汝州市	2928	150.64	42.2	61.3	7.55	11.68	8.47	95.7
安阳市	4839	181.35	100.0	98.3	9.59	15.12	12.50	97.8
林州市	5587	128.04	99.5	98.9	10.49	14.13	8.48	93.1
鹤壁市	3716	115.13	97.0	96.8	8.87	17.48	7.90	95.0
新乡市	5591	178.14	98.8	98.6	7.23	15.06	5.98	93.0
卫辉市	3364	168.36	99.7	87.4	7.23	11.48	5.67	96.7
辉县市	1899	153.10	96.8	91.1	15.84	12.96	11.48	91.0
焦作市	5650	130.11	99.3	97.1	8.57	16.45	8.53	97.1
沁阳市	4115	74.66	82.5	80.3	8.86	27.55	11.67	87.5
孟州市	1350	81.45	98.0	92.2	12.58	25.42	18.38	95.8
濮阳市	3916	181.00	98.0	98.6	7.04	14.70	10.24	95.0
许昌市	2978	130.75	99.3	98.9	7.05	30.07	7.65	98.0
禹州市	8312	109.47	94.7	93.9	6.68	13.28	8.67	99.1
长葛市	2615	100.46	94.1	91.1	3.50	19.29	9.90	95.3
漯河市	5542	127.43	99.8	96.0	8.19	16.43	11.58	97.0
三门峡市	6592	110.67	99.8	98.1	5.12	12.90	4.86	97.5
义马市	1593	102.98	97.1	90.7	6.86	17.23	3.56	94.3
灵宝市	6417	115.87	99.4	85.4	4.74	15.26	6.62	92.5
南阳市	2503	111.34	80.8	81.9	3.61	13.28	9.15	99.7
邓州市	9520	80.84	89.7	88.2	18.78	14.52	13.88	96.3
商丘市	9364	95.80	95.1	93.8	8.73	11.73	6.57	97.7
永城市	5531	117.83	97.6	90.5	7.44	16.47	10.68	95.3
信阳市	2262	103.53	98.0	95.5	13.19	15.65	3.59	91.0
周口市	4097	175.58	97.4	97.0	4.92	20.50	9.04	93.2
项城市	5043	98.80	94.8	84.3	9.03	13.71	11.30	92.8
驻马店市	2562	169.30	94.1	95.7	5.99	25.43	8.83	97.5
济源市	3910	132.00	100.0	100.0	8.51	19.76	8.36	98.7

10-4 续表

市	人均公园绿地面积(平方米)	建成区绿化覆盖率(%)	建成区绿地率(%)	生活垃圾无害化处理率(%)	建成区面积(平方公里)
全省	**12.0**	**39.4**	**34.8**	**99.7**	**2685**
郑州市	12.9	40.4	35.5	100.0	501
巩义市	14.9	40.6	37.6	100.0	32
荥阳市	11.6	24.2	21.5	100.0	38
新密市	9.9	36.3	32.6	100.0	26
新郑市	13.5	36.2	31.5	100.0	34
登封市	12.6	40.0	35.8	100.0	26
开封市	10.2	36.2	31.3	100.0	130
洛阳市	10.9	41.5	37.0	100.0	216
偃师市	10.0	37.7	34.7	100.0	20
平顶山市	10.8	40.8	35.4	100.0	73
舞钢市	12.3	41.1	36.8	100.0	16
汝州市	13.2	36.0	31.0	100.0	40
安阳市	11.5	41.2	35.7	100.0	83
林州市	11.0	38.9	34.7	100.0	24
鹤壁市	14.2	39.9	35.7	100.0	64
新乡市	11.2	40.1	37.2	100.0	120
卫辉市	8.2	33.8	29.1	100.0	23
辉县市	8.5	35.6	31.4	100.0	22
焦作市	14.0	40.5	35.4	100.0	113
沁阳市	8.4	23.1	17.4	100.0	21
孟州市	10.8	38.6	33.8	100.0	17
濮阳市	14.8	40.7	36.2	100.0	62
许昌市	13.7	40.0	35.0	100.0	103
禹州市	10.1	39.0	34.0	100.0	46
长葛市	14.3	35.6	30.6	100.0	26
漯河市	15.0	38.0	33.7	100.0	68
三门峡市	13.0	39.9	35.0	98.8	56
义马市	12.9	36.4	31.6	100.0	19
灵宝市	10.5	35.2	31.0	98.0	23
南阳市	9.0	36.8	32.9	96.6	155
邓州市	9.4	39.5	38.1	95.0	33
商丘市	8.8	45.9	39.8	100.0	63
永城市	14.2	41.4	36.6	96.5	46
信阳市	14.1	42.5	37.0	100.0	98
周口市	13.0	38.2	33.4	99.3	72
项城市	11.3	38.1	34.4	100.0	35
驻马店市	15.0	43.2	37.5	100.0	85
济源市	12.8	41.7	37.5	100.0	55

10-5 城市供、排水情况(2017年)

市	综合生产能力(万立方米/日)	供水管道长度(公里)	供水总量(万立方米)	生产运营用水	公共服务用水	居民家庭用水	用水人口(万人)	污水排放量(万立方米)
全省	**1150**	**24419**	**208604**	**59909**	**25638**	**86580**	**2396.6**	**191080**
郑州市	193	4420	39635	3001	9123	20964	637.8	38494
巩义市	9	180	1875	289	426	643	28.3	1688
荥阳市	4	303	1564	597	139	705	15.9	1521
新密市	7	258	1199			729	21.0	1190
新郑市	16	406	1609	155	281	923	23.5	1280
登封市	4	142	1042	292	240	286	18.4	940
开封市	64	1609	11149	3399	1053	3866	98.2	10441
洛阳市	86	1754	16737	4239	3300	7183	233.7	16380
偃师市	7	205	1082	213	57	635	18.1	1043
平顶山市	61	1217	12701	5514	278	4509	93.8	12700
舞钢市	7	146	1418	850	75	419	11.8	1100
汝州市	15	305	1426	482	104	823	16.9	1479
安阳市	83	796	10196	3695	1147	3754	74.0	7632
林州市	7	269	1422	107	107	880	21.1	1176
鹤壁市	24	572	3939	1351	29	1936	47.0	3490
新乡市	62	886	14206	6761	980	4048	77.3	10387
卫辉市	6	188	1940	769	226	702	15.1	1504
辉县市	15	414	2374	770	394	803	21.4	1899
焦作市	53	1113	8375	3262	613	3076	78.6	8353
沁阳市	8	191	602	132	59	255	11.5	600
孟州市	5	230	804	228	129	317	15.0	800
濮阳市	50	481	7227	2560	498	3396	59.0	5687
许昌市	25	758	4383	457	470	2212	56.2	4300
禹州市	14	331	2301	399	77	1566	41.1	2230
长葛市	16	93	1621	450	186	495	18.6	1545
漯河市	38	596	9047	4995	786	1760	59.1	8440
三门峡市	18	302	3234	624	120	1815	48.0	2547
义马市	15	128	2036	1199	45	606	17.3	1480
灵宝市	11	163	2230	1170	167	615	18.5	1958
南阳市	72	1411	10065	2946	2130	2979	129.6	9916
邓州市	12	620	1671	360	163	845	34.2	1336
商丘市	41	585	5141	1010	142	3060	91.7	5100
永城市	14	339	3370	1192	319	1559	43.9	2502
信阳市	26	1295	4571	1285	230	1944	57.5	4160
周口市	23	363	4408	546	681	1876	39.9	4158
项城市	9	345	2856	1330	122	913	28.7	2240
驻马店市	23	522	5626	1754	505	2250	44.6	5982
济源市	11	484	3522	1529	236	1233	30.5	3402

10-6 城市天然气、石油液化气供应情况(2017年)

市	天然气					液化气		
	供气管道长度(公里)	供气总量合计(万立方米)	#居民家庭	用气人口(万人)	天然气汽车加气站(座)	供气总量合计(吨)	#居民家庭	用气人口(万人)
全省	**22683.17**	**454874**	**137002**	**1864.98**	**181**	**214764**	**179719**	**483.67**
郑州市	6050.92	130025	31327	517.49	14	59808	41510	85.25
巩义市	159.72	6939	867	26.20	2	3183	2440	5.80
荥阳市	207.21	2987	1785	13.45	2	2464	1934	3.10
新密市	309.51	4800	2151	18.50	2	695	685	2.24
新郑市	228.54	7799	1932	18.50	3	3170	1897	7.20
登封市	209.18	5417	320	11.00	4	5035	5000	7.00
开封市	1542.12	16601	4958	87.91	20	14340	13100	10.80
洛阳市	397.12	40701	8208	208.80	11	15148	15135	23.60
偃师市	36.32	1437	1170	10.81	1	1080	1076	4.20
平顶山市	491.89	11588	3600	94.00	10			
舞钢市	85.90	840	580	11.70	2			
汝州市	363.00	2962	708	21.60		2647	680	2.88
安阳市	1888.00	36829	9484	66.68	3	6184	2860	6.12
林州市	569.17	2909	2396	18.26	3	1202	1198	2.73
鹤壁市	458.43	6659	3956	44.20	2	950	950	2.70
新乡市	1359.38	19618	9915	75.09	7	1300	1300	2.06
卫辉市	108.33	1512	996	10.13	2	1047	1044	3.10
辉县市	201.00	5035	1425	12.55	3	1850	1840	7.60
焦作市	1568.97	25685	6825	76.81				
沁阳市	339.00	2800	902	5.42	1	1871	1871	5.82
孟州市	171.87	1557	1453	14.10	1			
濮阳市	404.67	6803	4612	59.30	18			
许昌市	303.91	10333	6732	49.58	6	6250	4750	6.35
禹州市	169.10	7569	1800	21.00	2	5612	5597	19.80
长葛市	99.02	10467	500	7.00	2	5520	4500	11.00
漯河市	359.10	2572	1600	30.43	3	8850	8850	26.39
三门峡市	235.76	12417	892	26.10	2	3952	3605	21
义马市	92.00	577	381	11.67		2559	2523	5
灵宝市	139.07	361	359	9.97		1135	990	5.93
南阳市	511.00	9576	4291	80.38	20	16082	16043	50.96
邓州市	75.79	320	212	4.10	4	4704	4550	29.50
商丘市	777.89	13004	4818	43.20	5	14041	12010	47.30
永城市	268.49	2451	803	21.67	7	4247	3920	19.02
信阳市	714.77	13269	5395	36.16	12	8980	7008	19.90
周口市	529.07	8236	2556	22.43	3	4700	4700	17.32
项城市	252.35	1398	801	16.50	1	2305	2300	9.00
驻马店市	650.60	6783	3337	32.20		3560	3560	13.17
济源市	355.00	14039	2956	30.09	3	292	292	0.20

10—7 城市道路、园林和绿化情况(2017年)

市	道路长度(公里)	道路面积(万平方米)	道路照明灯盏数(盏)	安装路灯的道路长度(公里)	绿化覆盖面积(公顷)	#建成区	园林绿地面积(公顷)	公园绿地面积(公顷)	公园个数(个)
全省	**13875.59**	**34735**	**948270**	**11219**	**115081**	**105903**	**101171**	**30002**	**438**
郑州市	2101.45	5821	106020	1953	22885	20229	19643	8207	107
巩义市	132.83	384	16404	95	1317	1280	1216	502	3
荥阳市	160.45	370	10729	150	931	930	827	206	4
新密市	123.12	335	13407	117	955	954	866	218	4
新郑市	129.66	413	8748	118	1223	1222	1075	354	10
登封市	169.51	357	14540	131	1030	1026	921	254	9
开封市	678.72	1882	40431	509	5731	4705	4789	1044	14
洛阳市	875.25	2654	78155	703	8998	8981	8020	2549	18
偃师市	125.27	230	12139	101	740	735	690	188	5
平顶山市	358.55	1327	46118	319	3226	2991	2764	1037	16
舞钢市	127.04	247	3296	70	717	675	638	151	2
汝州市	184.45	467	9212	151	1465	1453	1252	527	11
安阳市	483.54	1119	31551	482	3480	3420	2970	855	11
林州市	162.43	300	23094	161	980	940	877	234	2
鹤壁市	360.44	847	20596	343	2560	2559	2297	688	9
新乡市	491.69	1179	33995	450	4828	4827	4480	873	16
卫辉市	91.33	174	7879	73	777	775	667	123	1
辉县市	128.05	287	8966	91	792	782	699	188	5
焦作市	533.40	1301	24269	463	4593	4593	4012	1105	16
沁阳市	177.89	385	8254	108	489	484	367	118	3
孟州市	114.10	389	11560	110	650	648	573	166	2
濮阳市	373.00	884	29784	372	2612	2520	2449	890	9
许昌市	520.50	1701	43213	485	4168	4120	3715	775	8
禹州市	316.33	577	25520	170	1870	1785	1667	439	3
长葛市	177.47	381	10149	154	946	926	812	283	3
漯河市	483.72	973	25227	329	2710	2573	2286	889	13
三门峡市	307.10	621	31884	302	2267	2232	1986	625	7
义马市	140.90	307	4211	60	714	679	609	229	4
灵宝市	98.00	284	5980	96	825	809	729	196	1
南阳市	1280.73	2130	35973	510	8080	5723	7256	1435	65
邓州市	221.82	553	20984	183	1582	1302	1437	359	4
商丘市	439.27	1132	49337	430	2913	2890	2524	851	17
永城市	299.53	740	13280	259	1988	1889	1755	638	9
信阳市	428.72	919	28565	395	5452	4166	4819	830	6
周口市	264.06	840	35330	255	3109	2754	2914	531	6
项城市	193.33	415	5950	129	1383	1343	1218	341	3
驻马店市	381.13	1206	24512	158	3700	3688	3252	713	4
济源市	240.81	603	29008	235	2393	2294	2096	390	8

10-8 城市市容环境卫生情况(2017年)

市	排水管道长度(公里)	污水处理总量(万立方米)	道路清扫保洁面积(万平方米)	生活垃圾		公共厕所(座)	市容环卫专用车辆设备总数(辆)
				清运量(万吨)	无害化处理量(万吨)		
全省	**23624**	**185195**	**36166**	**985.55**	**982.06**	**8593**	**14511**
郑州市	4461	37735	5821	236.82	236.82	987	6408
巩义市	255	1662	499	10.09	10.09	41	113
荥阳市	327	1448	480	12.15	12.15	57	110
新密市	146	1190	482	9.42	9.42	65	176
新郑市	250	1168	440	8.40	8.40	150	205
登封市	221	897	375	10.20	10.20	51	19
开封市	1054	9921	1925	32.64	32.64	896	476
洛阳市	1847	16349	3015	68.38	68.38	717	916
偃师市	161	1000	330	7.85	7.85	45	43
平顶山市	575	12601	1300	30.14	30.14	400	367
舞钢市	226	1043	180	5.36	5.36	77	58
汝州市	346	1415	630	13.80	13.80	75	83
安阳市	1038	7465	1119	46.03	46.03	433	599
林州市	241	1095	434	12.25	12.25	69	50
鹤壁市	506	3315	1082	21.02	21.02	96	177
新乡市	907	9661	1410	47.40	47.40	496	379
卫辉市	139	1454	253	7.95	7.95	26	27
辉县市	256	1728	401	11.65	11.65	49	68
焦作市	966	8110	1561	28.66	28.66	175	267
沁阳市	245	525	374	5.94	5.94	40	24
孟州市	336	766	296	4.90	4.90	26	36
濮阳市	635	5404	883	26.34	26.34	144	176
许昌市	960	4214	1625	38.91	38.91	398	259
禹州市	397	2210	550	12.84	12.84	60	86
长葛市	257	1473	452	6.89	6.89	29	50
漯河市	801	8183	826	22.29	22.29	353	108
三门峡市	272	2482	455	16.24	16.04	181	91
义马市	66	1396	228	5.30	5.30	30	29
灵宝市	160	1812	320	7.65	7.50	73	30
南阳市	1490	9888	2254	51.37	49.64	643	442
邓州市	458	1286	605	13.68	13.00	118	151
商丘市	478	4984	1500	36.04	36.04	383	1335
永城市	491	2385	710	16.90	16.31	116	65
信阳市	352	3786	481	31.92	31.92	367	240
周口市	651	3876	640	18.21	18.08	128	195
项城市	423	2078	535	10.95	10.95	61	51
驻马店市	754	5833	1106	19.46	19.46	427	510
济源市	474	3357	589	19.50	19.50	111	92

主要统计指标解释

城区面积

包括：市本级(1)街道办事处所辖地域；(2)城市公共设施、居住设施和市政公用设施等连接到的其他镇（乡）地域；（3）常住人口在3000人以上独立的工矿区、开发区、科研单位、大专院校等特殊区域。

建成区面积

城市行政区内实际已成片开发建设、市政公用设施和公共设施基本具备的区域。对核心城市，它包括集中连片的部分以及分散的若干个已经成片建设起来，市政公用设施和公共设施基本具备的地区；对一城多镇来说，它包括由几个连片开发建设起来的，市政公用设施和公共设施基本具备的地区组成。因此建成区范围，一般是指建成区外轮廓线所能包括的地区，也就是这个城市实际建设用地所达到的范围。

供水总量　指报告期供水企业（单位）供出的全部水量。包括有效供水量和漏损水量。

有效供水量指水厂将水供出厂外后，各类用户实际使用到的水量。包括售水量和免费供水量。

城市燃气　指符合《城镇燃气设计规范》的规定，供城市生产和生活作燃料使用的天然气、人工煤气和液化石油气等气体能源的统称。

供气总量　指报告期燃气企业（单位）向用户供应的燃气数量。包括销售量和损失量

集中供热面积　指从一个或多个热源通过热网向城市的热用户供给生产和生活热能，供热企业（单位）向城市各类房屋建筑物、构筑物及其附属设施供热的全部建筑面积。

道路长度　指道路长度和与道路相通的桥梁、隧道的长度，按车行道中心线计算。

道路面积　指道路实际铺装面积和与道路相通的广场、桥梁、隧道的铺装面积（统计时，将人行道面积单独统计）。

人行道面积按道路两侧面积相加计算，包括步行街和广场，不含人车混行的道路。

排水管道长度　指所有排水总管、干管、支管、检查井及连接井进出口等长度之和。计算时应按单管计算，即在同一条街道上如有两条或两条以上并排的排水管道时，应按每条排水管道的长度相加计算。

污水排放总量　指生活污水、工业废水的排放总量，包括从排水管道和排水沟（渠）排出的污水量。

污水处理量　指污水处理厂（或污水处理装置）实际处理的污水量。包括物理处理量、生物处理量和化学处理量。

其中处理本市（县）外，指污水处理厂作为区域设施，不仅处理本市（县）的污水，还处理本市（县）以外其他市、县或乡镇等的污水。这部分污水处理量单独统计，并在计算本市（县）的污水处理率时扣除。

公园绿地面积　城市中向公众开放的、以游憩为主要功能，有一定的游憩设施和服务设施，同时兼有健全生态、美化景观、防灾减灾等综合作用的绿化用地。它是城市建设用地、城市绿地系统和城市市政公用设施的重要组成部分。

生活垃圾清运量　指报告期内收集和运送到各生活垃圾处理厂(场)和生活垃圾最终消纳点的生活垃圾数量。生活垃圾指城市日常生活或为城市日常生活提供服务的活动中产生的固体废物以及法律行政规定的视为城市生活垃圾的固体废物。包括：居民生活垃圾、商业垃圾、集市贸易市场垃圾、街道清扫垃圾、公共场所垃圾和机关、学校、厂矿等单位的生活垃圾。

生活垃圾处理量　指报告期内简易处理场和各种生活垃圾无害化处理场（厂）处理生活垃圾总量。生活垃圾简易处理量指生活垃圾简易处理场所处理的生活垃圾总量。生活垃圾无害化处理量指生活垃圾无害化处理场（厂）所处理的生活垃圾总量。

全国及分省（市、区）指标

资料整理：各有关处

11-1 全国及各省市区生产总值(2017年)

地区	生产总值(亿元)	第一产业	第二产业	第三产业	生产总值增速(上年=100)	第一产业	第二产业	第三产业
北京	28014.94	120.42	5326.76	22567.76	6.7	-5.9	4.7	7.3
天津	18549.19	168.96	7593.59	10786.64	3.6	2.8	1.1	6.0
河北	34016.32	3129.98	15846.21	15040.13	6.6	3.9	3.0	11.3
山西	15528.42	719.16	6778.89	8030.37	7.1	3.1	6.7	7.8
内蒙古	16096.21	1649.77	6399.68	8046.76	4.0	3.3	1.5	6.2
辽宁	23409.24	1902.28	9199.80	12307.16	4.2	3.6	3.2	5.0
吉林	14944.53	1095.36	6998.51	6850.66	5.3	3.3	3.8	7.6
黑龙江	15902.68	2965.25	4060.60	8876.83	6.4	5.4	2.8	8.8
上海	30632.99	110.78	9330.67	21191.54	6.9	-0.8	5.8	7.5
江苏	85869.76	4045.16	38654.87	43169.73	7.2	0.4	6.5	8.5
浙江	51768.26	1933.92	22232.08	27602.26	7.8	2.7	6.6	9.2
安徽	27018.00	2582.27	12838.28	11597.45	8.5	4.1	8.2	9.9
福建	32182.09	2215.13	15354.29	14612.67	8.1	3.7	6.8	10.2
江西	20006.31	1835.26	9627.98	8543.07	8.8	4.4	8.2	10.5
山东	72634.15	4832.71	32942.84	34858.60	7.4	3.6	6.3	9.1
河南	**44552.83**	**4139.29**	**21105.52**	**19308.02**	**7.8**	**4.3**	**7.2**	**9.4**
湖北	35478.09	3528.96	15441.75	16507.38	7.8	3.7	7.1	9.5
湖南	33902.96	2998.40	14145.49	16759.07	8.0	3.6	6.7	10.3
广东	89705.23	3611.44	38008.06	48085.73	7.5	3.6	6.5	8.7
广西	18523.26	2878.30	7450.85	8194.11	7.1	4.2	5.5	9.6
海南	4462.54	962.84	996.35	2503.35	7.0	3.6	2.7	10.3
重庆	19424.73	1276.09	8584.61	9564.03	9.3	4.0	9.3	9.9
四川	36980.22	4262.35	14328.13	18389.74	8.1	3.8	7.5	9.8
贵州	13540.83	2032.27	5428.14	6080.42	10.2	6.3	10.1	11.5
云南	16376.34	2338.37	6204.97	7833.00	9.5	6.1	10.7	9.5
西藏	1310.92	122.72	513.65	674.55	10.0	4.1	11.7	9.9
陕西	21898.81	1741.45	10882.88	9274.48	8.0	4.6	7.8	8.9
甘肃	7459.90	859.75	2561.79	4038.36	3.6	5.4	-1.0	6.5
青海	2624.83	238.41	1162.41	1224.01	7.3	4.9	7.2	7.9
宁夏	3443.56	250.62	1580.57	1612.37	7.8	4.4	7.0	9.2
新疆	10881.96	1551.84	4330.89	4999.23	7.6	4.8	6.4	9.5
河南居全国位次	**5**	**3**	**5**	**7**	**11**	**10**	**9**	**15**

注：生产总值按当年价格计算。生产总值指数按可比价格计算。

11–2 全国及各省市区主要农产品产量(2017年)

单位：万吨

地 区	粮 食	棉 花	油 料	水果	肉类	奶类	禽蛋
全 国	**66160.72**	**565.30**	**3475.24**	**25241.90**	**8654.43**	**3148.58**	**3096.29**
北 京	41.12		0.53	74.40	26.39	37.42	15.68
天 津	212.27	2.50	1.26	58.25	36.14	52.05	18.99
河 北	3829.25	24.00	129.40	1365.34	474.25	388.33	383.72
山 西	1355.10	0.40	15.04	844.02	93.32	78.09	101.87
内蒙古	3254.54		240.69	322.88	265.16	559.63	53.21
辽 宁	2330.74		81.46	770.27	385.39	120.71	270.43
吉 林	4154.00		128.48	89.52	256.13	34.41	120.98
黑龙江	7410.34		14.26	236.91	260.29	468.41	113.81
上 海	99.78		0.76	46.39	17.58	36.37	3.38
江 苏	3610.80	2.60	85.36	942.50	342.32	49.05	183.39
浙 江	580.14	0.60	26.90	751.29	114.70	14.34	35.85
安 徽	4019.71	8.60	154.66	606.35	415.18	29.84	154.70
福 建	487.15		19.55	644.67	264.91	13.54	46.50
江 西	2221.73	10.50	120.64	670.12	326.05	9.49	45.66
山 东	5374.31	20.70	318.30	2804.30	866.01	231.32	444.78
河 南	**6524.25**	**4.40**	**586.95**	**2602.44**	**655.84**	**212.87**	**401.18**
湖 北	2846.13	18.40	307.69	948.44	435.35	12.76	168.17
湖 南	3073.60	11.00	226.08	956.39	543.25	6.05	103.20
广 东	1208.56		101.28	1538.73	444.08	13.92	38.50
广 西	1370.49	0.10	64.93	1900.40	420.18	8.14	24.20
海 南	138.11		9.03	405.48	78.67	0.50	4.75
重 庆	1079.88		62.40	403.38	180.56	5.06	40.31
四 川	3488.90	0.40	357.89	1007.88	653.82	63.79	144.50
贵 州	1242.45	0.10	115.52	280.14	206.47	4.41	18.69
云 南	1843.42		56.26	783.90	419.15	64.52	30.32
西 藏	106.53		5.94	0.16	32.07	42.03	0.50
陕 西	1194.20	1.20	59.75	1922.06	113.41	156.93	60.08
甘 肃	1105.90	3.20	77.35	630.85	99.14	41.04	13.83
青 海	102.55		30.28	3.65	35.30	33.19	2.46
宁 夏	370.05		6.94	210.60	33.46	160.07	15.27
新 疆	1484.73	456.60	69.66	1420.20	159.85	200.31	37.37
河南为全国%	**9.9**	**0.8**	**16.9**	**10.3**	**7.58**	**6.76**	**12.96**
河南居全国位次	**2**	**8**	**1**	**2**	**2**	**5**	**2**

11−3 全国及各省市区分城乡居民消费、商品零售、农资价格指数(2017年)

(上年=100)

地　区	居民消费价格总指数			商品零售价格总指数			农业生产资料价格指数
	全省(市、区)	城市	农村	全省(市、区)	城市	农村	
全　国	**101.6**	**101.7**	**101.3**	**101.1**	**101.1**	**101.3**	**100.6**
北　京	101.9			99.2			
天　津	102.1			100.8			
河　北	101.7	101.9	101.4	101.4	101.2	102.2	101.0
山　西	101.1	101.4	100.5	101.3	101.4	100.6	102.2
内蒙古	101.7	101.7	101.6	101.2	101.3	101.0	100.0
辽　宁	101.4	101.4	101.1	100.7	100.8	100.7	100.3
吉　林	101.6	101.5	101.8	101.4	101.5	101.3	97.9
黑龙江	101.3	101.2	101.8	99.9	99.9	99.6	100.6
上　海	101.7			100.9			
江　苏	101.7	101.8	101.5	101.9	101.9	102.2	102.1
浙　江	102.1	102.1	102.0	101.4	101.3	101.7	101.8
安　徽	101.2	101.3	101.1	101.7	101.7	101.3	101.3
福　建	101.2	101.3	100.8	100.6	100.6	100.8	100.0
江　西	102.0	102.0	101.9	101.0	101.0	101.0	101.0
山　东	101.5	101.6	101.4	100.8	100.8	100.8	100.9
河　南	**101.4**	**101.5**	**101.2**	**101.3**	**101.3**	**101.6**	**99.7**
湖　北	101.5	101.7	101.2	100.3	100.2	100.9	100.9
湖　南	101.4	101.6	101.1	101.3	101.2	101.4	101.0
广　东	101.5	101.7	100.8	101.6	101.6	101.5	100.4
广　西	101.6	101.9	101.1	101.2	101.2	100.8	101.4
海　南	102.8	103.2	101.9	102.0	101.8	103.1	99.9
重　庆	101.0			100.8			
四　川	101.4	101.7	100.8	100.5	100.4	100.8	99.8
贵　州	100.9	101.1	100.6	100.9	101.0	100.5	98.8
云　南	100.9	100.8	101.3	101.3	101.2	101.6	100.4
西　藏	101.6	101.6	101.7	101.4	101.5	101.3	101.6
陕　西	101.6	101.8	101.1	101.3	101.3	101.4	102.1
甘　肃	101.4	101.4	101.3	101.4	101.6	100.7	103.7
青　海	101.5	101.7	101.1	101.2	101.2	101.4	102.4
宁　夏	101.6	101.7	101.3	101.8	101.7	102.1	103.1
新　疆	102.2	102.4	101.8	100.9	100.9	101.3	100.8
河南居全国位次	**20**	**18**	**15**	**11**	**10**	**6**	**25**

11-3 续表

(上年=100)

地区	居民消费价格总指数	食品烟酒	衣着	居住	生活用品及服务	交通和通信	教育文化和娱乐	医疗保健	其他用品及服务
全国	**101.6**	**99.6**	**101.3**	**102.6**	**101.1**	**101.1**	**102.4**	**106.0**	**102.4**
北京	101.9	100.5	97.8	103.8	100.6	100.3	102.3	107.4	102.7
天津	102.1	100.3	100.2	101.4	100.8	100.1	103.2	115.4	101.5
河北	101.7	99.3	101.4	103.0	100.8	100.4	101.6	106.9	110.1
山西	101.1	98.9	100.9	101.4	100.2	101.0	101.8	107.5	102.3
内蒙古	101.7	99.8	101.3	101.7	100.7	101.4	101.0	110.0	101.2
辽宁	101.4	99.4	101.2	101.3	100.8	100.1	103.5	107.5	101.8
吉林	101.6	98.9	101.3	100.9	101.2	101.5	102.0	110.9	101.6
黑龙江	101.3	98.6	100.7	101.7	100.3	99.5	103.6	110.4	101.5
上海	101.7	101.2	100.5	101.7	101.5	100.7	100.9	106.6	102.6
江苏	101.7	100.4	102.3	102.8	103.1	101.8	102.0	101.5	102.4
浙江	102.1	100.3	101.9	105.1	100.7	101.3	102.7	102.3	101.1
安徽	101.2	98.9	101.8	102.7	101.4	100.4	103.3	103.9	101.5
福建	101.2	99.0	100.6	102.4	101.2	100.9	102.3	103.0	107.4
江西	102.0	99.3	102.1	103.4	101.2	101.9	102.5	109.0	102.6
山东	101.5	99.6	101.1	102.6	100.9	101.1	102.8	105.4	101.8
河南	**101.4**	**98.4**	**101.3**	**103.6**	**101.5**	**100.2**	**102.7**	**106.3**	**102.7**
湖北	101.5	99.4	100.8	102.0	100.6	101.0	101.7	110.6	101.6
湖南	101.4	99.3	101.0	103.5	100.7	101.9	101.5	105.0	101.1
广东	101.5	100.0	101.5	102.2	100.9	101.3	102.6	106.2	101.7
广西	101.6	99.7	101.9	102.4	100.9	102.0	102.1	106.1	101.6
海南	102.8	100.1	98.8	106.0	100.3	102.0	104.4	111.1	103.1
重庆	101.0	98.2	102.8	101.9	100.7	101.5	103.3	104.2	100.8
四川	101.4	98.6	102.5	102.4	101.2	101.6	104.1	104.2	103.7
贵州	100.9	100.0	100.1	101.5	101.0	101.9	101.3	101.8	101.0
云南	100.9	100.4	100.2	100.8	100.1	101.3	101.1	104.3	101.6
西藏	101.6	102.0	102.3	101.6	100.6	100.8	101.1	102.7	100.4
陕西	101.6	99.4	101.4	102.2	101.1	101.4	102.0	108.6	101.4
甘肃	101.4	100.1	100.8	102.5	100.6	101.1	101.7	105.2	100.9
青海	101.5	99.9	100.9	102.9	100.7	101.0	100.8	105.9	101.7
宁夏	101.6	99.5	101.2	102.3	101.9	102.7	102.3	104.8	102.4
新疆	102.2	102.1	101.3	100.4	101.5	100.8	102.7	109.6	101.0
河南居全国位次	**23**	**30**	**12**	**4**	**3**	**28**	**10**	**14**	**5**

11-4 全国及各省市区主要价格指数(2017年)

(上年=100)

地　区	固定资产投资价格指数	工业生产者出厂价格指数	工业生产者购进价格指数
全　国	**105.8**	**106.3**	**108.1**
北　京	104.7	100.7	104.4
天　津	104.3	108.4	111.1
河　北	106.7	115.0	114.5
山　西	106.3	119.4	115.2
内蒙古	103.4	110.6	106.3
辽　宁	104.0	108.1	108.0
吉　林	104.7	103.1	103.4
黑龙江	103.4	109.3	110.2
上　海	106.7	103.5	108.9
江　苏	107.6	104.8	109.7
浙　江	105.8	104.8	109.6
安　徽	107.4	108.0	109.2
福　建	105.6	104.1	105.3
江　西	106.1	107.9	107.2
山　东	105.8	105.5	107.3
河　南	**107.4**	**106.8**	**107.3**
湖　北	105.9	105.6	108.3
湖　南	105.7	105.8	107.2
广　东	105.3	103.3	105.3
广　西	104.4	107.6	106.5
海　南	104.1	108.8	112.4
重　庆	105.3	104.1	104.4
四　川	107.7	106.5	108.3
贵　州	106.1	107.2	109.7
云　南	104.9	105.2	106.2
西　藏		110.0	
陕　西	105.3	110.8	106.4
甘　肃	105.9	114.5	115.5
青　海	106.1	116.7	108.0
宁　夏	105.9	112.1	112.9
新　疆	103.5	113.7	112.8
河南居全国位次	**4**	**18**	**19**

11-5　全国及各省市区分月

（上年同期=100）

地　区	全年	1月	2月	3月	4月	5月
全　国	**106.3**	**106.9**	**107.8**	**107.6**	**106.4**	**105.5**
北　京	100.7	101.1	101.4	101.6	101.4	101.0
天　津	108.4	110.7	111.9	110.4	107.7	106.2
河　北	115.0	118.0	119.7	118.9	111.8	111.2
山　西	119.4	123.5	125.4	125.6	123.6	121.8
内蒙古	110.6	112.0	113.4	113.0	112.2	110.5
辽　宁	108.1	108.7	109.9	109.9	108.1	106.4
吉　林	103.1	104.7	104.6	104.0	103.1	102.2
黑龙江	109.3	113.5	117.1	115.1	111.2	108.9
上　海	103.5	103.6	104.5	104.7	104.4	103.6
江　苏	104.8	104.9	106.0	106.0	104.7	103.7
浙　江	104.8	104.3	105.1	105.0	104.1	103.7
安　徽	108.0	109.1	110.1	109.5	108.1	107.6
福　建	104.1	104.3	104.6	105.0	104.8	104.3
江　西	107.9	107.5	108.4	108.1	107.0	106.1
山　东	105.5	106.0	107.1	106.5	105.6	104.7
河　南	**106.8**	**107.3**	**108.0**	**107.5**	**106.6**	**105.8**
湖　北	105.6	105.2	106.1	106.5	105.8	105.1
湖　南	105.8	106.3	106.7	106.9	106.1	105.6
广　东	103.3	104.0	104.5	104.4	104.0	103.4
广　西	107.6	108.7	109.6	109.3	107.4	106.4
海　南	108.8	108.9	111.6	112.5	110.6	108.1
重　庆	104.1	103.4	104.3	104.5	104.6	104.1
四　川	106.5	104.4	105.5	106.0	105.7	105.7
贵　州	107.2	108.8	109.9	109.4	109.3	108.8
云　南	105.2	105.0	105.5	105.1	104.3	104.1
西　藏	110.0	114.6	113.2	115.0	114.5	113.4
陕　西	110.8	114.1	115.8	115.3	113.4	111.9
甘　肃	114.5	116.4	119.3	118.7	112.6	111.1
青　海	116.7	116.5	118.7	118.8	117.6	116.3
宁　夏	112.1	110.6	111.5	112.9	112.7	112.5
新　疆	113.7	117.6	121.7	120.5	115.3	111.4
河南居全国位次	**18**					

工业生产者出厂价格指数(2017年)

6月	7月	8月	9月	10月	11月	12月
105.5	**105.5**	**106.3**	**106.9**	**106.9**	**105.8**	**104.9**
100.5	100.2	100.3	100.3	100.4	100.3	100.1
106.1	106.7	108.4	109.0	108.8	108.2	106.5
113.3	114.4	116.2	116.8	116.3	113.5	111.1
121.1	121.1	121.9	121.0	116.9	108.3	107.2
110.5	110.7	111.2	111.3	110.9	106.8	105.7
106.2	106.3	107.4	108.8	109.4	108.9	107.6
102.3	102.4	103.0	102.8	102.8	103.2	102.4
106.1	103.4	107.3	106.5	107.5	108.5	107.6
102.8	102.5	103.1	103.5	103.5	102.9	102.6
103.9	104.1	104.6	105.2	105.7	104.9	104.0
104.0	104.1	104.8	105.6	106.1	105.7	104.6
107.7	107.9	108.4	108.6	107.8	106.3	105.1
104.0	103.6	103.7	103.8	104.1	103.8	103.0
106.8	106.9	108.2	110.0	110.3	108.1	107.2
104.4	104.3	105.2	105.9	106.0	105.3	105.0
106.1	**106.4**	**106.9**	**108.0**	**107.7**	**106.1**	**105.3**
104.9	104.8	105.3	106.1	106.2	106.0	105.8
105.5	105.0	105.6	106.2	106.3	105.1	104.3
103.1	102.7	103.0	103.0	103.1	102.5	101.9
106.9	106.6	107.8	108.9	108.7	106.5	105.0
106.8	106.1	107.3	108.2	108.7	108.5	108.7
103.9	104.0	104.3	104.7	104.5	104.1	103.5
106.0	106.7	107.1	107.9	108.3	107.5	106.6
107.6	106.8	107.2	108.0	107.3	103.3	101.0
104.4	104.7	105.6	107.0	107.3	105.4	104.1
112.2	109.9	109.6	107.9	107.7	104.4	100.3
110.8	109.6	111.5	111.4	108.5	103.8	105.1
111.2	111.0	116.2	118.4	117.3	112.3	111.0
115.7	114.6	117.2	120.6	118.6	115.8	111.3
112.3	112.0	113.6	114.9	113.0	110.1	109.7
108.7	106.7	110.9	112.6	113.4	113.5	113.2

11-6 全国及各省市区分月

(上年同期=100)

地区	全年	1月	2月	3月	4月	5月
全　国	**108.1**	**108.4**	**109.9**	**110.0**	**109.0**	**108.0**
北　京	104.4	106.0	107.2	106.8	105.4	104.8
天　津	111.1	111.9	113.9	113.7	111.3	109.9
河　北	114.5	117.5	120.3	120.6	118.0	115.9
山　西	115.2	116.3	118.1	118.4	118.0	116.9
内蒙古	106.3	104.8	105.6	106.3	106.4	106.8
辽　宁	108.0	108.4	110.4	110.4	109.3	108.1
吉　林	103.4	102.7	103.6	103.8	103.0	102.6
黑龙江	110.2	112.6	117.6	115.8	112.2	109.1
上　海	108.9	110.7	113.8	113.8	111.5	110.3
江　苏	109.7	110.2	111.9	111.5	109.7	108.8
浙　江	109.6	109.8	111.5	111.7	110.2	109.1
安　徽	109.2	109.4	110.1	110.2	109.8	108.8
福　建	105.3	106.0	106.8	107.3	106.5	105.2
江　西	107.2	107.0	108.3	108.7	107.7	106.6
山　东	107.3	107.4	109.0	109.1	108.3	107.3
河　南	**107.3**	**108.0**	**108.7**	**108.2**	**107.4**	**106.3**
湖　北	108.3	108.4	110.4	110.7	109.1	107.7
湖　南	107.2	107.5	108.5	108.6	108.1	106.9
广　东	105.3	105.2	105.9	106.4	106.7	106.3
广　西	106.5	105.8	107.2	107.5	107.4	106.8
海　南	112.4	113.6	120.0	123.9	119.5	118.2
重　庆	104.4	103.8	104.8	105.2	104.9	104.5
四　川	108.3	107.1	108.2	109.2	108.9	107.8
贵　州	109.7	109.9	111.4	111.8	110.6	109.8
云　南	106.2	107.0	106.7	105.4	105.6	105.0
西　藏						
陕　西	106.4	104.9	107.0	108.1	107.5	106.9
甘　肃	115.5	115.9	119.7	120.1	118.3	114.4
青　海	108.0	109.4	111.0	110.4	108.2	107.8
宁　夏	112.9	114.8	116.7	116.4	114.8	113.6
新　疆	112.8	110.4	116.1	118.0	114.9	112.3
河南居全国位次	**18**					

工业生产者购进价格指数(2017年)

6月	7月	8月	9月	10月	11月	12月
107.3	**107.0**	**107.7**	**108.5**	**108.4**	**107.1**	**105.9**
104.0	103.9	103.7	103.4	103.7	102.1	101.9
109.3	109.0	110.4	111.7	112.4	110.9	109.3
114.3	113.6	114.2	114.4	112.2	108.7	106.5
115.7	116.3	116.5	116.9	114.2	109.2	107.6
106.6	106.9	107.9	107.7	106.6	105.4	104.5
107.2	105.9	107.0	107.8	108.1	106.9	106.3
102.5	102.5	103.4	104.0	104.3	104.0	104.0
106.5	104.7	107.8	108.4	109.8	110.3	108.8
108.0	105.8	106.4	107.2	107.8	105.7	106.4
108.5	108.6	109.3	110.3	110.5	109.2	107.4
108.4	108.1	108.9	110.0	110.4	109.3	107.7
108.5	108.5	109.5	110.2	110.6	108.2	106.7
104.5	104.1	104.5	104.8	105.5	104.8	104.3
106.3	105.8	106.7	108.3	108.6	107.0	105.3
106.4	106.2	106.8	107.6	107.5	106.5	105.4
106.3	**106.5**	**106.8**	**108.2**	**108.0**	**106.8**	**105.9**
107.2	107.3	107.7	108.9	108.5	107.2	106.4
106.7	106.7	107.4	108.0	107.8	106.0	104.6
105.3	104.9	105.1	105.4	105.0	104.3	103.5
106.3	105.7	106.4	106.9	106.9	106.2	105.4
111.3	104.7	108.2	112.3	108.1	107.4	104.2
104.2	104.2	104.3	104.7	104.8	104.2	103.6
107.6	107.7	108.3	109.6	109.4	108.5	107.1
109.2	109.1	110.0	110.9	110.7	108.4	105.4
105.6	105.6	106.4	107.2	107.7	106.9	105.1
106.2	106.3	107.1	107.0	106.7	105.2	104.1
112.8	111.2	114.4	115.0	115.5	115.9	113.0
107.2	104.9	108.0	108.6	106.5	108.4	105.4
112.7	111.0	113.2	113.8	113.4	109.4	106.6
110.3	109.3	111.8	112.7	112.4	113.0	112.8

11－7 全国70个大中城市住宅销售价格指数(2017年)

(上年=100)

地　　区	新建住宅销售价格指数	#新建商品住宅销售价格指数	二手住宅交易价格指数
北　　京	110.0	110.9	114.2
天　　津	110.7	111.2	111.9
石 家 庄	111.8	112.1	108.0
太　　原	105.8	106.0	106.6
呼和浩特	103.0	103.1	100.2
沈　　阳	108.3	108.4	104.5
大　　连	105.5	105.5	103.6
长　　春	106.6	106.7	103.5
哈 尔 滨	106.6	106.6	103.4
上　　海	108.7	110.2	109.6
南　　京	113.2	113.9	114.4
杭　　州	112.1	112.2	114.7
宁　　波	108.3	108.4	107.8
合　　肥	116.6	116.7	112.3
福　　州	111.1	111.2	113.1
厦　　门	115.9	116.0	115.2
南　　昌	109.9	110.1	108.7
济　　南	111.6	111.6	112.2
青　　岛	109.1	109.3	112.2
郑　　州	**114.5**	**114.7**	**116.9**
武　　汉	111.8	112.3	117.7
长　　沙	114.6	115.0	116.7
广　　州	115.6	115.7	120.3
深　　圳	103.4	103.4	103.8
南　　宁	110.1	111.1	108.5
海　　口	107.0	107.0	103.4
重　　庆	110.6	110.6	107.7
成　　都	101.4	101.5	105.6
贵　　阳	108.0	108.1	103.8
昆　　明	106.9	107.0	103.4
西　　安	111.5	112.5	104.8
兰　　州	103.9	104.0	102.1
西　　宁	103.3	103.5	100.7
银　　川	102.5	102.6	100.1
乌鲁木齐	101.8	101.9	102.7

注：各地年度数据是根据国家各月反馈数据进行简单平均计算得出。新建商品住宅不包含保障性住房。

11-7 续表

(上年=100)

地 区	新建住宅销售价格指数	#新建商品住宅销售价格指数	二手住宅交易价格指数
唐 山	105.9	106.2	104.4
秦皇岛	107.9	108.4	107.0
包 头	102.4	102.5	102.1
丹 东	101.5	101.5	100.9
锦 州	100.0	100.0	98.9
吉 林	105.0	105.0	103.1
牡丹江	102.7	102.8	102.0
无 锡	117.7	117.8	117.8
扬 州	112.6	112.6	108.8
徐 州	110.7	111.3	106.4
温 州	106.3	106.4	105.3
金 华	109.9	110.0	106.8
蚌 埠	112.4	112.4	108.7
安 庆	107.8	107.9	109.4
泉 州	106.9	107.1	109.4
九 江	112.4	112.5	107.8
赣 州	110.1	110.1	108.5
烟 台	107.2	107.2	105.4
济 宁	106.2	106.3	104.8
洛 阳	**108.6**	**109.0**	**104.3**
平顶山	**105.6**	**105.7**	**102.8**
宜 昌	109.0	109.2	105.8
襄 阳	105.6	105.7	103.5
岳 阳	108.1	108.7	104.3
常 德	107.1	107.2	103.7
惠 州	114.6	114.7	112.3
湛 江	110.6	110.6	107.1
韶 关	111.0	111.0	105.1
桂 林	107.2	107.2	100.5
北 海	110.6	110.7	106.4
三 亚	107.3	107.3	103.6
泸 州	103.8	103.9	103.4
南 充	105.6	105.7	104.6
遵 义	104.1	104.3	104.3
大 理	103.9	104.0	100.3

11−8 全国及各省市区固定资产投资价格指数(2017年)

(上年＝100)

地 区	固定资产投资价格指数	建筑安装工程	设备、工器具	其它费用
全 国	**105.8**	**108.0**	**100.6**	**101.0**
北 京	104.7	110.5	100.1	100.0
天 津	104.3	106.6	100.5	100.7
河 北	106.7	109.5	100.5	101.6
山 西	106.3	109.4	100.6	100.1
内蒙古	103.4	104.5	100.6	101.4
辽 宁	104.0	105.3	100.3	101.1
吉 林	104.7	107.4	100.6	100.5
黑龙江	103.4	104.5	100.4	101.2
上 海	106.7	110.9	100.2	100.9
江 苏	107.6	112.9	100.6	102.1
浙 江	105.8	109.3	100.7	101.2
安 徽	107.4	109.9	100.6	100.8
福 建	105.6	107.6	100.9	101.1
江 西	106.1	108.6	100.8	100.7
山 东	105.8	108.7	100.6	101.4
河 南	**107.4**	**110.9**	**100.8**	**100.8**
湖 北	105.9	108.0	100.8	101.9
湖 南	105.7	107.7	100.0	100.6
广 东	105.3	107.4	100.9	101.1
广 西	104.4	106.2	100.8	100.0
海 南	104.1	105.2	100.6	101.8
重 庆	105.3	106.9	100.6	100.4
四 川	107.7	112.3	101.3	100.3
贵 州	106.1	107.3	100.7	100.7
云 南	104.9	105.8	101.4	100.6
西 藏				
陕 西	105.3	107.4	100.0	102.2
甘 肃	105.9	107.0	101.4	100.6
青 海	106.1	107.4	100.6	102.7
宁 夏	105.9	107.6	100.3	100.0
新 疆	103.5	104.5	100.8	100.3
河南居全国位次	**4**	**3**	**9**	**15**

11–9　全国及各省市区城乡居民人均可支配收入和消费支出(2017年)

单位：元

地　区	全体居民		城镇常住居民		农村常住居民	
	可支配收入	人均消费支出	可支配收入	人均消费支出	可支配收入	人均消费支出
全　国	**25974**	**18322**	**36396**	**24445**	**13432**	**10955**
北　京	57230	37425	62406	40346	24240	18810
天　津	37022	27841	40278	30284	21754	16386
河　北	21484	15437	30548	20600	12881	10536
山　西	20420	13664	29132	18404	10788	8424
内蒙古	26212	18946	35670	23638	12584	12184
辽　宁	27835	20463	34993	25379	13747	10787
吉　林	21368	15632	28319	20051	12950	10279
黑龙江	21206	15577	27446	19270	12665	10524
上　海	58988	39792	62596	42304	27825	18090
江　苏	35024	23469	43622	27726	19158	15612
浙　江	42046	27079	51261	31924	24956	18093
安　徽	21863	15752	31640	20740	12758	11106
福　建	30048	21249	39001	25980	16335	14003
江　西	22031	14459	31198	19244	13242	9870
山　东	26930	17281	36789	23072	15118	10342
河　南	**20170**	**13730**	**29558**	**19422**	**12719**	**9212**
湖　北	23757	16938	31889	21276	13812	11633
湖　南	23103	17160	33948	23163	12936	11534
广　东	33003	24820	40975	30198	15780	13200
广　西	19905	13424	30502	18349	11325	9437
海　南	22553	15403	30817	20372	12902	9599
重　庆	24153	17898	32193	22759	12638	10936
四　川	20580	16180	30727	21991	12227	11397
贵　州	16704	12970	29080	20348	8869	8299
云　南	18348	12658	30996	19560	9862	8027
西　藏	15457	10320	30671	21088	10330	6691
陕　西	20635	14900	30810	20388	10265	9306
甘　肃	16011	13120	27763	20659	8076	8030
青　海	19001	15503	29169	21473	9462	9903
宁　夏	20562	15350	29472	20219	10738	9982
新　疆	19975	15087	30775	22797	11045	8713

《河南调查年鉴-2018》只读光盘介绍

《河南调查年鉴-2018》只读光盘是一张信息高度密集的资料载体。该光盘全面反映河南省经济社会发展情况的抽样调查资料，收录了全省和市、县（区）2017 年经济和社会发展有关方面大量的调查统计数据，以及历史重要年份的全省主要调查统计数据。

光盘的主要内容分为 11 个部分，即 1.综合；2.农业；3.畜牧业；4.规下工业和规下服务业；5.消费价格；6.生产价格；7.农产品价格；8.人民生活；9. 县域经济；10. 城市经济；11. 全国及分省（市、区）指标。主要篇末附有《主要统计指标解释》。

《河南调查年鉴-2018》光盘（CD-ROM）操作简便、功能实用，浏览时可实现各部分内容之间的切换，并附有 Html 文件。